新能源汽车研究与开发丛书

电动汽车电驱动理论与设计

第2版

王志福 张承宁 等编著

机械工业出版社

本书较为全面地介绍了电动汽车电驱动系统的构成及控制方法等内容。全书分为十章，讲述了电动汽车的发展及其对驱动系统的要求，并着重介绍了电驱动系统的理论基础分析，参数设计与评估，在电动汽车中的应用方式、类型、特点及一般控制方法，电磁兼容性的一般性分析与设计，测试技术与实现及安全性分析，还讲述了与电驱动系统密切相关的辅助系统等内容。书中内容融入了编著者相关的研究成果和实际工作的总结，对于电动汽车电驱动系统相关设计与研究具有较强的参考价值。

本书可供电动汽车设计相关专业的科技人员阅读，也可供高等院校相关专业师生参考应用。

图书在版编目(CIP)数据

电动汽车电驱动理论与设计/王志福等编著. —2 版. —北京：机械工业出版社，2016. 10（2021. 6 重印）

（新能源汽车研究与开发丛书）

ISBN 978-7-111-55287-1

Ⅰ. ①电… Ⅱ. ①王… Ⅲ. ①电传动汽车－电动机－控制系统 Ⅳ. ①U469. 72

中国版本图书馆 CIP 数据核字（2016）第 261792 号

机械工业出版社（北京市百万庄大街 22 号　邮政编码 100037）

策划编辑：何士娟　李　军　责任编辑：王　荣　何士娟

责任校对：潘　蕊　　　　封面设计：马精明

责任印制：常天培

北京虎彩文化传播有限公司印刷

2021 年 6 月第 2 版第 5 次印刷

169mm×239mm · 23 印张 · 441 千字

7 301—7 800 册

标准书号：ISBN 978-7-111-55287-1

定价：79. 90 元

第 2 版前言

自《电动汽车电驱动理论与设计》2012 年出版以来，电动汽车及其电驱动系统又有了新的发展。在教学和设计过程中，广大读者也对本书提出了宝贵意见。为此，在原书的基础上，进行了下述内容的修订：

① 进一步明确了电动汽车电驱动系统的定义。

② 补充了新型电驱动系统的结构形式，并对其结构特点进行了阐述。

③ 增加了对最新电驱动技术、产品的介绍。

④ 精简了一些内容。

⑤ 修改了部分错误。

本书主要由王志福和张承宁负责修订，在修订过程中，叶辉萍，武小花，刘明春，吴晓鹏，周维，韩光伟，田真，宋志坚，周杨，李志等进行了部分的编写工作。

由于作者水平有限，书中难免存在一些错误或不足之处，恳切希望使用本书的广大师生、技术人员和读者提出批评指正。

编著者

第 1 版前言

电动汽车已经成为当前汽车产业发展的一大趋势，包括了纯电动汽车、混合动力电动汽车和燃料电动汽车等类型。电动汽车的技术核心是同时关注动力性、安全性和经济性等内容，其关键技术包括了电驱动技术、能源技术、能量管理技术及汽车制造技术等多个方面。电驱动技术的不断发展和创新，为不同类型电动汽车的推广应用奠定了坚实的技术基础。本书基于目前电驱动系统的发展，全面阐述了电驱动系统的技术与发展研究。

全书分为十章。第一章简要介绍了电驱动系统对于电动汽车的作用及其发展；第二章结合电动汽车的动力学特性，分析了电动汽车电驱动系统的形式与结构，并阐述了电动汽车的力学关系；第三章结合电动汽车的动力性需求，介绍了电驱动系统的参数匹配原则与方法，并结合当前通用的工况对电动汽车驱动系统的评估方法和标准进行深入分析；第四章全面介绍了电驱动系统的结构形式，并分析了每种结构形式优缺点和作用原理；第五章和第六章分别针对电驱动系统的功率变换和驱动电机进行了详细阐述，介绍了常用的驱动电路结构与控制原理，分析了不同驱动电机的结构形式与应用，同时，对支撑电容器的设计与选用进行介绍。第七章简要介绍了电动汽车辅助系统，对电动助力转向、电动空调、电动汽车仪表系统进行了说明；第八章针对电驱动系统存在的电磁兼容性能进行了分析，对屏蔽、滤波等技术在电驱动系统中的应用进行了阐述；第九章结合目前电驱动系统的测试，对电驱动系统的各项测试和综合测试方法进行了阐述；第十章介绍了当前关注较多的电驱动系统安全问题，对漏电检测、储氢安全、碰撞安全等内容进行了阐述。

本书第一章和第六章由张承宁编写，第二章～第五章、第七章～第十章由王志福编写，同时实验室的田真、刘明春、吴晓鹏、韩光伟、周维、武小花以及叶辉萍等为本书提供了相关的参考资料并进行了部分的编写工作。

本书的完成过程中得到了国家自然科学基金项目(项目编号:51105032)的资助。本书的内容采用了实验室相关研究成果和科研内容，翟丽博士、李炯博士、王再宙博士、叶辉萍硕士等的研究成果为本书的内容增加了很多独有的内容，在此向他们表示衷心的感谢。

电动汽车技术涉及知识面广，既涉及传统汽车的知识，又涉及电、控制等方面的技术，发展迅速，由于作者水平有限，书中难免存在一些错误或不足之处，敬请广大读者批评指正(联系邮箱:wangzhifu@ bit. edu. cn)。

编著者

目　　录

第一章　绪　　论

汽车的发展对于改变人们的生活和行为方式起到了巨大的作用，在现代生活中，汽车已经成为人们生活中必不可少的交通工具。同时，汽车工业的发展对于整个世界经济的推动作用也非常巨大，甚至可以说从某种程度上改变着世界的经济格局。随着汽车工业的不断发展，全球汽车保有量的不断攀升，汽车对于世界经济和能源环境的深层次的影响也逐渐显现。在各种需求和压力的作用下，作为一种新型节能环保的交通工具——电动汽车在近年也得到了长足的发展。

第一节　电 动 汽 车

一、电动汽车发展的背景需求

汽车的发展为人们的生活工作等提供了极大的便利，随着人们生活需求的不断提高，世界范围的汽车产销量也呈现出跳跃式的发展。1950 ~ 1970 年，全球汽车保有量每 10 年翻一番，1970 年达到 2.5 亿辆。1986 年，全球汽车保有量再次翻一番达到 5 亿辆。目前，全球汽车保有量已从 2009 年的 9.8 亿辆跃升至 2010 年的 10.15 亿辆，同比增长 3.6%，实现了自 2000 年以来的最大增幅。预计到 2050 年将升至 25 亿辆。统计显示，中国汽车市场 2010 年的井喷式增长，对全球汽车保有量的增长起到重要作用。2010 年，中国在用汽车的保有量同比增长 27.5%，增量超过 1680 万辆，这个数字接近同期全球新增汽车保有量的一半。截至 2011 年 8 月底，中国机动车保有量达到 2.19 亿辆。其中，摩托车占 54.12%，约为 1.19 亿辆。汽车保有量占机动车总量的 45.88%，刚刚超过 1 亿辆。这是中国汽车保有量首次突破 1 亿辆大关，仅次于美国的 2.85 亿辆，位居世界第二。此后中国汽车市场一直保持较高的增长速度和巨大的产销量。2011 年，我国汽车产销分别为 1841.89 万辆和 1850.51 万辆，同比增长 0.84% 和 2.45%。2012 年，产销分别为 1927.18 万辆和 1930.64 万辆，同比增长 4.63% 和 4.33%。2013 年，产销分别为 2211.68 万辆和 2198.41 万辆，同比增长 14.76% 和 13.87%。2014 年，产销分别为 2372.29 万辆和 2349.19 万辆，同比增长 7.3% 和 6.9%。2015 年，产销分别为 2450.33 万辆和 2459.76 万辆，同比增长 3.3% 和 4.7%。我国已经连续七年全球产销量第一。2016 年上半年，我国汽车产销分别为 1289.22 万辆和 1282.98 万辆，增幅分别比 2015 年同期提升 3.83%

和6.71%。

与此同时，以电动汽车为代表的新能源汽车在汽车消费的大潮中也扮演着越来越重要的角色。2011年，公共服务领域节能与新能源汽车示范推广和私人购买新能源汽车补贴试点城市混合动力汽车、纯电动汽车等节能与新能源汽车市场应用继续推进。截至2011年底，全国已经共有75家汽车生产企业的361个车型列入《节能与新能源汽车示范推广应用工程推荐车型目录》。2011年，列入推荐目录的车型共生产12784辆，同比增长74.3%，其中商用车生产5722辆，乘用车生产7062辆。2012年我国新能源汽车产销分别为12552辆和12791辆。同时2012年新能源汽车以纯电动为主，且纯电动销量实现高速增长。2012年，纯电动车产销分别为11241辆和11375辆，占新能源车总销量的绝大比重，且与2011年相比，其产销分别同比增长98.8%和103.9%。而混合动力汽车2012年产销分别仅有1311辆和1416辆，2011年产销分别为2713辆和2580辆。2013年中国新能源汽车产量1.75万辆，同比去年增长了39.7%，其中纯电动14243辆，插电式混合动力3290辆；新能源汽车销售1.76万辆，同期同比去年增长了37.9%，其中纯电动销售14604辆，插电式混合动力销售3038辆。进入2014年以来，在经济压力、基础建设促进、车辆技术进步的促进下，新能源汽车的产销产生了爆发式发展。2014年新能源汽车生产78499辆，销售74763辆，比上年分别增长3.5倍和3.2倍。其中纯电动汽车产销分别完成48605辆和45048辆，比上年分别增长2.4倍和2.1倍；插电式混合动力汽车产销分别完成29894辆和29715辆，比上年分别增长8.1倍和8.8倍。2015年新能源汽车的销量为33.11万辆，相比去年同比增长了340%。其中，纯电动汽车销量为24.75万辆，同比增长450%；插电式混合动力汽车销量为8.36万辆，同比增长180%。新能源乘用车中，纯电动乘用车销量为14.67万辆，同比增长300%；插电式混合动力乘用车销量为6.07万辆，同比增长250%。2016年上半年，新能源汽车生产17.7万辆，销售17.0万辆，比上年同期分别增长125.0%和126.9%。其中纯电动汽车产销分别完成13.4万辆和12.6万辆，比上年同期分别增长160.8%和161.6%；插电式混合动力汽车产销分别完成4.3万辆和4.4万辆，比上年同期分别增长57.1%和64.2%。如此迅猛的汽车发展规模，已经从多个方面暴露出汽车产业发展的瓶颈，并对全球的发展提出了严峻的考验。

1. 全球变暖

全球平均气温在近100多年来已经经历了冷—暖—冷—暖两次波动，总体为上升趋势。近年来全球气温明显上升，1981~1990年全球平均气温比100年前上升了0.48℃。科学家预测，如果地球表面温度的升高按现在的速度继续发展，到

2050 年全球温度将上升 2～4℃，南北极地冰山将大幅度融化，导致海平面大大上升，一些岛屿国家和沿海城市将淹于水中，如纽约、上海、东京和悉尼。导致全球变暖的主要原因是温室气体的排放。从世界范围看，交通运输是温室气体排放的主要领域之一，根据 2007 年欧洲运输部长会议《减少运输二氧化碳排放报告》，2003 年，在经济合作组织国家燃油消费排放的二氧化碳中，交通运输（包括营业性运输及私人运输）占 34.7%，其中公路为 23.7%；在全世界范围，交通运输占 28%，其中公路为 18%。美国运输部发布的《2005 年运输统计报告》指出，2003 年美国运输部门温室气体排放总量为 18.64 亿 t 二氧化碳当量，占当年美国全部温室气体排放量的 27%，在所有运输方式温室气体排放量中，道路运输占 82%。

2. 空气污染

空气污染是指一些危害人体健康及周边环境的气体、固体或液体悬浮物对大气层所造成的污染。汽车释放出的一氧化碳、碳氢化合物、氮氧化物、二氧化碳、固体悬浮颗粒、铅及硫氧化合物会对空气造成污染。很多大都市的空气污染物和烟雾混合物中，燃油车的排放所占的比重已经超过 50.7%。尽管燃油车的发动机在不断改进以降低排放，但燃油车数量的增加所带来的影响远远大于单台车辆降低排放所取得的效果。因此，由燃油车所造成的空气污染物的总量仍在以令人担忧的速度持续增加。

3. 酸雨

酸雨是由于空气中二氧化硫（SO_2）和氮氧化物（NO_x）等酸性污染物引起的 pH 值小于 5.6 的雨水、冻雨、雪、雹、露等酸性降水。汽车尾气排放出来的氮氧化物、硫氧化合物会导致酸雨的形成，酸雨会导致土壤和湖泊酸化，植被和生态系统破坏，建筑材料、金属结构和文物腐蚀等一系列严重的环境问题。酸雨在 20 世纪五六十年代最早出现于北欧及中欧，目前全球受酸雨危害严重的有欧洲、北美及东亚地区。我国酸雨正呈急剧蔓延之势，是继欧洲、北美之后世界第三大重酸雨区。

4. 资源、能源短缺

由于人类无计划、不合理的大规模开采，资源和能源短缺问题已经在世界上大多数国家甚至全球范围内出现。半个世纪以来，全球能源消耗量大增，1950 年，全世界能源消耗总量为 26 亿 t 标准煤，1987 年为 110 多亿 t 标准煤，2000 年为 131.32 亿 t 标准煤，2004 年为 146.10 亿 t 标准煤。据美国能源信息署发布的国际能源展望，世界能源市场消耗量在 2005～2030 年间预计增加 50.7%，非经济合作组织国家的总能源需求增加 85.7%，经济合作组织国家能源需求增加 19%，世界能源供应将日趋紧张。石油是目前汽车的主要能源，而汽车工业作为各国的支柱产业被大力发展，显然，汽车工业的发展将进一步加剧能源短缺问题的严重性。

5. 噪声污染

人为造成的一些人们不需要的声音甚至是令人厌恶的声音可以称为噪声。噪声的污染源主要有工厂噪声、交通噪声、建筑施工噪声、社会生活噪声等。城市噪声主要来源于交通噪声，而汽车噪声正是交通噪声的主要组成部分。汽车噪声主要有发动机噪声、进气噪声、排气噪声、风扇噪声、传动噪声、轮胎噪声、空气动力噪声以及各种发动机附件的噪声等。虽然噪声污染看起来比空气污染危害小，但是噪声可以引起心绪不宁、心情紧张、心跳加快和血压增高等。“噪声病”一词已出现于医学书刊，其发病率也日益增加。

为了尽可能解决传统汽车工业带来的种种问题，增强世界汽车工业的可持续发展，适应全球经济发展趋势，世界各国政府、学术界、工业界都在加大对电动汽车开发投入的力度，加速电动汽车发展的步伐。

电动汽车可以部分或者全部地利用电能。电能除了可以通过火力发电、核能发电之外，还可以通过其他形式能量的转换获得，如水能（水力发电）、风能（风力发电）、化学能（电池）及光能（光电池、太阳电池等）等，可以减少石油资源的使用量，而且这些新能源不会产生有害的排放和温室气体。电动汽车还可以充分利用晚间用电低谷时富余的电力充电，使发电设备日夜都能充分利用，大大提高其经济效益。研究表明，同样的原油经过粗炼，送至电厂发电，经充入电池，再由电池驱动汽车，其能量利用效率比经过精炼变为汽油，再经汽油机驱动汽车高，因此有利于节约能源。

电动汽车的有害排放物很少甚至可以实现零排放，减小对环境的污染。在全球范围内，由电动汽车产生的有害排放物比燃油车的少得多。另外，为了减少全球污染物的排放，电动汽车的使用为通过集中处理进一步减少空气污染物的排放提供了一种可能。在发电过程中会产生相应的排放物，通过集中处理的方法，这些污染物很容易被收集起来，但这种集中处理的方法不适用于燃油车。

此外电动汽车还有一个明显的优势，就是基本不会产生噪声污染。燃油车的发动机和复杂的机械传动装置会对环境产生严重的噪声污染，而电动汽车用电机驱动，电机工作时噪声很小，通过有效地控制手段，甚至可以使电动汽车运行时“无声无息”，从而大大改善对环境的噪声污染。

二、电动汽车的种类及技术特点

现代电动汽车是在现代控制理论、电力电子技术、现代化学基础理论等基础上发展起来的，它是以化学电池、燃料电池、飞轮储能装置、超级电容等为能源，全部或部分由电驱动系统驱动，集中了机、电、化等各个学科领域中的高新技术，是汽车、电力拖动、功率电子、自动控制、化学能源、计算机、新能源、新材料等工程技术中的最新成果的集成产物。

按照目前技术状态和车辆驱动原理，电动汽车可划分为纯电动汽车、燃料电池电动汽车和混合动力电动汽车三种类型。

1. 纯电动汽车

纯电动汽车是一种仅由车载能源（包括动力蓄电池、超级电容、飞轮电池等）作为储能动力源的汽车。车载能源通过功率转换装置（电机控制器）向驱动电机提供电能并驱动其运转，驱动电机经传动装置带动车轮旋转从而推动汽车运动。纯电动汽车主要由车载能源、能源管理系统、电驱动系统、车身和底盘，以及安全保护系统等构成。车载能源目前主要是采用动力蓄电池，主要有铅酸电池、镍-氢电池、镍-镉电池、钠-硫电池、锂离子电池、锌-空气电池等。图 1-1 所示为一种典型的纯电动汽车结构示意图。

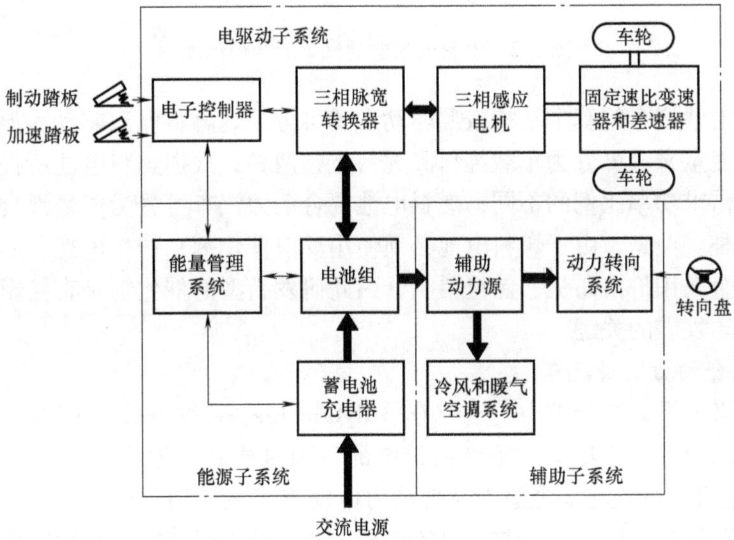

图 1-1 典型的纯电动汽车结构示意图

纯电动汽车是电动汽车研发的技术基础，具有零排放、低噪声、结构简单、技术成熟等优点，只要有电力供应的地方都能够充电运营。但是由于目前蓄电池单位质量储存的能量太少，又没形成经济规模，故购买价格较贵。但是其应用成本较低，甚至可以达到传统汽车的 1/3，这主要取决于电池的寿命及当地的油、电价格等因素。

2. 燃料电池电动汽车

燃料电池电动汽车以氢气为燃料，氢气与大气中的氧气发生化学反应，通过电极将化学能转化为电能，并将电能转化为机械能，作为动力驱动汽车前进。燃料电池的化学反应过程不会产生有害产物，具有高效率、无污染、零排放、无噪声等优势。燃料电池的能量转换效率比内燃机要高2~3倍，因此从能源的利用和环境保护方面看，燃料电池汽车是一种理想的车辆。图1-2是一种燃料电池电动汽车的结构示意图。

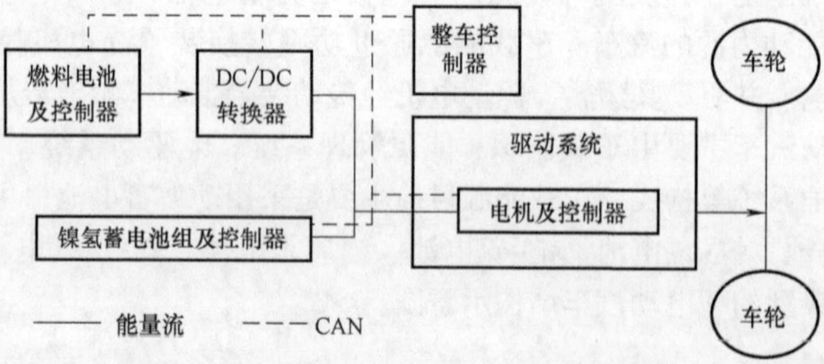

图1-2　燃料电池电动汽车的结构示意图

燃料电池汽车的基本结构按照驱动形式可分为纯燃料电池驱动和混合驱动两种；按照能量来源可分为车载纯氢和燃料重整两种；根据燃料电池所提供的功率占整车总需求功率比例的不同，燃料电池混合动力汽车可分为能量混合型和功率混合型两种。但是，由于燃料电池必须使用反应催化剂来产生电能，而构成催化剂的稀有金属铂价格昂贵、储量稀少，因此研发新型的催化剂是直接影响燃料电池电动汽车发展的关键。

3. 混合动力电动汽车

从狭义上讲，混合动力电动汽车（Hybrid Electric Vehicle，HEV）是指同时装备两种动力源——热动力源（由传统的汽油机或者柴油机产生）与电动力源（电池与电机）的汽车。通过在混合动力电动汽车上使用电机，使得动力系统可以按照整车的实际运行工况要求灵活调控，而发动机保持在综合性能最佳的区域内工作，从而降低油耗与排放。也可以认为混合动力电动汽车通常是指既有蓄电池可提供电力驱动，又装有一个相对小型内燃机的汽车。混合动力汽车是一种因为推广电动汽车的时机不成熟而开发的一种折中的技术。

从广义上来讲，混合动力电动汽车指的是装备有两种具有不同特点驱动装置的车辆。这两个驱动装置中有一个是车辆的主要动力来源，它能够提供稳定的动力输出，满足汽车稳定行驶的动力需求，由于内燃机在汽车上的成功应用，使之成为首选的驱动装置；另外还有一个辅助驱动装置，它具有良好的变工况特性，能够进行功率的平衡、能量的再生与存储，目前应用最多的是电混合系统。

根据国际机电委员会下属的电力机动车技术委员会的建议，混合动力电动汽车是指由两种和两种以上的蓄能器、能源或转换器作为驱动能源，其中至少有两种以上能提供电能的车辆称为混合动力电动汽车。根据这个定义，混合动力电动汽车有很多种形式，为了避免混淆，业内通常把内燃机与蓄电池动力混合的车型称为混合动力电动汽车，把燃料电池与蓄电池动力混合的车型称为燃料电池电动汽车，而把蓄电池与电容器动力混合的车型称为超级电容器辅助动力电动汽车等。

除去这三种类型的混合动力电动汽车，还有几种运行模式介于这三者之间的混合动力电动汽车类型，包括增程型电动汽车（或称在线充电式电动汽车）、外接充电型混合动力电动汽车和双模电动汽车。增程型电动汽车通常运行在纯电动汽车模式，而当在连续行驶里程不足时，发动机和发电机集成的动力推进系统会以汽油、生物柴油或乙醇等为媒介使车辆运行在串联式混合动力电动汽车模式。图1-3所示为一种增程式电动汽车的结构简图；外接充电型混合动力电动汽车在短途行驶时消耗存储电能，而在行驶里程较长时运行在以内燃机为主的混合动力电动汽车模式，因此，车辆通常采用并联式或者混联式，而且多为重度混合型；同前两种类型的电动汽车类型相比，双模电动汽车允许驾驶人采取更加自主的决策，在储蓄电量允许的条件下，驾驶人可以根据实际路况和动力性能要求通过按键在纯电池电动汽车和混合动力电动汽车之间进行切换，以求满足排放标准、动力性能和驾驶体验的不同要求。

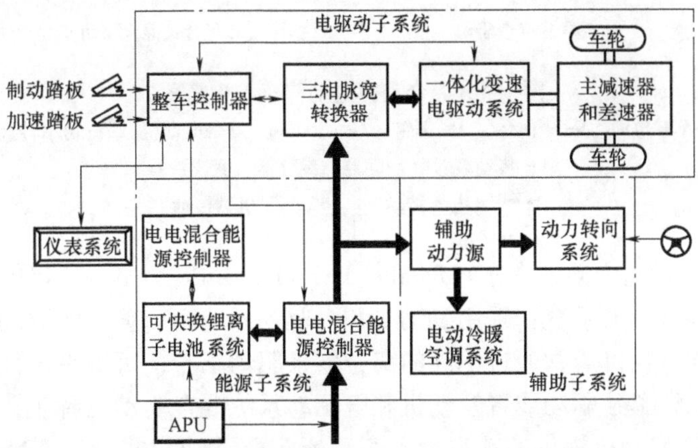

图 1-3　一种增程式电动汽车的结构简图

因此，根据内燃机和驱动电机的布置结构和动力耦合方式，混合动力电动汽车可以细分为以下四种类型。

（1）串联式混合动力汽车（Series Hybrid Electric Vehicle，SHEV）

串联式混合动力系统：发动机输出的机械能首先通过发电机转化为电能，转化后的电能一部分用来给蓄电池充电，另一部分经由驱动电机和传动装置驱动车轮。尽管串联式混合动力的结构简单，但它需要三个驱动装置：发动机、发电机和电驱动系统，如图1-4a 所示。因而该种混合方式的车辆的效率通常较低。如果串联式混合动力车设计时考虑到要爬长坡，那么提供最大功率的驱动装置的尺寸就会较大；如果用作短途运行，如当通勤车或购物车，相应的内燃机/发电机装置的功率就可较低，尺寸较小。

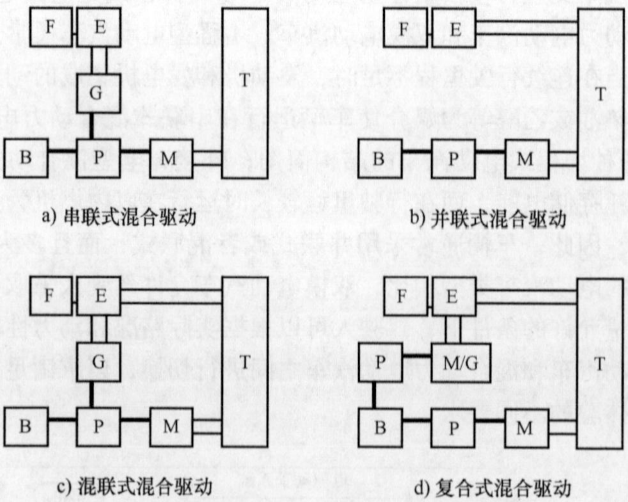

图1-4 混合动力电动汽车结构简图

B—车载电源 E—内燃机 F—油箱 G—发电机 M—电动机 P—功率转换器 T—传动装置（制动器、离合器、变速器）

——电气传动 ═══ 机械传动

（2）并联式混合动力汽车（Parallel Hybrid Electric Vehicle，PHEV）

并联式混合动力系统：采用发动机和电驱动系统两套独立的驱动系统驱动车轮。发动机和电动机通常通过不同的离合器来驱动车轮，可以采用发动机单独驱动、电驱动系统单独驱动或者发动机和电驱动系统混合驱动三种工作模式，如图1-4b 所示。当发动机提供的功率大于车辆所需驱动功率或者当车辆制动时，电驱动系统工作于发电机状态，给蓄电池充电。与串联式混合动力相比，它只需要两个驱动装置，即发动机和电机。而且，在蓄电池放完电之前，如果要得到相同的性能，并联式比串联式的发动机和电机的尺寸要小。

（3）混联式（串并联）混合动力汽车（Series-parallel Hybrid Electric Vehicle，SPHEV）

混联式混合动力系统：在结构上综合了串联式和并联式的特点，如图1-4c 所示。与串联式相比，它增加了机械动力的传递路线；与并联式相比，它增加了电能的传输路线。尽管综合了串联和并联的优点，但其结构复杂，成本高。然而，随着控制技术和制造技术的发展，一些现代混合动力电动汽车更倾向于选择这种结构。

(4) 复合式混合动力汽车（Complex Hybrid Electric Vehicle，CHEV）

复合式混合动力系统：其结构与混联式相似，二者的主要区别是复合型中的电驱动系统允许功率流双向流动，而混联式中的发电机只允许功率流单向流动，如图1-4d所示。双向流动的功率流可以有更多的工作模式。复合式混合动力电动汽车同样具有结构复杂、成本高的缺点，不过，现在有些新型的混合动力电动汽车也采用这种双轴驱动的复合式系统。

三、电动汽车发展的关键技术

现代电动汽车经过近几年的不断发展，其自身技术日渐成熟，产品质量和性能日益完善，以下几个方面的技术则是关系电动汽车进一步发展的关键技术。

1. 整车设计

在设计电动汽车时，影响整车整体性能（如续驶里程、爬坡能力、加速能力以及最高车速）的参数需要进一步改进，如减轻整车质量、降低风阻系数和减小滚动阻力等。

2. 电驱动系统

现代电机的低转速高转矩和高转速恒功率的工作范围可以通过电子控制来获得，使得电动汽车的驱动系统设计更加灵活多样，可采用单电机或多电机驱动，可选用或不用变速器，可选用或不用差速器，可选用轴式电机或轮边电机等。早期的电动汽车都采用直流电机驱动系统，但直流电机的换向器和电刷需定期维护。目前，随着技术的发展，许多先进的电机驱动技术显示出优于直流电机的性能，它们在高效率、高功率密度、有效的再生能量回馈、坚固性、可靠性和免维护性等方面具有明显的优势。

3. 能源系统

目前，任何一种蓄电池都不可能同时满足对比能量、比功率和价格的要求。在不久的将来，锂基电池如锂离子电池和锂聚合物电池在现代电动汽车中的应用将会有很好的前景；超级电容器和超高速飞轮由于其高的比功率将也有希望用于电动汽车；燃料电池能从根本上解决电动汽车续驶里程短的问题，被公认为是目前电动汽车最重要的能源之一 。但锂电池虽有较高的比能量，其比功率却较低；而超级电容器和超高速飞轮虽具有较高比功率，但其能量密度很低。因此，为了满足电动汽车的应用需求，可采用多能源系统即混合动力系统提供动力。对于采用两个能源的混合动力系统，可以选用一个能源具有高的比能量，而另一个具有高的比功率。有蓄电池和蓄电池相结合的混合动力，也有采用蓄电池和超级电容器、蓄电池和超高速飞轮以及燃料电池和蓄电池相结合的混合动力。内燃机和蓄电池结合是混合动力系统的一种特例，其中燃油的高比能量能保证汽车足够长的行驶里程，而蓄电池的高比功率有利于提高汽车的加速性能并减少废气排放。

4. 能源管理

智能管理系统如同电动汽车的大脑，应同时具有功能多、灵活性好、适应性强的特点，能智能地利用有限的车载能量，增强车辆安全性能。

5. 系统优化

电动汽车系统是一个涉及多学科技术的复杂系统，电动汽车的性能受多学科相关因素的影响，通过系统优化来改进电动汽车的性能和降低车辆的成本。计算机仿真是一项很重要的技术，它有利于制造商减少开发新产品的时间，降低成本，并能迅速进行概念评价。

第二节　电驱动系统

一、电驱动系统的构成

电动汽车电驱动系统主要包括动力输出的驱动电机、电能变换的功率变换器（逆变器）以及实现控制算法的控制系统构成。图 1-5 中间部分的实框内展示了一种常见的电驱动系统构成。其中驱动电机接受来自功率变换器的不同电压、不同频率的电能，通过电磁场作用将电能转换为机械能输出，从而推动车辆运动或者停止；功率变换器负责将车载直流电能（电池等储能能量）转换为不同的直流电能（针对直流电机）或者不同频率的交流电能（交流电机等），为驱动电机提供适合的电能；控制系统则接受整车行驶需求，进行控制算法和适合整车行驶需求的策略计算，为功率变换器提供合适的控制规则，实现恰当的逻辑和策略。

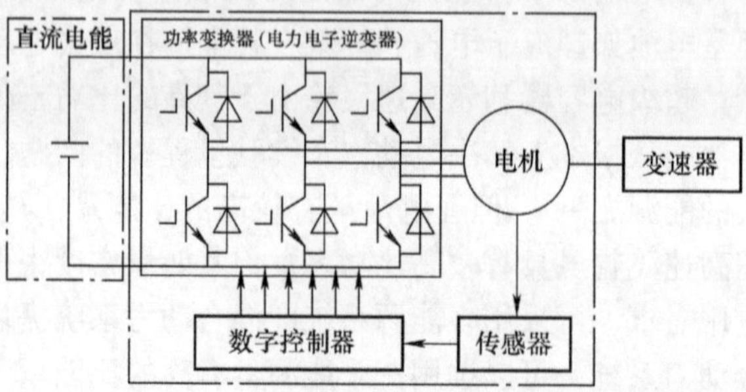

图 1-5　一种典型的电动汽车电驱动系统结构

二、电驱动系统的作用

电驱动系统作为电动汽车核心技术之一，在电动汽车上起到了驱动车辆前进并且能够回收制动能量的作用。在纯电动汽车和燃料电池汽车上，电驱动系统作为车辆唯一的驱动力来源，提供了车辆行驶全部的驱动力，保证车辆的行驶动力性、平顺性等性能，其作用相当于传统汽车的发动机。但是，由于电驱动系统能够工作在回馈制动状态，所以该系统还具备了传统发动机所无法实现的能量回馈功能，即电驱动系统在车辆制动时，能够将车辆的动能通过驱动系统的发电特性转换为电能存储到车载电源系统中；在混合动力汽车中，电驱动系统的作用根据混合型式的不同，其作用也略有差别，主要包括动力供应、平衡发动机功率和回馈能量三种。

三、电驱动系统的发展现状

从全球范围看，有刷直流电机、感应电机与有刷磁铁电机商品化历史最长，产品更新换代不断，迄今还在应用。20 世纪 80 年代开始进入商品化的表面永磁同步电机与 90 年代以来研制开发的开关磁阻电机、内置式永磁同步电机以及最新的同步磁阻电机相继进入市场，并在电动汽车与混合动力汽车上获得应用。

1. 日本

日本相关企业和研究机构主要开发混合动力汽车，近几年来在批量生产的日本电动汽车车型上以采用永磁同步电机驱动系统为主流。其主要优点是其效率比交流感应电机高，体积较小，但价格较贵。同时日本在电驱动系统集成化研究方面，尤其是混合动力总体驱动技术方面取得了显著的成效。表 1-1 所示为日本几款电动汽车电驱动系统的主要指标。

表 1-1 日本几款电动汽车电驱动系统的主要指标

车 型	电机种类	峰值功率/kW［对应转速/(r/min)］	最大转矩/N·m［对应转速/(r/min)］	电动汽车类型	初售年份
本田 PLUS	交流同步电机	49［6750］	274［0～1700］	EV	1997
本田 RAV4EV	交流同步电机	50［3100～4600］	190［0～1500］	EV	1997
日产 nessa EV	永磁同步电机	62［16000］	175	EV	1996
丰田 e-Cdrn	交流同步电机	16.5［2450～3620］	76［0～2450］	EV	1999
日产 Hyper Mini	永磁同步电机	24［3000］	130［0～1000］	EV	1999
丰田普锐斯第一代	永磁同步电机	33［1040～5600］	350［0～400］	HEV	1997
本田 Insight	永磁同步电机	9.2［2000］	49［1000］	HEV	1990
日产 TINO HEV	永磁同步电机	17［1390～5600］	155［0～700］	HEV	2000

（续）

车　　型	电 机 种 类	峰值功率/kW［对应转速/(r/min)］	最大转矩/N·m［对应转速/(r/min)］	电动汽车类型	初售年份
皇冠弱混电动汽车	交流同步电机	3［1440～1660］	56［0～300］	HEV	2001
丰田 Estima Hybrid（前轮）	永磁同步电机	13［1130～3000］	110［0～1130］	HEV	2001
丰田 Estima Hybrid（后轮）	永磁同步电机	16［1910～2500］	106［0～400］	—	2001
本田思域	永磁同步电机	10［4000］	49	HEV	2001
丰田新型普锐斯	永磁同步电机	50［6700］	400	HEV	2003
丰田 SUV	永磁同步电机	123［12400］	333	HEV	2005
雅阁混合动力汽车	永磁同步电机	12［963～6500］	136［0～963］	HEV	2005
丰田 FCHV-4	交流同步电机	60［3580～9600］	260［0～2050］	燃料电池车	2002
本田 FCX-V4	交流同步电机	60［11000］	272	燃料电池车	2002

在电驱动系统结构上，丰田公司将行星轮变速机构、电动机、发电机以及发动机进行了一体化结构设计，在有限的空间内完成了整个系统的设计与制造。图1-6所示为其集成设计的一体化驱动电机系统。该系统包括了一个电动机，一个发电机，一套行星轮耦合机构以及机械式差速器。

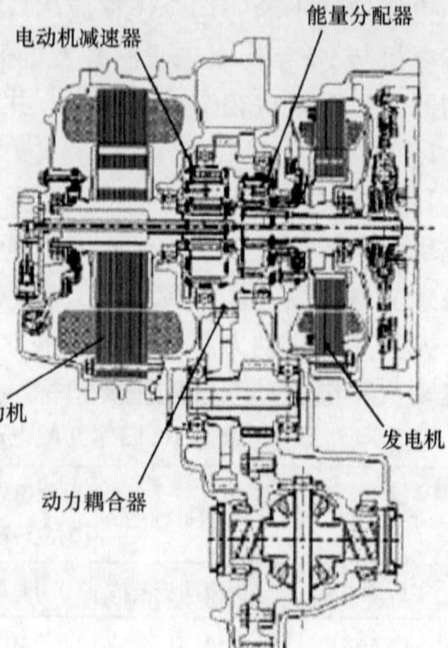

图1-6　普锐斯轿车所用集成化电机与减速器驱动系统

在控制系统设计上，丰田公司将驱动电动机控制器和发电机控制器进行了整合设计，采用了共母线技术，如图1-7所示。同时，为了提供整车电能的利用率，该系统集成了可根据需要将电动机和发电机的电源电压进行无级升压的设备，可由一般情况下的直流201.6V最大升至直流650V。这意味着小电流可提供大的电力供给，发挥高输出电动机的性能，提供系统整体的效率。为了能够为整车进行可靠的低压供电，该系统中同时集成了一个将HV蓄电池和发电机发出的201.6V直流降压至12V的DC－DC系统，以作为车辆的辅助设备、电子部件的电源使用。

图 1-7 丰田公司驱动电动机控制器和发电机控制器的整合设计

2. 欧美

近年来欧美等国家开发的电动汽车多采用交流感应电机作为驱动系统。其主要优点是价格较低，性能可靠；其缺点是起动转矩小，运行效率较低。同时欧美电动汽车在轮毂电驱动、集成化电驱动等方面也进行了卓有成效的设计研究工作。

米其林公司研发的将轮毂电机和电子主动悬架等都整合到轮内的主动轮技术如图 1-8 所示。该技术使得动力传动链大大缩短，也使得电动汽车的设计变得更加简单。2008 年巴黎车展上，首度展出的 Venturi Volage 跑车即采用了米其林公司的主动轮系统。其主动轮额定功率为 30kW，最大功率为 60kW，总质量为 7kg。由车辆电子器件制造商 Heuliez、米其林轮胎和通信服务商 Orange 合作开发而成的 WILL 汽车是另外一款安装主动轮的车型。该车是一部能够和传统汽车相

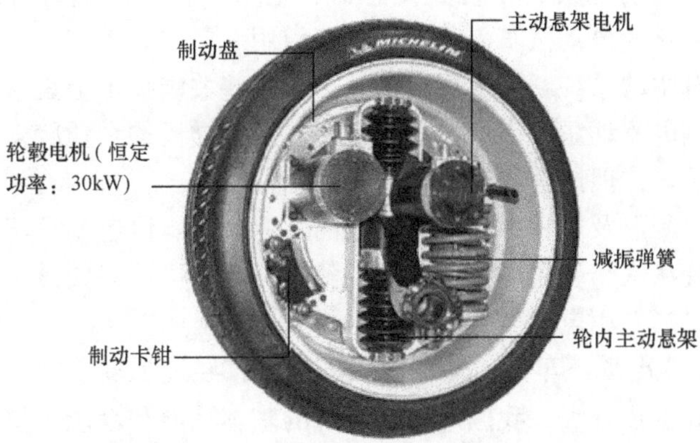

图 1-8 米其林公司的主动轮技术

媲美的电动汽车，既可以作为轿车使用，也可作为多功能运载车使用。该车0～100km/h的加速时间为12s，续驶里程为150～400km，最高车速为140km/h。

车轮独立驱动的优点是传动系统简单，布置方便；由于每个电机可以单独控制，能实现车轮驱动力的单独调节和横摆力矩的控制，容易实现车辆底盘系统的电子控制，改善车辆驱动性能和行驶性能。但轮毂电机驱动系统会使车轮质量过大，会对整车动力性能造成影响。另外还可能带来其他问题，如电机散热、防水、防尘难度大等。

3. 中国

目前我国电动汽车电驱动系统生产企业有30多家，但多数企业规模小，实力还较弱。电驱动系统是新兴的电传动行业的一个分支。新兴的高新技术企业是这一行业的主力军之一，它们一般依托于高校或者科研院所，具有较强的技术水平，但由于成立不久，这些企业大多实力较弱，融资渠道单一，生产能力不强。除了新成立的高新企业外，我国有相当一部分电驱动系统企业是由传统电机制造商转型而来。我国拥有数量庞大的电机企业，其中很多企业拥有成熟的技术工人、较好的制造能力和一定的研发能力。

我国人力资源丰富，具有丰富的稀土资源，为电机业的发展提供了很好的环境。我国车用电机在全球资源条件下具有明显的优势，较易进入全球分工体系，如果引导得力，我国电驱动系统完全可以发展成具有中国特色的优势产业。但从行业现状看，这种资源优势还并未充分发挥出来。

在国家“863计划”项目的支持和推动下，我国车用驱动电机技术进步较快。目前，比较常见的是永磁电机和异步电机。部分企业、研究单位和高校还对一些新原理的电机系统，如基于双机械端口电机的电力无级变速系统（EVT）、混合励磁电机系统等进行了探索。我国在一些驱动电机共性基础技术上，如满足各种整车封装需求的电机转子位置传感器、绝缘材料和永磁材料技术取得了突破，并在已经上路的电动汽车上得到了良好应用。

虽然我国电驱动系统新技术层出不穷，在某些关键技术上也取得了突破，但总体而言，我国电驱动系统产业化进程较慢，做出样机的企业较多，有的也进行了台架试验和装车，但能够实现批量供货的企业较少。

我国是电机制造及应用大国，有较好的工业基础。但电动汽车用电机起步时间不长，尚需要从汽车应用的角度入手，整车厂与电机厂共同携手研究制造出满足电动汽车需求的专用电机。

自国家“863电动汽车重大专项”实施以来，经过十多年的发展，电动汽车用电机系统研究进步较大，我国电驱动系统的基本功能和性能已接近国际先进水平，但产品对汽车使用环境的适应性不足，产业化之路还存在较多瓶颈。

国内电驱动系统的可靠性及耐久性尚未得到充分验证，和汽车行业的严格要求还有一定差距。由于我国新能源汽车在示范运行阶段，产量不大，因此造成了在制造工艺方面也有很大差距。手工绕线圈、手工装配等传统落后工艺与国外自动生产线大批量生产相比，其生产的产品一致性差，从而导致可靠性差。目前国内部分厂商也已经开发了集成度相对较高的一体化控制系统。与国外公司相比，我国电驱动系统主要存在以下差距：

1）机电一体化集成度不够。目前国外公司已经把电机与变速器有机地集成在一起，从而可以通过调整速比进一步优化电机的输出功率和尺寸。我国则受制于变速器的工业设计和制造能力，进展比较缓慢，尤其没有合适的速比可达10:1的电机减速器产品。

2）国外公司利用其整车制造能力，改进传统电机和电力电子产品的制造能力。如丰田的第三代系统在控制器的散热方面利用了很多汽车散热器技术，开发出了一套高性能的散热系统，从而提高了集成度。

3）国外公司通过采用不同的电力电子技术来改变传统电机控制系统的构造，使得系统的效率进一步提高。如在丰田公司第二代的 THS 双电机系统中，引进了一个大功率的 DC－DC 转换器，使电机的母线电压和蓄电池的母线电压可以分开。这样一方面把电机的母线电压从 300V 逐步提升到了 500V，甚至到了 650V，从而大大提升了电机系统的输出功率；另一方面解决了蓄电池电压的提升，势必增加单体电池串联的个数，从而有可能降低蓄电池系统可靠性的问题。虽然我国部分电驱动厂商具备了小批量供货的能力，但通过 TS16949 质量体系标准认证的还极少。我国的电机性能和试验标准大大落后于国外标准，同时试验设备缺少也是造成我国电机产品质量与国外有很大差距的原因。

为了能够加快国内电驱动系统的发展，2015 年发布的《〈中国制造2025〉重点领域技术路线图》中明确表示：2020 年，初步建成以市场为导向、企业为主体、产学研用紧密结合的新能源汽车产业体系；自主新能源汽车年销量突破 100 万辆，市场份额达到 70% 以上；打造明星车型，进入全球销量排名前 10，新能源客车实现规模化出口，整车平均故障间隔里程达到 2 万 km；动力电池、驱动电机等关键系统达到国际先进水平，国内市场占有率达到 80%。同时要求重点推进电机、电池、逆变器等关键核心零部件自主化，满足新能源汽车产业的发展需求。驱动电机自主研发与商品化能力达到国际先进水平，乘用车驱动电机 20s 有效比功率不低于 4kW/kg，商用车 30s 有效比扭矩不低于 19N·m/kg；电机控制器实现功率密度不低于 25kW/L，综合性能达到国际先进水平，自主率达到 60% 以上。国家政策不断细化（表 1-2），国内电机企业将面临更好的发展机遇。

表1-2　新能源汽车政策扶持

2009年2月	《关于开展节能与新能源汽车示范推广试点工作的通知》
2009年3月	《汽车产业调整和振兴规划》
2009年6月	《新能源汽车生产企业及产品准入管理规则》发布，“十城千辆计划”
2010年6月	《“节能产品惠民工程”节能汽车（1.6升及以下乘用车）推广实施细则》
2010年6月	《私人购买新能源汽车试点财政补助资金管理暂行办法》

2015年是新能源汽车推广的收官之年，也是《节能与新能源汽车产业发展规划2012—2020》原定的50万辆目标的截止年。在这一年，国家与地方政府出台了减免新能源车船购置税、开放电动乘用车准入等多项补贴标准和政策鼓励新能源汽车的发展。

2016年是“十三五”的开局之年，自2016年起，中国新能源汽车产业将由起步阶段进入加速阶段。一直以来，国家和地方政府的支持政策都对新能源汽车的发展发挥着重要作用。关于新能源汽车“十三五”期间的发展，国家和部分地方政府已发布相关政策。

据统计，截至2016年6月，国家共出台新能源汽车相关政策30项，其中推广政策出台7项，行业规范政策出台8项，充电基础设施政策出台4项，企业目录相关政策出台5项，行业管理相关政策出台6项。

四、电驱动系统的发展趋势

从国际研发的方向来看，受到车辆空间限制和使用环境的约束，汽车要求电驱动系统有更高的性能，耐受环境温度范围更高（冷却液入口温度>105℃），能经受高强度的振动以及体积小、成本更低等。为满足以上严格甚至苛刻的要求，车用电驱动系统技术的发展趋势可以归纳为永磁化、数字化和集成化。永磁同步电机驱动系统以其高功率密度、高效率等优势，成为发展电动汽车电驱动系统必须着重研究的关键技术之一。

在电动汽车电驱动系统的发展过程中，异步电机驱动系统得到了非常广泛的应用。但是随着电动汽车电驱动系统技术要求的不断提高，永磁同步电机驱动系统（PMSM）在国内外电动汽车上的应用逐渐得到了加强。表1-3是国家“863”计划中不同时期的驱动电机类型的比例分布情况。表1-4是2009年以来参加新能源汽车驱动系统测试（根据新能源驱动系统电动车辆国家工程实验室测试基地数据）的电机类型分布情况。表1-5是国外目前应用于电动汽车上的电机类型分布情况。

表 1-3 国家“863”计划中不同时期的驱动电机类型的比例分布

时间	驱动系统电机类型			
	感应异步电机（数量/百分比）	永磁电机（数量/百分比）		磁阻电机（数量/百分比）
		PMSM	BLDC	
“十五”第二阶段	10/56%	4/22%	0	4/22%
“十五”第三阶段	5/36%	6/43%	2/15%	1/6%
“十一五”第一阶段	9/35%	12/46%	2/8%	3/1%
“十一五”第二阶段	3/17%	14/78%	0	1/5%

表 1-4 新能源车辆驱动系统测试的电机类型分布情况

电机类型 / 时间	感应异步电机（数量/百分比）	永磁电机（数量/百分比）		磁阻电机（数量/百分比）
		PMSM	BLDC	
2009 年	16/59%	3/11%	7/26%	1/4%
2010 年	14/25%	28/49%	14/25%	1/1%

表 1-5 国外目前应用于电动汽车上的电机类型分布情况

感应异步电机（数量/百分比）	永磁电机（数量/百分比）		磁阻电机（数量/百分比）
	PMSM	BLDC	
3/13%	16/69.6%	4/17.4%	0/0%

从表 1-3 可以看出，在国家“863”计划中，随着研发的不断进行，异步电机驱动系统比例从 56% 下降到 17%，而永磁电机驱动系统则由 22% 上升到 78%。由表 1-4 可以看出，虽然异步电机系统在国内新能源车辆上还有较多的应用，但是永磁电机驱动系统的比例已经很高。从历年统计数据来看，异步电机驱动系统的比例从 59% 下降到了 25%，而永磁电机的比例是从 2009 年的 37% 稳步增长到了 2010 年的 74%（PMSM 驱动系统更是从 11% 增长到 49%），其增长趋势明显。在国外电动汽车驱动系统中（表 1-5），永磁电机驱动系统占有很大的优势，比例高达 87%。由此可见，永磁电机驱动系统是电动汽车电机驱动系统的主要发展趋势。

电动汽车用电机驱动系统技术发展趋势基本可以归纳为永磁化、数字化和集成化。

永磁电机具有效率高、比功率较大、功率因数高、可靠性高和便于维护的优点。采用矢量控制的变频调速系统，可使永磁电机具有宽广的调速范围。因此，电机的永磁化成为电驱动技术的重要发展方向之一。数字化也是未来电驱动技术发展的必然趋势。数字化不仅包括驱动控制的数字化，驱动到数控系统接口的数字化，而且还应该包括测量单元的数字化。随着微电子学及计算机技术的发展，高速、高集成度、低成本的微机专用芯片以及 DSP 等的问世及商品化，使得全数字的控制系统成为可能。用软件最大限度地代替硬件，除完成要求的控制功能外，还具有保护、故障监控、自诊断等其他功能。全数字化是电动汽车控制乃至交流传动系统的重要发展方向之一。

电驱动系统的集成化主要包括两个方面：一是指电机与发动机总成或电机与变速器的集成，电机驱动技术向着集成化的方向发展有利于减小整个系统的质量和体积，并可以有效地降低系统的制造成本；二是电力电子集成，包括功能集成（包括多逆变 + DC - DC 转换器 + 电池管理 + 整车控制）、物理集成（功率模块、驱动电路、无源器件、控制电路、传感器、电源等）、应用 Trench + FS IGBT 等新器件，基于单片集成、混合集成和系统集成技术达到高度集成。

沟槽栅与场终止技术的 IGBT 芯片，面积较小，单片可实现 600V/200A，提高了功率密度；600V/1200V 的 SiC 二极管应用逐步商业化，其耐压性为 Si 的 10 倍，导热性为 Si 的 3 倍，反向恢复损耗可减小 66%；多芯片并联静态均流技术，低电磁干扰回路；功率器件散热技术发展迅速，直接冷却和双面冷却技术进一步降低模块热阻；针对系统需求定义的 IGBT 模块定制设计，如 2010 款普锐斯轿车控制器的一个 IGBT 模块包括 6 个逆变半桥，1 个 Boost 半桥；电池组供电 + 逆变回路情况下，可选取容值较小、体积小、纹波电流较大、低感的膜电容；金属化聚丙烯膜场强可达到 200V/μm 及以上，采用自我保护的喷涂电极技术；膜电容与叠层母排一体化组件技术成为发展趋势，可减少换流回路杂散电感 50%；105℃以上高温膜的商业化仍是世界难题，对集成热管理提出更高的要求。

比亚迪新能源汽车中应用了双向逆变式充放电技术。双向逆变器集驱动电机、车载充电器、直流充电站三者功能于一身，既可把电网的交流电转换为直流电实现充电，又能把电池里的直流电反向转换为交流电对车外用电器供电。

应用双向逆变充放电技术可满足多种场合需求。如图 1-9 所示，电动车可通过车对电网（V→G）模式实现削峰填谷；车对车（V→V）模式实现车辆之间互

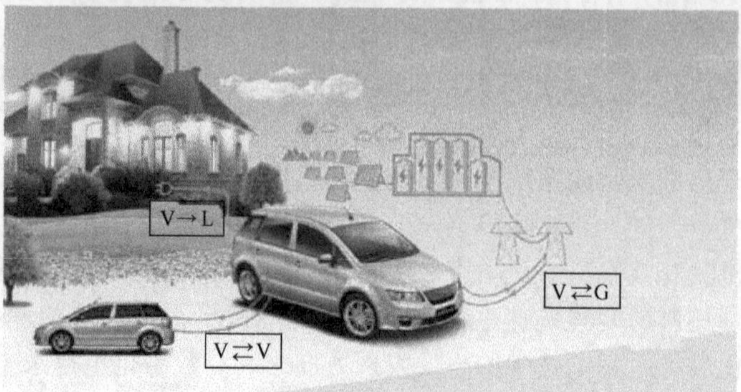

图 1-9　双向逆变充放电技术应用

相充电；车对负载（V→L）模式可实现在车辆离网时的紧急状况下应急供电。

比亚迪·唐的双向逆变器的关键电路是 PWM 双向并网变换器，其主电路如图 1-10 所示，是 6 组 IGBT 绝缘栅双极晶体管和 T_1 交流变压器，以及与电池组相连的双向 DC－DC 直流变压器。唐的直流电压为 510V。

双向逆变式充放电控制器如图 1-11 所示。

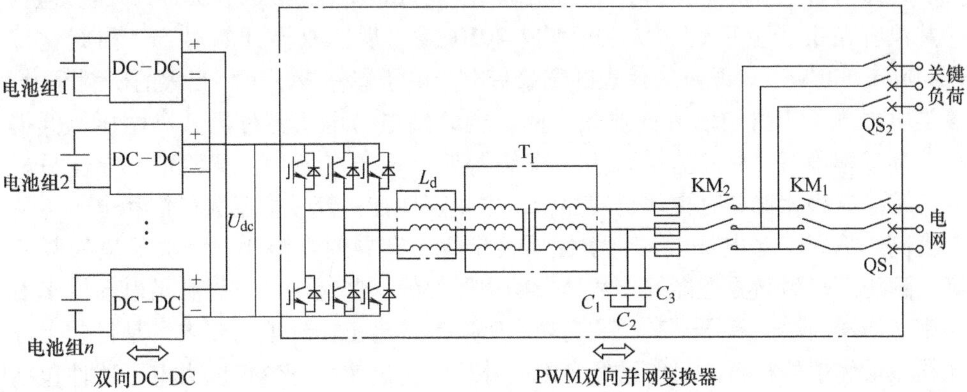

图 1-10　双向逆变器主电路

（1）V→G 模式

电动车不仅能通过电网充电，还能将电反馈给电网，以实现削峰填谷。比如，在晚上用电低谷时期，可以对电动车进行充电，然后在白天用电高峰期，由车辆向电网并网放电，将储备的电反充给电网。无论是家用单相电网，还是大型三相电网，都可以轻松实现充电与放电。这在一定程度上减轻了电网的供电负担，从而实现削峰填谷。

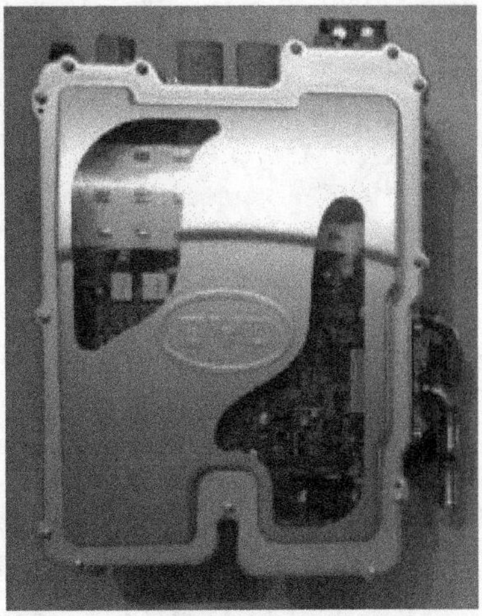

图 1-11　双向逆变式充放电控制器

（2）V→V 模式

该模式可实现车辆之间互相充电，进一步扩大了电动汽车的可充电范围，可作为紧急救援车对因电力不足而无法运行的车辆充电。

（3）V→L 模式

该模式可实现车辆离网时，单相/三相带负载功能。在家庭断电或是野外露营时，为家用电器提供可靠的电力支持。只要是 15kW 以下的电器（如电磁炉等），该技术都能为之提供单相交流电。同时，采用该系统的车辆不仅可以给上述电器供电，还可以给整座建筑提供三相交流电。当遇到自然灾害或者其他特殊情况而导致电网中断时，电动车便化身为一个移动的电站，并网供电作紧急使用。

与此同时，以硅（Si）基为代表的电力电子产品历经30年左右的发展，出现了一个技术瓶颈，其高温、高压、高频时损耗较大，需要寻找更好的器件来替代。2003年，美国Cree公司率先推出碳化硅（Silicon Carbide，SiC）产品。但当时并没有在市场上引起很大的反响。2010年以后，业界开始对SiC和氮化镓（Gallium Nitride，GaN）为代表的宽禁带电力电子器件投入了相当大的研制努力，该类电力电子产品均已有商业化产品。宽禁带电力电子器件因其高耐压、低损耗、高效率等特性，一直被视为“理想器件”而备受期待。宽禁带半导体材料与传统硅材料相比具有更优越的性能，主要表现在：禁带宽度大、饱和电子漂移速度高、临界击穿电场大、化学性质稳定等，其导通电阻小，开关速度快频率高，耐压高，耐高温性能好。宽禁带功率器件的这些性能，可以满足电动汽车对功率变换器高温、高压、高频、高功率密度等恶劣工作环境的要求，是目前半导体领域最优越的材料。目前已经有国内外厂家尝试使用宽禁带电力电子器件包括电池充电机、电机控制器等系统的应用研究。同时在进一步的研究中，对于宽禁带电力电子器件构成的系统的性能研究、新型逆变器拓扑研究和高速驱动电路研究也已经成为电动汽车研究的重点课题。然而，相对于以往的Si材质器件，SiC功率器件在性能与成本间的平衡及其对高工艺的需求，将成为宽禁带电力电子器件能否真正普及的关键。SiC和Si基电力电子器件系统的不同频率损耗对比如图1-12所示。

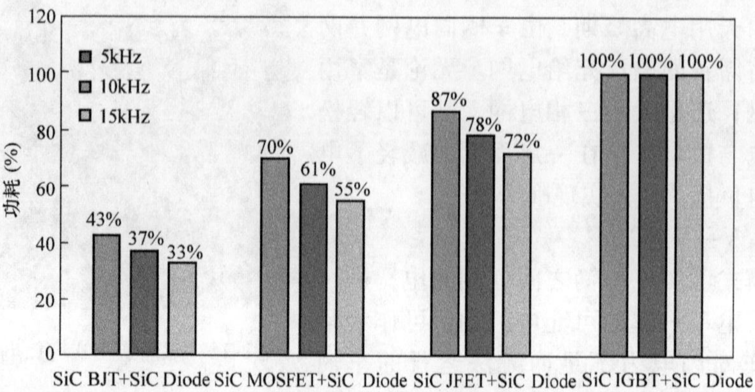

图1-12　SiC和Si基电力电子器件系统的不同频率损耗对比

参考文献

[1] 陈清泉，詹宜巨. 21世纪的绿色交通工具-电动汽车[M]. 北京：清华大学出版

社，2000.

[2] 陈清泉，孙逢春，祝嘉光. 现代电动汽车技术[M]. 北京：北京理工大学出版社，2000.

[3] Wakefield E H. 电动汽车发展史[M]. 叶云屏，孙逢春，译. 北京：北京理工大学出版社，1998.

[4] 李兴虎. 电动汽车概论[M]. 北京：北京理工大学出版社，2005.

[5] 徐国凯，赵秀春，苏航. 电动汽车的驱动与控制[M]. 北京：电子工业出版社，2010.

[6] 邹国棠，程明. 电动汽车的新型驱动技术[M]. 北京：机械工业出版社，2010.

[7] 陈全世，仇斌，谢起成. 燃料电池电动汽车[M]. 北京：清华大学出版社，2005.

[8] 电气学会，电动汽车驱动系统调查专门委员会. 电动汽车最新技术[M]. 康龙，译. 北京：机械工业出版社，2008.

[9] 高惠民. 丰田普锐斯电机及驱动控制系统解[J]. 汽车维修与保养，2007 (5).

[10] 王文伟，毕荣华. 电动汽车技术基础[M]. 北京：机械工业出版社，2010.

[11] 王责明，王金懿. 电动汽车及其性能优化[M]. 北京：机械工业出版社，2010.

[12] 康云龙. 新能源汽车与电力电子技术[M]. 北京：机械工业出版社，2010.

[13] 董耀文，秦海鸿，付大丰，等. 宽禁带器件在电动汽车中的研究和应用[J]. 电源学报，2016，(04)：119－127.

第二章　电动汽车电驱动理论基础

第一节　电动汽车的构造与工作原理

一、电动汽车的构造

电动汽车的总体结构与传统汽车基本上是一致的，只是在动力驱动系统、能源系统等关键部件上有着很大的区别。传统汽车一般采用内燃机作为车辆的唯一动力源，通过传动系将动力输出到车辆的驱动轮上。而电动汽车可以采用电驱动系统，或者电驱动与内燃机的混合系统作为车辆动力源，同时，在采用电驱动系统时，根据驱动系统特点和车辆特点可以采用单个、两个或者多个驱动系统来驱动车辆。因此，动力传输路线相对于传统汽车而言会更加灵活。

传统汽车一般由发动机、底盘、车身和电气设备四个基本部分组成，其中发动机是唯一动力源。底盘的作用是支撑、安装汽车发动机及其各部件、总成，形成汽车的整体造型，并接受发动机的动力，使汽车产生运动，保证正常行驶。底盘由传动系统、行驶系统、转向系统和制动系统四部分组成。车身安装在底盘的车架上，供驾驶人、旅客乘坐或装载货物。轿车、客车的车身一般是整体结构，货车车身一般是由驾驶室和货箱两部分组成。汽车车身结构主要包括：车身壳体（白车身）、车门、车窗、车前钣制件、车身内外装饰件和车身附件、座椅以及通风、暖气、冷气、空气调节装置等。在货车和专用汽车上还包括车厢和其他装备。电气设备由电源和用电设备两大部分组成。电源包括蓄电池和发电机；用电设备包括发动机的起动系统、汽油机的点火系统和其他用电装置。

尽管大多数的电动汽车参数是从发展成熟的燃油汽车体系中借鉴的，但电动汽车的结构、性能与技术参数有它独有的特点。电动汽车系统可分为四个子系统：机械子系统、电驱动子系统、信息子系统（负责整车通信，结构中未标出）和辅助控制子系统，如图 2-1 所示。

机械子系统由底盘和车身、驱动装置、变速器以及电源箱体组成，与之相关的因素包括道路特性、防撞性、汽车的内部空间、装配时间、适用性以及价格。

电驱动子系统由动力网、电驱动系统和能源系统组成，与之相关的因素有安全、规则、标准、效率、可靠性、质量以及价格。其中电驱动系统由电控单元、功率转换器和驱动电机等组成；电控单元发出相应的控制指令来控制功率转换器

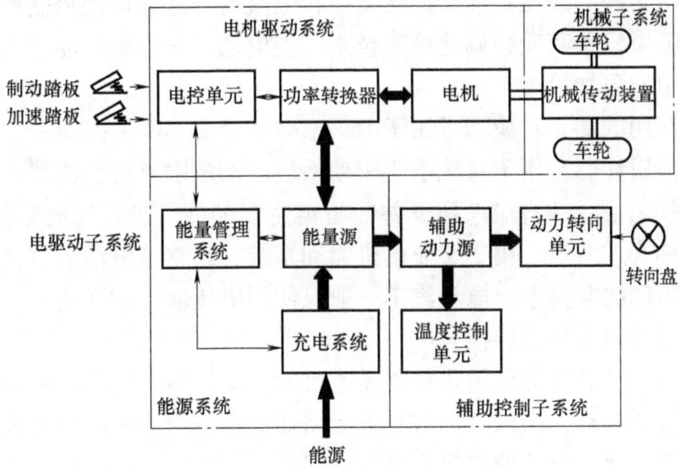

图 2-1　电动汽车的基本结构

的功率装置的通断，功率转换器的功能是调节电机和电源之间的功率流，能源系统中的能量管理系统和电控系统一起控制再生制动及其能量的回收，能量管理系统和充电器一同控制充电并监测电源的使用情况，辅助动力供给系统供给电动汽车辅助系统不同等级的电压并提供必要的动力。

驱动电机的作用是将电源的电能转化为机械能，通过传动装置驱动或直接驱动车轮。早期，电动汽车上广泛采用直流串励电机系统，这种驱动电机具有“软”的机械特性，与汽车的行驶特性非常适应。但直流电机由于有存在换向火花、比功率较小、效率较低，维护保养工作量大等缺点，随着电机技术和电机控制技术的发展，正在逐渐被直流无刷电机、永磁同步电机、开关磁阻电机和交流异步电机所取代。

电控单元即电机调速控制装置是为电动汽车的变速和方向变换等设置的，其作用是控制电机的电压或电流，完成电机的驱动转矩和旋转方向的控制。在早期的电动汽车上，直流电机的调速采用串接电阻或改变电机磁场线圈的匝数来实现。因其调速是有级的，且会产生附加的能量消耗并使电机的结构复杂，现在已很少采用。目前，电动汽车上应用较广泛的是晶闸管斩波调速，通过均匀地改变直流电机的端电压，控制电机的电流，来实现电机的无级调速。在电力电子技术的不断发展中，晶闸管斩波调速也逐渐被其他电力晶体管（如 GTO、BTR、IGBT、MOSFET 等）斩波调速装置所取代。从技术的发展来看，伴随着新型驱动电机的应用，电动汽车的调速控制转变为直流逆变技术的应用，正成为必然的趋势。在驱动电机的转向变换控制中，直流电机依靠接触器改变电枢或磁场的电流方向，实现电机的转向变换，这使得控制电路复杂、可靠性降低。当采用交流异步电机驱动时，电机转向的改变只需变换磁场三相电流的相序即可使控制电路简化。此外，采用交流电机及其变频调速控制技术，使电动汽车的制动能量回收控制更加方便，控制电路更加简单。

电动汽车用的功率转换器可用于 DC - DC 转换和 DC - AC 转换。DC - DC 转换器又称直流斩波器，用于直流电机驱动系统。两象限直流斩波器能把蓄电池的直流电压转换为可变的直流电压，并能将再生制动能量进行反向转换。DC - AC 转换器通常称为逆变器，用于交流电机驱动系统，它将蓄电池的直流电转换为频率和电压均可调的交流电。电动汽车一般只使用电压输入式逆变器，因为其结构简单且又能进行双向能量转换。

电动汽车传动装置的作用是将驱动电机的驱动转矩传给汽车的驱动轴。因为电机可以带负载起动，所以电动汽车上无需传统内燃机汽车的离合器，并且驱动电机的转向可以通过电路控制实现变换，因此，电动汽车无需内燃机汽车变速器中的倒档装置。当采用电机无级调速控制时，电动汽车可以省去传统汽车的变速器。在采用电动轮驱动时，电动汽车也可以省去传统内燃机汽车传动系统的差速器。

电源系统包括电源、充电器和能量管理系统等。电源为电动汽车的驱动电机提供电能，驱动电机将电源的电能转化为机械能，通过传动装置驱动或直接驱动车轮。电源是目前制约电动汽车发展的主要因素，电动汽车的电源应该具有高比能量和高比功率等性能，以满足其动力性和续驶里程的要求。其中，比能量定义为单位质量的电池（或动力电池组）所能输出的能量，单位为 W · h/kg 或 kW · h/kg；比功率为单位质量的电池所具有电能的功率，单位为 W/kg 或 kW/kg。另外，还应具有与汽车使用寿命相当的循环寿命、效率高、成本低和免维护等特点。早期电动汽车上应用最广泛的电源是铅蓄电池，但随着电动汽车技术的发展，铅蓄电池由于比能量较低、充电速度较慢、污染大，逐渐被其他蓄电池所取代。目前正在发展的电源主要有钠硫电池、镍铬电池、镍氢电池、锂电池、燃料电池、飞轮电池等。这些新型电源的应用，为电动汽车的发展开辟了广阔的前景，尤其是性价比高的磷酸铁锂电池的问世，为电池成本的下降和性能的提高奠定了坚实的技术基础。能量管理系统主要负责监测电源的使用情况以及控制充电机向蓄电池充电。

信息子系统用于处理驾驶人的意愿，监控汽车的运行以及电源、电机、控制器和充电器的状态，相关的影响因素有通信网络、数据处理的算法以及和通信相关的故障诊断。

辅助控制子系统包括辅助动力源、动力转向系统、导航系统、空调器、照明及除霜装置、刮水器、收音机、VCD 和音响等。这些辅助设备可以提高汽车的操纵性和乘客的舒适性。

二、电动汽车电驱动系统的结构形式

电动汽车电驱动系统的结构布置各式各样，比较灵活，概括起来分为驱动电机中央驱动和电动轮驱动两种形式。驱动电机中央驱动形式借用了内燃机汽车的驱动方案，将内燃机换成驱动电机及其相关器件，用一台驱动电机驱动左右两侧车轮。该方案的操作方式与内燃机汽车相同，技术成熟，安全可靠，但系统较笨重，效率较低。与电机中央驱动形式相比，电动轮驱动形式的机械传动装置的体积与质量大大减小，效率显著提高，但控制系统复杂，成本高。但随着电子技术与控制理论的发展，这些代价将会逐步降低，因此该方案有很好的应用前途。图2-2所示为与这两种形式相对应的一些具体结构形式。

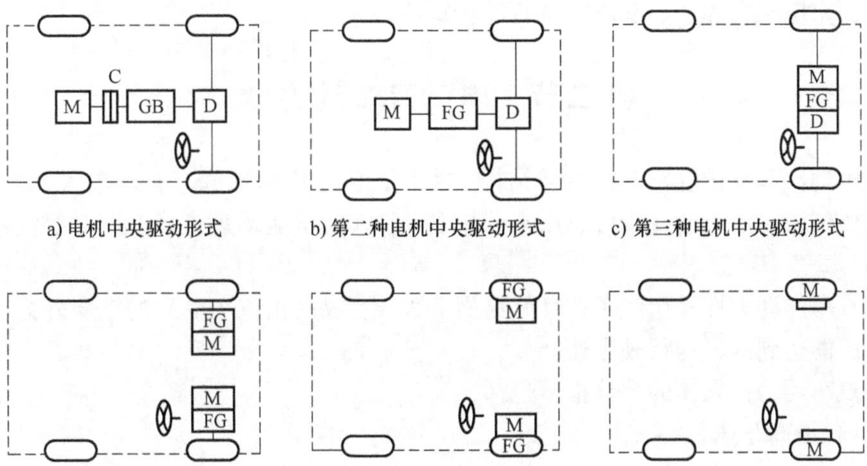

a) 电机中央驱动形式　b) 第二种电机中央驱动形式　c) 第三种电机中央驱动形式

d) 双电机电动轮驱动形式　e) 轮毂电机驱动形式　f) 另一种轮毂电机驱动形式

图2-2　电动汽车的结构形式

M—驱动电机　C—离合器　GB—变速器　D—差速器　FG—固定速比减速器

图2-2a所示为电机中央驱动形式，它直接借用了内燃机汽车的驱动方案，由发动机前置前驱发展而来，主要由驱动电机、离合器、变速器和差速器组成。电驱动装置替代了内燃机，通过离合器将电机动力与驱动轮进行连接或动力切断，变速器提供不同的传动比以变更转速，使功率（转矩）曲线匹配载荷的需求，差速器实现转弯时两车轮不同车速的行驶。

图2-2b所示为第二种电机中央驱动形式，由驱动电机、固定速比减速器和差速器等构成。在这种驱动系统中，利用驱动电机在大范围转速变化中具有恒功率的特性，采用固定速比减速器，由于没有离合器和变速器，因此可以减少机械传动装置的体积和质量。

图2-2c所示为第三种电机中央驱动形式，它与前轮驱动、横向前置发动机

的燃油汽车的布置形式相似，将驱动电机、固定速比减速器和差速器集成一体，两根半轴连接两个驱动车轮。这种布置形式在小型电动汽车上应用最普遍。

图2-2d所示为双电机电动轮驱动方式，机械差速器被两个牵引电动机所代替，两个电机分别驱动各自车轮，转弯时通过电子差速控制以不同车速行驶，省掉了机械差速器。

图2-2e所示为轮毂电机驱动方式，轮毂电机和固定速比的行星轮减速器安装在车轮里面，没有传动轴和差速器，从而简化了传动系统。但是这种方式需要两个或四个电机，其控制电路也比较复杂。

图2-2f所示为另一种轮毂电机驱动方式，它舍弃了电机与驱动轮之间的机械传动装置，采用低速外转子电机直接驱动车轮，电机转速控制等价于轮速控制，要求电机在加速、起动时具有高转矩特性。

第二节　电动汽车动力学

电动汽车与传统汽车在总体结构上类似，但在传动形式上有着较大的差别，所以传统汽车的驱动理论可以用来分析电动汽车的电驱动理论，但同时要注意其区别。

汽车的动力性是指汽车在良好路面上直线行驶时由汽车受到的纵向外力决定的、所能达到的平均行驶车速。

汽车动力性具体的评价指标包括：

1）最高车速。

2）加速时间（原地起步加速时间、超车加速时间）。

3）最大爬坡度。

一、电动汽车受力分析

图2-3所示为作用于车辆驱动轮上受力的示意图，电动汽车的电机输出轴输出转矩M，经过减速齿轮传动，传到驱动轴上的转矩T_t，使驱动轮与地面之间产生相互作用，车轮与地面作用一圆周力F_0，同时，地面对驱动轮产生反作用力F_t。F_t与F_0大小相等、方向相反，F_t方向与驱动轮前进方向一致，是推动汽车前进的外力，定义为电动汽车的驱动力。

由力的平衡关系可知

$$T_t = Mi_g i_0 \eta$$

$$F_t = \frac{T_t}{r_d} = \frac{Mi_g i_0 \eta}{r_d}$$

式中，i_g为变速器传动比；i_0为主减速比；η为传动系统的机械传动效率；r_d为车轮半径。

图 2-4 所示为作用于上坡行驶车辆上的各种力。作用于驱动轮的轮胎和路面之间接触面上的总牵引力 $\sum F_t = F_{tf} + F_{tr}$，推动车辆向前运动。

该作用力由动力装置的转矩产生，通过传动装置传递，最终驱动车轮。当车辆运动时，将受到阻碍其运动的阻力作用。该阻力通常包括轮胎滚动阻力 F_r、空气阻力 F_w、爬坡阻力 F_g和加速阻力 F_j。因此，汽车行驶的总阻力为

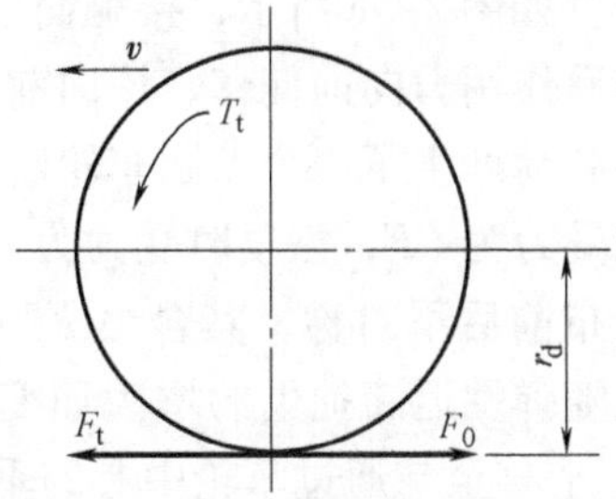

图 2-3　车辆驱动轮受力情况

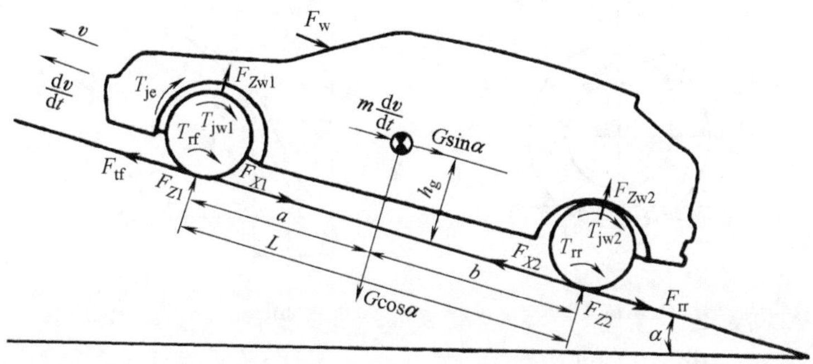

图 2-4　作用于车辆上的力

$$\sum F = F_r + F_w + F_g + F_j$$

上述诸阻力中，滚动阻力 F_r和空气阻力 F_w是在任何条件下都存在的，而爬坡阻力 F_g和加速阻力 F_j仅在一定行驶条件下存在。在水平道路上等速行驶时就没有坡度阻力和加速阻力。

依据牛顿第二运动定律，车辆的加速度可描述为

$$\frac{dv}{dt} = \frac{\sum F_t - \sum F}{\delta M} \tag{2-1}$$

式中，v 为车辆速度；$\sum F_t$ 为车辆的总牵引力；$\sum F$ 为总阻力；M 为车辆的总质量；δ 为车辆动力系统中表征旋转组件效应的质量系数。式（2-1）表明车辆的速度和加速度取决于牵引力、阻力和车辆的质量。如图 2-4 所示，与车辆运动方向相反的车辆阻力包括轮胎阻力（在图中，表现为滚动阻力矩 T_{rf}和 T_{rr}），空气阻力 F_w，以及爬坡阻力 F_g（图中的 $G\sin\alpha$ 项）。

1. 滚动阻力

车辆在硬地面上时，轮胎的滚动阻力基本起因于轮胎材料的滞变作用。它是在轮胎滚动时，由于轮胎胎壳挠曲所产生的作用，导致地面反作用力的不对称分

布。如图2-5a所示，接触面前半部分的压力大于后半部分，这一现象导致了地面反作用力向前偏移，该向前偏移的地面反作用力和作用于车轮中心、铅垂方向的载荷产生了一个抵制车轮转动的转矩。设取同一变形δ，如图2-5b所示压缩时的受力为CF，恢复时受力为DF，CF大于DF。这样就使得地面法向反作用力的分布前后不对称，其合力F_Z相对于法线$n—n'$向前移了一个距离a（图2-5c），它随弹性迟滞损失的增大而变大，其大小与法向载荷W相等。将法向反作用力F_Z平移至与通过车轮中心的垂线重合，如图2-5d所示，则滚动时有滚动阻力偶矩$T_f = F_Z a$阻碍车轮滚动。从图2-5d可知，欲使车轮在路面上等速滚动，必须在车轮中心加一个推力F_{p1}，它与地面切向反作用力构成力偶矩来克服T_f。

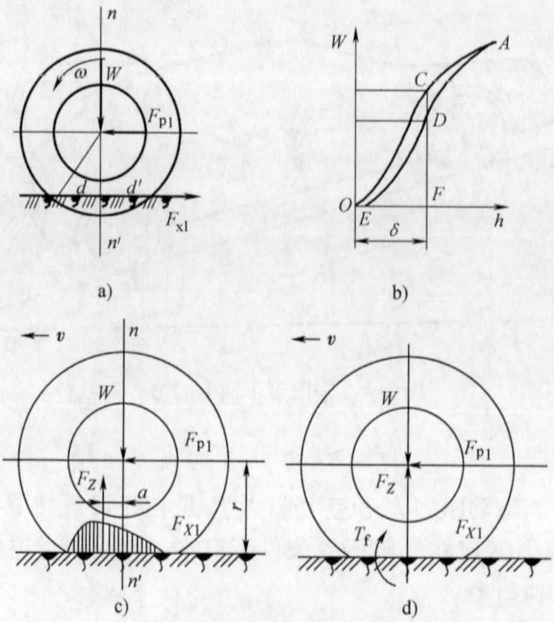

图2-5 不同路面轮胎的变形与受力

由平衡条件，可得

$$T_f = F_{p1} r_d \tag{2-2}$$

因此 $F_{p1} = \frac{T_f}{r_d} = F_Z \frac{a}{r_d}$。因$F_Z$与$W$大小相等，从而有

$$F_{p1} = W f_r$$

或

$$f_r = \frac{W}{F_{p1}} = \frac{a}{r_d} \tag{2-3}$$

式中，r_d为轮胎的有效半径；$f_r = \frac{a}{r_d}$为滚动阻力系数。这样，滚动阻力矩可表示为

$$F_r = P f_r \tag{2-4}$$

式中，P 为作用于滚动车轮中心的铅垂方向的载荷。当车辆运行在有坡度的路面上时，铅垂方向的载荷 P 应由与路面正交的分量所代替，也就是说

$$F_r = Pf_r\cos\alpha \tag{2-5}$$

式中，α 为路面的倾斜角。

滚动阻力系数 f_r 取决于轮胎材料、轮胎结构、轮胎温度、轮胎充气压力、外轮胎面的几何形状、路面粗糙程度、路面材料和路面上有无液体等因素，它对应于各种不同特征路面的典型值见表 2-1。近年来，为节省能源，已开发了用于轿车的低阻力轮胎，其滚动阻力系数小于 0.01。

表 2-1　滚动阻力系数

路面状况	滚动阻力系数	路面状况	滚动阻力系数
良好沥青或混凝土路面	0.010～0.018	泥泞土路（雨季或解冻期）	0.100～0.250
一般沥青或混凝土路面	0.018～0.020	干砂	0.100～0.300
碎石路	0.020～0.025	湿砂	0.060～0.150
良好的卵石路面	0.025～0.030	结冰路面	0.015～0.030
压紧土路：干燥的	0.025～0.035	压紧的雪道	0.030～0.050
压紧土路：雨后的	0.050～0.150		

在表 2-1 给出的数据中，滚动阻力系数的大小没有考虑轮胎与车速之间的变化关系。但是实际上行驶车速对滚动阻力系数有很大影响。如图 2-6 所示，两种不同的轿车轮胎在车速 100km/h 以下时，滚动阻力逐渐增加但变化不大；在某一车速（如 140km/h）以上时增长较快；当车速达到某一临界车速（如 200km/h）左右时，滚动阻力迅速增长，此时轮胎发生驻波现象，轮胎周缘不再是圆形而呈明显的波浪状。出现驻波后，不但滚动阻力显著增加，轮胎的温度也很快增加到 100℃ 以上，胎面与轮胎帘布层脱落，几分钟内就会出现爆破现象，这对高速行驶的车辆是一件很危险的事情。

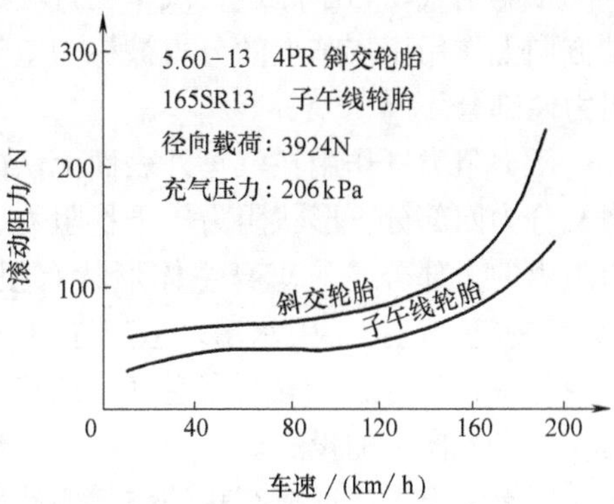

图 2-6　滚动阻力与车速关系

同时，轮胎的结构、帘线和橡胶的品种对滚动阻力都有影响。图 2-7 所示为几种不同轿车轮胎的滚动阻力系数与车速和充气压力的关系。可以看出，轮胎充气压力对 f_r 值影响很大。气压降低时，f_r 值迅速增加。这是因为气压降低时，滚动轮胎的变形大，迟滞损失增加。从图中还可以看出，子午线轮胎的滚动阻力系数较低。

基于实测结果，为计算在硬路面上的滚动阻力，许多经验公式已经被提出。例如，在混凝土路面上，轿车的滚动系数可以计算为

$$f_r = f_0 + f_s\left(\frac{v}{100}\right)^{2.5} \tag{2-6}$$

式中，v 为车速（km/h）；f_0 和 f_s 取决于轮胎的充气压力。

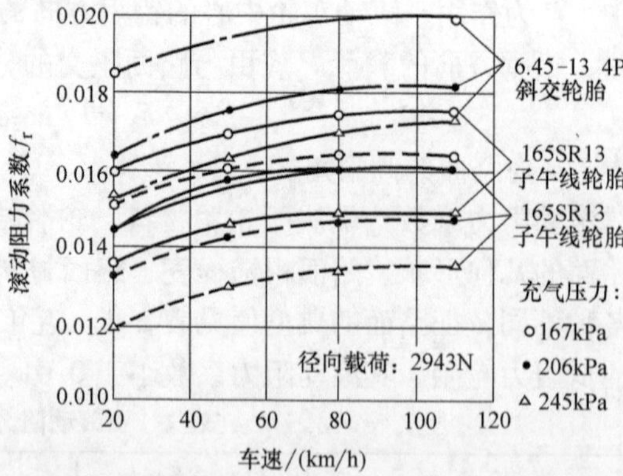

图 2-7　滚动阻力系数与车速和充气压力关系

在车辆性能计算中，可认为滚动阻力系数是速度的线性函数。对混凝土路面上行驶的轿车，可采用如下适合于一般充气压力范围的计算公式

$$f_r = 0.01 \times \left(1 + \frac{v}{100}\right) \tag{2-7}$$

2. 空气阻力

根据空气动力学原理，汽车在行驶过程中，由于空气动力的作用，在汽车行驶方向上作用于汽车上的分力被称为空气阻力，空气阻力又分为压力阻力和摩擦阻力两部分。

压力阻力：作用在汽车外表面上法向压力的合力在行驶方向的分力。压力阻力又分为四部分：形状阻力、干扰阻力、内循环阻力和诱导阻力。形状阻力占压力阻力的大部分，与车身主体形状有很大的关系；干扰阻力是车身表面突起物（如后视镜、门把、引水槽、悬架导向杆、驱动轴等）引起的阻力；内循环阻力为冷却系、车身通风等所需空气流经车体内部时构成的阻力；诱导阻力是空气升力在水平方向上的投影。

摩擦阻力：当远离车辆的空气保持静止时，靠近车辆车身的空气近乎以车速运动，两者之间的空气分子在宽速度范围下相对运动。两个空气分子之间的速度差异便产生了摩擦力，这就导致了空气阻力中的第二个分量。

在一般轿车中，这几部分阻力的大致比例为：形状阻力占 58%，干扰阻力占 14%，内循环阻力占 12%，诱导阻力占 7%，摩擦阻力占 9%。

空气阻力是车速 v、车辆迎风正面的面积 A_f、空气密度 ρ 和车辆形状的函数。空气阻力可表达为

$$F_w = \frac{1}{2}\rho A_f C_D (v + v_w)^2 \tag{2-8}$$

式中，C_D为表示车辆形状特征的空气阻力系数；v_w为在车辆运行方向上的风速分量，当它取向与车速方向相反时为正值，而与车速方向相同时则为负值。

式（2-8）表明，空气阻力与C_D及A_f成正比。一般A_f受车内空间限制不宜变小，所以降低C_D是降低空气阻力的主要手段。20世纪50年代到70年代初，轿车的C_D维持在0.4～0.6，到20世纪90年代已降到0.3左右。现代车身空气动力学的工程师认为，降低轿车车身C_D值应从下列几点着手：

1）车身前部：动力舱盖应向下倾。面与面交接处尽量圆滑，过渡平缓。

2）整车：整个车身应向前倾1°～2°，俯视形状为腰鼓式。

3）汽车后部：最好采用舱背式或直背式，后部加扰流板。

4）车身底部：所有零部件应在车身下平面内且较平整，盖板应向后逐步升高。

5）冷却进风系统：精心选择并改进通风进口、出口位置。

典型汽车的空气阻力系数和迎风面积数据见表2-2。

表2-2 典型汽车的空气阻力系数和迎风面积数据

车型	迎风面积A/m^2	空气阻力系数C_D	C_DA/m^2	备注
典型轿车	1.7～2.1	0.30～0.41		
货车	3～7	0.6～1.0		
客车	4～7	0.5～0.8		
3ИЛ130				模型试验
空车	4	0.941	3.764	
载货用篷布盖好	4.65	0.816	3.794	
后面装有厢式车厢	5.8	0.564	3.271	
油罐车	4	0.716	2.864	
菲亚特 Uno 70i. c.	1.81	0.30	0.543	
宝马 753i	2.11	0.33	0.696	
奥迪 100	2.05	0.30	0.615	
本田雅阁 Ex2.0i-16	1.70	0.33	0.561	
雷克萨斯 LS 400	2.06	0.32	0.659	
奔驰 300SE/500SE	2.10	0.34	0.714	“Motor Fan”滑行试验，
桑塔纳 X15	1.89	0.425	0.803	设f_r为常数求得

3. *爬坡阻力*

当车辆爬坡或下坡时，其重力将产生一个始终指向下坡方向的分力F_g，如图2-8所示。这一分力不是阻碍（上坡时）就是辅助（下坡时）向前的运动。在车辆性能分析中，现仅考虑上坡时的运行状态。由路面坡度所产生的力通常称为爬坡阻力，即

$$F_g = Mg\sin\alpha \tag{2-9}$$

为简化计算，当路面倾斜角较小时，通常采用坡度代替。坡度定义为

$$i=\frac{H}{L}=\tan\alpha\approx\sin\alpha \tag{2-10}$$

同时，轮胎的滚动阻力和爬坡阻力一起被称为路面阻力，即

$$F_{\mathrm{rd}}=F_{\mathrm{f}}+F_{\mathrm{g}}=Mg\ (f_{\mathrm{r}}\cos\alpha+\sin\alpha) \tag{2-11}$$

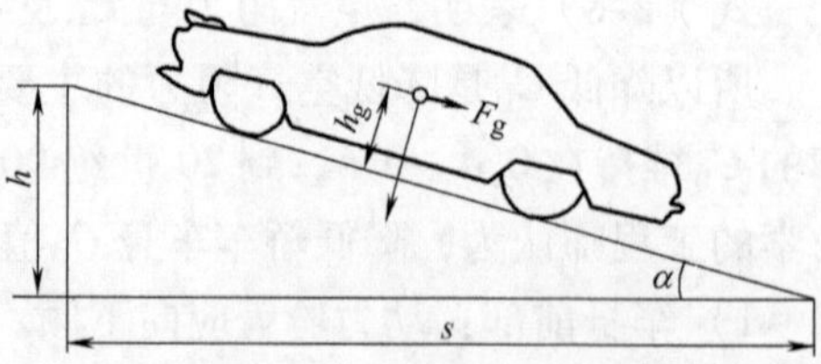

图 2-8　爬坡阻力示意图

当路面倾斜角较小时，路面阻力可简化为

$$F_{\mathrm{rd}}=F_{\mathrm{f}}+F_{\mathrm{g}}=Mg(f_{\mathrm{r}}+i) \tag{2-12}$$

令 $f_{\mathrm{r}}+i=\psi$，ψ 为道路阻力系数，则有

$$F_{\mathrm{rd}}=Mg\psi \tag{2-13}$$

4. 加速阻力

汽车加速行驶时，用来克服其加速运动时的惯性力，就是加速阻力 F_{j}。汽车的质量分为平移质量和旋转质量两部分，加速时，不仅平移质量产生惯性力，旋转质量也要产生惯性力偶矩。为了便于计算，一般把旋转质量的惯性力偶矩转化为平移质量的惯性力，对于固定传动比的汽车，常以系数 δ 作为计入旋转质量惯性力偶矩后的汽车旋转质量换算系数，因而汽车的加速阻力可写为

$$F_{\mathrm{j}}=\delta M\frac{\mathrm{d}v}{\mathrm{d}t} \tag{2-14}$$

式中，δ 为汽车旋转质量换算系数，$\delta>1$；M 为汽车质量；$\frac{\mathrm{d}v}{\mathrm{d}t}$为行驶加速度。$\delta$ 主要与飞轮的转动惯量、车轮的转动惯量及传动系的传动比有关，根据公式推导为（推导过程略）

$$\delta=1+\frac{1}{M}\frac{\sum I_{\mathrm{w}}}{r_{\mathrm{d}}^{2}}+\frac{1}{M}\frac{I_{\mathrm{f}}i_{\mathrm{g}}^{2}i_{0}^{2}\eta_{\mathrm{r}}}{r_{\mathrm{d}}^{2}} \tag{2-15}$$

式中，I_{w}为车轮的转动惯量；I_{f}为飞轮的转动惯量；r_{d} 为车轮有效半径；i_{g}为变速器传动比；i_0为主减速器传动比。

二、电动汽车动力学方程

对于车辆纵向受力情况，如图 2-4 所示，作用在两轴车辆上的主要外力包括：前、后车轮的滚动阻力 F_{rf}和 F_{rr}，它们分别能够产生滚动阻力矩 T_{rf}和 T_{rr}，空气阻力 F_{w}，爬坡阻力 F_{g}加速阻力 F_{j} 和分别作用于前、后车轮的牵引力 F_{tf}和 F_{tr}。对后轮驱动的车辆而言，F_{tf}为 0；而对前轮驱动的车辆，则 F_{tr}为 0。

纵向车辆运动的动力学方程可表达为

$$M\frac{\mathrm{d}v}{\mathrm{d}t}=(F_{\mathrm{tf}}+F_{\mathrm{tr}})-(F_{\mathrm{rf}}+F_{\mathrm{rr}}+F_{\mathrm{w}}+F_{\mathrm{g}}+F_{\mathrm{j}}) \tag{2-16}$$

式中，$\frac{\mathrm{d}v}{\mathrm{d}t}$为车辆沿纵向的线加速度；$M$ 为车辆的质量。式（2-16）等号右边的第一项是总牵引力，第二项是总阻力。

若想获得轮胎与地面接触面所能支持的最大牵引力，必须确定前、后车轴上铅垂方向的载荷。通过累加作用于点 R（轮胎与地面接触面的中心）的所有力矩，便可得前轴上铅垂方向的载荷 W_{f} 为

$$W_{\mathrm{f}}=\frac{MgL_{\mathrm{b}}\cos\alpha-\left(T_{\mathrm{rf}}+T_{\mathrm{rr}}+F_{\mathrm{w}}h_{\mathrm{w}}+Mgh_{\mathrm{g}}\sin\alpha+Mh_{\mathrm{g}}\frac{\mathrm{d}v}{\mathrm{d}t}\right)}{L} \tag{2-17}$$

同理可得作用于后轴上的铅垂方向载荷 W_{r} 为

$$W_{\mathrm{r}}=\frac{MgL_{\mathrm{a}}\cos\alpha-\left(T_{\mathrm{rf}}+T_{\mathrm{rr}}+F_{\mathrm{w}}h_{\mathrm{w}}+Mgh_{\mathrm{g}}\sin\alpha+Mh_{\mathrm{g}}\frac{\mathrm{d}v}{\mathrm{d}t}\right)}{L} \tag{2-18}$$

对于轿车，假设空气阻力作用点高度 h_{w} 近似于车辆质心的高度 h_{g}，则式（2-17）和式（2-18）可简化为

$$W_{\mathrm{f}}=\frac{L_{\mathrm{b}}}{L}Mg\cos\alpha-\frac{h_{\mathrm{g}}}{L}\left(F_{\mathrm{w}}+F_{\mathrm{g}}+Mgf_{\mathrm{r}}\frac{r_{\mathrm{d}}}{h_{\mathrm{g}}}\cos\alpha+M\frac{\mathrm{d}v}{\mathrm{d}t}\right) \tag{2-19}$$

和

$$W_{\mathrm{r}}=\frac{L_{\mathrm{a}}}{L}Mg\cos\alpha+\frac{h_{\mathrm{g}}}{L}\left(F_{\mathrm{w}}+F_{\mathrm{g}}+Mgf_{\mathrm{r}}\frac{r_{\mathrm{d}}}{h_{\mathrm{g}}}\cos\alpha+M\frac{\mathrm{d}v}{\mathrm{d}t}\right) \tag{2-20}$$

式中，r_{d} 为车轮的有效半径。由式（2-5）和式（2-16），可重写式（2-19）和式（2-20）为

$$W_{\mathrm{f}}=\frac{L_{\mathrm{b}}}{L}Mg\cos\alpha-\frac{h_{\mathrm{g}}}{L}\left[F_{\mathrm{t}}-F_{\mathrm{r}}\left(1-\frac{r_{\mathrm{d}}}{h_{\mathrm{g}}}\right)\right] \tag{2-21}$$

和

$$W_{\mathrm{r}}=\frac{L_{\mathrm{a}}}{L}Mg\cos\alpha+\frac{h_{\mathrm{g}}}{L}\left[F_{\mathrm{t}}-F_{\mathrm{r}}\left(1-\frac{r_{\mathrm{d}}}{h_{\mathrm{g}}}\right)\right] \tag{2-22}$$

式中，$F_{\mathrm{t}}=F_{\mathrm{tf}}+F_{\mathrm{tr}}$为车辆的总牵引力；$F_{\mathrm{r}}$ 为车辆的滚动阻力。式（2-21）和式（2-22）等号右边的第一项分别是当车辆静止在水平地面上时作用在前、后车轴上的静载荷；第二项分别为其铅垂方向载荷的动态分量。

轮胎与地面接触面所能支持的最大牵引力（大于该最大牵引力的任意小量的变化将引起轮胎在地面上的自旋），它通常以铅垂方向载荷和路面附着系数 μ 的乘积方式给出。因此，对前轮驱动的车辆应有

$$F_{\mathrm{tmax}}=\mu W_{\mathrm{f}}=\mu\left\{\frac{L_{\mathrm{b}}}{L}Mg\cos\alpha-\frac{h_{\mathrm{g}}}{L}\left[F_{\mathrm{tmax}}-F_{\mathrm{r}}\left(1-\frac{r_{\mathrm{d}}}{h_{\mathrm{g}}}\right)\right]\right\} \tag{2-23}$$

和

$$F_{\text{tmax}}=\frac{\mu Mg\cos\alpha\dfrac{L_{\text{b}}+f_{\text{r}}(h_{\text{g}}-r_{\text{d}})}{L}}{1+\mu\dfrac{h_{\text{g}}}{L}} \tag{2-24}$$

式中，f_r 为滚动阻力系数。而对于后轮驱动的车辆应有

$$F_{\text{tmax}}=\mu W_{\text{r}}=\mu\left\{\frac{L_{\text{a}}}{L}Mg\cos\alpha-\frac{h_{\text{g}}}{L}\left[F_{\text{tmax}}-F_{\text{r}}\left(1-\frac{r_{\text{d}}}{h_{\text{g}}}\right)\right]\right\} \tag{2-25}$$

和

$$F_{\text{tmax}}=\frac{\mu Mg\cos\alpha\dfrac{L_{\text{a}}+f_{\text{r}}(h_{\text{g}}-r_{\text{d}})}{L}}{1+\mu\dfrac{h_{\text{g}}}{L}} \tag{2-26}$$

车辆行驶时，通过传动装置并由动力装置转换而来的驱动轮上的最大牵引力，不应超过轮胎与地面间附着力[式(2-24)和式(2-26)]的最大值，否则驱动轮将在地面上打转，导致车辆的不稳定。

三、电动汽车行驶的附着条件与附着率

汽车动力系统所确定的驱动力是决定汽车动力性的一个主要因素。驱动力大，加速能力好，爬坡能力也强，但是当车辆的实际牵引力超过最大牵引力的限度时，驱动轮将在地面上打转。因此，汽车的动力性不仅受驱动力的制约，还受到轮胎与地面附着条件的限制。

地面对轮胎切向反作用力的极限值称为附着力，在硬路面上它与驱动轮法向反作用力 F_Z 成正比，常写成

$$F_{X\max}=F_{\varphi}=F_Z\varphi \tag{2-27}$$

式中，φ 为附着系数。作用在驱动轮上的转矩 T_{t} 引起的地面切向反作用不能大于附着力，否则会发生驱动轮滑转现象，即对于后轮驱动的汽车有

$$\frac{T_{\text{t}}-T_{\text{fr}}}{r}=F_{X\text{r}}\leqslant F_{Z\text{r}}\varphi \tag{2-28}$$

这就是汽车行驶的附着条件。式（2-28）可写成

$$\frac{F_{X\text{r}}}{F_{Z\text{r}}}\leqslant\varphi \tag{2-29}$$

式中，$\dfrac{F_{X\text{r}}}{F_{Z\text{r}}}$称为后轮驱动汽车驱动轮的附着率 $C_{\varphi\text{r}}$，则

$$C_{\varphi\text{r}}<\varphi \tag{2-30}$$

同理，对于前轮驱动汽车，其前驱动轮的附着率不能大于地面附着率。

综上所述，汽车的附着力取决于附着系数和地面作用于驱动轮法向反作用力。而附着系数则主要取决于路面种类、路面状况及行驶车速等。汽车在不同路面上行驶的附着系数见表2-3。

表2-3　不同路面的附着系数

路 面 种 类	峰值附着系数	滑动附着系数
沥青或混凝土（干）	0.8～0.9	0.75
沥青（湿）	0.5～0.7	0.45～0.6
混凝土（湿）	0.8	0.7
砾石	0.6	0.55
土路（干）	0.68	0.65
土路（湿）	0.55	0.4～0.5
雪（压紧）	0.2	0.15
冰	0.1	0.07

显然当车辆行驶在潮湿、结冰、积雪或软土路面上时，轮胎与地面间的附着力就是车辆性能的主要制约因素。而在这样的情况下，作用于驱动轮的牵引转矩将使车轮在上述地面上发生显著滑移。因此，作用于驱动轮的最大牵引力取决于轮胎与地面间的附着力所能提供的纵向力，而不是动力系统所能供给的最大转矩。

在良好铺砌的干燥路面上，轮胎的弹性导致轮胎滑移的可能性很小，这是确认的事实。而在各种不同类型的地面上，驱动轮的最大牵引力与运动车轮的滑移却紧密相关。

轮胎的滑移率 s 通常定义为

$$s=\left(1-\frac{v}{r\omega}\right)\times100\%=\left(1-\frac{r_{\mathrm{d}}}{r}\right)\times100\% \tag{2-31}$$

式中，v 为轮胎中心的平移速度；ω 为轮胎的角速度；r 为自由滑动轮胎的滚动半径；r_{d} 为轮胎的有效滚动半径，即轮胎中心的平移速度与轮胎角速度之比。在车辆处于牵引的情况下，其速度 v 小于 $r\omega$，因此轮胎滑移率是一个0～1.0的正值。然而，在制动期间，轮胎滑移率则应被定义为

$$s=\left(1-\frac{r\omega}{v}\right)\times100\%=\left(1-\frac{r}{r_{\mathrm{d}}}\right)\times100\% \tag{2-32}$$

因此，它也是一个0～1.0的正值。相应于一定滑移率的轮胎的最大牵引力通常表示为

$$F_X=P\mu \tag{2-33}$$

式中，P 为轮胎铅垂方向的载荷；μ 为牵引力系数，是滑移率的函数。

牵引力系数与轮胎滑移率之间始终有图2-9所示的关系。在小滑移范围内（图2-9中的 OA 段），牵引力系数几乎线性地正比于滑移率，此时轮胎与地面并

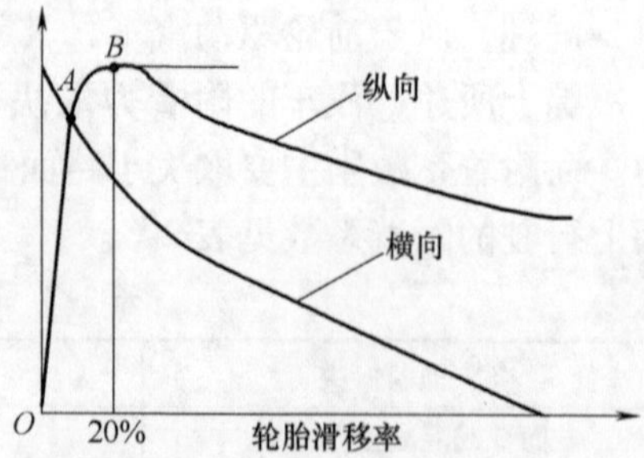

图 2-9　牵引力系数与纵向轮胎滑移率间的变化关系

没有发生真正的相对滑动。当牵引力矩施加到轮胎时，在轮胎与地面接触的坑槽处形成了牵引力，同时轮胎压向前方，并在其接触的坑槽处受到压力，随之便在轮胎的侧壁产生相应的形变。随着车轮转矩和牵引力的逐渐增加，部分轮胎与地面接触时将产生滑移。在这种情况下，牵引力系数和滑移率之间的关系是非线性的，即图 2-9 中的曲线 *AB* 段。牵引力系数在滑移率为 15% ~20% 处到达峰值，因为负的动摩擦系数小于静摩擦系数，故在 *B* 点达到最大值后又逐渐降低，当滑移率超过此值并进一步增加时将导致不稳定的运行状态。由图 2-9 可见，牵引力系数从峰值迅速衰减至纯粹的滑移值。因此，对正常的驱动状态，轮胎的滑移率必须限制在 15% ~20% 的范围内。

四、电动汽车的性能

1. 电动汽车的动力性

电动汽车动力性能仍然通过加速性能、爬坡性能和最高车速性能三个指标来评定。

选择的电机功率应不小于在平坦良好路面上车辆以最高车速行驶时阻力功率之和，即电动汽车以最高车速行驶消耗的功率为

$$P_v=\frac{1}{\eta_t}\left(\frac{Mgf_r}{3600}v_{max}+\frac{C_DA_f}{76140}v_{max}^3\right) \tag{2-34}$$

根据 GB/T 18385—2005《电动汽车　动力性能试验方法》的规定，电动汽车的最高车速有两项不同的标准特征值：

一是 1km 最高车速，即电动汽车能够往返各持续行驶 1km 以上距离的最高车速的平均值。

二是 30min 最高车速，即电动汽车能够持续行驶 30min 以上的最高平均车速。

其动力平衡图如图 2-10 所示。

电动汽车以某一车速爬上一定坡度消耗的功率为

$$P_g=\frac{1}{\eta_t}\left(\frac{Mgf_r}{3600}v+\frac{C_DA_f}{76140}v^3+\frac{Mgi}{3600}v\right) \tag{2-35}$$

式中，v 为电动汽车行驶速度。

电动汽车在水平路面上加速行驶消耗的功率为

$$P_j=\frac{1}{\eta_t}\left(\frac{Mgf_r}{3600}v+\frac{C_DA_f}{76140}v^3+\frac{\delta M}{3600}\frac{dv}{dt}v\right) \tag{2-36}$$

式中，δ 为汽车的旋转质量换算系数。

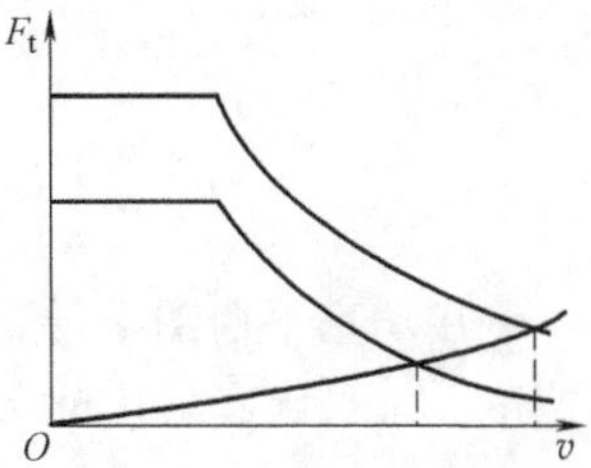

图 2-10 电动汽车动力平衡图

汽车的加速能力用汽车原地起步的加速能力和超车加速能力来表示。通常采用汽车加速过程中所经过的加速时间和加速距离作为评价汽车加速性的指标。

$$F_j = F_t - F_f - F_w$$

$$\frac{dv}{dt} = \frac{1}{\delta m}F_j$$

$$t = \int_{v_1}^{v_2} \frac{dt}{dv}dv = \int_{v_1}^{v_2} \frac{1}{a_j}dv$$

总之，电动汽车驱动电机的最大功率应能同时满足汽车对最高车速、加速时间以及爬坡度的要求，所以电动汽车电机的额定功率为

$$P_e = \max\{P_v, P_g, P_j\} \tag{2-37}$$

若要满足车辆的爬坡性能要求，则电动汽车行驶方程为

$$F_t = F_g + F_r + F_w \tag{2-38}$$

式中，F_g 为坡道阻力，$F_g = Mg\sin\alpha$；F_r 为滚动阻力，$F_r = Mgf_r\cos\alpha$；α 为坡道角度。

车辆爬坡度的计算公式为

$$\alpha = \arcsin\frac{F_t - (F_f + F_w)}{G} \tag{2-39}$$

根据电机转矩可以确定电动汽车的驱动力，然后利用电机转速与汽车行驶速度之间的关系计算车速 v。电机转速与汽车行驶速度之间的关系式为

$$v = 0.337\frac{nr_d}{i_0 i_g} \tag{2-40}$$

其中，v 单位为 km/h，n 单位为 r/min。

电动汽车的驱动力 F_t 为

$$F_t = \frac{T_p i_g i_0 \eta_t}{r_d} \tag{2-41}$$

式中，T_p 为驱动电机转矩。

2. 电传动车辆的功率平衡

汽车行驶时，不仅驱动力和行驶阻力互相平衡，驱动电机功率和汽车行驶的阻力功率也总是平衡的。就是说，在汽车行驶的每一瞬间，驱动电机发出的功率始终等于机械传动损失功率与全部运动阻力所消耗的功率，汽车运动阻力所消耗的功率有滚动阻力功率 P_f、空气阻力功率 P_w、坡度阻力功率 P_i 和加速阻力功率 P_j。

将汽车行驶方程式经单位换算整理为汽车功率平衡方程式（式中功率单位为 kW）为

$$P_M = \frac{1}{\eta} (P_f + P_w + P_i + P_j)$$

$$P_M = \frac{1}{\eta}\left(\frac{Gf\cos\alpha\, v}{3600} + \frac{G\sin\alpha\, v}{3600} + \frac{C_D A v^3}{76140} + \frac{\delta G v}{3600g}\frac{dv}{dt}\right) \tag{2-42}$$

利用功率平衡图求最高车速时，P_M 应取驱动电机连续功率曲线上的点求取加速度。求最大爬坡度时和加速能力时，P_M 可以取持续 1 ~5min 工作的功率曲线上之点。

其计算公式为

$$\frac{dv}{dt} = \frac{3600g\eta}{\delta Gv}\left[P_t - \frac{1}{\eta}(P_f + P_w)\right] \tag{2-43}$$

$$i = \frac{3600\eta}{Gv}\left[P_t - \frac{1}{\eta}(P_f + P_w)\right] \tag{2-44}$$

图 2-11 所示为是一款电动货车实际的功率平衡图，其中一档 2 倍过载曲线能够实现车辆瞬间加速和上大坡的实际工况需求。

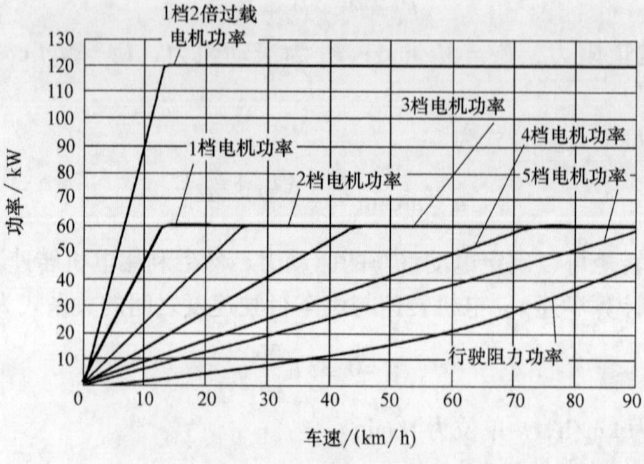

图 2-11 电动货车功率平衡图

3. 电动汽车的制动性能

汽车的制动性能指汽车能在短距离内停车且维持行驶方向稳定性和下长坡时能维持一定车速的能力。车辆的制动性能显然是影响车辆安全的最重要特性之一，它直接关系到汽车的行驶安全。一些重大交通事故往往与制动距离太长有关。所以，具有良好的制动性能，是汽车行驶安全的重要保障。影响汽车制动性能的因素主要有汽车的制动机构、人体机能以及路面的状况等。另外，在市区运行时，大量的能量消耗在制动中，因此，越来越多的电驱动系统也被引入车辆的传动系统，利用再生制动系统增进了车辆的效率，降低车辆的能耗。

（1）制动力

由于制动片紧压在制动盘上，在制动盘上产生了摩擦力矩。该制动力矩使轮胎与地面在接触表面上产生制动力，可表示为

$$F_b = \frac{T_b}{r_d} \tag{2-45}$$

制动力随着制动力矩的增大而增大，当制动力到达轮胎与地面间的附着力所能支持的最大制动力时，即使制动力矩继续增大，制动力也不再增大。这一受制于附着力的最大制动力可表达为

$$F_{bmax} = \mu_b W \tag{2-46}$$

式中，μ_b 为轮胎与地面间的附着系数；W 为车轮的垂直载荷。与牵引情况相似，附着系数随轮胎的滑移而变化，在轮胎滑移率为15%～20%的范围内显示最大值，而后稍呈衰减降至100%的滑移处。

（2）制动力分配

图2-12所示为平坦路面上车辆制动时作用于车辆上的力。与制动力相比，滚动阻力和空气阻力很小，因此在图中忽略。a 是车辆制动时的负加速度，可表述为

$$a = \frac{F_{bf} + F_{br}}{m} \tag{2-47}$$

式中，F_{bf}和 F_{br}分别为作用于前后轮上的制动力。

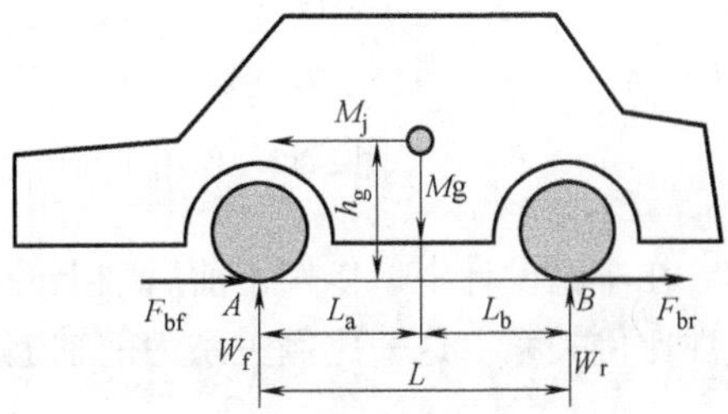

图2-12　制动时汽车的受力图

最大制动力受限于轮胎与地面之间的附着力，同时正比于作用在轮胎上的铅垂方向的负荷。因而，由制动力矩产生的实际制动力也应正比于铅垂方向的载荷，其结果是前后轮同时获得了最大制动力。制动期间，载荷将从后轴转移到前轴。考虑前后轮与地面接触点 A 和 B 的力矩平衡关系，可得作用在前后轴上的铅垂方向的载荷 W_f 和 W_r，分别为

$$W_f = \frac{Mg}{L}\left(L_b + h_g \frac{a}{g}\right) \tag{2-48}$$

$$W_r = \frac{Mg}{L}\left(L_a - h_g \frac{a}{g}\right) \tag{2-49}$$

式中，a 为车辆制动时的负加速度。

前后轴上的制动力分别正比于铅垂方向的载荷，于是可得

$$\frac{F_{bf}}{F_{br}} = \frac{W_f}{W_r} = \frac{L_b + h_g a/g}{L - h_g a/g} \tag{2-50}$$

由式（2-48）和式（2-50）联立求解可得作用于前后轴上的理想制动力，

如图2-13所示。其中，a 表示车辆以附着系数 μ 在路面上行驶获得的最大加速度。理想制动力分布曲线(简称为I曲线)是非线性的双曲线。若要在任何路面上都能同时使前后轮停止，则作用于前后轮上的制动力必须完全与这一曲线相符。

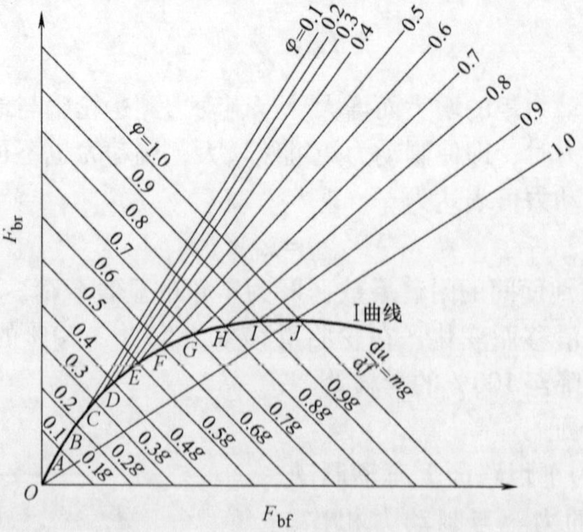

图2-13　作用于前后轴上的理想制动力分布曲线

在车辆设计中，作用于前后轴上的实际制动力分布通常被设计为一个不变的线性比例关系。这一比例关系为前轴上的制动力与车辆总制动力之比，即

$$\beta=\frac{F_{bf}}{F_{b}} \tag{2-51}$$

式中，F_b 为车辆的总制动力（$F_b=F_{br}+F_{bf}$）。而前后轴上的实际制动力随 β 而变化，故可将它们表示为

$$F_{bf}=\beta F_{b} \tag{2-52}$$

和

$$F_{br}=(1-\beta)F_{b} \tag{2-53}$$

于是可得

$$\frac{F_{bf}}{F_{br}}=\frac{\beta}{1-\beta} \tag{2-54}$$

图2-14所示为理想和实际制动力分布曲线（分别标记为I曲线和 β 曲线）。

显然，它们仅有一个交点，即仅在此情况下前后轴被同时抱死，称此点处的附着系数为同步附着系数，所对应的制动减速度称为临界减速度。这一交点表明了一个特定的路面附着系数 μ_0。将式（2-50）中的 $\frac{a}{g}$ 用 μ_0 替代，即得

$$\frac{\beta}{1-\beta}=\frac{L_{b}+\mu_{0}h_{g}}{L_{a}-\mu_{0}h_{g}} \tag{2-55}$$

从而由式（2-55）可导出

$$\mu_0=\frac{L\beta-L_b}{h_g} \tag{2-56}$$

$$\beta=\frac{L_b+\mu_0 h_g}{L} \tag{2-57}$$

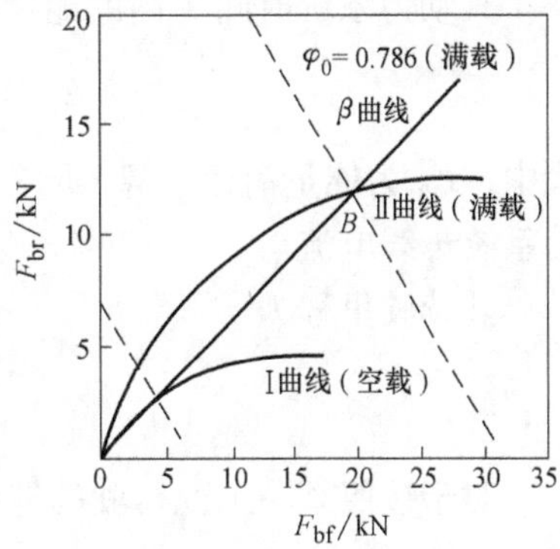

图2-14 理想和实际制动力分布曲线

车辆制动时，当附着系数小于μ_0时（对应于β曲线位于Ⅰ曲线下方的区间），前轮将首先抱死；相反，当路面附着系数大于μ_0时（对应于β曲线位于Ⅰ曲线上方的区间），则后轮首先抱死。

当后轮首先抱死时，车辆将丧失方向的稳定性，后轮胎承受横向力的能力降低到零。此时，侧风、路面的侧倾或离心力等都会导致产生侧滑力矩，甚至使车头调转；前轮先抱死将会引发方向失控，驾驶人不可能再进行有效的操纵。然而，应该指出，抱死前轮不会引起方向上的不稳定性，这是因为每当前轮发生侧向运动时，由于车辆的惯性力将对后轴偏转中心产生自校正力矩，从而有助于使车辆返回到直线路径。

4. 电动汽车的燃料经济性

纯电动汽车和混合动力汽车的燃料经济性能计算有所不同，下面分别进行讨论。

（1）纯电动汽车

纯电动汽车的燃料经济性是指在动力蓄电池完全充电状态下，以一定的行驶工况能连续行驶的最大距离，单位为km。燃料经济性有能量消耗率、比能量消耗率和能量经济性三个指标。

1）能量消耗率（Energy Consumption）。电动汽车经过规定的试验循环后对动力蓄电池重新充电至试验前的容量，从电网上得到的电能除以行驶里程所得到的数值，单位为W·h/km。

2）比能量消耗率。电动汽车能量消耗率与整车质量的比值，单位为W·h/(km·t)。

3）能量经济性。电动汽车以各种预定行驶规范达到的续驶里程与蓄电池再充电恢复到原有的充电状态所需要的交流电能量之比，单位为km/(kW·h)。

对于纯电动汽车的等速行驶时，其功率需求为

$$P_B=\frac{P_\Sigma(v)}{\eta_m(n_m,\ P_m)\ \eta_t} \tag{2-58}$$

式中，P_B为电动汽车行驶需求总功率（kW）；$P_\Sigma(v)$为车辆行驶驱动功率；$\eta_m(n_m、P_m)$为电机驱动系统效率；η_t为传动系统效率。

其动力系统时间 T 内的能量消耗为

$$E_B = \int_0^T U_B(P_B) I_B(P_B)\,dt \tag{2-59}$$

式中，E_B 为能量消耗（W·h）；U_B（P_B）为驱动系统母线电压；I_B（P_B）为驱动系统母线电流。

其续驶里程为

$$s = \frac{E_B}{1000 P_B} v \tag{2-60}$$

对于按照某一工况行驶的纯电动汽车，其续驶里程为

$$s = \int_0^t v(t)\,dt \tag{2-61}$$

其功率需求和能量消耗同样可以按照式（2-58）和式（2-59）计算。

在上述公式基础上可以进行能量消耗率、比能量消耗率和能量经济性的计算，但是在计算时，还需要考虑充电效率 η_{cha}。

（2）混合动力汽车

对于混合动力汽车，由于车辆行驶的能量不仅来自于电池组，还消耗了车载燃料，因此其燃料经济性的评价需要考虑两个方面：燃料消耗量和外界输入电量。为统一标准，采用百公里运行成本评价，即

$$C_{hev} = C_{fuel} Q_s + C_{elect} E_{Grid} \tag{2-62}$$

式中，C_{hev} 为混合动力汽车百公里运行成本[元/(100km)]；C_{fuel} 为燃油价格(元/L)；C_{elect} 为工业用电价格[元/(kW·h)]；Q_s 为百公里燃油消耗率；E_{Grid} 为电池组百公里电网充电电量均值[kW·h/(100km)]。

表2-4所示为美国G型厢式电动汽车的实验数据。

表2-4　G型厢式电动汽车实验数据

整备质量/kg	3460	3451	3226
试验质量/kg	3682	3682	3530
100%充电最大车速/(km/h)	86.0	84.5	88.7
20%充电最大车速/(km/h)	86.3	84.8	89.5
100%充电，5min工作最大车速/(km/h)	—	84.0	88.4
20%充电，6min工作最大车速/(km/h)	—	84.0	87.4
从0加速至48km/h，100%充电加速时间/s	12.2	12.1	11.9
从0加速至48km/h，20%充电加速时间/s	12.4	12.2	12.1
在18%坡度上，100%充电最大车速/(km/h)	10.9	—	—
在18%坡度上，20%充电最大车速/(km/h)	10.8	—	—
从48km/h开始制动的制动距离/m	16.7	—	—

（续）

整备质量/kg	3460	3451	3226
56km/h 等速行驶交流能量消耗/(W · h/km)	470	390	416
56km/h 等速行驶直流能量消耗/(W · h/km)	271	232	234
SAEJ227uC 循环交流能量消耗/(W · h/km)	693	650	576
SAEJ227uC 循环直流能量消耗/ (W · h/km)	366	329	335
城市市区行驶交流能量消耗/(W · h/km)	987	952	920
城市市区行驶直流能量消耗/(W · h/km)	518	400	520

单位里程的能耗 e（kW/km）在某些文献中称为电动汽车的效率。在另外一些文献中，将电动汽车的能量经济性定义为电动汽车以各种预定行驶规范达到的续驶里程与蓄电池再充电恢复到原充电状态所需要的交流电能量之比，即

$$\text{电动汽车能量经济性} = \frac{\text{预定行驶规范达到的续驶里程}}{\text{蓄电池再充电恢复到原充电状态所需的交流电能量}}$$

设电动汽车行驶时单位里程能耗为 e，电动汽车总质量为 $M(t)$，电动汽车行驶的比能耗为 e_0，则有

$$e_0 = \frac{e}{M} \tag{2-63}$$

$$e = e_0 M \tag{2-64}$$

设电动汽车上动力蓄电池组充满电的总能量为 E，由电动汽车的续驶里程为

$$S = \frac{E}{e} = \frac{E}{e_0 M} \tag{2-65}$$

实际情况并不像计算的那样简单，由于空气阻力消耗的能量与质量无关，同时蓄电池存在放电效率、放电深度、放电电流不同的问题，还有自放电问题（有的蓄电池甚至每天自放电率高达 10% 以上），均影响动力蓄电池组的输出总能量。另外，行驶规范的差别等因素都将影响电动汽车的续驶里程，因此，式(2-65)为电动汽车的续驶里程的近似估算。

参 考 文 献

[1] 余志生. 汽车理论[M]. 4 版. 北京：清华大学出版社，2009.

[2] Hennng Wallentowitz. 汽车工程学 I：汽车纵向动力学（英文版）[M]. 王霄锋，编译. 北京：机械工业出版社，2009.

[3] Ulrich Seiffer, Peter Waltzer. The Future for Automotive Technology[M]. Lodon：FranceFinter, 1984.

[4] 何洪文，余晓江，孙逢春，等. 电动汽车电机驱动系统动力特性分析[J]. 中国电机工程学报，2006，26（6）.

第三章　电动汽车电驱动系统的匹配与评估

第一节　电动汽车电驱动系统动力需求特性理论

电动汽车的动力特性通常用加速时间、最高车速和爬坡能力予以评价。在电驱动系统的设计中，固有的驱动电机额定功率和传动装置参数是为了满足动力性能要求首要考虑的问题，而所有的这些参数设计基本上都取决于电驱动系统的转速-功率（转矩）特性。

一、驱动电机的特性

电动汽车用驱动电机需要频繁起动和停车，并承受较大的加速度或减速度，而且要求低速大转矩爬坡、高速小转矩运行和运行速度范围宽，受车辆空间的限制，为减小车辆自重，提高车辆有效载荷的要求，驱动电机应该具有功率密度较大、效率较高的特点。其特性主要体现在：

1）电动汽车在加速或爬坡时，需要驱动电机提供4~5倍的额定转矩。

2）在电动汽车高速行驶时，驱动电机应以额定转速的2~3倍转速运行。

3）电动汽车用驱动电机应根据车辆的驱动特点和驾驶人的操纵习惯设计。

4）电动汽车用驱动电机应可控性好，稳态精度高。

5）电动汽车用驱动电机应该能够承受高温、多变的气候条件和频繁的振动，在恶劣的环境下能够正常工作。

目前，直流电机（DC Motor）、感应电机（IM）、直流无刷（BLDC）电机、永磁同步电机（PMSM）以及开关磁阻电机（SRM）等在电动汽车上均有不同程度的应用。

驱动电机是纯电动汽车唯一的动力源，通常适用于电动汽车使用的电机外特性为：在额定转速以下，以恒转矩模式工作；在额定转速以上，以恒功率模式工作。电动汽车用驱动电机的机械特性如图3-1所

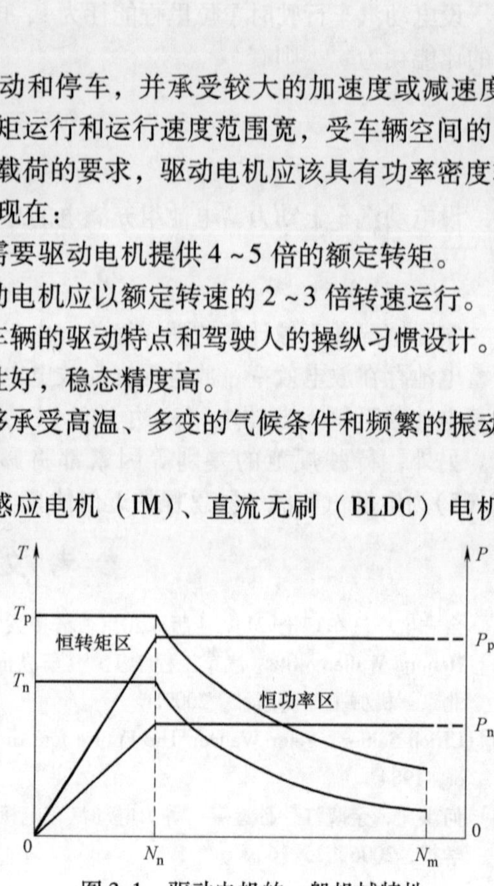

图3-1　驱动电机的一般机械特性

示。机械特性分成两个区域：恒转矩区和恒功率区。

在基速以下为恒转矩区，驱动电机输出恒转矩；基速以上为恒功率区，驱动电机输出恒功率。在恒功率区，通过弱磁控制电机到达最高转速，因此也称弱磁区。转速范围要覆盖整个恒转矩区和恒功率区。在调速范围，要具备快速的转矩响应特性。永磁无刷直流电机转矩密度较高，但它在恒功率区很难高速运行，限制了其最大的调速范围。感应电机易实现恒功率区弱磁升速，也得到较广泛的应用。从电动汽车的行驶工况可以看出，驱动电机不只工作在额定点，因此要求电机在整个转矩-转速特性区内都要有高效率，这对电机设计是很困难的。因此，选用电机时应使其在频繁工作区有高效率。

图3-2所示为一台具有不同转速比（驱动电机最高工作转速与额定转速的比值x，$x=2$，4，6）的60kW电机的转速-转矩特性曲线。显然该电机具有大范围恒功率区域，其最大转矩能显著提高，除了加速和爬坡性能得以改善，传动装置也可简化。但是，每种型式的电机都有其固有的最高转速比的限值。例如，由于有永磁体，磁场难以衰减，因此永磁电机具有较小的转速比（$x<2$）；对于开关磁阻电机，其转速比可大于6；对于异步电机，其转速比约为4。

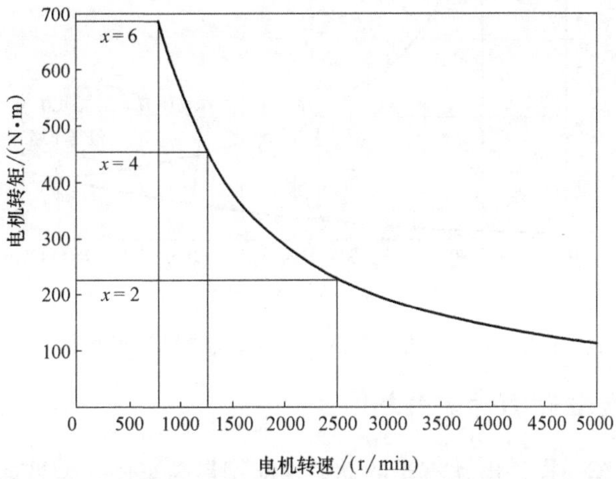

图3-2　具有转速比为2、4和6的60kW电机的转速-转矩特性曲线

二、传动装置的特性

传动比的分配是传动装置设计中的一个重要问题。车辆传动比包括变速器的传动比和主减速器传动比，电动汽车在最高车速时，以最小传动比的档位行驶；在最大爬坡度时，以最大传动比的档位行驶。电动汽车可以选择两档变速器来满足高速行驶和爬坡的要求。如果主减速器传动比满足整车动力性能指标要求，可以直接驱动，即只使用单档固定速比主减速器。

多档或单档传动装置的应用主要取决于电机的转速－转矩特性。在给定的电机额定功率下，若其恒功率区范围大，则单档传动装置将足以在低速情况下提供高牵引力；否则，必须采用多档传动装置。图 3-3 表明一辆配有转速比 $x=2$ 的驱动电机和三档传动装置的电动汽车，其牵引力随车速变化的特性。其第一档覆盖了 *a—b—c* 的车速区间；第二档覆盖了 *d—e—f* 的车速区间；第三档覆盖了 *g—f—h* 的车速区间。图 3-4 表明了配置有转速比 $x=4$ 的驱动电机和两档传动装置的电动汽车的牵引力特性。其第一档覆盖了 *a—b—c* 的车速区间；第二档覆盖了 *d—e—f* 的车速区间。图 3-5 表明了配置有转速比 $x=6$ 的驱动电机和单档传动装置的电动汽车牵引力的特性。这三种设计具有相同的牵引力随车速变化的特性，因而对应的汽车将有同样的加速和爬坡性能。

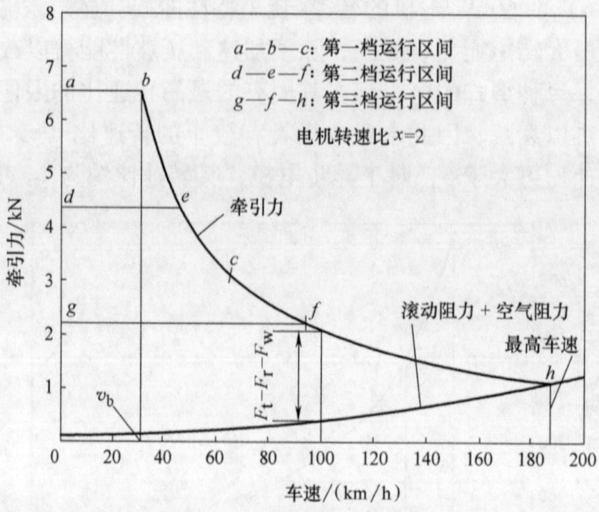

图 3-3　配有转速比为 2 的电机和三档传动装置的电动汽车的牵引力-车速特性

三、电动汽车动力性能分析

与内燃机汽车一样，电动汽车的动力性能用最高车速、爬坡能力和加速能力来评价。通过牵引力曲线与阻力曲线（主要是滚动阻力和空气阻力）的交点，如图 3-4 和图 3-5 所示，即可求得最高车速。但是，在通常采用较大功率的驱动电机或大传动比的一些设计中，并不存在这样的交点。此时，最高车速可由驱动电机的最高转速求得，即

$$v_{max}=\frac{\pi n_{max} r_d}{30 i_{gmin} i_0} \tag{3-1}$$

式中，n_{max} 为驱动电机的最高转速；i_{gmin} 为传动装置的最小传动比（最高档）。

在衡量汽车的爬坡能力时，可以认为汽车是匀速行驶的，由电动汽车行驶方

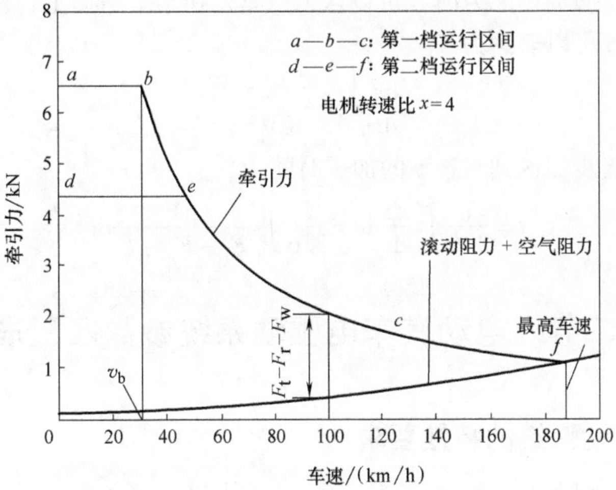

图 3-4　配有转速比为 4 的驱动电机和两档传动装置的电动汽车的牵引力-车速特性

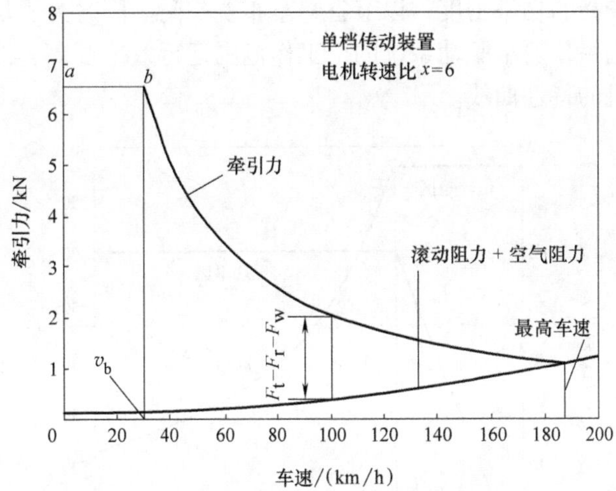

图 3-5　配有转速比为 6 的驱动电机和单档传动装置的电动汽车的牵引力-车速特性

程可知

$$F_t = F_f + F_w + F_i + F_j \tag{3-2}$$

式中，F_f为滚动阻力，$F_f = fG\cos\alpha$；F_w为空气阻力，$F_w = \frac{1}{2}\rho A_f C_D v^2$；$F_i$为坡道阻力，$F_i = G\sin\alpha$；$F_j$为加速阻力，$F_j = 0$。

因此，坡度角 α 计算公式为

$$\alpha = \arcsin \frac{F_t - F_w}{Mg\sqrt{1+f_r^2}} \tag{3-3}$$

在衡量汽车的加速能力时，可以认为汽车是在水平路面上行驶的。此时，汽车的行驶加速度可以表达为

$$\frac{dv}{dt}=\frac{F_t-F_w-F_f}{\delta M} \tag{3-4}$$

则汽车由起步加速到车速 v 的加速时间为

$$t=\frac{1}{3.6}\int_0^v \frac{dt}{dv}dv=\frac{1}{3.6}\int_0^v \frac{\delta M}{F_t-F_w-F_f}dv \tag{3-5}$$

第二节　电动汽车电驱动系统参数匹配准则

一、电驱动系统的特性要求

电动汽车用驱动电机需要频繁起动和停车，并承受较大的冲力和制动力，而且要求低速大转矩爬坡、高速小转矩运行和调速范围宽，为减小额外损耗，要求驱动系统具有较高的功率密度，以节省整车布置空间。同时为了尽可能实现车载能源的最大利用率，要求驱动系统的全工作范围运行效率要高，图 3-6 所示为国内某款驱动电机的特性曲线。

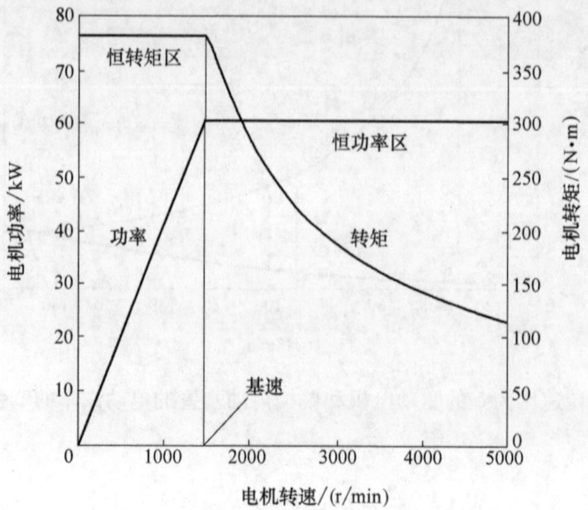

图 3-6　驱动电机的机械特性

二、电机参数匹配

电动汽车驱动电机要求具有良好的转矩-转速特性，目前应用的驱动电机一般具有 6000 ~ 15000r/min 的转速。根据汽车的行驶工况，驱动电机可以在恒转

矩区和恒功率区运转。

电机的参数主要是额定功率、转矩和转速。正确选择电机的参数非常重要，例如对于额定功率，如果选择过小，则电机经常工作在过载状态；相反，如果选择功率太大，则经常工作在欠载状态，效率及功率因数降低，不仅浪费电能，而且增加动力电池的容量，综合经济效益下降。

选择电机的额定功率时，应该保证电动汽车能够在各种工况下运行。

电动汽车以最高车速行驶时消耗的功率为

$$P_{\mathrm{v}}=\frac{1}{\eta}\left(\frac{Mgf}{3600}v_{\max}+\frac{C_{\mathrm{D}}A_{\mathrm{f}}}{76140}v_{\max}^{3}\right) \tag{3-6}$$

电动汽车以某一速度 v 爬上一定坡度所消耗的功率为

$$P_{\mathrm{i}}=\frac{1}{\eta}\left(\frac{Mgf}{3600}v+\frac{C_{\mathrm{D}}A_{\mathrm{f}}}{76140}v^{3}+\frac{Mgi}{3600}v\right) \tag{3-7}$$

电动汽车在水平路面上加速行驶所消耗的功率为

$$P_{\mathrm{j}}=\frac{1}{\eta}\left(\frac{Mgf}{3600}v+\frac{C_{\mathrm{D}}A_{\mathrm{f}}}{76140}v^{3}+\frac{\delta M}{3600}\frac{\mathrm{d}v}{\mathrm{d}t}v\right) \tag{3-8}$$

式中，δ 为汽车的旋转质量换算系数。

电动汽车驱动电机的额定功率应能同时满足汽车对最高车速、加速时间以及爬坡度的要求，所以电动汽车驱动电机的额定功率为

$$P_{\mathrm{e}}\geqslant\max\{P_{\mathrm{v}},P_{\mathrm{i}},P_{\mathrm{j}}\} \tag{3-9}$$

$$P_{\max}=\lambda P$$

式中，λ 为电机的过载系数。

驱动电机最大转矩M_{m}的选择要满足汽车起步转矩和最大爬坡度的要求。在确定驱动电机的最大转矩时，认为车辆匀速行驶，则此时车辆的行驶方程为

$$F_{\mathrm{t}}=F_{\mathrm{f}}+F_{\mathrm{w}}+F_{\mathrm{i}} \tag{3-10}$$

将驱动力和各种阻力的表达式代入，可得

$$\frac{M_{\mathrm{m}}i_{\mathrm{g}}i_{0}\eta}{r_{\mathrm{d}}}=fG\cos\alpha+\frac{1}{2}\rho A_{\mathrm{f}}C_{\mathrm{D}}\ (v+v_{\mathrm{w}})^{2}+G\sin\alpha \tag{3-11}$$

因此，电机的转矩为

$$M_{\mathrm{m}}=\frac{\left[fG\cos\alpha+\frac{1}{2}\rho A_{\mathrm{f}}C_{\mathrm{D}}(v+v_{\mathrm{w}})^{2}+G\sin\alpha\right]r_{\mathrm{d}}}{i_{\mathrm{g}}i_{0}\eta} \tag{3-12}$$

驱动电机的额定转速 n_{e}应符合驱动电机的转矩-转速特性要求，在起动即低转速时得到恒定的最大转矩，同时在高转速时得到恒定的较高功率；驱动电机最大转速的选择要结合传动系减速比、驱动电机效率和连续传动特性考虑；驱动电机的功率是转矩和转速的函数，在保障转速和转矩要求的情况下，力求最大的工作效率。

三、传动装置参数匹配

在电机输出特性一定时，电动汽车传动比的选择依赖于整车的动力性能指标要求，即应该满足汽车最高期望车速、最大爬坡度以及对加速时间的要求。

1）传动系速比的上限：传动系速比的上限由电机最高转速和最高行驶车速确定。

$$i=\frac{0.377n_{\max}r_{\rm d}}{v_{\max}} \tag{3-13}$$

$$i=i_0i_{\rm g} \tag{3-14}$$

式中，i_0为主减速器传动比；$i_{\rm g}$为变速器传动比；$n_{\max}$为电机的最高转速；$v_{\max}$为最高车速；$r_{\rm d}$为车轮有效半径。

2）传动系速比的下限：传动系速比的下限由下述两种方法算出的传递系统速比的最大值确定。

由电机最高转速对应的最大输出转矩和最大行驶车速对应的行驶阻力确定传动系速比下限为

$$i\geqslant\frac{F_{\rm vmax}r_{\rm d}}{\eta M_{\rm vmax}} \tag{3-15}$$

式中，$F_{\rm vmax}$为最高车速下对应的行驶阻力；$M_{\rm vmax}$为电机最高转速对应的输出转矩；η为系统的传动效率。

由电机的最大输出转矩和最大爬坡度对应的行驶阻力确定传动系的速比下限为

$$i\geqslant\frac{F_{\rm imax}r_{\rm d}}{\eta M_{\rm imax}} \tag{3-16}$$

式中，$F_{\rm imax}$为最大爬坡度对应的行驶阻力；$M_{\rm imax}$为电机最大输出转矩。

第三节　电动汽车电驱动系统性能评估方法和标准

一、汽车行驶工况

电动汽车与传统内燃机汽车相比，行驶时车轮与地面之间相互接触与相互作用的力学过程无本质区别，而且这两种汽车的转向装置、悬架装置及制动系统也基本相同，它们的主要差别是采用了不同的动力源。因此，电动汽车的制动性能、操纵稳定性、平顺性及通过性与内燃机汽车基本一致，但是受许多因素的制约，如动力性、续驶里程、成本和可靠性等。为了设计制造出性能优越、价格便宜的电动汽车，首先需要对电动汽车的具体使用工况进行详细调查，然后进行有针对性的设计，提出各个部件的参数要求，使各个动力源可以工作在较优的工作范围内，从而优化和提高电动汽车的各种性能并降低成本。

行驶工况对于电动汽车的性能参数，如续驶里程有决定性意义。没有具体的行驶工况，电动汽车在实际行驶中的续驶里程就很难评价。

按照用途来分，行驶工况可分为标准工况和非标准工况。标准工况是由一个国家或地区通过法规形式确立的、用于认证和检测等用途的行驶工况。非标准工况则属于一些研究机构和汽车厂商用于特定研究用途的非法规类行驶工况。

按表现形式的不同，行驶工况可分为瞬态和模态工况。瞬态工况的速度-时间曲线与车辆实际运行过程非常相似，更符合车辆的实际行驶特征；模态工况的车速-时间曲线主要由一些折线段组成，分别代表匀速、匀加速和匀减速等运行工况。模态工况的优点是试验操作比较容易，但不太符合车辆的实际行驶特征。

1. 国内外汽车行驶工况

如今世界上很多国家都以标准、指令和法规等形式提出了不同车型在各种应用条件下的标准行驶工况。世界范围内车辆排放测试用行驶工况主要分成三类：美国行驶工况（USDC）、欧洲行驶工况（NEDC）和日本行驶工况（JDC）。其中以美国UDDS为代表的瞬态工况和以欧洲NEDC为代表的模态工况为世界各国广泛采用。

（1）美国UDDS工况

20世纪60年代，人们上下班所用汽车排放的废气，导致了非常严重的大气污染，美国加州洛杉矶地区甚至出现了光化学烟雾，为改善这种状况就需要降低汽车废气排放量。经过调查和研究，从一条具有代表性的汽车上下班路线上解析出车辆的速度-时间曲线，在1972年被美国环保局（简称EPA）用作认证车辆排放的测试工况，即为UDDS，又称为FTP72。按照这种测试程序来控制车辆排放，被认为考虑了最严格的情形。

FTP72由冷态过渡工况（0～505s）和稳态工况（506～1370s）构成。1975年，在FTP72的基础上加上600s热浸车和热态过渡工况（即重复冷态过渡工况），构成了包含4个阶段的FTP75工况，持续时间为2475s，同时可用于汽车热起动排放的检查。

图3-7所示为美国FTP75行驶工况。

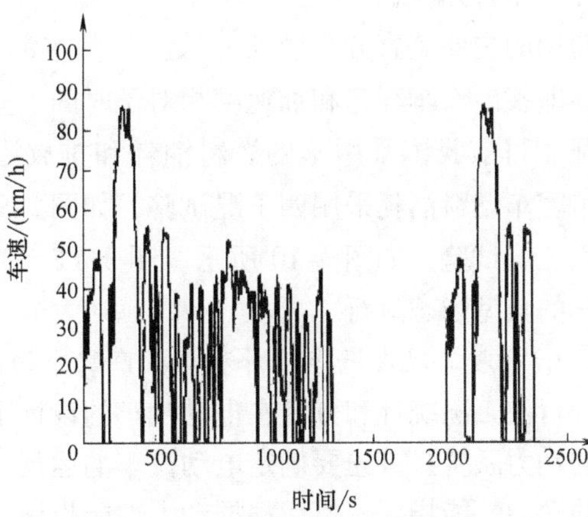

图3-7　美国FTP75行驶工况

（2）欧洲NEDC工况

为了研究适合欧洲交通状况的

工况，研究人员系统地研究了各种不同车辆的行驶特征并依据道路拥挤程度或流量大小，分类定义成不同道路区域如市区、郊区和高速以及平均速度、加速度的多种层级归类，人为地开发和层叠成稳定的速度和加速度段。

用于底盘测功机上认证轻型车排放的EDC，在欧洲又称为MVEG-A，现发展成为新EDC（NEDC）。在该工况里局部行驶速度是恒定的，是一种稳态工况，包括市内（ECE15）、市郊（EUDC）或市郊低功率工况（EUDCL）。ECE15是一个包括4种代表市区驾驶状况的行驶工况（UrbanDC），具有低速、低负荷和低排气温度的特性。由于车辆城郊运行比例增加，1992年开发了代表高速行驶工况的EUDC片段，在ECE15的基础上增加了一个EUDC或EUDC_LOW，构成现在大家熟悉的ECE+EUDC。在2000年之前实际应用时工况不考虑0~40s的运转数据。如今由于排放法规对车辆排放（考核发动机冷起动排放）更加严格，所以排放采样和运转工况同步，采用完整的运转工况，这称为新欧洲运转工况，简称NEDC，其持续时间为1180s，平均速度为32.1km/h。

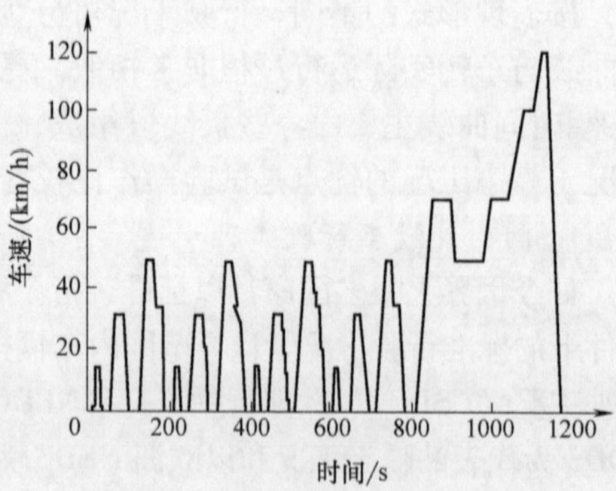

图3-8　欧洲NEDC行驶工况

图3-8所示为欧洲NEDC行驶工况。

(3) 中国行驶工况

我国的汽车行驶工况研究起步较晚，在道路工况研究上比较有代表性的就是长春汽车研究所在20世纪80年代对天津和北京道路所进行的调查研究。但是当时使用的主要是直方图统计方法。最基本的统计是v-a（车速-加速度）直方统计，即找出汽车车速和加速度相对于时间、里程及油耗的概率密度和分布的数字特征。目前我国乘用车的燃料消耗和排放测试工况等效采用欧洲ECE15工况。城市客车燃料消耗采用四工况试验，如图3-9所示。载货汽车的燃料消耗测试采用六工况试验，如图3-10所示。图3-11和图3-12分别给出了乘用车和城市公交车的典型瞬态运行工况。

2. 行驶工况在汽车设计和参数匹配中的应用

行驶工况统计和分析在电动汽车的设计中起着重要的作用，匹配一辆电动汽车的动力系统，首先要确定电动汽车的运行工况。在工况分析的基础上，提出整车的动力性能指标，然后根据动力性能指标对动力系统进行参数匹配，最后采用计算机仿真的手段对系统的参数匹配结果进行验证并提出优化方案。

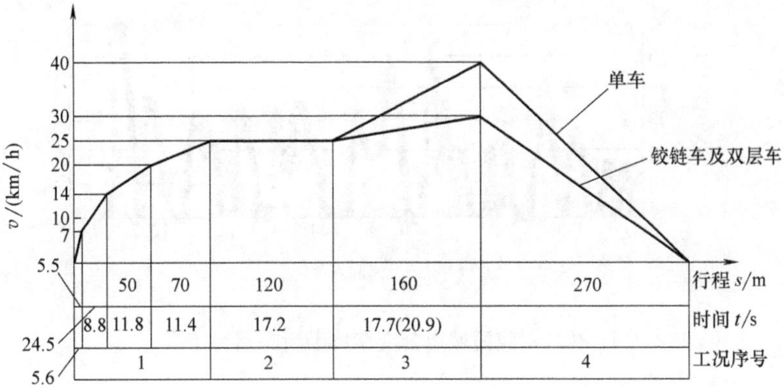

图 3-9 我国城市客车燃料消耗四工况试验

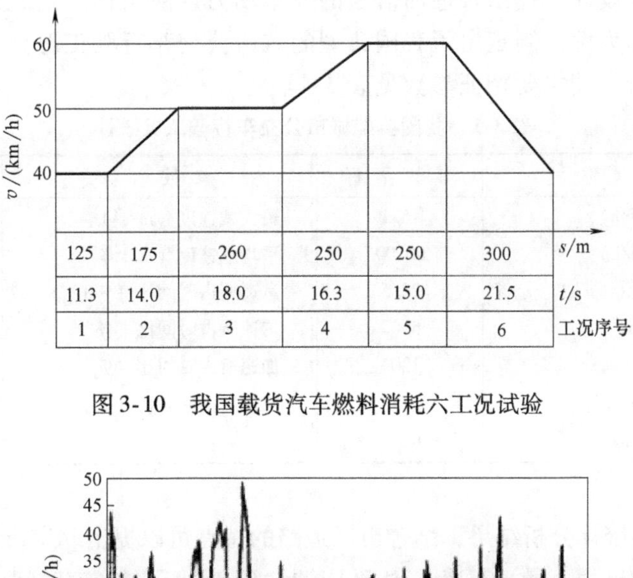

图 3-10 我国载货汽车燃料消耗六工况试验

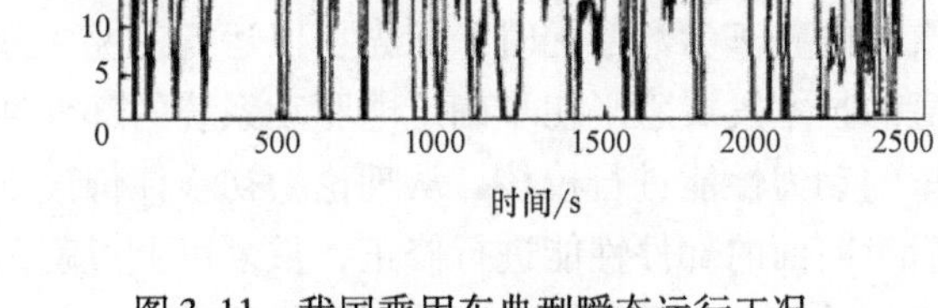

图 3-11 我国乘用车典型瞬态运行工况

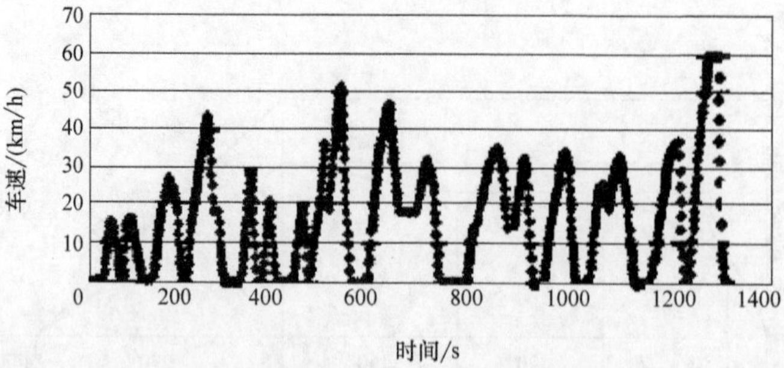

图 3-12　我国城市公交车典型瞬态运行工况

（1）确定动力性能指标

由于受到成本和性能的制约，电动汽车在设计时必须按照目标行驶工况进行有针对性的设计，提出合理而恰当的整车动力性能指标。以北京市区使用的电动公共汽车为例，制定出了我国典型的城市公交车行驶工况。通过对该工况进行统计分析，其主要特征参数见表 3-1。

表 3-1　我国典型城市公交车行驶工况统计

参数名称	参数指标	参数名称	参数指标
平均车速/(km/h)	16.1	最大减速度/(m/s^2)	-2.47
最高车速/(km/h)	60.00	平均减速度/(m/s^2)	-0.53
平均行驶速度/(km/h)	22.5	怠速所占时间比（%）	28.37
总行驶里程/km	5.83	匀速所占时间比（%）	17.41
总行驶时间/s	1304	加速所占时间比（%）	32.13
最大加速度/(m/s^2)	1.25	减速所占时间比（%）	22.09
平均加速度/(m/s^2)	0.36		

根据上述统计分析结果，结合市区道路的特点可以提出北京市区电动公交车的动力性能指标为：最高车速v_{max}≥70km/h；0～50km/h 加速时间 t_a≤25s；最大爬坡度 i_{max}≥15%。

（2）整车参数匹配与仿真

在进行电动汽车的整车参数匹配时，首先要以运行工况为基础，根据动力性能指标和部件自身的技术发展水平初步确定电驱动系统的部件性能要求；再根据部件的性能对汽车的动力性能进行校核，从理论上初步评价该方案是否符合设计要求和指标；然后对前面的部件性能进行修正，重复以上过程，直至达到设计目标；最后在上述工作的基础上再开展动力源匹配优化设计和仿真，从而完成整车系统参数的匹配过程。

二、电驱动系统评价标准

为了进一步推进并规范电动汽车电驱动系统的技术发展，世界各个国家和组织纷纷出台了对于电驱动系统的测试、评价、考核等相关的技术标准或者规范。

1. 中国

在2001年，我国就推出了GB/T 18488.1—2001《电动汽车用电机及其控制器技术条件》和GB/T 18488.2—2001《电动汽车用电机及其控制器试验方法》两个专门针对电动汽车电驱动系统进行测试和规范的推荐标准，并在2006年颁布了其修订版GB/T 18488.1—2006《电动汽车用电机及其控制器　第1部分：技术条件》和GB/T 18488.2—2006《电动汽车用电机及其控制器　第2部分：试验方法》，在2015年又修订为现行标准GB/T 18488.1—2015《电动汽车用驱动电机系统　第1部分：技术条件》和GB/T 18488.2—2015《电动汽车用驱动电机系统　第2部分：试验方法》。在这两个相关标准中，详细规定了电动汽车电驱动系统的基本要求和测试方法，对于电驱动系统的动力特性、温升特性、效率特性以及相关的安全规范等方面进行了系统规范的约束。同时，在2012年颁布了有关电驱动系统可靠性方面的标准GB/T 29307—2012《电动汽车用驱动电机系统可靠性试验方法》。该标准规定车用电驱动系统的可靠性失效判据及试验方法，给出试验方法和判断标准，进一步完善我国对于电驱动系统的开发研制和验证方法，提高我国在电驱动系统测试和试验的能力。

我国相关单位也依据这些标准制定了相关的测试方法，建立了符合国际要求的电动汽车电驱动系统测试基地，为国内外电动汽车电驱动系统进行性能和功能的测试与标定。目前包括北京理工大学电动车辆国家工程实验室、中国汽车技术研究中心、中国汽车工程研究院股份有限公司、上海机动车检测中心等在内的电驱动系统测试机构已经为国内外各个厂家的电驱动系统进行了测试与标定，有力地推广了电动汽车在我国的发展，规范了电动汽车电驱动系统的技术发展。

2. 日本

日本在电动汽车研发、制造和生产方面一直处于比较领先的地位，对电动汽车和电驱动系统标准方面的研究和制订也一直比较完善。在日本，电动汽车标准的起草和制订单位主要包括日本自动车研究所（JARI）、日本电动汽车协会（JEVS）、日本电动汽车协会技术导则（JEVA），其制订的标准包括JEVSZ107—1988《电动汽车电机及控制器联合试验方法》、JEVSZ806—1998《电动汽车术语　电机和控制装置》、JEVSZ701—1994《电动汽车电机及控制器联合驱动测量》、JEVSE702—1994《电动汽车车上使用的等效电机的动力测量（转矩和速度测量）》。

3. 欧盟

欧盟在电动汽车及电驱动系统标准制订方面，既有欧盟统一的相关标准，又有各个国家根据自己具体情况而制订的国家标准。德国标准化学会（DIN）制订了包括 DIN EN 14010：2003《Safety of machinery- Equipment for power driven parking of motor vehicles- Safety and EMC requirements for design，manufacturing，erection and commissioning stages》（机械安全　汽车用动力驱动制动设备　设计、制造、安装和交付使用阶段的安全和电磁兼容性要求）、DIN EN 60034-1-2005《Rotating electrical machines- Part 1：Rating and performance》（旋转电机　第1部分：额定功率和性能）、DIN EN 60034-1-2000《Rotating electrical machines- Part 1：Rating and performance》（旋转电机　第1部分：测定和性能）、DIN EN 60034-2-1-2008　《Rotating electrical machines- Part 2-1：Standard methods for determining losses and efficiency from tests（excluding machines for traction vehicles）》［旋转电机　第2-1部分：通过试验测定旋转电机损耗和效率的标准方法（不包括牵引车辆用电机）］、DIN EN 60034-4-2009《Rotating electrical machines- Part 4：Methods for determining synchronous machine quantities from tests》（旋转电机　第4部分：测定同步电机特性参数的试验方法）等在内的电驱动系统相关标准；法国标准化协会（NF）在制订了包括 NF F65-349-1/A1-2003《Electric traction- Rotating electrical machines for rail and road vehicles- Part 1：machines other than electronic convertor- fed alternating current motors》（电力牵引：有轨与道路车辆用旋转电机　第1部分：除电子变流器供电的交流电动机之外的旋转电机）、NF F65-349-2-2006《Railway applications- Rotating electrical machines for rail and road vehicles- Part 2：electric converter- fed alternating current motors》（电力牵引　铁路与道路车辆用旋转电机　第2部分：电子变流器　供电交变流电动机）等在内的相关标准；英国制订了包括 BS 1727—1987《Specification for motors for battery operated vehicles》（蓄电池驱动的车辆用电机规范）等标准。

4. 美国

在美国，负责起草和制订电动汽车及其电驱动系统相关标准的单位组织包括美国汽车工程协会（SAE）、美国国家交通运输安全管理委员会（NHTSA）和美国电动车运输应用协会（ETA）。在电驱动系统方面，美国已经颁布了包括 SAEJ2293. 1—1997《电动汽车能量转换系统　第1部分：功能安全和系统构造》和 SAEJ2293. 2—1997《电动汽车能量转换系统　第2部分：通信信号和功能要求》在内的相关标准。

三、电驱动系统评估方法

由于电动汽车驱动系统在不同种类汽车上的配置和作用不尽相同，其评估方法也不可能完全一致，在混合动力汽车中，驱动电机与发动机共同作用，对其驱动系统的评估所涉及的因素较之在纯电动汽车和燃料电池电动汽车上驱动系统所考虑的因素更多。因此，在以下评估方法的分析中，将以混合动力汽车驱动系统为分析对象，而纯电动汽车和燃料电池汽车的驱动系统作为混合动力驱动系统的特例（即不考虑发动机影响因素）。

（一）电驱动系统综合性能评价指标

电驱动系统作为电动汽车动力总成的关键部件，其选择是一个多条件约束的整体化求解过程，涵盖了诸多因素，如汽车的动力性能、汽车的种类、汽车的运行工况、汽车的能量管理控制策略等。其特性大致可归纳为大转矩密度、宽调速范围、宽转矩变化范围、精确的控制性、稳定的静态特性、良好的动态性能、高能量效率。评价体系的建立既要求能够反映电驱动系统是否满足车辆使用要求，又要求能够描述电驱动系统的实际运行效能。下面将从常规试验性能指标和基于工况的运行效能指标两方面描述混合动力汽车电驱动系统的综合性能评价体系。

混合动力汽车通过能量管理策略使动力装置有机协调配合，实现最佳能量分配，达到低能耗、低污染的效果。为了在常用循环工况获得较好的使用性能和较高的能量效率，目前有三种途径：

1）通过提高各个动力系统部件（发动机、动力电池、电机驱动系统）各自的效率来实现，但是各个部件的效率受技术水平和成本限制的程度不同，因此对系统能量效率产生的影响是不一样的，可能出现提高动力系统部件的效率而整体效率提高不大、但成本却大大增加的现象。

2）结合换档策略和控制策略强制使发动机、电机在高效区工作，这只是一种“被动”行为，可能会产生效率提高、油耗增加的异常现象。

3）基于电机/发动机的效率特性，使其高效率区位置和分布与经常使用的循环工况相匹配，可使发动机/电机“主动”工作在高效率区，在高效率区工作输出的功率基本全用于驱动车辆，不会产生多余的功率损失。因此，基于行驶工况从“主动”的角度考察电驱动系统高效区利用率以及系统能量效率，不仅有助于提高混合动力汽车动力系统的整体运行效率，而且还为动力系统部件根据要求进行优化设计提供了方向。图 3-13 所示为基于工况的运行效能评价指标。

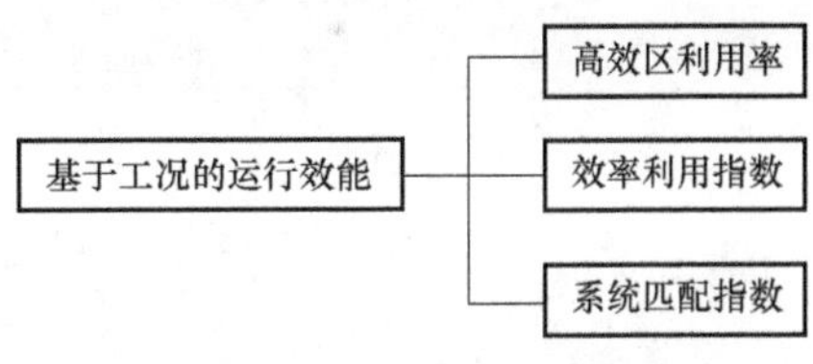

图 3-13　基于工况的运行效能评价指标

1. 高效区利用率

由于行驶工况受多种因素影响而复杂多变，因此电驱动系统的工作点及效率分布情况也在很大范围内变化。为了解电驱动系统在某一行驶工况下工作点分布范围与其高效区的“主动”吻合程度，将电驱动系统的效率特性与使用环境综合，并定义电机效率区间利用率为电驱动系统效率位于某区间的工作点数量与全

部工作点数量的比值，记为 η_i。高效区利用率定义为效率大于80%的工作点数量与全部工作点数量的比值，即

$$\eta_i = \frac{N_i}{N} \tag{3-17}$$

式中，N_i 为电驱动系统效率位于第 i 个效率区间的工作点数目；N 为整个工况循环下电驱动系统工作点的数目。

η_i 表征了具体工况下电驱动系统对整个最佳效率工作区的利用程度，反映了电驱动系统与行驶工况的匹配情况，可以直观对比描述同一工况下不同电驱动系统以及不同工况下同一电驱动系统的效率区间利用率。

以表3-2所示的国内某混合动力汽车参数为例，结合具体行驶工况进行仿真。图3-14所示为两种典型行驶工况，图3-15所示为电驱动系统工作区间分布范围。

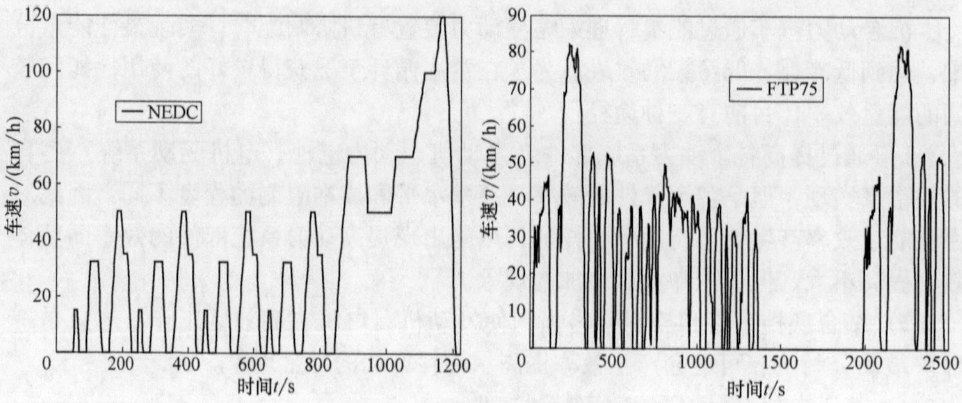

图3-14　两种典型行驶工况

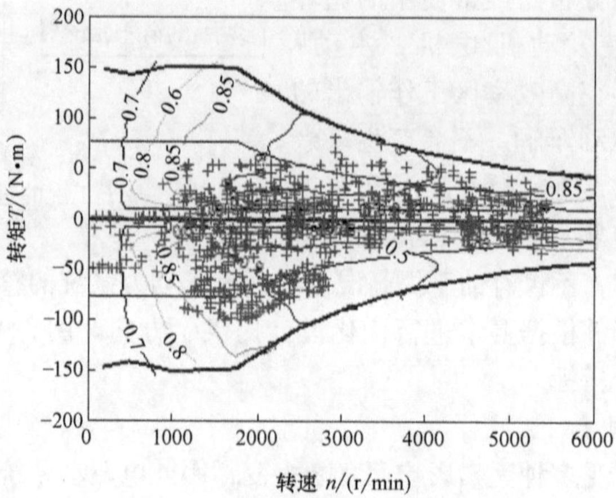

a) FTP75 工况下工作点分布

图3-15　电驱动系统工作区间分布

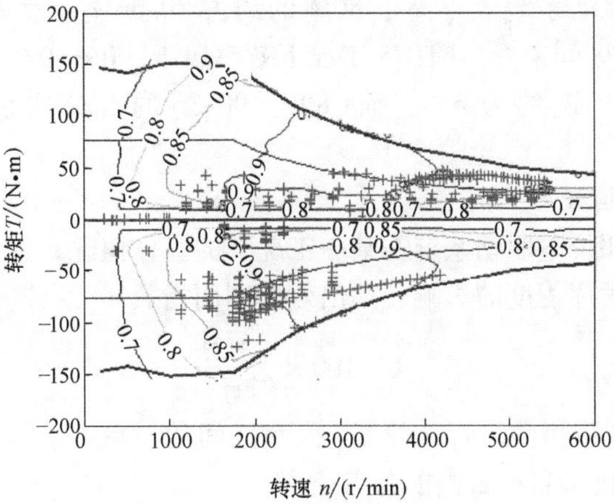

b) NEDC 工况下工作点分布

图 3-15　电驱动系统工作区间分布（续）

表 3-2　某混合动力汽车及零部件参数

整车参数						主要部件参数			
满载质量/kg	轮胎半径/m	滚动阻力系数	风阻系数	迎风面积/m²	主减速比	发动机	电动机	蓄电池	机械式自动变速器（AMT）
1590	0. 295	0. 009	0. 3	1. 746	4. 0625	55kW（5400r/min）	20kW（3000r/min）	8A · h	3. 4167，1. 8095 1. 2759，0. 9750

图 3-16 所示为不同工况下电驱动系统的效率区间利用率。NEDC 工况下电驱动系统效率高于 80% 的工作区间约占 87. 84%，效率高于 90% 的约占 21. 38%；

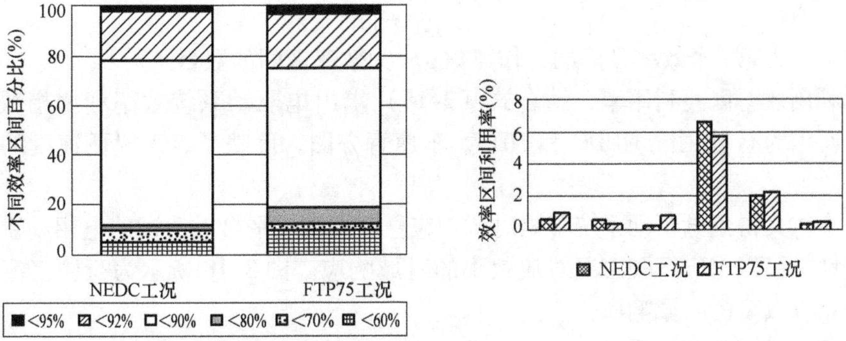

a) 效率区间利用率百分比　　　　b) 效率区间利用率对比

图 3-16　电驱动系统效率区间利用率

FTP75 工况下电驱动系统效率高于 80% 的约占 80.66%，效率高于 90% 的约占 24.65%。从效率区间来看，FTP75 工况下效率属于[90%,92%]的工作区间的百分比大于 NEDC 工况约为 6%，而[80%,90%]的百分比小于 NEDC 工况约为 10%。

2. 效率利用指数

为了能定量评价电驱动系统在某一工况下的工作情况，针对不同效率区间对电驱动系统效率发挥程度的影响，提出效率利用指数

$$\lambda = 100 \times \sum \frac{w_i \eta_i}{\eta_{\mathrm{ref}}} \tag{3-18}$$

式中，λ 为效率利用指数；w_i 为第 i 个效率区间的权重；η_i 为第 i 个效率区间利用率；η_{ref}为同类机型目前最高的参考效率。

行驶工况的特性直接影响着效率区间的利用率，分析行驶工况在不同车速区间的速度频数得到车速直方图，利用仿真得到的效率分布可以求出效率的时域响应，定义电驱动系统伪加权效率$\tilde{\eta}_i$ 为

$$\tilde{\eta}_i = \frac{V_i}{V}\eta_i \tag{3-19}$$

式中，V_i 为第 i 个行驶工况车速区间速度点数；V 为整个行驶工况的速度点数；η_i 为对应的驱动系统效率。

伪加权效率根据不同行驶工况下速度区间的分布情况，反映了处于不同速度区间的工作效率分布对于效率区间利用率的影响。效率区间权重 w_i 直接与行驶工况的特性相关，第 i 个效率区间的权重为

$$w_i = \frac{\sum_{i=1}^{m} \tilde{\eta}_i}{\sum_{j=1}^{n} \sum_{i=1}^{m} \tilde{\eta}_i} \tag{3-20}$$

式中，m 为第 i 个效率区间的工作点数；n 为效率区间的数目。

利用效率区间利用率，结合式（3-18）求出电驱动系统效率利用指数。图 3-17所示为行驶工况 NEDC 和 FTP75 车速直方图，反映了该工况下速度的分布情况。

由仿真得到电驱动系统转矩时域响应，利用测试平台上测试的电驱动系统效率特性，可以求出行驶工况对应效率的时域响应。图 3-18 所示为行驶工况下电驱动系统效率的时域响应。

通过式（3-19）和式（3-20）得到工况下效率区间的权重，见表 3-3。

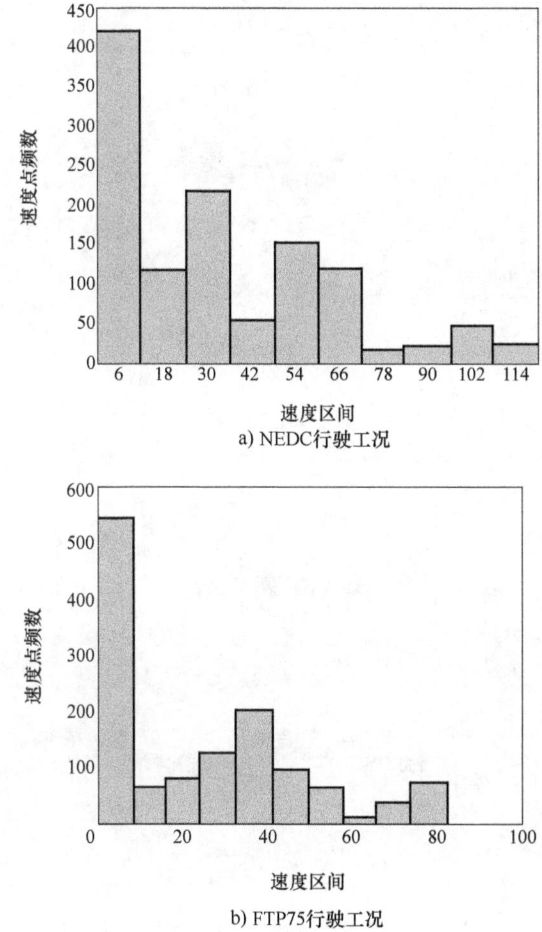

图 3-17　行驶工况 NEDC 和 FTP75 车速直方图

表 3-3　电驱动系统效率区间权重

效率区间 / 工况	[0~0.6)	[0.6~0.7)	[0.7~0.8)	[0.8~0.9)	[0.9~0.92)	[0.92~0.95)
NEDC	0.0259	0.0497	0.0411	0.7155	0.1503	0.0174
FTP75	0.0671	0.0303	0.0913	0.5919	0.1967	0.0207

由式（3-18）可得，NEDC 行驶工况下电驱动系统效率利用指数为 53.6，FTP75 行驶工况下效率利用指数为 40.9。

3. 系统匹配指数

混合动力汽车通过能量管理策略协调发动机和电动机的运行，保证整车的性能达到最优，提高电驱动系统高效率区间利用率的同时，应保证发动机的经济运

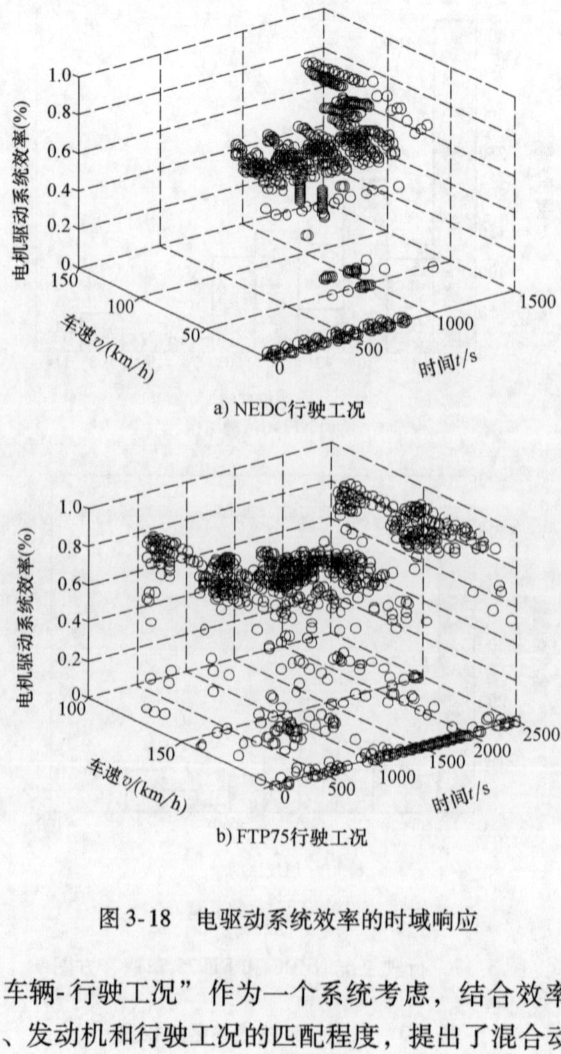

a) NEDC行驶工况

b) FTP75行驶工况

图3-18　电驱动系统效率的时域响应

行。因此，将“车辆-行驶工况”作为一个系统考虑，结合效率利用指数，定量表述电驱动系统、发动机和行驶工况的匹配程度，提出了混合动力系统匹配指数 M_{HEV}，定义为

$$M_{HEV}=[(1-HF_w)\lambda_{ice}+\eta_{bat}HF_w\lambda_{em}]\eta_T \tag{3-21}$$

式中，HF_w 为混合动力系统的动力混合程度；λ_{ice}为发动机效率利用指数；η_{bat}为蓄电池效率；λ_{em}为电驱动系统效率利用指数；η_T 为传动系统效率。

（1）发动机效率利用指数

混合动力汽车的发动机与传统汽车发动机的工作方式不同。混合动力汽车发动机在高负荷下工作能够提高热效率燃油经济性、降低排放和具有更高的比功率。另一方面，混合动力汽车发动机不需要像典型车用发动机那样有那么宽的工作范围。混合动力汽车采用的发动机在高负荷下工作比普通乘用车更能接近其峰值效率。在考察电驱动系统是否高效工作的同时，应保证发动机实际工作点对最佳效率工作区间的利用，同样以表 3-2 所示的国内某混合动力汽车参数为例，其不同工况下发动机效率区间利用率如图 3-19 所示。

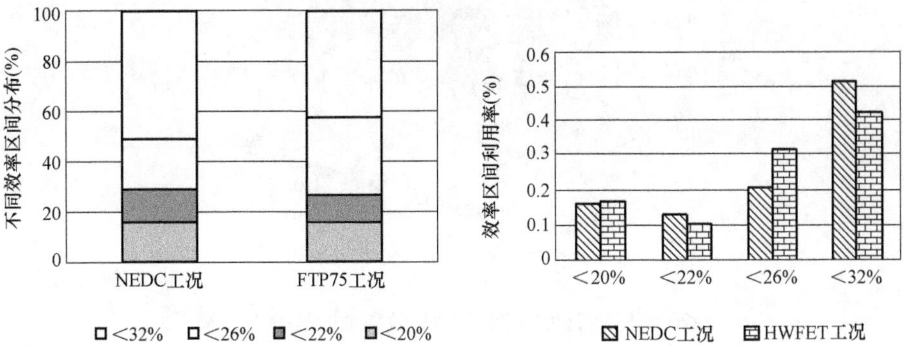

a) 效率区间利用率百分比　　b) 效率区间利用率对比

图 3-19　不同工况下发动机效率区间利用率

从图中得到，NEDC 工况下发动机效率高于 22% 的约占 70.89%，效率高于 26% 的约占 50.89%，FTP75 工况下发动机效率高于 22% 的约占 73.14%，效率高于 26% 的约占 42.14%。从效率区间来看，NEDC 工况下效率属于效率区间[22%,26%]的百分比小于 FTP75 工况约为 10%，而效率区间[26%,32%]的百分比大于 FTP75 工况约为 8%。

图 3-20 所示为不同行驶工况下发动机效率的时域响应。

通过式（3-19）和式（3-20）得到工况下效率区间的权重见表 3-4。

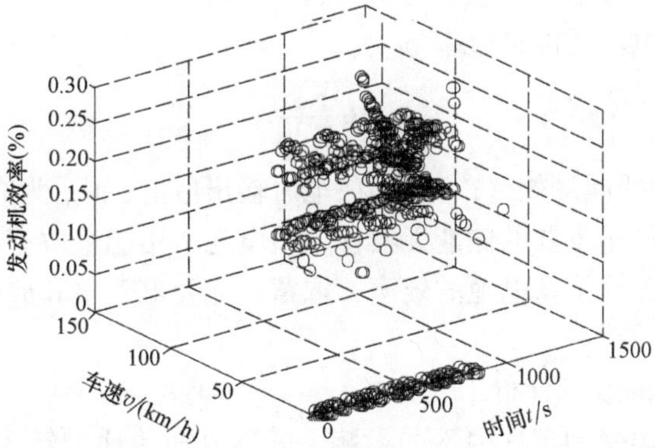

a) NEDC行驶工况

图 3-20　不同行驶工况下发动机效率的时域响应

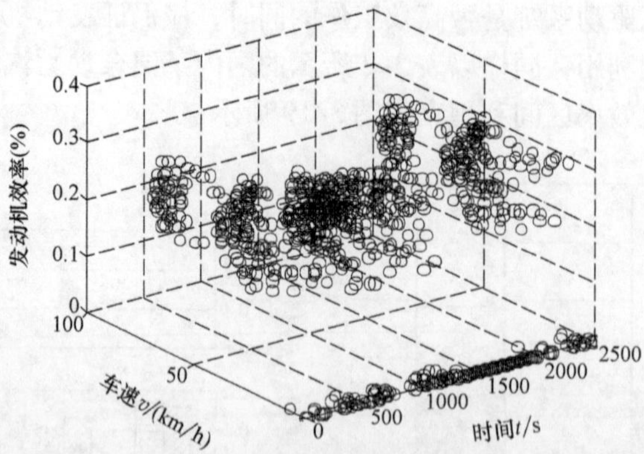

b) FTP75行驶工况

图 3-20　不同行驶工况下发动机效率的时域响应（续）

表 3-4　发动机系统效率区间权重

工况＼效率区间	[0,0.2)	[0.2,0.22)	[0.22,0.26)	[0.26,0.32)
NEDC	0.0775	0.0847	0.1785	0.6592
FTP75	0.1268	0.0746	0.3022	0.4964

由式（3-18）可得，NEDC 行驶工况下发动机效率利用指数为 112.7，FTP75 行驶工况下效率利用指数为 94.7。

（2）动力蓄电池的效率分布

动力蓄电池的工作效率可以用能量效率表示，也可以用库仑效率表示。库仑效率定义为动力电池的输出电量和输入电量的比值。能量效率定义为输入能量和输出能量的比值，主要由充、放电内阻引起，它对于判断动力电池的最佳工作区具有重要意义。蓄电池的能量效率 η_{bat} 为

$$\eta_{bat}=\frac{W_{dis}}{W_{chg}} \tag{3-22}$$

式中，η_{bat} 为蓄电池的能量效率；W_{dis} 为放电时输出电能；W_{chg} 为充电时输入电能。

作为混合动力汽车重要的储能元器件，蓄电池常用能量效率表达其性能，为了综合表达某循环工况下蓄电池的效率，取蓄电池充电效率和放电效率的乘积为蓄电池的效率。

（3）传动系统的效率分布

传动系统的效率受到多种因素的影响，并随其所传递的转矩和转速而变化。典型行驶工况下的工作点比较集中，平均效率也比较稳定。建议取 0.9～0.92 来估算装备有级机械变速器传动系统的整车效率。传动系统的平均效率可以描述在

某一驾驶循环工况下的效率及其工作状态。

(4) 混合动力传动系统的混合程度

混合动力汽车动力的混合程度可以用混合比表示，定义为

$$HF = \frac{P_{em}}{P_{em} + P_{ice}} \tag{3-23}$$

式中，P_{em}为电驱动系统的最大功率；P_{ice}为发动机最大功率。

由于汽车发动机和电机几乎不可能同时以最大功率工作，所以 HF 并不能反映汽车实际行驶工况下动力传动系统的工作情况。为了更加有效真实地反映混合动力传动系统的动力混合程度，以能量为参数，提出电能贡献率作为新的混合动力程度评价指标，定义为

$$HF_{w} = \frac{W_{em}}{W_{em} + W_{ice}} \tag{3-24}$$

从混合动力传动系统匹配指标的推导过程可以看出：把车辆的固有特性和实际使用条件相结合，反映了车辆具有的性能和实际使用效果。因此用 HF_{w} 作为电驱动系统、传动系统、行驶工况匹配评价的综合指标，既能反映电驱动系统与使用工况的匹配程度，又能提示系统改善的潜力和途径。

(二) 电驱动系统综合性能评价方法的研究

电驱动系统作为混合动力系统的关键部件之一，其性能评价不仅考虑是否满足整车动力性能的需求，而且考虑能否通过“主动”方式提高系统的能量效率。这些因素由于涉及的指标比较多，实际中有些可以通过实测和仿真给出定量值，有些只能通过向整车单位咨询得到一些定性的估计和判断，形成一个复杂的、多个相互冲突的、定性与定量指标并存的性能评价体系。因此在研究电驱动系统综合性能评价方法时，必须科学、客观、全面地反映电驱动系统的综合性能，体现电驱动系统的特点和发展趋势，同时考虑其可操作性。

1. 电驱动系统综合性能评价方法的特点

混合动力汽车电驱动系统综合性能评价是一项涉及多因素、多目标、多层次复杂的系统工程，内容广泛而又错综复杂。它主要具有以下特点：

1) 评价指标数量较多。由于混合动力汽车拓扑结构的多样性，为较全面反映电驱动系统的特点，电驱动系统不仅要求满足车辆使用要求，而且要求与传动系统匹配良好。

2) 定量、定性指标相结合。电驱动系统是复杂的系统，并不是所有的指标都可以直接用数学模型来描述，有些定性指标必须依据系统工程有关理论和方法进行处理后方可量化。

3) 各指标重要程度不一致。由于动力总成拓扑结构以及电驱动系统类型等不尽相同，因此反映出各评估指标的重要程度也不同，必须用科学的方法进行分

析研究，确定电驱动系统各评价指标合理的权重。

4）指标取值模糊化。虽然各指标能够得到确定的值，但是有些指标边界比较模糊，没有明确的要求，同时由于对比电驱动系统标称值中数值的不同，直接比较评价值不能反映出电驱动系统的性能，只能依据模糊数学理论进行处理，确定指标的隶属函数，以便得出具体方案指标的隶属度。

对于这类在模糊的环境下进行多属性方案的决策方法，目前大都是先通过模糊算法集结各方案的模糊综合评价值，再运用不同种对模糊数进行排序的方法来对决策方案排序。如采用最大集和最小集法、乐观指标法、人工神经网络法、α－截集方法、解模糊方法等。但这些方法有的过于复杂，计算量大，难以实现；有的将集结成的非线性模糊数简化成线性模糊数或解模糊数，使得决策信息和结构在建模之前就被线性化或精确化，改变了实际问题模糊的特征。而模糊多属性决策模型将经典的多准则决策法、模糊优选法、模糊层次分析法、模糊综合评价法结合在一起，为解决同时具有定性与定量属性指标的多属性决策问题提供新的途径。图3-21所示为电驱动系统评价流程。

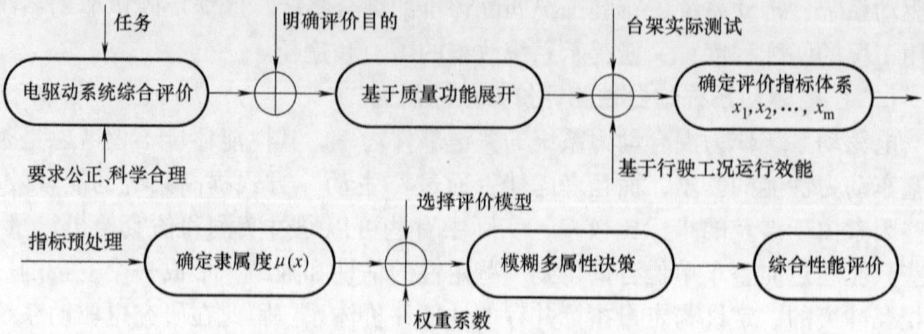

图3-21 电驱动系统评价流程

2. 电驱动系统综合性能评价方法

根据前面的分析，电驱动系统的性能不仅涉及电气性能、动力性能、安全性能及可靠性等技术指标，而且涉及与整车匹配程度相关的效能指标。不同类型的电驱动系统考核的侧重点不同，不同工况下运行的混合动力汽车电驱动系统的效能指标也不相同。图3-22所示为电驱动系统评价指标。

电驱动系统通过测试平台自动测试结果和仿真结果都可以获得各评价指标精确值，但是由于电驱动系统研制单位与配套整车单位签订合同中合同值的不同以及不同类型电驱动系统设计的特殊性，为了能够准确度量各评价指标值在各方案中的满意度，需要针对合同指标值以及目前的技术水平确定各评价指标的隶属函数，利用模糊数集合间的测度工具实现电驱动系统综合性能的评价。

（1）评价指标隶属函数的确定

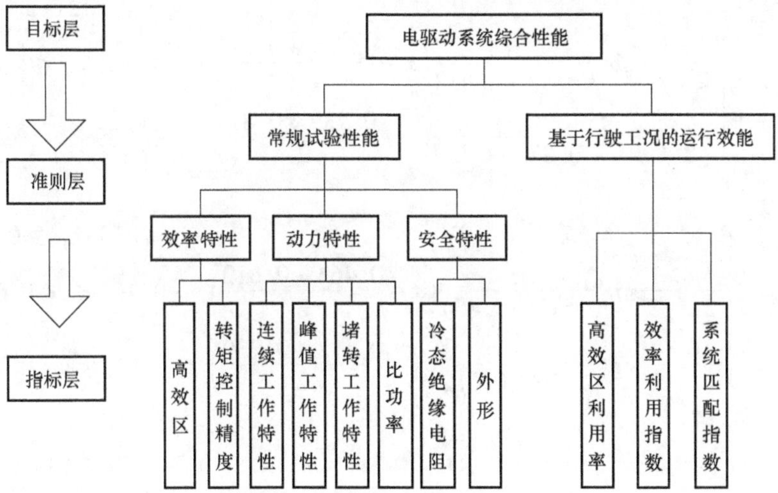

图 3-22　电驱动系统评价指标

隶属函数的确定本质上是客观的，但又允许一定程度上的主观行为和人为技巧，主观行为应体现专家的经验、观点和某些公认的准则。针对研究对象的不同、研究问题性质的不同，隶属函数可以通过不同的方法来确定，如模糊统计法、三分法、二元对比排序法、专家评分法等。目前常用的隶属函数包括矩形分布、指数分布、正态分布、梯形分布、柯西分布、岭形分布等。

电驱动系统评价指标体系中既有效益型指标，又有成本型指标和区间型指标。对应隶属函数可分成三种形式：升型指标、降型指标和中间型指标，即指标的隶属度分别随指标值单调增加、单调下降或先增后降。通过对电驱动系统综合性能评价指标的特点进行研究分析，对属于升降型的指标，鉴于半岭形分布的良好的渐入渐出特性以及在大量实际运用中的良好性质，采用了以升半岭形模糊分布和降半岭形模糊分布为主的隶属函数；对属于中间型的指标，则选用正态型模糊分布。

根据统计测试的 13 套电驱动系统，系统效率 >80% 的区域（高效区），其平均值为 61.2%，高于此数值的点有 7 个，其平均值为 73.9%，低于 61.2% 这一整体平均值的数值点有 6 个，其平均值为 46.4%，高效区最高值为 87%。因此，用以上四个值 46.4%、61.2%、73.9%、87% 模糊子集的代表值，采用岭形分布构造高效区隶属函数为

$$\mu_{\mathrm{H}}(x)=\begin{cases}0 & x\leqslant 0.739\\ \dfrac{1}{2}+\dfrac{1}{2}\sin\dfrac{\pi}{0.87-0.739}\left(x-\dfrac{0.87+0.739}{2}\right) & 0.739<x<0.87\\ 1 & x\geqslant 0.87\end{cases}\tag{3-25}$$

$$\mu_{\mathrm{I}}(x)=\begin{cases}0 & x\leqslant 0.612, x\geqslant 0.87\\ \dfrac{1}{2}+\dfrac{1}{2}\sin\dfrac{\pi}{0.739-0.612}\left(x-\dfrac{0.739+0.612}{2}\right) & 0.612<x\leqslant 0.739\\ \dfrac{1}{2}-\dfrac{1}{2}\sin\dfrac{\pi}{0.87-0.739}\left(x-\dfrac{0.739+0.87}{2}\right) & 0.739<x<0.87\end{cases} \tag{3-26}$$

$$\mu_{\mathrm{J}}(x)=\begin{cases}0 & x\leqslant 0.464, x\geqslant 0.739\\ \dfrac{1}{2}+\dfrac{1}{2}\sin\dfrac{\pi}{0.612-0.464}\left(x-\dfrac{0.464+0.612}{2}\right) & 0.464<x\leqslant 0.612\\ \dfrac{1}{2}-\dfrac{1}{2}\sin\dfrac{\pi}{0.739-0.612}\left(x-\dfrac{0.612+0.739}{2}\right) & 0.612<x<0.739\end{cases} \tag{3-27}$$

$$\mu_{\mathrm{K}}(x)=\begin{cases}1 & x\leqslant 0.464\\ \dfrac{1}{2}+\dfrac{1}{2}\sin\dfrac{\pi}{0.612-0.464}\left(x-\dfrac{0.612+0.464}{2}\right) & 0.464<x<0.612\\ 0 & x\geqslant 0.612\end{cases} \tag{3-28}$$

图3-23所示为电驱动系统高效区隶属函数示意图。

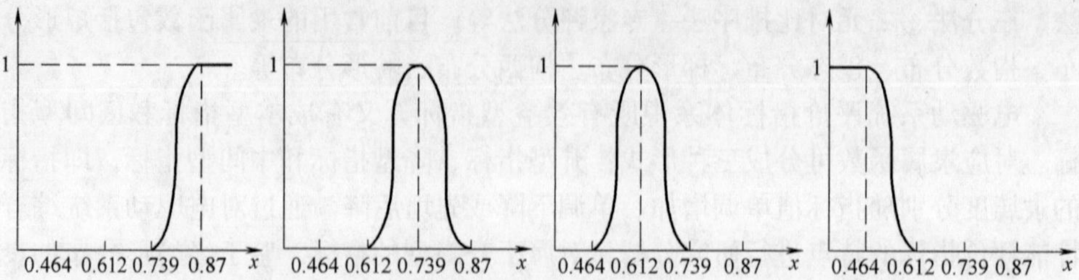

图3-23 电驱动系统高效区隶属函数示意图

由于实际中控制精度难以精确统计，合同中一般规定位于某区间即可，因此，控制精度隶属函数的确立主要依据合同指标用降半岭形模糊分布描述，其隶属度随指标值的增加而下降，即

$$\mu(x)=\begin{cases}1 & 0\leqslant x\leqslant a_1\\ \dfrac{1}{2}-\dfrac{1}{2}\sin\dfrac{\pi}{a_2-a_1}\left(x-\dfrac{a_2+a_1}{2}\right) & a_1<x<a_2\\ 0 & a_2\leqslant x\end{cases} \tag{3-29}$$

式中，a_1 为期望值；a_2 为容许值。当不存在期望值或容许值时，可设 $a_1=\max(x)$，$a_2=\min(x)$。

图 3-24 所示为电驱动系统控制精度隶属函数示意图。

(2) 动力特性指标隶属函数的建立

对于连续和峰值工作特性，按不同绝缘等级电机的温升限值用降半岭形模糊分布描述。目前常用电驱动系统大多为 H 级，温升限值为 125K，由于峰值工作特性测试时间较短，统计 16 套电驱动系统最低温升不小于 10K，因此其隶属度为

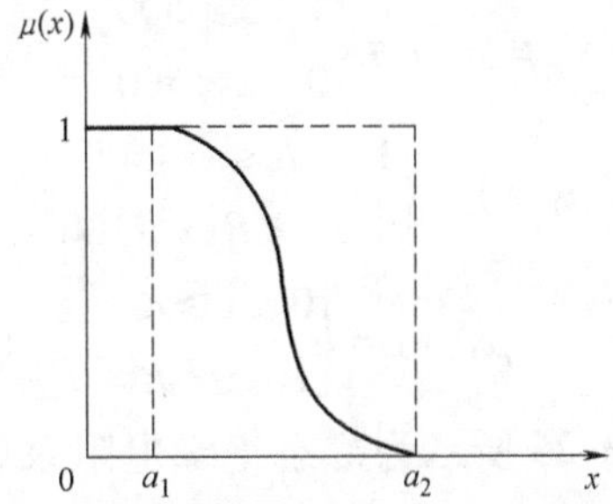

图 3-24　电驱动系统控制精度隶属函数示意图

$$\mu(x)=\begin{cases}1 & 0\leqslant x\leqslant 10\\ \dfrac{1}{2}-\dfrac{1}{2}\sin\dfrac{\pi}{125-10}\left(x-\dfrac{125+10}{2}\right) & 10<x<125\\ 0 & 125\leqslant x\end{cases}\tag{3-30}$$

堵转工作特性主要是依据合同指标中规定的堵转转矩和额定转矩，通过升半岭形模糊分布描述，即

$$\mu(x)=\begin{cases}0 & 0\leqslant x\leqslant T_1\\ \dfrac{1}{2}+\dfrac{1}{2}\sin\dfrac{\pi}{T_2-T_1}\left(x-\dfrac{T_2+T_1}{2}\right) & T_1<x<T_2\\ 1 & T_2\leqslant x\end{cases}\tag{3-31}$$

式中，T_2 为合同规定的堵转转矩；T_1 为额定转矩。

比功率指标比较特殊，一般情况大一些比较有利，但由于目前技术约束和实际使用的情况，它也无需太大，否则将增加成本。根据统计测试的 16 套电驱动系统，比功率取值区间大致为［0.5，1.33］，以合同规定值 x_0 为最理想值，其隶属函数由两条 S 形曲线组成，且高于 x_0 的满意度比低于 x_0 的满意度稍大，依此构造比功率近正态分布其隶属函数为

$$\mu(x)=\begin{cases}0 & x<0.5, x>1.33\\ \left[\dfrac{(x-0.5)(2x_0-0.5-x)}{(x_0-0.5)^2}\right]^{\alpha} & 0.5<x<x_0\\ \left[\dfrac{(x-1.33)(2x_0-1.33-x)}{(x_0-1.33)^2}\right]^{\beta} & x_0<x<1.33\end{cases}\tag{3-32}$$

图 3-25 所示为比功率近正态分布图，取 $\alpha=3$，$\beta=2$。

(3) 安全特性指标隶属函数的建立

从统计的 16 套电驱动系统冷态绝缘电阻测试来看，用 500V 兆欧表测试电机及控制器的绝缘能力基本都超过 500MΩ，但也存在未达到合同规定值的情况，由于数据比较集中，因此根据合同规定值 R 确立隶属函数为

$$\mu_{\mathrm{H}}(x)=\begin{cases}1 & x \geqslant 500 \\ 0 & x<500\end{cases} \tag{3-33}$$

$$\mu_{\mathrm{I}}(x)=\begin{cases}1 & R \leqslant x \leqslant 500 \\ 0 & x<R, x>500\end{cases} \tag{3-34}$$

$$\mu_{\mathrm{J}}(x)=\begin{cases}0 & x \geqslant R \\ 1 & x<R\end{cases} \tag{3-35}$$

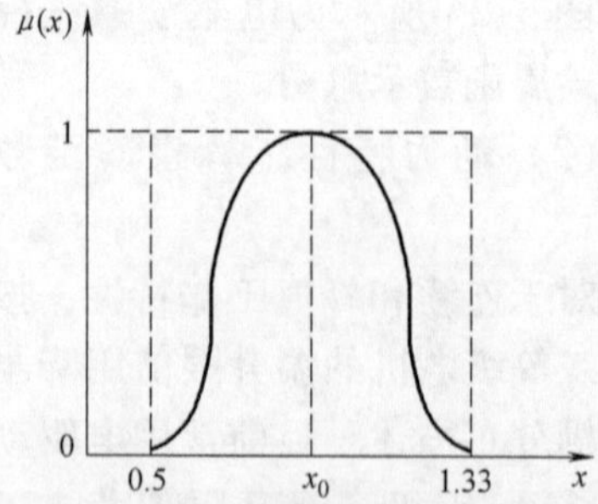

图 3-25　比功率近正态分布图

图 3-26 所示为冷态绝缘电阻隶属函数示意图。

外形评价指标合同中定义的指标值往往比较模糊，如一般要求重量小于某值即可，对于这类指标的描述应是一个渐变的过程，即在考虑误差测试范围内隶属度变化较慢，超出此区间越大该指标满意度越低，因此，定义部分幂函数分布隶属函数为

$$\mu(x)=\begin{cases}0 & x>a_1 \\ 0.9\mathrm{e}^{-0.5\left|x-a_2-\Delta h\right|} & a_2+\Delta h<x \leqslant a_1 \\ 1-0.025\left(x-a_2+\Delta l\right) & a_2-\Delta l \leqslant x \leqslant a_2+\Delta h \\ 1 & x<a_2-\Delta l\end{cases} \tag{3-36}$$

式中，a_2 为合同中的规定值；$[\Delta l, \Delta h]$ 为允许的误差范围。

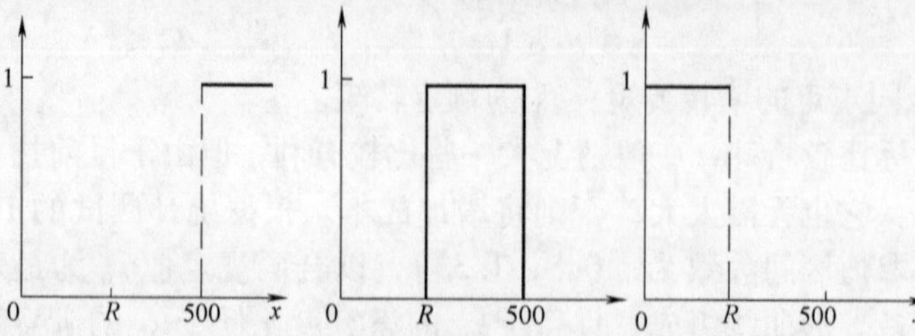

图 3-26　冷态绝缘电阻隶属函数示意图

图 3-27 所示为比功率部分幂函数分布示意图。

（4）运行效能指标隶属函数的建立

运行效能指标由于属于新提出的指标，并没有数据可以参考，因此主要根据实际情况采用升半岭形分布描述其隶属函数。

3. 基于兼容度准则综合性能评价方法

通过传统评价方法局限性分析可知，传统方法可以有效地表述同一类型电驱动系统

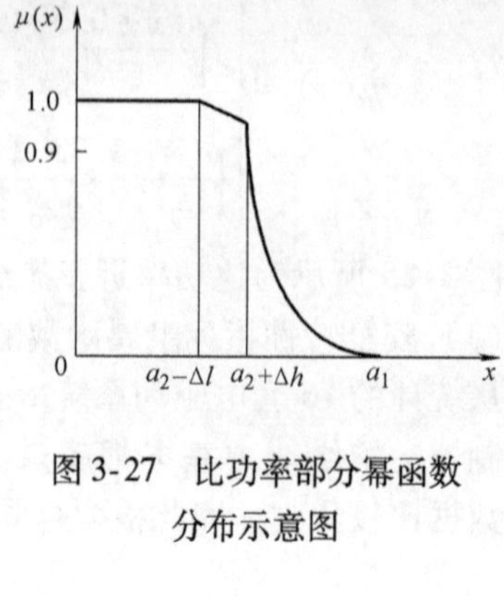

图 3-27　比功率部分幂函数分布示意图

的综合性能，但不能有效地表述不同类型电驱动系统的综合性能以及评价指标的变化趋势，而其单一的决策模式更加限制了评价方法的有效性，大大降低了准确性和可操作性。因此，结合电驱动系统评价方法的特点，改进距离测度工具和决策模式，提出更能够全面反映电驱动系统性能的评价方法。

（1）测度工具的改进

灰关联度也可以度量模糊集之间的接近程度。设 $X_0=\{x_0(k)\mid k=1,2,\cdots,m\}$ 为参考序列（系统特征序列），$X_i=\{x_i(k)\mid k=1,2,\cdots,m\}(i=1,2,\cdots,n)$ 为比较序列，则 $x_i(k)$ 在各指标下与 $x_0(k)$ 的关联系数为

$$\gamma[x_i(k),x_0(k)]=\frac{\min\limits_k\min\limits_i|x_i(k)-x_0(k)|+\rho\max\limits_k\max\limits_i|x_i(k)-x_0(k)|}{|x_i(k)-x_0(k)|+\rho\max\limits_k\max\limits_i|x_i(k)-x_0(k)|} \tag{3-37}$$

式中，$\min\limits_k\min\limits_i|x_i(k)-x_0(k)|$ 为两级最小差；$\max\limits_k\max\limits_i|x_i(k)-x_0(k)|$ 为两级最大差；ρ 为分辨系数，一般取 $\rho=0.5$。

定义比较序列 X_i 对参考序列 X_0 的灰关联度 ξ 为

$$\xi=\frac{1}{m}\sum_{k=1}^{m}\gamma_i(k) \tag{3-38}$$

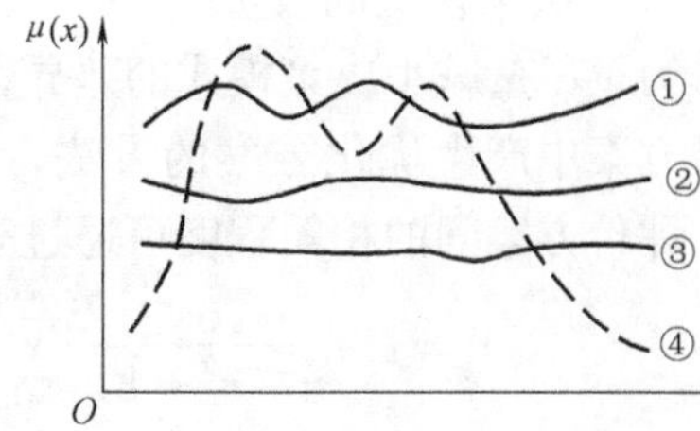

图 3-28　灰色关联度示意图

灰色关联度用于趋势变化分析，它根据因素之间发展趋势的相似或相异程度来衡量因素间接近的程度。关联性实质上是曲线几何形状的差别，几何形状越相似，则变化趋势越接近，关联程度也越大。但关联系数公式就是参考点和比较点之间距离的一种函数，是对离散函数空间的一种接近测度，只能反映曲线几何形状的差别，但是不能反映曲线间的位置关系。图 3-28 所示为灰色关联度示意图，通过定性分析，曲线①、②的相似程度大于曲线①、④的相似程度，因此曲线①、②的关联度大于曲线①、④的关联度，但曲线①、②的相似程度与曲线①、③的基本相同，得出的关联度也应是相近的。但曲线②比③距①更近些，可见仅利用关联度并不能完全反映模糊集之间的接近程度。

从上面的分析可以看出，虽然距离测度在确定两曲线之间相似接近程度时存在缺陷，但它们在某种程度上却反映了曲线间的位置，能够表述同种类型电驱动系统评价指标的变化趋势，而灰色关联度又恰好可以反映曲线几何形状的相似性，能够表述不同类型电驱动系统评价指标的变化趋势。为了使评价结果符合现代决策规则，提高评价结果的可信度，使测度工具能够适应同种类型和不同类型电驱动系统评价，对于电驱动系统综合性能评价而言，由于其没有相对独立的参考序列标准，因此计算评价方案灰色关联度时按照传统的折中多属性决策，以理

想解 M^+ 和 M^- 为参考序列，方案 A_i 与理想解 M^+ 的关联度 ζ^+ 越大，方案越佳；方案 A_i 与理想解 M^- 的关联度 ζ^- 越小，方案越佳。假设方案 A_i 以隶属度 μ_i 从属于理想解 M^+，以 $1-\mu_i$ 从属于理想解 M^-，建立优化模型确定隶属度为

$$\min F(\mu)=\min\{[(1-\mu_i)\zeta_i^+]^2+[\mu_i\zeta_i^-]^2\} \tag{3-39}$$

式中，$\mu=(\mu_1,\ \mu_2,\ \cdots,\ \mu_n)$ 为系统的最优解向量。

令 $\partial F/\partial\mu_i=0$，可以得到

$$\mu_i=\frac{(\zeta_i^+)^2}{(\zeta_i^+)^2+(\zeta_i^-)^2} \tag{3-40}$$

μ_i 表示方案灰色关联度优属于理想方案的程度，μ_i 越大，决策方案越优。

将这两种反映模糊集间接近程度的度量综合考虑，提出了“综合接近度”，定义为

$$T_j=\alpha\frac{\mu_j}{\max\limits_j \mu_j}+(1-\alpha)\frac{d_j}{\max\limits_j d_j}\quad(0<\alpha<1,\ j=1,\ 2,\ \cdots,\ n) \tag{3-41}$$

式中，α 为权重系数，可根据评价电驱动系统的具体类型确定。

（2）决策模式的改进

为了尽量减小决策模式的差异，提高评价方法的有效性，应建立一种从众多备择方案中产生优化方案的方法，实现现代科学的决策。根据多元统计分析理论，评价方案间的相关程度可通过等级相关系数表示为

$$r_{ij}=1-\frac{6}{n(n^2-1)}\sum_{k=1}^{n}(a_k^{(i)}-a_k^{(j)})^2\quad(i,j=1,2,\cdots,h) \tag{3-42}$$

式中，n 为评价对象数；$a_k^{(i)}$ 为第 k 号对象在第 i 方案中的排序次数；h 为通过不同决策方法得到的评价方案数。

评价方案的兼容度实质是指该评价方案与其他评价方案的等级相关系数的加权平均值，数学表达式为

$$r=\sum_{j=1}^{h}w_j r_{ij} \tag{3-43}$$

式中，w_j 为第 j 个评价方案的权重，通常在对各个评价方案没有特别偏好时都取 $\frac{1}{h}$。

（3）基于兼容度准则的评价方法

基于兼容准则的电机驱动系统综合性能评价方法就是从原 h 个评价方案 $\{a_k^{(j)}\}$ 的基础上，生成一个新评价方案 $y=\{y_k\}$，使其兼容度最大，即

$$\max_{y} r_y=\sum_{j=1}^{h}r_{yj} \tag{3-44}$$

其物理意义：如果每一评价方案看成是 n 维欧式空间的一个点，求与 h 个评价方案有最大兼容度的评价方案可以归结为在 n 维欧氏空间中，求与 h 个点按欧

氏距离二次方和达极小值的点。即解如下的极值问题

$$\min_{y} \varphi (y) = \sum_{j=1}^{h} (y - a^{(j)})^{\mathrm{T}} (y - a^{(j)}) \tag{3-45}$$

由此可见，求与 h 个评价方案有最大兼容度的评价方案，等价于在 n 维评价方案空间中，寻找最小二乘意义下对 h 个点的最佳逼近点。

显然，若每种评价方法是独立的，某个电驱动系统方案的兼容度越大，则该电驱动系统评价结果的代表性越强，可靠性越高。图 3-29 所示为基于兼容度准

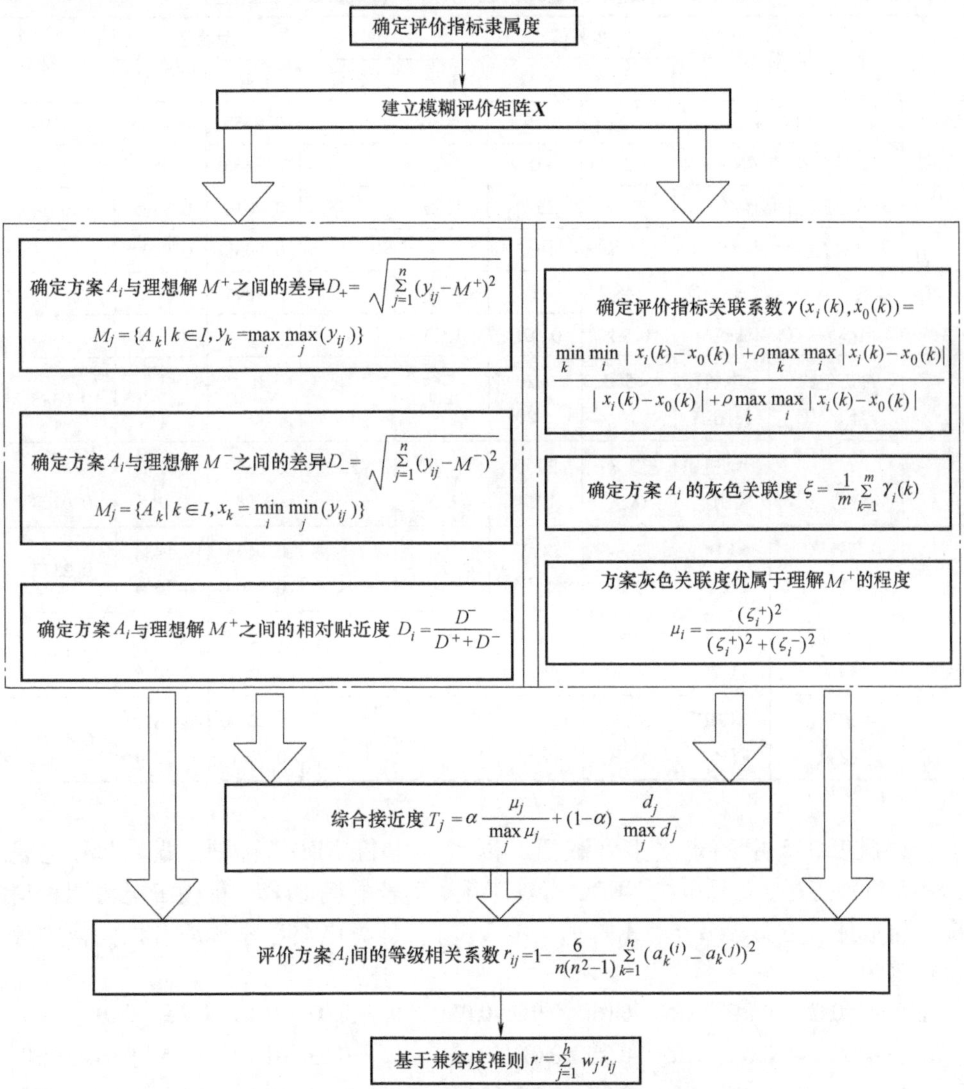

图 3-29 基于兼容度准则的综合性能评价方法流程

则的综合性能评价方法流程。

4. 电驱动系统综合性能评价

以表3-2所示的整车配套的两套电驱动系统为评价对象，通过实测的常规性能和仿真得到的运行效能，结合合同中的规定值以及上述不同评价性能指标隶属函数计算评价指标隶属度，对比评价同一电驱动系统在不同行驶工况下和不同电驱动系统在同一行驶工况下的综合性能。表3-5所示为电驱动系统综合性能评价指标值及其隶属度。

表3-5 电驱动系统综合性能评价指标值及其隶属度

评价指标			实测值		合同值		隶属度		权重
			1号	2号	1号	2号	1号	2号	
效率特性	高效区(%)		72	75	≥50		0.9457	0.9826	0.1694
	转矩控制精度/(N·m)		±2.5	±0.2	±5		0.1466	0.4686	0.097
动力特性	连续工作特性/K		52.3	26.9	H级		0.7016	0.9475	0.0614
	峰值工作特性/K		27.5	10.5			0.9438	0.9999	
	堵转工作特性/(N·m)		148	155	153		0.9894	1	
	比功率/(kW/kg)		0.94	0.978	1.15	1	0.8436	0.917	0.0463
安全特性	冷态绝缘电阻/MΩ	电机	<500	>20	≥20		1	1	0.0386
		控制器	1.7	>20			0	1	
	外形	电机	33.8	29.8	<30	32	0.3659	0.955	
		控制器	18.8	19.4	<20		0.98	0.965	0.0108
运行效能	高效区利用率(%)	NEDC	87.84	52.77	/		0.9638	0.5434	0.2377
		FIP75	80.66	65.25			0.9104	0.7304	
	效率利用指数	NEDC	53.6	34.1	/		0.5564	0.2606	0.1618
		FIP75	40.9	44.1			0.3591	0.4079	
	系统匹配指数	NEDC	83.4	75.7	/		0.9334	0.8611	0.1771
		FTP75	68.9	68.2			0.7796	0.7704	

根据表3-5中的隶属度和权重，以1号电机NEDC行驶工况、1号电机FTP75行驶工况、2号电机NEDC行驶工况、2号电机FTP75行驶工况为四种情况，组成评价方案集 $\boldsymbol{A}=\{A_1 \quad A_2 \quad A_3 \quad A_4\}$，计算电驱动系统综合性能模糊评价矩阵为

$$\boldsymbol{X}=\begin{bmatrix} 0.16 & 0.014 & 0.043 & 0.058 & 0.061 & 0.039 & 0.039 & 0 & 0.004 & 0.011 & 0.229 & 0.09 & 0.165 \\ 0.16 & 0.014 & 0.043 & 0.058 & 0.061 & 0.039 & 0.039 & 0 & 0.004 & 0.011 & 0.216 & 0.06 & 0.138 \\ 0.167 & 0.045 & 0.058 & 0.061 & 0.061 & 0.042 & 0.039 & 0.039 & 0.01 & 0.01 & 0.129 & 0.042 & 0.153 \\ 0.167 & 0.045 & 0.058 & 0.061 & 0.061 & 0.042 & 0.039 & 0.039 & 0.01 & 0.01 & 0.174 & 0.066 & 0.136 \end{bmatrix}$$

图 3-30 所示为各评价方案综合性能对比图。从图中可以看出：

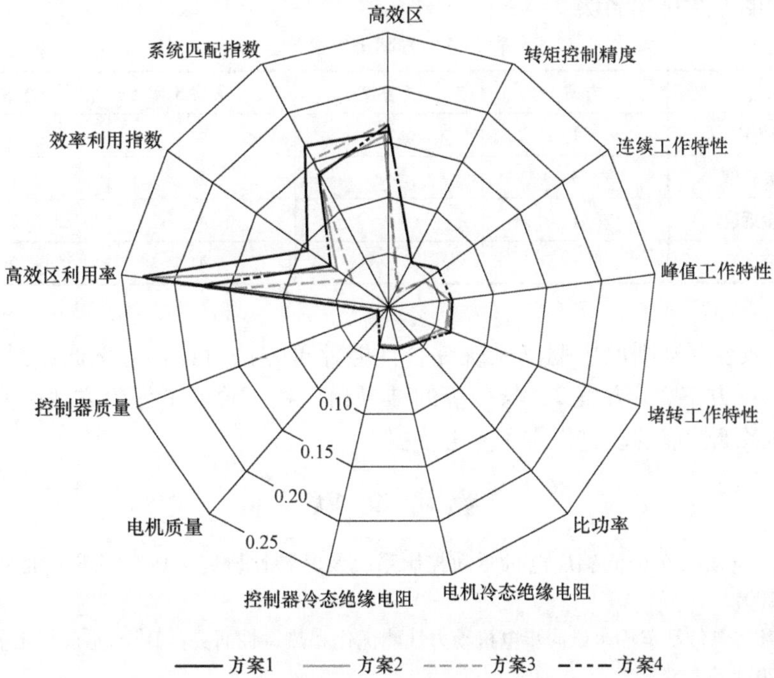

图 3-30 评价方案综合性能对比图

1）NEDC 行驶工况下，尽管 1 号电驱动系统高效区小于 2 号，但 1 号电驱动系统高效区的利用率大于 2 号，说明 1 号电驱动系统的效率区间分布更加适合，从效率利用指数可以看出 1 号电驱动系统的最高效率大于 2 号电驱动系统，2 号电驱动系统的常规测试性能普遍优于 1 号，但由于运行效能权重较大，所以 NEDC 工况下 1 号电驱动系统综合性能应高于 2 号。

2）FTP75 行驶工况下，尽管 2 号电驱动系统的高效区利用率低于 1 号，但 2 号电驱动系统效率利用指数大于 1 号，效率特性的分布与行驶工况更加匹配，同时 2 号电驱动系统的常规测试性能优于 1 号，其综合性能应优于 1 号电驱动系统。

按照传统模糊折中决策方法计算各方案与理想解之间的相对贴近度为

$$\boldsymbol{D}=[0.684 \quad 0.584 \quad 0.331 \quad 0.522]$$

方案灰色关联度优属理想解的程度为

$$\boldsymbol{\mu}=[0.505 \quad 0.436 \quad 0.513 \quad 0.544]$$

方案与理想解之间的综合接近度为

$$\boldsymbol{T}=[0.964 \quad 0.828 \quad 0.714 \quad 0.881]$$

各种决策方法测度算子不同，方案排序名次也不同。表3-6为根据各种决策方法确定的方案排序名次。

表3-6 方案排序名次

	方案1	方案2	方案3	方案4
模糊折中	1	2	4	3
灰色关联度	3	4	2	1
综合接近度	1	3	4	2
兼容度准则	1	3	4	2

基于兼容度准则的电驱动系统综合性能评价方法对评价方案的结果为方案1>方案4>方案2>方案3，与分析的结果相一致，验证了评价方法的有效性，为电驱动系统性能的改进提供了参考依据。

参考文献

[1] 翟丽. 电动汽车交流感应电机驱动控制系统及其特性研究［D］. 北京：北京理工大学，2004.

[2] 范金鑫. 电传动车辆永磁同步电机动力性能优化和热特性研究［D］. 北京：北京理工大学，2011.

[3] 杨伟斌. ISG型轻度混合动力汽车动力传动系的匹配与仿真研究［D］. 重庆：重庆大学，2004.

[4] Ronald J Krefta，Kaushik Rajashekara，Bruce Moor. Evaluation of Propul-sion Drive System Technologies For Hybrid Vehicles［C］. SAE，2000-01-1532.

[5] 陈潇凯. 混合动力汽车悬架优化设计的目标分流法理论及应用研究［D］. 北京：北京理工大学，2005.

[6] 何仁. 混合动力传动系统匹配评价指标的探讨［J］. 汽车技术，2005（1）：15~19.

[7] 李炯. 功率混合型电动汽车电机驱动系统综合性能评价研究［D］. 北京：北京理工大学，2007.

[8] 翟丽，孙逢春. 电动轿车机电传动系统的匹配计算与仿真［J］. 北京理工大学学报，2007，27(10).

[9] 王泽平. 电动轿车总体设计与性能仿真研究［D］. 合肥：合肥工业大学，2007.

[10] 吴伟岸. 混合动力汽车动力系统参数选择及匹配研究［D］. 合肥：合肥工业大学，2005.

[11] 姬芬竹，高峰. 电动汽车驱动电机和传动系统的参数匹配［J］. 广州：华南理工大学学报，2006，34（4）.

[12] 万佳. 混合动力电动汽车总成参数匹配与控制策略研究［D］. 南昌：南昌大学，2008.

第四章　电动汽车电驱动系统结构

电动汽车是以驱动电机作为动力的，按照电动汽车上驱动电机的数目及其驱动方式的不同，可以将电动汽车的驱动系统分为单电机驱动系统和多电机驱动系统，而多电机驱动系统又可以分为多电机独立驱动系统和多电机耦合驱动系统等。

第一节　单电机驱动系统

电动汽车用的驱动电机具有低转速恒转矩、高转速恒功率的特性，能够满足汽车在起步或爬坡阶段即低速时需要大转矩，而在高速时需要足够的功率的需求，同时电机可实现倒转的功能，所以电机可以直接驱动汽车行驶。但是若要单个电机直接驱动车辆，为了满足车辆大的转矩和转速范围，电机功率势必将会较大，而且电机长时间工作在低效率区，会使功率得不到充分利用。因此，虽然有单电机直接驱动车辆的情况，但是目前采用的较少。

为了能使驱动系统有大的转矩和转速范围适合车辆驱动，借鉴燃油汽车的设计与匹配经验，可以采用变速器配合的方式实施，图 4-1 就是配有两档变速器的电机转矩-转速特性曲线。基速 1 为电机直接档驱动的情况，基速 2 为减速档驱动的情况，从图中可以看出，最大驱动转矩增大了，也就是扩大了驱动系统的转矩范围。因此，在纯电动汽车上一般也配有变速器。和传统汽车一样，变速器有手动机械式变速器、电控机械式变速器、液力机械式变速器和无级自动变速器等。

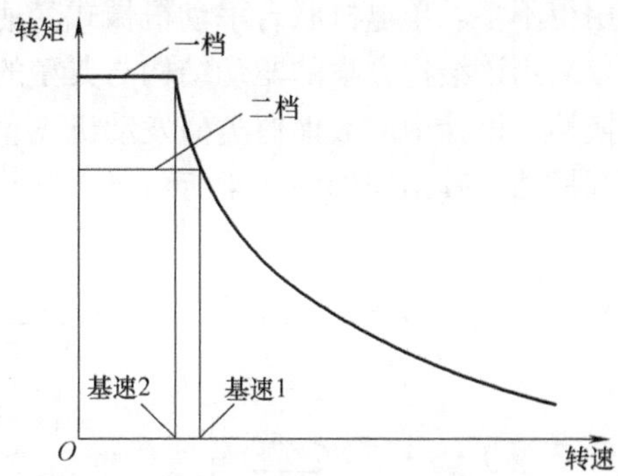

图 4-1　配有两档变速器的电机转矩-转速特性

一、单电机直接驱动

单电机直接驱动车辆的结构或者单电机经过固定速比的减速器减速之后直接驱动车辆是较早出现的驱动结构。该动力系统完全依靠电驱动系统的调速功能实现车辆不同工况的行驶要求，结构简单，传动效率高，但是对于电驱动系统的要求较高，同时由于电驱动系统的高低速调节能力的限制，采用该驱动结构的电动车辆往往无法兼顾低速爬坡和高速行驶的需求，需要在这两个行驶功能之间进行协调，因此对于高速行驶性能要求不高的公交客车和低速电动车辆经常采用该驱动模式。

同时由于该驱动结构比较简单，方便与差速器等进行一体化设计，在很多低速车辆上经常将该动力结构与差速器做成一体化系统，从而进一步简化动力结构。图4-2是一种常用的低速车辆的单电机直接驱动结构。

图4-2　单电机直接驱动结构

二、单电机驱动手动机械式变速器

手动机械式变速器（Manual Transmission，MT）是用手拨动变速杆，改变变速器内的齿轮啮合位置，改变传动比，从而达到变速的目的。踩下离合时，才能拨得动变速杆。因为该结构操作工作量大，换档时机不精确，所以在电动汽车上采用得不多。单电机联合手动机械式变速器在车辆上的结构如图4-3所示。

采用该结构方案的驱动结构与典型的燃油汽车的动力结构相似，为了能够顺利换档，设计中一般保留类似发动机飞轮结构的接合盘以方便离合器操作，从而顺利换档，其结构如图4-4所示。

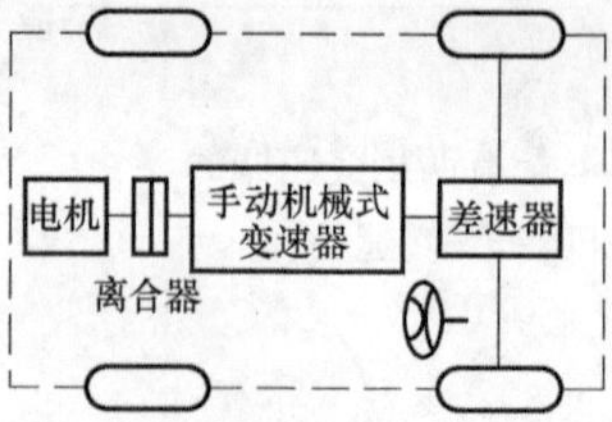

图4-3　单电机联合手动机械式变速器在车辆上的结构

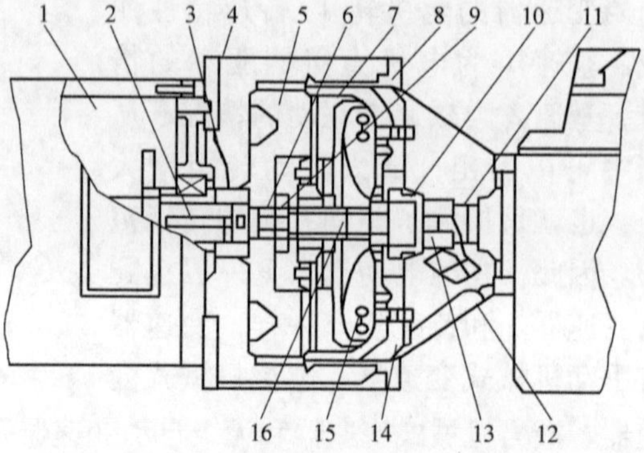

图4-4　手动换挡方式的电驱动结构图

1—电机　2—连接螺栓　3—接合套筒　4—飞轮壳
5—接合盘　6—轴承　7—压盘　8—离合器壳
9—固定螺栓　10—轴承　11—输入轴
12—分离叉　13—分离套筒　14—离合器盖
15—分离杠杆　16—从动盘

三、单电机驱动电控机械式变速器

电控机械式变速器（Automatic Mechanical Transmission，AMT）是在原机械变速器结构不变的情况下，通过加装由微处理器控制的自动操纵机构，实现换档过程的自动化。AMT 的基本控制原理是：ECU 根据驾驶人的操纵（对加速踏板、制动踏板、转向盘、档位选择器等的操纵）和汽车的运行状态（车速、动力系统转速、加速信号、离合器位置等）进行综合判断，选择合理的控制规律，发出控制指令，借助于相应的执行机构，对汽车的动力传动系统进行操纵。相对于 AT 和 CVT 而言，AMT 是由现有的机械变速器进行改造而成的，保留了原来绝大部分的总成部件，仅改变了其中的手动换档操纵部分，加装自动换档执行机构，生产继承性好，改造费用少，通用性好。

手动机械式变速器的特点是效率高，工作可靠，结构简单，制造和维修成本低。AMT 在此基础上改装，保留了干式离合器与手动变速器的绝大部分总成部件，只将其中的变速杆操纵部分、离合器操纵部分以及节气门操纵部分改为电子控制的自动变速操纵系统（Automatic Shift Control System，ASCS）。

图 4-5 所示为 AMT 的结构组成示意图，该图说明了 AMT 的结构演化及 ASCS 的组成。

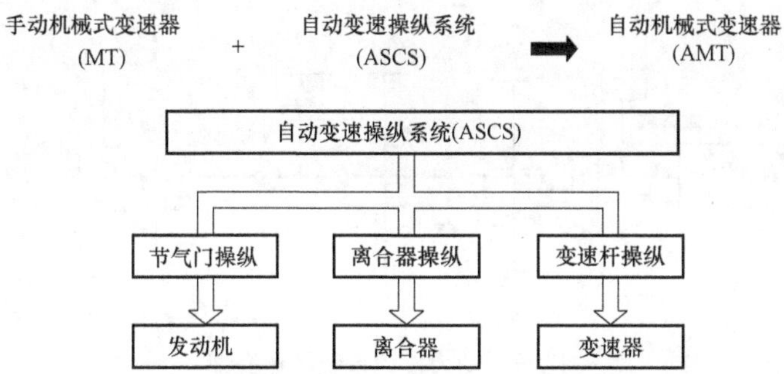

图 4-5　AMT 结构组成示意图

配置电驱动系统与 AMT 的纯电动客车动力传动系统的工作原理如图 4-6 所示，AMT 控制器根据操纵手柄位置、制动信号、电机转速和加速踏板位置计算合适的档位，当需要进行换档操作时，AMT 控制器向驱动电机控制器发送换档过程所需的电机工作模式，进而实现换档操作。换档过程对汽车的平顺性有很大影响，只有换档过程中对电动选换挡执行机构和整车驱动电机进行准确控制，才能保证整车的舒适性和平顺性。

通过电机控制系统与传动控制系统一体化控制技术，纯电动客车 AMT 动力传动系统中可以省去离合器，牵引驱动电机与变速器直接相连。

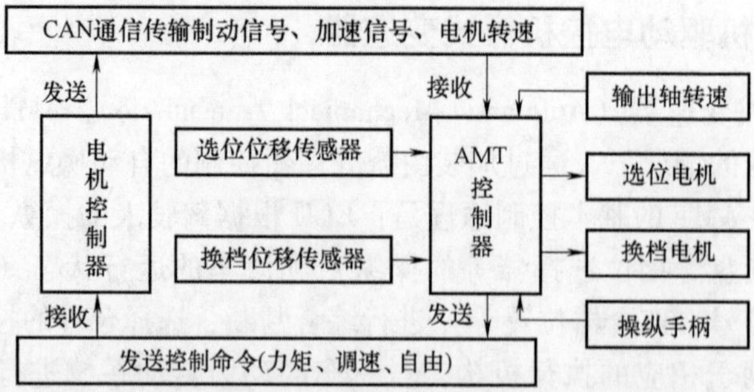

图4-6 纯电动客车动力传动系统工作原理图

动力传动系统简化模型如图4-7所示，J_1为换算至变速器输入轴（无离合器时等同于电机转子）上的转动惯量；J_2为换算至变速器输出轴上的转动惯量；ω_e、ω_1和ω_2分别为电机、变速器输入轴角速度和输出轴的角速度，$\dot{\omega}_e$、$\dot{\omega}_1$、$\dot{\omega}_2$分别是各个角速度的变化率；M_e、M_1和M_2分别为电机的输出转矩、变速器输入轴转矩及输出轴转矩；M_s为同步器在滑摩状态时传递的摩擦转矩，即同步力矩；M_d为地面阻力矩；i_g为变速器传动比；i_{go}为变速器原档位传动比；i_{gn}为变速器目标档位传动比；i_o为主减速器传动比。如果无离合器，则$M_e=M_1$，$\omega_e=\omega_1$，$\dot{\omega}_e=\dot{\omega}_1$，换档过程分为下述几个阶段。

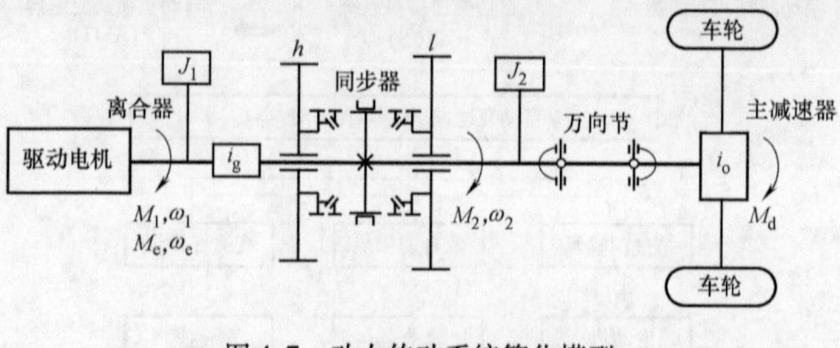

图4-7 动力传动系统简化模型

1. 换档前

此阶段电机动力输出端至车轮间的运动学和动力学关系是确定的，即

$$J_1\dot{\omega}_1 = M_1 - M_2/i_{go}$$
$$J_2\dot{\omega}_2 = M_2 - M_d/i_o \tag{4-1}$$

2. 摘空档

此阶段电机动力输出端至车轮间的运动学和动力学关系仍如式（4-1）所示，但通过主动控制，控制电机输出转矩减小至0，此时变速器的输入轴力矩较小，输入轴和输出轴齿轮间啮合力较小，可以实现摘空档操作。

3. 空档

此阶段电机与汽车间的动力传递完全被切断，在此阶段对驱动电机进行调

速，调速的目标是使得同步器主、从动部分的转速满足新档位传动比的要求，这时才可以进行换档，目标调速值的计算值为

$$\omega_{aim} = \omega_2 i_{gn}$$

在空载状态下，驱动电机可实现转速的快速调整，通过电机控制器主动控制 ω_1 达到期望的 ω_{aim}，即通过电机控制器控制电机转速实现主动同步，摘空档后还应同时进行选档操作。

$$J_1 \dot{\omega}_1 = M_1$$
$$J_2 \dot{\omega}_2 = -M_d/i_o \tag{4-2}$$

4. 换档

当电机转速接近目标调速值后，再次控制电机输出转矩为0，进行换档操作，换档阶段可以分为同步器同步阶段和换入目标档阶段。在同步阶段有

$$J_1 \dot{\omega}_1 = \lambda M_s / i_{gn}$$
$$J_2 \dot{\omega}_2 = -\lambda M_s - M_d/i_o \tag{4-3}$$

式中，λ 为符号函数的值，$\lambda = \text{sgn}\ (i_{gn} - i_{go})$，$\text{sgn}(x)$ 为符号函数，升档时 $\lambda = -1$，降档时 $\lambda = +1$。显然，如果 J_1 足够小，同步力矩 M_s 就可以实现快速同步；如果电机调速后达到的转速与目标转速越接近，同步力矩 M_s 也就越小。

当转速完全同步后，可顺利挂入目标档位，此时有

$$J_1 \dot{\omega}_1 = -M_2/i_{gn}$$
$$J_2 \dot{\omega}_2 = M_2 - M_d/i_o \tag{4-4}$$

5. 换档后

此阶段与换档前相同，汽车恢复正常行驶状态。通过 AMT 控制器和电机控制器的一体化控制，可以实现无离合器换档，但这对电机控制器的控制提出了更高的要求，如要有短的调速时间和精准的调速转速，以保证换档速度，减小换档冲击和同步器滑摩等。其换档控制流程如图 4-8 所示。

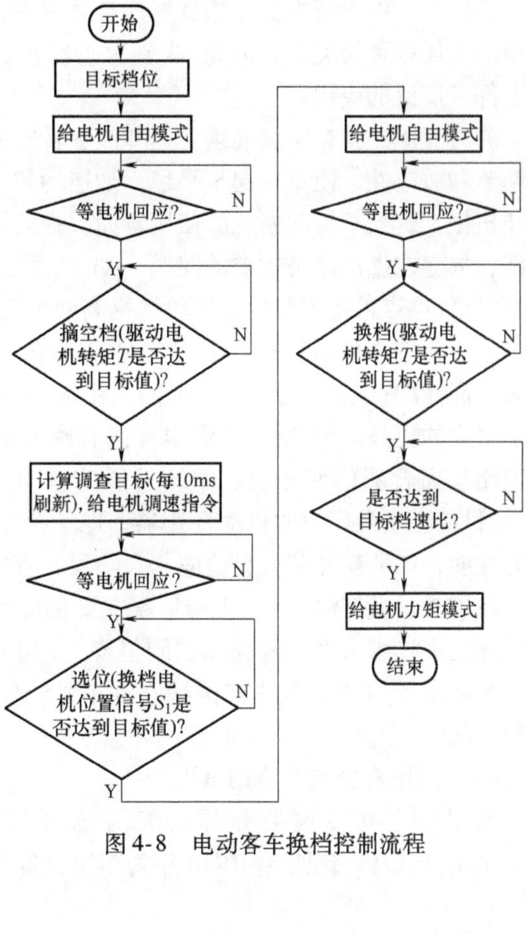

图 4-8　电动客车换档控制流程

在 2008 年北京奥运会、

2010年上海世博会等得到了广泛应用的纯电动客车便采用了一个三档的AMT系统，其外形图如图4-9所示。得益于该系统的优良表现，该类型的电动汽车加速时间较同类型的配置传统变速器的车辆缩短了18%。

图4-9　一种电驱动系统的AMT系统

四、单电机驱动液力机械式自动变速器

将液力变矩器和行星轮变速器组合起来并用微处理器（MCU）控制，就构成了液力机械式自动变速器（Automatic Transmission，AT）。

AT已有70多年的发展历史，一直以来作为主流自动变速器，在轿车上早已得到广泛应用。AT虽然存在结构复杂、效率偏低等缺点，但是在越野和频繁起步的条件下，由于液力变矩器良好的自适应性，使其无需复杂的控制，特别在重型车辆上优势更为突出，因此AT在大型客车、重型自卸车、高通过性军用越野车上都有广泛的应用。

液力变矩器具有无级连续变速和改变转矩的能力，对外部载荷具有良好的自动调节和适应性，使车辆起步平稳，加速均匀，其减振作用降低了传动系统的动载和扭振，延长了传动系统的使用寿命，提高了乘坐舒适性。由于液力变矩器效率低，故存在燃油经济性差的问题。AT的发展过程经历了多次技术革新。20世纪60年代重点采用多元件工作轮来提高液力变矩器的效率；70年代使用闭锁离合器来提高液力自动变速器在高速时的效率；80年代通过增加行星轮变速器档位来提高性能；90年代电子技术的大量应用使得液力自动变速器的综合性能得到了很大的提高。AT结构发展中有代表性的是带超速档的行星轮变速器和带高档位闭锁离合器的变矩器，结构发展的方向是简单化、紧凑化、效率最大化。AT是目前应用最广泛的自动变速器，电子控制和智能控制的发展使其具有了更强的性能，如巡航控制、自适应、自学习、容错处理等。

在国外，重型汽车AT生产厂家主要是由传统变速器生产厂家转变来的，代表国际先进技术水平的有美国的阿里森（Allison）公司、德国的ZF公司和福伊特（Voith）公司等。其中福伊特公司和阿里森公司主要以液力机械变速器为其优势产品。

（1）阿里森公司生产的AT

阿里森公司变速器分部是美国通用汽车公司的直属子公司，由James A. Allison于1915年创办，1946年为军用设备和汽车生产变速器，成为变速器专业生产厂家。1955 年，阿里森公司推出了全世界第一台用于卡车和公交车的全自动变速器。

国外自动变速器厂家很注意产品的系列化，阿里森公司的产品按应用领域不同可分为客车系列、消防车系列、公路系列、油田系列、越野系列、矿山系列、牵引车系列及特殊用途系列等；按基本型号（结构特点）划分，可分为公路型的 1000T、2000T、3000T、4000T 系列，非公路型的 HD5000、HD6000、HD7000、HD8000、HD9000 系列和军用型等。早在 20 世纪 70 年代，Allison 自动变速器就进入了中国市场。目前，Allison 自动变速器遍及国内各大矿山、油田、水利工程、海港和消防系统。进入 21 世纪以来，Allison 自动变速器大量进入国内公路市场。阿里森公司现已主要生产第四代控制系统，电控单元芯片内存增加，软件/程序特性进一步提高，采用按键触摸换档，新增了一些预报功能，如变速器油寿命监控、变速器健康监控和过滤器寿命监控等。

阿里森公司的货车用自动变速器可分为 MD3000 和 HD4000 两个系列。MD3000 系列有四档、五档和六档三种。其中四档是直接档，五档和六档是超速档。HD4000 系列分为六档和七档两种，HD4070PR 自动变速器是通用汽车公司 Allison 自动变速器分部在 21 世纪初投产的处于世界领先水平的电液控制 AT，该型号变速器为 7 个前进档，采用模块化设计结构（由输入模块、齿轮箱模块、输出模块、电液控制系统模块、外部电子控制系统及辅助装置组成），由先进的电子控制单元控制，采用脉宽调制电磁阀油压缓冲技术，具有响应快、换档平稳和具有自适应功能等优点，并具有与动力系统通信的 CAN 接口，能实现与动力系统的协调控制。图 4-10 所示为 HD4070PR 自动变速器的结构剖面图。

（2）ZF 变速器公司生产的 AT

ZF 股份有限公司成立于 1921 年，至 1926 年供应市场的各型号变速器已达 20 万台，产品品种也扩大到轻、中、重型汽车用变速器。ZF 公司开发、生产的产品广泛用于商用车辆、轿车、军用车辆以及工程、建筑、农用机械等。产品有汽车的机械变速器、自动变速器、变速器的操纵机构、传动轴、取力器、分动器、多型转向机、前后车桥、制动器和缓速器等。其 AT 产品应用最为广泛的是 ZF-Ecomat 自动变速器。ZF-Ecomat 是一种两栖型液力机械自动变速器，既可民用，也可军用，其主要系列包括 4/5/6HP500/590/600 等。ZF-Ecomat 采用模块化设计，图 4-11 所示为 ZF-Ecomat 自动变速器的结构剖视图。整体式缓速器增加了行车安全性，通过自适应控制系统 EST18 来控制整个换档过程，换档点能够随负荷的变化而进行修正，同时可使整车与动力系统的匹配更为合理。

（3）德国福伊特公司的 AT

德国福伊特公司的 AT 专为大客车设计，自 2001 年以来，在我国每年以 20% 以上的速度增长，目前已有几千台 Dwia. 3E 和 Dwia. 5 液力机械自动变速器

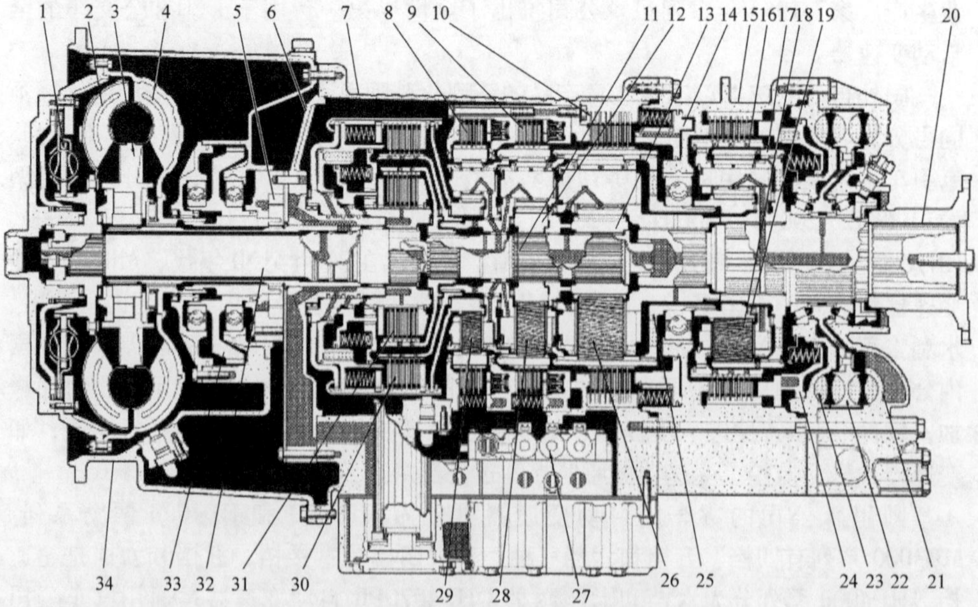

图 4-10　HD4070PR 自动变速器的结构剖面图

1—闭锁离合器　2—涡轮　3—导轮　4—泵轮　5—充油泵　6—前支撑　7—主壳体　8—B1 制动器　9—B2 制动器　10—B3 制动器　11—主轴　12—P2 行星机构太阳轮　13—P3 行星机构太阳轮　14—B3 制动器活塞总成　15—B4 制动器连接器壳体　16—B4 制动器　17—P4 行星机构齿圈　18—P4 行星机构　19—P4 行星机构太阳轮　20—输出轴总成　21—缓速器壳体总成　22—缓速器转子　23—缓速器定子总成　24—B4 制动器活塞　25—P4 行星机构轴法兰　26—P3 行星机构总成　27—电液控制系统　28—P2 行星机构总成　29—P1 行星机构总成　30—C2 离合器　31—C1 离合器　32—涡轮轴　33—取力器（PTO）主动齿轮　34—变矩器壳体

装在厦门金龙、丹东黄海和宇通等国内客车上。图 4-12 所示为 Diwa. 5 双流液力机械自动变速器的结构剖视图。

图 4-11　ZF-Ecomat 自动变速器的结构剖视图

图 4-12　福伊特公司 Diwa. 5 双流液力机械自动变速器的结构剖视图

福伊特自动变速器采用多项创新设计，确保了产品的可靠性和经济性。

1）集成式设计。油管、滤芯、缓速器系统以及线束都集成于变速器本体内，便于安装。

2）智能化设计。强大的数据后处理系统，能在全寿命期内调取存储于内存存储器（TCU）中的动态数据，如里程、车速、档位、制动车速、节气门开度、冷却液温度、故障码、档位及离合器磨损量等，通过数据分析可判断驾驶人的驾驶行为，改进操作以降低油耗。

3）采用智能化的加速度换档程序（BASP）。该程序能在车辆运行中始终寻找最经济的换档点；推出的自动空档程序（ANS），可在停车时自动切入空档等。

五、单电机驱动无级式自动变速器

无级式自动变速器（Continuously Variable Transmission，CVT）采用传动带和工作直径可变的主、从动轮相配合来传递动力，可以实现传动比的连续改变，从而得到传动系统与动力系统工况的最佳匹配。通过传动比的连续变化，CVT 可以使车辆根据外界行驶条件和动力系统负载实现最佳匹配，使动力系统在高效区运转，效率更高，噪声降低，从而充分发挥动力系统的潜力，使车辆有良好的动力性、经济性。另外，CVT 传动比连续变化，没有换档冲击，适应舒适性要求。目前，汽车 CVT 按照作用方式的不同和传动形式的差异，可以分为摩擦式无级变速器、电传动式无级变速器、滑动离合器式无级变速器、静液传动式无级变速器、液力传动式无级变速器。其中，摩擦式无级变速器应用较多，有锥盘滚轮式、摩擦行星式、金属带式等不同的形式。金属带式无级变速器由于结构简单、传动效率高、传递功率大，成为国内外汽车传动研究和推广的重点之一。

金属带式无级变速器的基本结构如图4-13 所示。图中，从动轴上的锥盘向内夹紧，迫使金属带向外滑移，而主动轴上的锥盘向外移动，金属带向内滑移，从而改变主动轴和从动轴上金属带的传动半径。由于金属带沿推力方向的线速度不变，因此速比增大到最大值；同理，主动轴上的主动锥盘内移，从动轴上从动锥盘外移，速比减小到最小值。要得到指定大小的速比，就需要精确控制锥盘的移动位置，从而控制金属带的传动半径。通常不论是主动轴上还是从动轴上，都有一个锥盘是可以沿轴向移动的，而另一个则固定在轴上。控制锥盘的移动，实际上就是控制可动锥盘的移动。

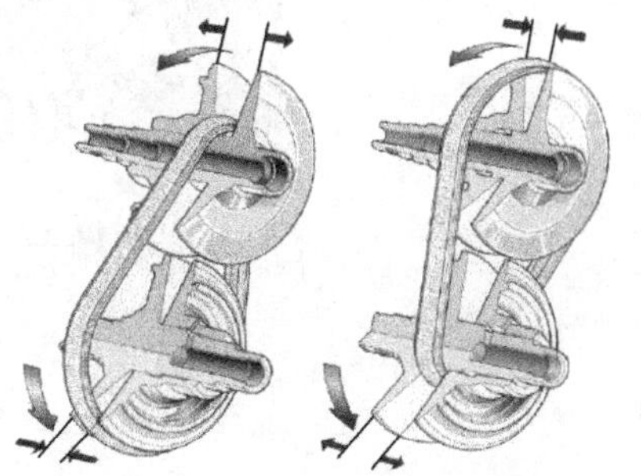

图 4-13　金属带式无级变速器的基本结构

传动带式CVT根据传动带的不同可分为橡胶带式、金属推块式和金属链式等，橡胶带式CVT多用在摩托车、沙滩车等小型机动车上，目前在汽车上成功实现商业化的是金属推块式和金属链式CVT。推块式金属带如图4-14所示，它由几百片V形推块和两组金属环组成，推块厚度为14~22mm，在带轮压力的作用下，依靠推块推挤力来传递动力。金属环由多层厚度为0.18mm的带环叠合而成，在传动中正确引导金属推块的运动。钢链式CVT用承受拉力的钢链代替推块式钢带，如图4-15所示，这种CVT最典型的代表就是保时捷的CVTtip（CVT+Tiptronic）和奥迪的Multitronic系统。与推块式金属带相比，钢链式CVT能够传递更大的转矩，适用于较大功率的动力系统，但在高速时噪声较大，两者各有优缺点。

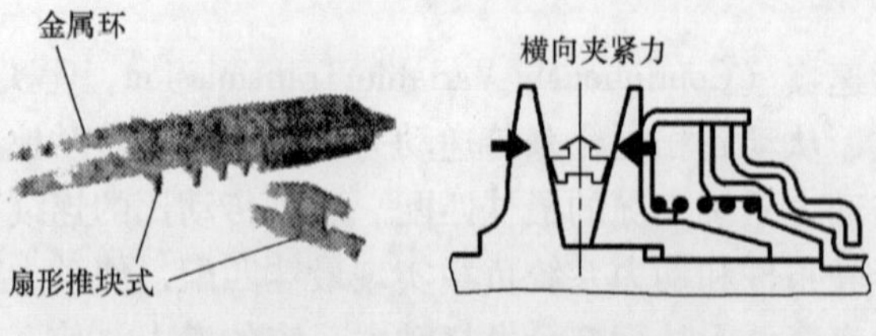

a) 扇形推块式钢带结构　b) 扇形推块式钢带与锥面接触并产生摩擦

图4-14　推块式金属带

图4-15　钢链式CVT

第二节　多电机独立驱动

所谓独立驱动，是指每个车轮的驱动转矩均可单独控制，各轮的运动状态也相互独立，之间没有硬性的机械连接装置的一种新型驱动方式。采用独立车轮驱动与采用无法单独控制车轮驱动力矩的集中驱动相比，有以下优点：

1）能够减小单台电机的电流和功率的额定值，均衡电机的尺寸和质量，增强整车布置的灵活性，使轴荷分配更趋合理；当采用轮毂电机驱动系统时，可将车架承载功能与车身功能分离，实现相同底盘不同车身造型电动汽车产品的多样化和系列化，从而缩短车型的开发周期，降低开发成本。

2）能够取消部分或全部机械传动系统，简化传动路线，并根据行驶工况单独调整各轮的驱动力矩，实现更好的驱动控制，从而获得比集中驱动更高的驱动效率，且在一定程度上降低了整车制造成本和使用成本。

3）由于电机对控制指令的响应时间比发动机对节气门的响应时间短，且每个车轮的驱动力矩可以单独控制，能够方便地实现性能更好、成本更低的驱动防滑控制、制动防抱死控制和增强车辆稳定性的直接横摆力矩控制，容易实现汽车底盘系统的电子化和主动化，极大地改善车辆的驱动和行驶性能。

4）对独立车轮驱动车辆进行制动能量回收时，与集中驱动相比，可以获得更大的能量回收率，能够有效提高电动汽车的续驶里程。

综上所述，虽然当前集中驱动系统仍占电动汽车驱动系统的主流，但基于独立车轮驱动的诸多优点，随着电机调速技术的不断提高以及对整车布置空间的进一步要求，该类驱动系统将是未来电动汽车（特别是微型车）的主要发展方向。

现有的独立车轮驱动系统根据构型的不同主要可以分为三种，即电机与减速器组合式驱动系统、轮边电机驱动系统和轮毂电机驱动系统。

一、电机与减速器组合式驱动系统

电机与减速器组合式驱动系统是采用多台电机通过固定速比减速器和半轴分别驱动各个车轮的驱动系统。由于可将电机和减速器安装在车架上，经过半轴驱动车轮，这种构型可以沿用现有车辆的车身结构和行驶、制动、转向系统，改型容易，便于推广。伊朗 Jovain 电机公司的 Farzad Tahami 和德黑兰大学的 Reza Kazemi 等人改装了一台双电机独立驱动样车，其驱动系统即采用这种构型，如图4-16所示。

图 4-16　双电机独立驱动样车

北京理工大学林程教授等人发明了一种具有防滑差速功能的双电机独立驱动电动汽车并申请了专利，其结构示意如图 4-17 所示。该结构能尽量减少对汽车传动结构的改造工作，同时两个电机在系统上能够做到功能冗余，一旦一个电机损坏，通过防滑差速装置同样可以使车辆行驶。

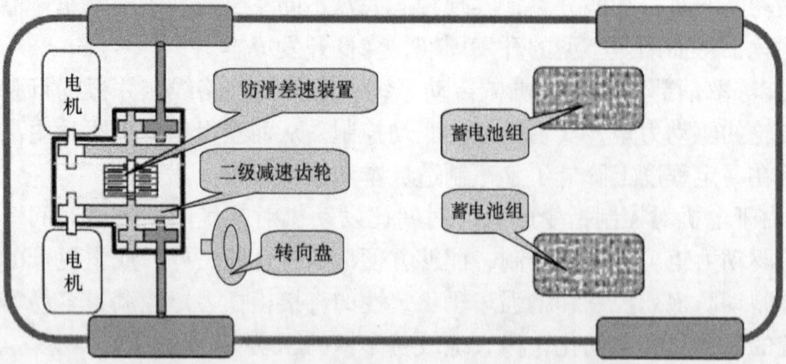

图4-17　具有防滑差速功能的双电机独立驱动电动汽车

二、轮边电机驱动系统

轮边电机驱动系统可将驱动电机固定在副车架位置，其输出轴直接或间接驱动车轮。由于轮边电机与车轮的相对独立性，其功率选择范围比轮毂电机更大，而且可以通过改变悬架结构使部分非簧载质量转移至车身，从而减少车轮的惯性，使车辆加速、制动时更加平顺，还可以提高不平路面上的稳定性。另外，非簧载质量的降低可以有效减小轮胎的磨损。再者，从电机维修方面考虑，轮边电机较集成度高的轮毂电机安装调试更方便，能够在减少车轮部分复杂程度的同时，使驱动系统更适合应用。

美国铁姆肯公司开发的独立车轮驱动系统即采用了轮边电机结构，如图4-18所示。

图4-18　铁姆肯公司的轮边电机

近年来，国内各大厂家也加大了轮边电机驱动系统的开发，尤其是在中大型车辆上已经取得了长足进步。图4-19为长江汽车的轮边电机驱动桥。

图 4-19　长江汽车的轮边电机驱动桥

长江汽车公司通过在轮边电机驱动系统的一级减速器总成上或者半轴套管上设置液压制动器，使液压制动器与设置在轮毂上的制盘相配合，实现对轮毂液压制动，制动反应快，噪声小。通过采用这种液压制动方式，整个驱动桥结构紧凑，占用空间少，一改以往轮边电机驱动桥的诸多弊端，扩大了轮边电机驱动桥的适用范围。目前长江电动商用车均采用轮边电机驱动桥，含 5t、8t、10t、13t 四种吨级，用于高端中巴车的 5t 级轮边电机驱动桥集成了 ESC 等功能，其结构特点也为电动车的整车布置提供了极大的便利。

比亚迪公司的 K9 公交车也采用了类似的结构，也是将电动机与减速器融入驱动桥上，采用刚性连接，减少了高压电器数量，缩短了动力传输线路长度。优化后的驱动系统可降低车身高度，提高承载量，提升有效空间，增加公交运营性价比。K9 轮边电机驱动桥总成如图 4-20 所示。

三、轮毂电机驱动系统

轮毂电机驱动系统是一种将驱动电机装在车轮里面的新型驱动系统。这种驱动系统可以进一步缩短从电机到驱动车轮的传递路径，最大限度地减轻整车质量，提高传动效率，节约使用成本。轮毂电机驱动系统所选取的电机根据转速的不同又可以分为高速内转子电机和低速外转子电机两种。高速内转子电机体积小、质量轻，但需要在装配行星轮减速器进行减速增矩后才能驱动车轮，使其驱动效率有所降低。低速外转子电机结构简单，轴向尺寸小，可以直接将外转子安装在车轮轮缘上，与车轮合为一体，直接驱动车轮。由于取消了全部传动系统，采用低速外转子电机驱动系统可以获得最高的驱动效率，但由于高速内转子电机具有比低速外转子电机更高的功率密度，随着紧凑的行星齿轮变速机构的出现，高速内转子电机更具有竞争力。

图 4-21 所示为日本普利司通公司开发的动态吸振轮毂电机驱动系统的外部

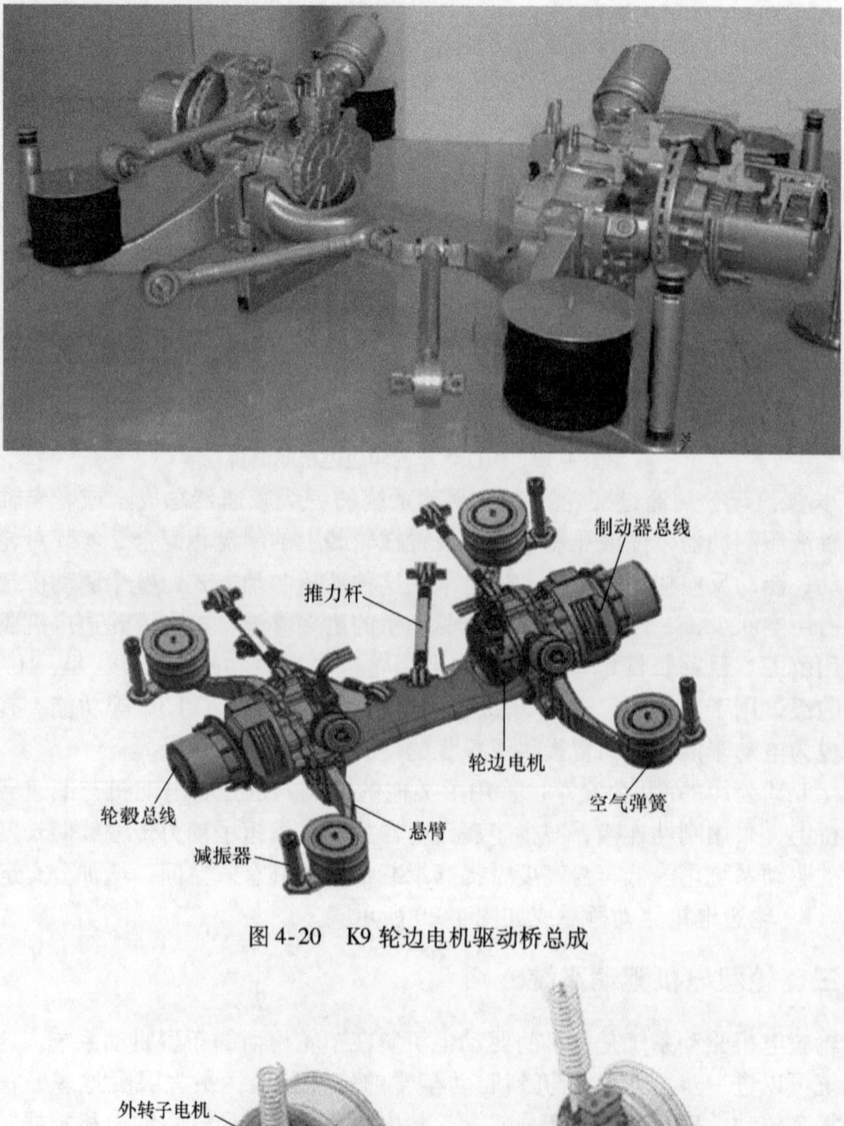

图 4-20　K9 轮边电机驱动桥总成

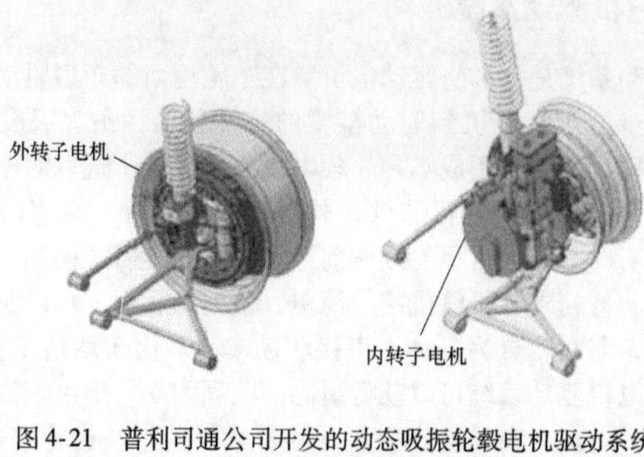

图 4-21　普利司通公司开发的动态吸振轮毂电机驱动系统

结构，包括外转子型的第二代和内转子型的第三代。其中，外转子型驱动系统适用尺寸为18in[⊖]以上的车轮，而内转子型驱动系统适用尺寸为14in以上的车轮，且电机本体质量仅为外转子型的60%。

Protean公司也将于2016年在中国天津建立生产基地量产其PD18型轮毂驱动系统（图4-22）。该款轮毂电机产品，使用了可扩展的子电机架构，设计用于安装在18in轮辋内，为B级中型车、SUV、MPV以及轻型商用车类的混合电动汽车和纯电动汽车提供驱动所需的功率和转矩。

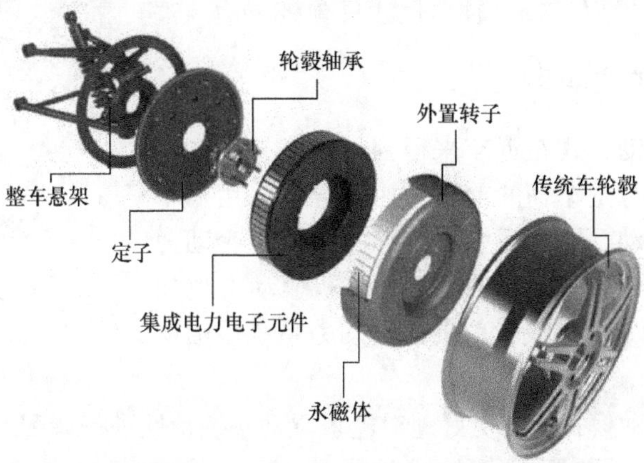

图4-22 PD18型轮毂驱动系统

随着轮毂电机驱动系统优势的展现，由德国Weh. H. 教授提出并研制的横向磁通电机（Transverse Flux Motor，TFM）也在近年引起了研发人员的关注，如图4-23所示。该类型电机同时提供径向和轴向的三维磁场，其定子齿槽结构和电枢线圈在空间位置上互相垂直，定子尺寸和通电线圈大小在一定范围内可以任意选取，使电负荷和磁负荷相互解耦，从根本上提高了电机的电磁转矩。TFM是一种高转矩密度的特种电机，有着广阔的应用前景。它与常规径向电机相比，具有以下几方面的显著优点：

1）TFM磁场呈空间三维分布，实现了电路和磁路解耦，可以同时获得较大的定子齿横截面和线圈横截面，增加电机的电负荷和磁负荷，提高电机的转矩密度。

2）设计自由度大。TFM的拓扑结构多种多样、设计灵活，在保持其他参数不变时，TFM的功率与极对数成正比。多极的TFM特别适用于低速大转矩场合。TFM的转速不高，从而简化了减速齿轮传动，提高了系统的使用寿命。

⊖ 1in = 2.54cm。

3）定子绕组形式简单，绕组横截面比较规则，线圈绕制很方便。TFM 绕组没有传统电机的端部，使绕组长度缩短，利用率提高。

4）各相之间相互独立，没有耦合，分析和控制相对简单。电机的容错性强，可以在短时间内缺相运行，保证系统的可靠运行。英国 YASA 电机公司的 750R 系列横向磁通电机峰值转矩为 790N · m，峰值功率为 100kW，质量为 37kg，轴向尺寸只有 98mm。

图 4-23　横向磁通电机

四、双轴独立驱动

双轴独立驱动方式在近年来得到了越来越多的应用，该结构的特点是车辆的前轴和后轴分别采用一个动力驱动系统驱动，两个系统直接存在或者不存动力耦合装置，配置方式多采用前后轴均电机驱动（例如特斯拉 Model S P85D）或者前轴混合动力系统后轴电机驱动系统。

采用双轴驱动模式能够更好地对电机驱动系统特性进行调配，使之更好地符合汽车行驶特性，同时采用双轴驱动模式，可以实现良好的四轮驱动行驶模式，增强汽车的动力性和通过性。但是该驱动模式的难点在于协同前后轴的动力输出，也就是轴间差速问题。

比亚迪新能源车型唐是一款双模混合动力 SUV，由 2. 0Ti 涡轮增压直喷汽油机、前后驱动电机、电池组和电源管理单元等部分组成，并用电驱动代替结构复杂的机械四驱，实现全面四轮电驱动。比亚迪 · 唐可实现前轮与后轮独立动力输出。

比亚迪 · 唐的动力系统是在混合动力驱动前轮的基础上增加了电动后桥，故增加了动力性能和驾驶模式的多样性。唐的后桥采用电动驱动，减少了传动部件，同时也能和混动系统更好搭配。在平稳起步等经济工况下，唐可以使用后桥单独驱动；而在急加速等情况下，前后轮的电动机加上汽油机同时作用，让动力充分释放，从而实现提速快的动力性能。

比亚迪 · 唐动力系统结构如图 4-24 所示。

在不同路况、不同需求下，比亚迪 · 唐可以提供不同的行驶模式。如图4-25 所示，在强劲模式下，前后电机都启动，汽油机也参与驱动，前轮主要由汽油机加上前轮驱动电机来推动，四驱输出最强动力，由此实现百公里加速时间为 5s 以内，最高车速为 180km/h。在此混合动力模式下，三个“引擎”同时发力，可迸发出 371kW 的最大功率和 720N · m 的峰值转矩。

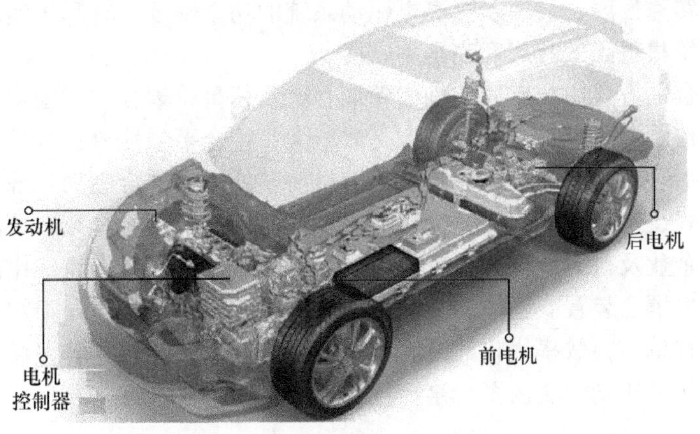

图 4-24　比亚迪 · 唐动力系统结构示意图

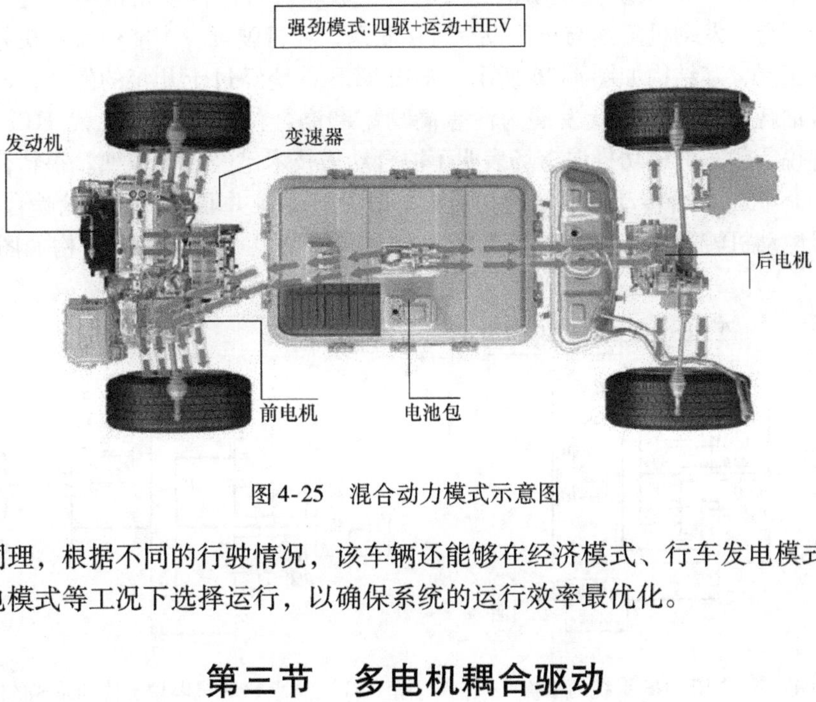

图 4-25　混合动力模式示意图

同理，根据不同的行驶情况，该车辆还能够在经济模式、行车发电模式、怠速发电模式等工况下选择运行，以确保系统的运行效率最优化。

第三节　多电机耦合驱动

目前车载能源有着较大的限制，高功率密度、高效率的大功率动力驱动系统成为电动汽车必须着重研究的关键技术之一。单台电机加变速器驱动形式要求电机具有较大的转速和转矩，而电机大转矩要求传动轴变粗，电机高转速带来旋转部件线速度大大提高，这样就对电机、机械传动的轴承、密封、油封提出了新的技术挑战。采用双电机与机械耦合传动形式，降低单台电机容量，有利于电机和机械传动高转速发展，进一步提高电驱动系统的功率密度，有利于实现电动汽车动力驱动系统机电高效集成和高功率密度。

动力耦合的方式主要有固定轴齿轮耦合式及行星轮耦合式。固定轴齿轮耦合结构简单，控制难度低，造价低，但是体积大，接合平顺性差；行星轮耦合结构紧凑，接合平顺性好，但是控制难度大。目前国外动力耦合驱动系统大多采用行星轮耦合方式，工作模式多样，变化灵活，功能完备，结构复杂，控制先进。国内不少汽车企业及科研单位开展了动力耦合驱动技术的开发工作，比较成熟的是固定轴式动力耦合装置。国内动力耦合驱动总成技术的发展还处于初级阶段，结构简单，模式单一，效率优化的空间有限。从长远来看，研制动力切换平顺、耦合效率高的行星轮耦合驱动系统是一种必然趋势。

一、多动力耦合系统

日本丰田THS系统由发动机、发电机、电动机通过行星轮机构实现转速与转矩的耦合，发动机转速与车速没有直接联系，在行驶过程中能使发动机始终处于最佳工况，其结构如图4-26所示。丰田THS系统经过十几年的发展，已从注重经济油耗为主的第一代发展为注重高功率和高经济效益的第三代THS系统，丰田普锐斯轿车的成功推向市场表明了混合动力技术已经逐渐成熟。福特公司开发的FHS机电耦合传动总成结构相当于丰田THS系统并联了一个齿轮啮合机构，实现了电动机转速和齿圈转速的匹配，充分利用了电机转速，其结构如图4-27所示。

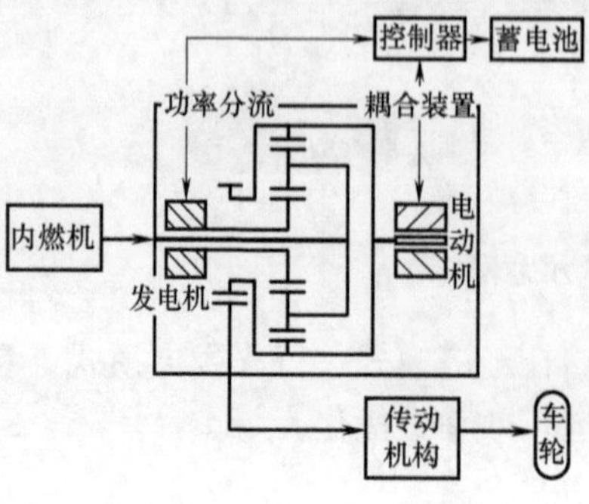

图4-26　丰田THS系统的结构

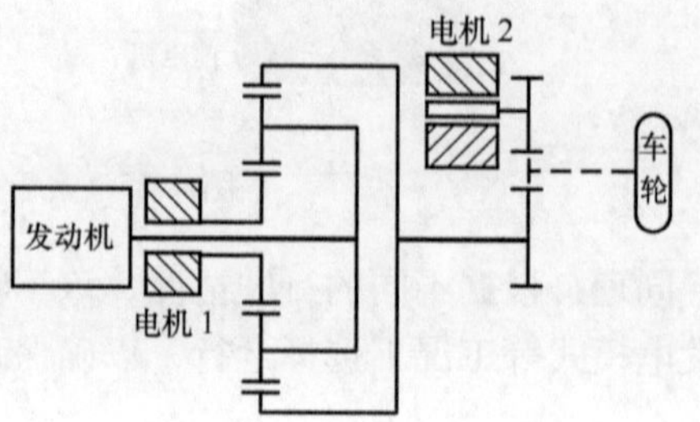

图4-27　福特FHS机电耦合传动总成的结构

通用公司提出的AHS-2双排双模式机电耦合传动总成主要由发动机、两台电机、两个行星排机构、两组离合器和一个制动器组成，其结构如图4-28所示。通过两个离合器和一个制动器协调控制可以有效地扩大输出转速范围，同时对输出转矩和输出功率起到一定的调节作用，该结构主要应用于通用公司的中型和重型车辆上。

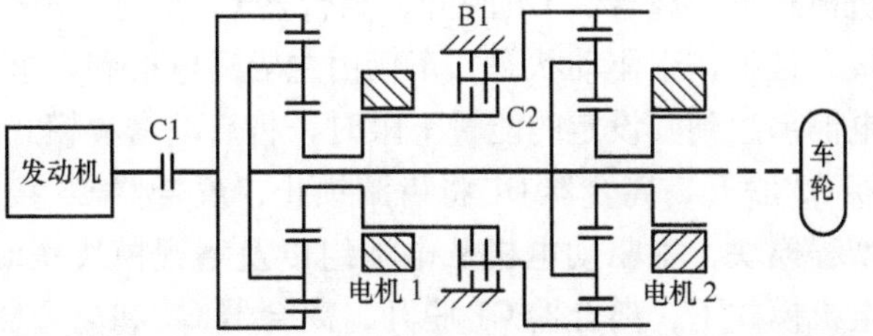

图 4-28 通用 AHS-2 双排双模式机电耦合传动总成的结构

铁姆肯公司开发的双排行星传动机电耦合传动总成结构与通用 AHS-2 双模式结构相近，其结构如图 4-29 所示，主要通过两个离合器和两个制动器实现工作模式转换，从而满足车辆实际工作需要。

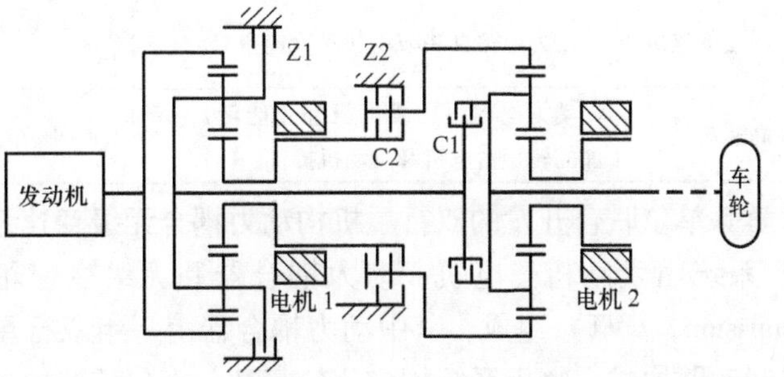

图 4-29 铁姆肯公司的双排行星传动机电耦合传动总成的结构

通用公司提出的新型四模-双电机增程式传动系统备受关注，其结构如图 4-30所示。该系统由发动机、两个电机、三个离合器和一个行星轮组组成，可以分别工作在纯电动低速单电机模式、纯电动高速双电机模式、增程低速单电机模式和增程高速双电机模式四种模式下。系统中的离合器 C1 用于锁止行星机构的齿圈，离合器 C2 用于接合或脱开齿圈与发电机，离合器 C3 则用于接合或脱开增程发动机与发电机。主驱动电机总与太阳轮相连，而行星架则用于最终输出动力。

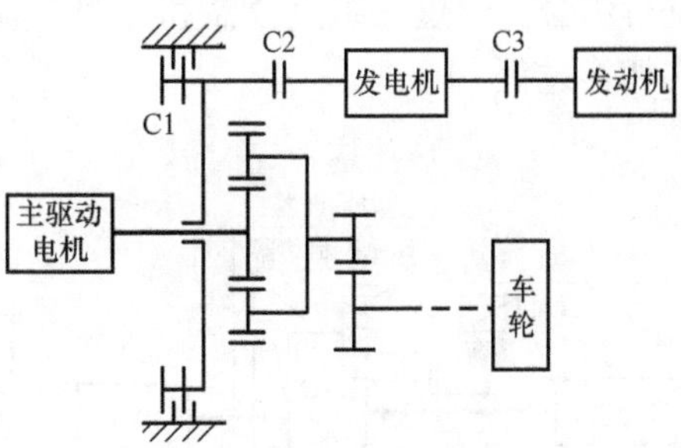

图 4-30 四模-双电机增程式传动系统的结构

四模-双电机增程式传动系统的 4 种工作模式见表 4-1。纯电动低速单电机模式下，离合器 C1 将齿圈锁止，离合器 C2 与离合器 C3 均处于脱开状态，发电机与发动机都不工作，车辆仅由主驱动电机驱动。随着车速的升高，车辆工作于纯电动高速双电机模式下，离合器 C1 脱开，离合器 C2 接合，离合器 C3 脱开，发电机与齿圈连接，且工作于驱动状态，车辆由主驱动电机和发电机通过行星轮组耦合驱动。当电池组达到其设定的能量下限时，将启动增程模式。增程低速单电机模式，离合器 C2 脱开，离合器 C1 将齿圈锁止，离合器 C3 接合，将发动机与发电机组合成增程模块，主驱动电机从电池组以及增程模块获取能量驱动车辆。在增程高速双电机模式下，离合器 C1 脱开，离合器 C2 和离合器 C3 接合，发电机处于发电状态，同时车辆由主驱动电机与发动机共同驱动。

表 4-1　四模-双电机增程式传动系统的 4 种工作模式

模　式	子 模 式	能 量 源	离 合 器
纯电动模式	低速单电机	动力电池	C1 锁止，C2、C3 脱开
	高速双电机	动力电池	C2 接合，C1、C3 脱开
增程模式	低速单电机	动力电池（由发电机补充能量）	C1 锁止，C2 脱开，C3 接合
	高速双电机	动力电池（由发电机补充能量），增加的转矩由电机和发动机提供	C1 脱开，C2、C3 接合

由吉林大学等单位联合开发的双行星机构动力耦合无级变速系统，其结构如图 4-31 所示，系统由发动机、电机、动力耦合器和无级变速箱（Continuously Variable Transmission，CVT）组成，其中动力耦合器由一组双行星轮机构、两组离合器和一组制动器构成。整个系统构成比较复杂，不仅需要协调控制发动机与电机、离合器及制动器的状态，还需要合理地控制 CVT 的速比。

由北京理工大学和华沙工业大学合作开发的混合动力汽车行星齿轮耦合装置，其结构如图 4-32 所示。该耦合装置利用一组行星齿轮将发动机和电机的动力进行耦合，通过三组离合器和三组制动器的接合/分离控制整车的工作模式和模式切换过程。

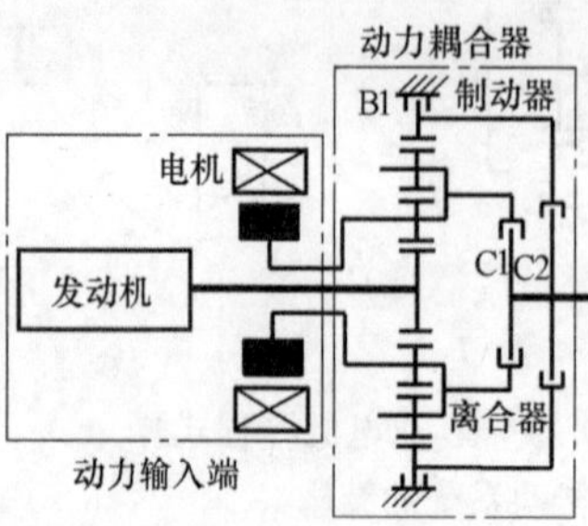

图 4-31　双行星机构动力耦合无级变速系统的结构

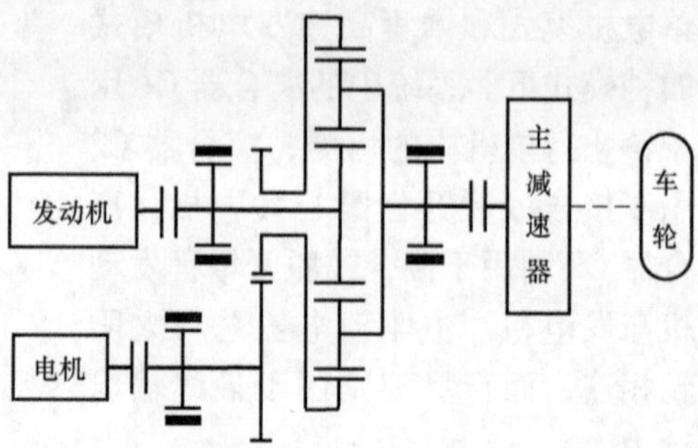

图 4-32　行星齿轮耦合式混合动力系统的结构

二、双电机耦合驱动

我国城市公共交通拥挤，大部分城市客车长期处于能耗高和排放高的不良工作状态，要建设环境友好型、资源节约型社会，在城市客车中发展纯电动大客车是实现节能减排目标的重要途径之一。由于城市客车质量大，行驶工况复杂，目前车载能源有着较大的限制，高功率密度、高效率的大功率动力驱动系统成为发展纯电动大客车必须着重研究的关键技术之一。电动汽车市场的迅速发展以及国家对发展新能源汽车的重视也带动着对大功率动力驱动系统的大量需求。由于当前大功率电机驱动系统及其传动系统有着较大的限制，采取单台电机集中式驱动形式要求电机具有较大的功率和转矩，而电机大转矩要求传动轴变粗，电机高转速带来旋转部件线速度大大提高，这样对电机、机械传动的可靠性提出新的技术挑战。多动力耦合传动技术的出现为大功率动力驱动系统技术的发展提供了新的解决途径，利用多个小功率电机耦合驱动代替单个大功率驱动电机集中式驱动，可以突破当前大功率电机驱动系统及传动系统的限制，扩大小功率驱动电机的应用范围。

1. 基本结构

双电机行星轮耦合驱动系统由一组简单行星轮机构、两台驱动电机和一个制动器组成。图 4-33 所示为一种双电机行星轮耦合驱动结构。在低速时，电机 1 与行星机构太阳轮相连，通过制动器制动齿圈、行星架输出，实现大变比减速后大转矩输出，满足车辆低速爬坡；在高速时，齿圈解锁，电机 2 与行星机构齿圈相连，与电机 1 通过行星机构实现功率耦合，共同驱动车辆；在车辆由低速模式切换到高速模式的过程中，电机 1 一直处于驱动状态，电机 2 通过零速制动可使齿圈受力减小，方便制动器解除，制动器解除后电机 2 再转为驱动状态，实现高速两台电机功率耦合；在车辆由高速模式切换到低速模式的过程中，电机 2 通过再生制动迅速将齿圈减速至零，方便制动器将齿圈锁止，齿圈锁止后电机 2 处于关闭状态。在整个模式切换过程中，充分利用了电机 2 零速制动实现柔性模式切换，制动器与齿圈没有速度差，冲击小。图 4-34 所示为其耦合结构外形图。

2. 双电机行星轮耦合驱动系统工作模式分析

双电机行星轮耦合驱动系统主要有两种工作模式：电机 1 工作模式、电机 1 与电机 2 耦合工作模式。这两种工作模式又可以进一步分为双电机行星轮耦合驱动系统的多种运行状态。例如，电机 1 工作模式可细分为电机 1 驱动运行状态和电机 1 用作发电机进行制动能量回馈的运行状态，同时电机 1 工作模式下的车辆运行工况又可细分为车辆前进工况和车辆倒车工况；电机 1 与电机 2 耦合工作模式也可分为以上运行状态。不同运行状态下的控制方法是不同的，因此，确定双电机行星轮耦合驱动系统的运行状态是进行控制研究的必要基础。

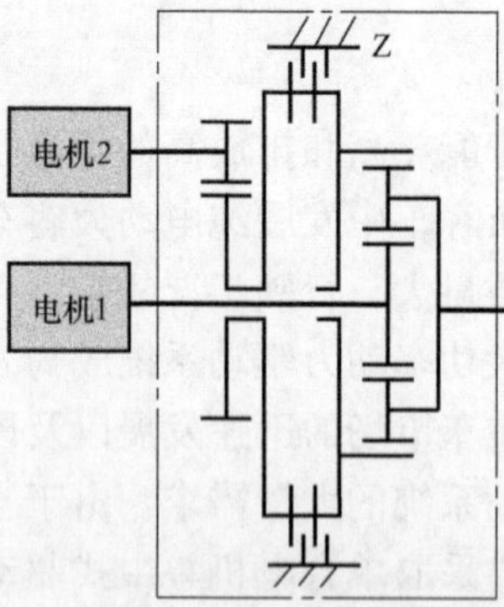

图 4-33　双电机行星轮耦合驱动结构

图 4-34　双电机行星轮耦合驱动结构外形

经分析，双电机行星轮耦合驱动系统可细分为 5 种工作模式，两个电机以及制动器 B 的工作状态共同决定双电机行星轮耦合驱动系统的工作模式。制动器 B 的状态决定了动力传递的路线，电机 1 与电机 2 的工作状态决定了动力的传递方向，它们相互配合实现了双电机行星轮耦合驱动系统的 5 种工作模式，分别为：空档模式、电机 1 驱动模式、电机 1 与电机 2 行星轮耦合驱动模式、电机 1 制动能量回收模式、电机 1 与电机 2 联合制动能量回收模式。

（1）空档模式

当双电机行星轮耦合驱动系统遇到红灯或需要临时停车时，驾驶人将操纵手柄置于 N（或 P）位置，切断动力源与车轮的机械连接。车辆停驶在水平路面上，整车对外没有动力输出，电机 1 和电机 2 均关闭，行星轮耦合机构的制动器 B 分离，系统对外没有动力输出，如图 4-35 所示。

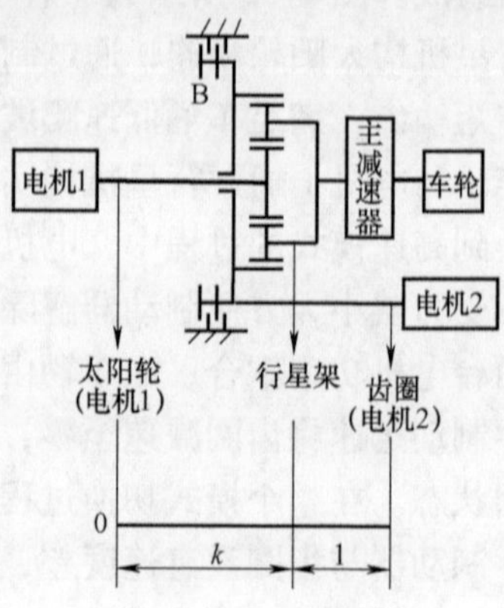

图 4-35　空档模式

此时，电机 1 和电机 2 均关闭，电机转子转速为零，因此太阳轮和齿圈的转速保持为零，行星架的转速也为零。同时为了防止纵向力作用于车身，导致车辆滑行，设计了驻车制动机构。

（2）电机 1 驱动模式

当汽车低速加速或爬坡，需要大转矩时，制动器 B 将齿圈锁止，电机 2 关闭，电机 1 把电能转化为机械能传递给简单行星轮机构的太阳轮，经行星轮由行星架输出，动力经过主减速器等传递给车轮，最终转化为整车行驶的动能，如图 4-36 所示。

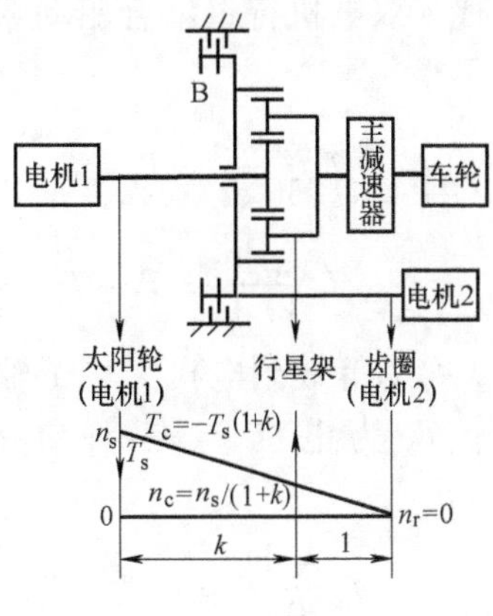

图 4-36　电机 1 驱动模式

电机 1 驱动模式的约束条件有

$$T_B = -T_r = -kT_s$$

$$n_2 = 0$$

$$T_2 = 0$$

此时双电机行星轮耦合驱动系统的数学模型可以表示为

$$I_{1s}\frac{\pi}{30}\frac{dn_1}{dt} = T_1 - T_s \tag{4-5}$$

$$I_{oc}\frac{\pi}{30}\frac{dn_o}{dt} = -T_c - T_o \tag{4-6}$$

$$\frac{dn_1}{dt} = (1+k)\frac{dn_o}{dt} \tag{4-7}$$

整理得

$$[I_{oc} + I_{1s}(1+k)^2]\frac{\pi}{30}\frac{dn_o}{dt} = T_1(1+k) - T_o \tag{4-8}$$

式中，I_{1s}为等效到电机 1 转子轴上的转动惯量；I_{oc}为等效到驱动轴上的转动惯量；T_1 为电机 1 转矩；T_o 为驱动轴转矩；n_1 为电机 1 转速；n_o 为驱动轴转速；T_s 为太阳轮转矩；T_r 为外齿圈转矩；T_c 为行星架转矩；k 为行星轮系数，$k=\frac{z_r}{z_s}$，z_r 为齿圈齿数，z_s 为太阳轮齿数。

上述微分方程表述了电机 1 驱动模式在非稳态时各构件的转矩与运动关系，当系统达到稳态时，可得转矩关系为 $T_1(1+k)-T_o=0$，即电机 1 输出转矩经过行星齿轮驱动车辆前进。这种模式下驱动轴的转速由电机 1 的转速确定：$n_1=(1+k)n_o$。由等效杠杆可得电机 1 单独驱动的最高车速为

$$v_{1max} = 0.377r_d\frac{n_{1max}}{i_o(1+k)} \tag{4-9}$$

式中，n_{1max}为电机 1 的最高转速；v_{1max}为电机 1 驱动时的最高车速；i_o为主减速比；r_d 为车轮有效半径。

(3) 电机 1 与电机 2 行星轮耦合驱动模式

当双电机行星轮耦合传动系统行驶车速较高时，驱动功率较大，而驱动力矩较小时，电机 1 单独驱动已不能满足车辆的行驶需求。为了满足车辆的功率需求，设计了电机 1 与电机 2 行星轮耦合驱动模式。在该模式下，制动器 B 分离，电机 1 和电机 2 同时向行星机构输入动力，电机 1 传递给太阳轮，电机 2 传递给齿圈，经行星轮传递给行星架输出动力驱动车辆，如图 4-37 所示。

该模式的约束条件是

$$T_B = 0$$

代入双电机行星耦合驱动系统的数学模型可得

$$I_{1s}\frac{\pi}{30}\frac{dn_1}{dt}=T_1-T_s \qquad (4\text{-}10)$$

$$I_{2r}\frac{\pi}{30}\frac{dn_2}{dt}=T_2-T_r \qquad (4\text{-}11)$$

式中，I_{2r}为等效到电机 2 转子轴上的转动惯量；T_2 为电机 2 转矩；n_2 为电机 2 转速。

$$I_{oc}\frac{\pi}{30}\frac{dn_o}{dt}=-T_c-T_o \qquad (4\text{-}12)$$

$$\frac{dn_1}{dt}+k\frac{dn_2}{dt}=(1+k)\frac{dn_o}{dt} \qquad (4\text{-}13)$$

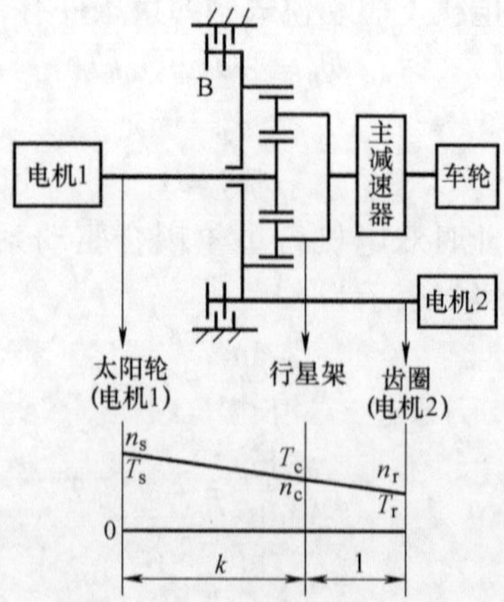

图 4-37　电机 1 与电机 2 行星轮耦合驱动模式

通过上述演化的微分方程可知，电机 1 与电机 2 行星轮耦合驱动模式下在非稳态时双电机行星轮耦合驱动系统各构件的转矩传递和运动关系。当电机 1 与电机 2 行星轮耦合驱动模式达到稳态时，有

$$\frac{dn_1}{dt}=\frac{dn_2}{dt}=\frac{dn_o}{dt}=0 \qquad (4\text{-}14)$$

可以通过式（4-14）求得双电机行星轮耦合驱动系统各构件的转矩传递关系为

$$\begin{cases}T_1=T_s\\T_2=T_r\\T_o=-T_c\end{cases} \qquad (4\text{-}15)$$

驱动车辆的力来自电机 1 和电机 2。这种模式下驱动轴的转速由电机 1 和电机 2 的转速共同确定

$$n_1+kn_2=(1+k)\,n_o \qquad (4\text{-}16)$$

由等效杠杆可得电机 1 与电机 2 耦合驱动时的最高车速为

$$v_{12\max}=0.377r_d\frac{n_{1\max}+kn_{2\max}}{i_o(1+k)} \qquad (4\text{-}17)$$

式中，$n_{2\max}$为电机 2 的最高转速；$v_{12\max}$为电机 1 与电机 2 耦合驱动时的最高车速，它决定了双电机行星轮耦合驱动车辆的最高车速值，且由电机 1 与电机 2 工作的最高转速共同决定。

（4）电机 1 制动能量回收（再生制动）模式

当双电机行星轮耦合驱动系统制动时可将制动能量以电机 1 或电机 2 发电的

形式回收。当车速较小时，以电机 1 发电制动模式进行能量回收；车速较高时，则以电机 1 与电机 2 共同发电的模式进行能量回收。在电机 1 制动能量回收模式下，动力从驱动轮到电机的传递经过简单行星轮机构的行星架、行星轮、太阳轮，此时要求齿圈锁止，制动器 B 接合，如图 4-38所示。

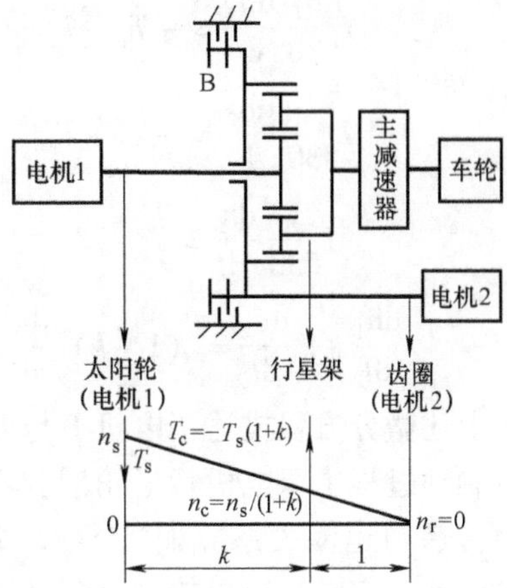

图 4-38 电机 1 制动能量回收模式

电机 1 再生制动的约束条件有

$$T_B = -T_r = -kT_s$$

$$n_2 = 0$$

$$T_2 = 0$$

将这些约束条件带入到双电机行星耦合驱动系统的数学模型，同时把 T_o 看成主动力矩，把 T_1 看成阻力矩，于是再生制动的演化方程变成

$$I_{1s}\frac{\pi}{30}\frac{dn_1}{dt} = -T_1 + T_s \tag{4-18}$$

$$I_{oc}\frac{\pi}{30}\frac{dn_o}{dt} = T_c + T_o \tag{4-19}$$

$$\frac{dn_1}{dt} = (1+k)\frac{dn_o}{dt} \tag{4-20}$$

整理得

$$[I_{oc} + I_{1s}(1+k)^2]\frac{\pi}{30}\frac{dn_o}{dt} = -T_1(1+k) + T_o \tag{4-21}$$

再生制动模式也是非稳态过程，因为在制动过程中车速一直在降低，则行星架的转速及电机 1 的转速也在变化。如果荷电状态（State of Charge，SOC）过高，为了保护电池，双电机行星轮耦合驱动系统不再实施再生制动，车辆完全依靠机械制动。

（5）电机 1 与电机 2 联合制动能量回收（再生制动）模式

当车辆在车速较高的情况下制动时，需要由电机 1、电机 2 联合发电制动。动力从驱动轮到电机的传递经过简单行星齿轮机构的行星架和行星轮，到太阳轮（电机 1）和齿圈（电机 2），此时制动器 B 分离，如图 4-39 所示。

该模式的约束条件为

$$T_B = 0$$

代入双电机行星轮耦合传动系统的数学模型可得

$$I_{1s}\frac{\pi}{30}\frac{dn_1}{dt} = -T_1 + T_s \qquad (4\text{-}22)$$

$$I_{2r}\frac{\pi}{30}\frac{dn_2}{dt} = -T_2 + T_r \qquad (4\text{-}23)$$

$$I_{oc}\frac{\pi}{30}\frac{dn_o}{dt} = T_c + T_o \qquad (4\text{-}24)$$

$$\frac{dn_1}{dt} + k\frac{dn_2}{dt} = (1+k)\frac{dn_o}{dt} \qquad (4\text{-}25)$$

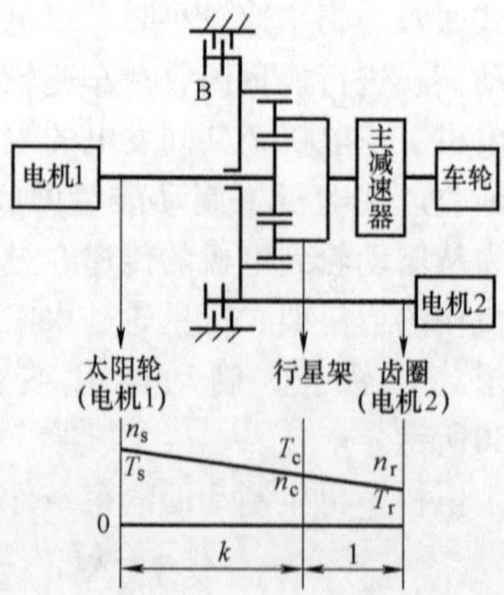

图4-39　电机1与电机2联合制动能量回收模式

上述微分方程描述了电机1与电机2联合再生制动过程中双电机行星轮耦合驱动系统的转矩传递与运动关系。如果SOC过高，为了保护电池，双电机行星轮耦合驱动系统不再实施再生制动，车辆完全依靠机械制动。

三、双机械端口电机

2002年，瑞典皇家理工学院的Chandur Sadarangani教授提出了“四象限能量转换器（Four-Quadrant Energy Transducer，4QT）”的新型电磁机构的概念。这种电磁机构是一种以永磁同心式双转子电机为核心，应用于混合动力电动汽车的机电能量转换器件，整个系统达到混联式混合动力汽车的运行指标模式，并且以其独特的设计与结构，开创了混合动力汽车驱动控制领域的一个新的篇章。

2004年，荷兰代尔夫特工业大学的Martin J. Hoeij makers教授提出了基于感应电机为原型的双转子机电能量转换器（Electrical Variable Transmission，EVT）。该装置的设计思想是由分体式电机组合演变而来，这种结构的提出为双转子结构电机的分析带来了方便，因为在这种模型中，双转子电机可以看成两个简单电机的叠加。当这种电机是由感应-感应电机叠加而成的，那么它的控制方式就与单体感应电机没什么区别了，只是两个电机的控制条件有了一点的耦合，这种耦合仅仅是机械上的耦合；当这种电机是由永磁-永磁电机模式叠加构成，那么其分析方法同样可以借鉴单体永磁同步电机的控制模式。图4-40所示为其分体式结构示意图。

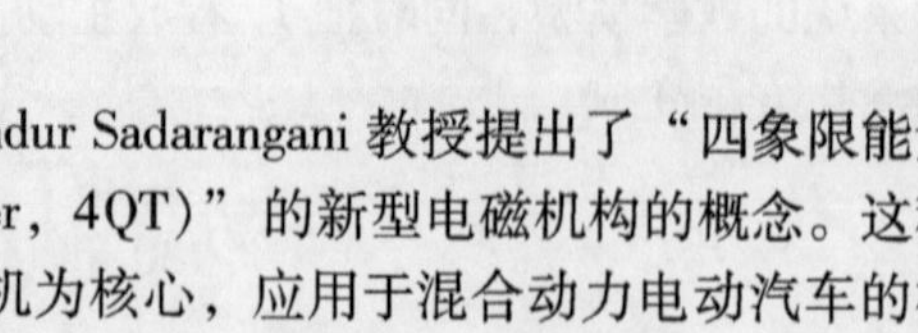

图4-40　分体式结构示意图

2005年，美国俄亥俄州立大学的Longya Xu教授提出了双机械端口电机（Dual Mechanical Port Electric Machines，DMP）的概念。此概念也是基于4QT、EVT技术而提出的。他指出：DMP的三个部件（定子、外转子、内转子）中只要有任意两个部件可旋转，即可以归为DMP概念模型，把DMP的概念推广为一般化了，为此他还专门设计了

DMP 实验样机。该样机有两个机械端口和两个电气端口，其中内转子与内燃机相连，外转子与输出轴相连，通过对电气端口进行控制可以完成行星齿轮混合动力总成的全部功能，并具有结构简单、紧凑的特点，很有希望成为先进深度混合动力系统的另一种形式。

新型电力无级变速系统由一套“背靠背”逆变器、一台内燃机和一台双机械端口电机构成，如图 4-41 所示。在混合动力汽车应用中，双机械端口电机的内转子与内燃机相连，外转子与输出轴相连。当内燃机工作在燃油高效区 A 点时，内燃机输出的一部分能量（图 4-41b 中 S_1 区域）通过内外转子间电磁场耦合直接传递到输出轴，内燃机的另一部分能量（图中 S_3 区域）通过内转子电机给电池充电；同时外转子电机从电池吸收电能（图中 S_2 区域）提供给定子，产生附加助力转矩 $T_{m1} \sim T_{m2}$，从而完成了内燃机工作点不变（在高效区），而输出轴工作点可任意改变的电力无级变速功能。

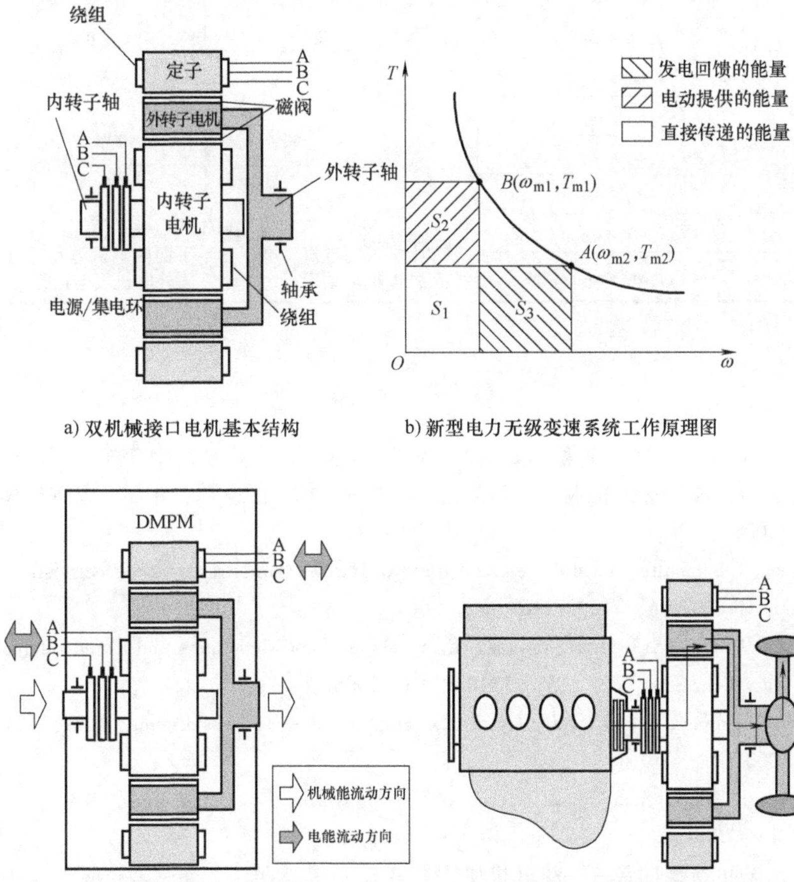

a) 双机械接口电机基本结构　　b) 新型电力无级变速系统工作原理图

c) 双机械端口电机的能量流动　　d) 双机械端口电机DMPM的系统连接

图 4-41　双机械端口电机

假定外转子的输出转矩为 T_1、转速为 ω_1，内转子的输出转矩为 T_2、转速为 ω_2，分析永磁式双机械端口电机的工作模式其实就是分析（T_1，ω_1，T_2，ω_2）组合代表的能量流向及其在混合动力应用中的意义。内、外转子的转速和转矩的关系见表4-2。表中所述9种工作模式中的5、6、8、9分别对应了这种基于双机械端口电机的新型电力变速系统的电力无级变速混合动力的不同工况。其中工作模式5对应了“电动助力”工况，工作模式9对应了“内、外电机发电”工况；工作模式6对应了“无级减速升矩”工况，工作模式8对应了“无级升速减矩”工况。

表4-2 内、外转子的转速和转矩的关系

序号	转矩、转速关系
1	$T_1=T_2$，$\omega_1=\omega_2$
2	$T_1=T_2$，$\omega_1>\omega_2$
3	$T_1=T_2$，$\omega_1<\omega_2$
4	$T_1>T_2$，$\omega_1=\omega_2$
5	$T_1>T_2$，$\omega_1>\omega_2$
6	$T_1>T_2$，$\omega_1<\omega_2$
7	$T_1<T_2$，$\omega_1=\omega_2$
8	$T_1<T_2$，$\omega_1>\omega_2$
9	$T_1<T_2$，$\omega_1<\omega_2$

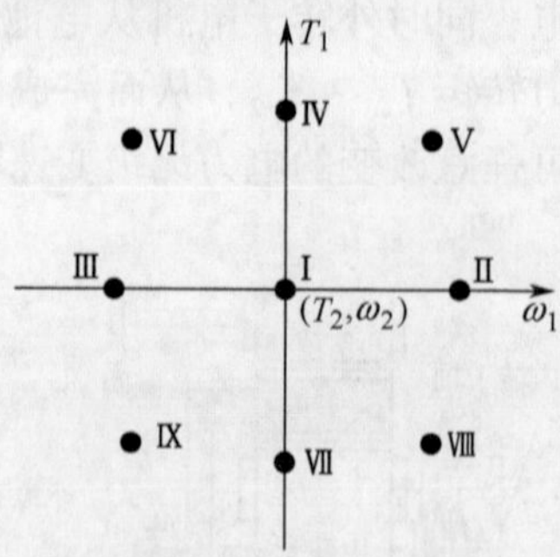

双机械端口工作点关系图

左半平面内电机发电，右半平面内电机电动运行；上半平面外电机电动运行，下半平面外电机发电运行

参 考 文 献

[1] 梁海波，高卫民. THS-Ⅱ系统动力分配模式的研究［J］. 机械设计与制造，2007，(2).

[2] D克莱门，MR施米德特，BM康伦. 双模式电动变速器：中国：200610163903.7［P］. 2008.

[3] Michael R Schmidt，Donald Klemen，Alan G Holmes. Powertrain with Electrically Variable Trans-mission：USA，7169073B2［P］. 2007.

[4] Patrick B Usoro. Hybrid Transmission Shaving Three Motor/Generators and Three Interconnected Plan-etary Gear Sets：USA，7422534B2［P］. 2008.

[5] Alan G Holmes. Two Range Electrically Variable Power Transmission：USA，6945894B2［P］. 2005.

[6] Voelcker J Chevy. Volt Spark Saseries of Plug-inhybrids［J］. Spectrum，IEEE，2011，48(2)：16－18.

[7] 雪佛兰Volt新型四模——双电机增程式驱动系统［OL］. http：//www.nevfocus.com/news/20101021/1451.html.

[8] 邹乃威. 无级变速混合动力汽车动力耦合及速比控制研究［D］. 长春：吉林大

学，2009.
[9] 邹乃威，刘金刚，周云山，等. 混合动力汽车行星机构动力耦合器控制策略仿真 [J]. 农业机械学报，2008，39 (3).
[10] 周云山，苏建业，刘金刚，等. 混合动力车用新型无级变速传动系统的研究 [J]. 农业机械学报，2008，39 (4).
[11] 黄光贤，林逸，何洪文，等. 混合动力电动汽车机电动力耦合系统现状及发展趋势 [J]. 上海汽车，2006 (7).
[12] 温旭辉，赵峰，范涛，等. 基于双机械端口电机的新型电力无级变速系统研究 [J]. 电工技术学报，2007，22 (7).
[13] 陈骁，黄声华，万山明，等. 无刷双馈双机械端口电机原理及数学建模 [J]. 微电机，2009，42 (12).
[14] 武小花. 纯电动大客车双电机耦合传动系统匹配与控制策略研究 [D]. 北京：北京理工大学，2011.

第五章　电驱动控制技术

电动汽车电驱动系统一般由驱动电机系统、功率变换系统和控制管理等部分组成。驱动电机系统是电动汽车的心脏，直接影响整车的效率。在功率变换系统中，电力电子（半导体）器件主要是作为功率开关使用，利用不同的控制技术与开关相配合，达到向驱动电机提供不同极性、不同电压、不同频率、不同相序的供电电压的目的，以此控制电机的起动、转向和转速。电池作为电动汽车的能源部件，其比能量、比功率和使用寿命等性能，往往是电动汽车起动、加速，续驶里程、整车成本和使用寿命的决定因素。电动汽车的运行工况是比较复杂的，如起动和上坡时需要电池放出能量，制动或下坡时需要进行能量回收，而这一放电和充电过程需要由电力电子变流器的控制来完成，因此高性能电动汽车用电力电子器件及由它构成的电力电子变换装置等就成为电机驱动用功率转换器的核心，故电力电子技术是现代机电传动系统控制技术的基础与核心。图 5-1a 所示为一种比较典型的电动汽车电驱动系统结构。电力电子逆变器作为驱动系统的控制中枢，主要由功率开关器件构成，将电池系统供给的直流电源通过逆变技术转换为驱动电机所需用的交流电。数字控制器通过采集电机信息为电力电子逆变器提供所需要的功率器件的开关信号。上层母排电容（支撑电容）在电驱动系统

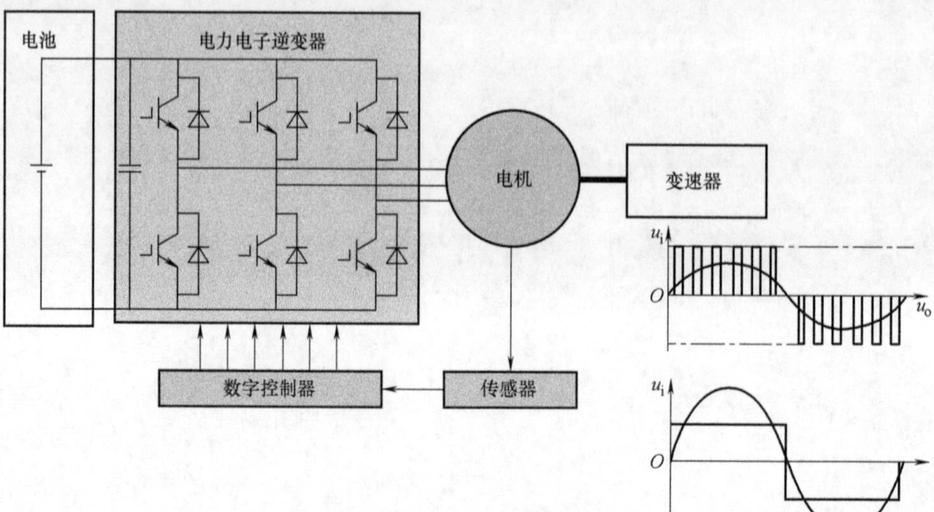

a) 一种比较典型的电动汽车电驱动系统结构

图 5-1　电驱动系统结构

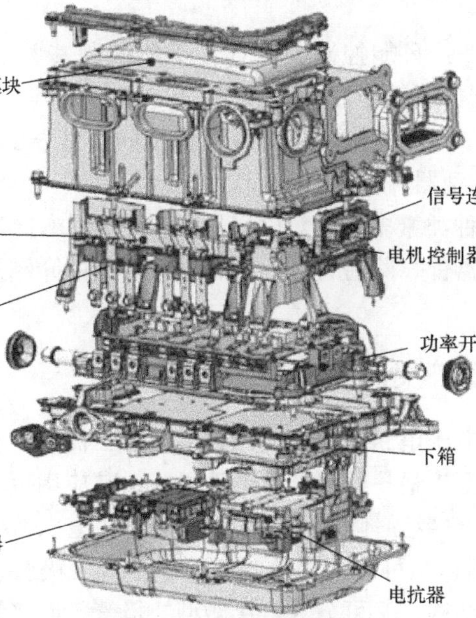

b) 新一代电驱动系统结构结构图

图 5-1 电驱动系统结构（续）

中起到了稳定母线电压，保证功率器件正常工作而不受开关产生的过电压影响，同时提供脉宽调制（PWM）过程中的脉动电流。功率器件驱动电路则接收数字控制器的开关信号并反馈相关信息，进而放大开关信号并驱动功率器件，与此同时，该电路能够提供电压隔离和保护功能，以尽可能避免出现功率器件的损坏。

图 5-1b 所示为新一代电驱动系统结构示意图，其突出特点是将低压部分与高压部分进行了有机的结合与充分的隔离，实现了系统的一体化总体设计，而且系统结构层次分明，组装装配工艺非常好，有利于系统的安装、调试、维护和保养。

第一节 电力半导体器件

由半导体电力开关器件所构成的开关电路可以实现电力变换和控制，以实现开关模式的电力电子变换和控制。它包括电压（电流）大小、频率、波形、相位的变换和控制，既需要半导体电力开关器件构成开关型变换电路，又需要以半导体集成电路和微处理器为基本硬件构成控制系统，并将先进的控制理论和控制策略引入开关电路的通、断控制。

电力电子器件根据其开通与关断可控性的不同可以分为三类。

1）不可控型器件：开通和关断都不能控制的器件。仅整流二极管是不可控器件。

2）半控型器件：只能控制其开通，不能控制其关断的器件。普通晶闸管（SCR）及其派生器件属于半控型器件。

3）全控型器件：开通与关断都可以控制的器件，GTR、GTO、P-MOSFET、IGBT 等都属于全控型器件。

电力电子器件种类繁多，本章以半导体 PN 结基本原理为基础，仅介绍几种基本的半导体开关器件，除对普通晶闸管做较详细的介绍外，对其他一些器件只做定性的分析。

一、不可控型开关器件

几乎在所有的电子电路中，都要用到半导体二极管，它在许多的电路中起着重要的作用。它是诞生最早的半导体器件之一，其应用也非常广泛。二极管种类有很多，按照所用的半导体材料，可分为锗二极管（Ge 管）和硅二极管（Si 管）。根据其不同用途，可分为检波二极管、整流二极管、稳压二极管、开关二极管等。按照管芯结构，又可分为点接触型二极管、面接触型二极管及平面型二极管。点接触型二极管是用一根很细的金属丝压在光洁的半导体晶片表面，通以脉冲电流，使触丝一端与晶片牢固地烧结在一起，形成一个 PN 结。由于是点接触，所以只允许通过较小的电流（不超过几十毫安），适用于高频小电流电路，如收音机的检波等。面接触型二极管的 PN 结面积较大，允许通过较大的电流（几安到几十安），主要用于把交流电变换成直流电的整流电路中。平面型二极管是一种特制的硅二极管，它不仅能通过较大的电流，而且性能稳定可靠，多用于开关、脉冲及高频电路中。

1. 半导体二极管的结构

半导体二极管是在一个 PN 结的两侧，各引出一根金属电极，并用外壳封装起来而构成的。由 P 区引出的电极称为阳极，由 N 区引出的电极称为阴极，电路符号如图 5-2a 所示。

2. 半导体二极管的伏安特性

二极管两端电压 U 与流过二极管的电流 I 之间的关系，称为二极管的伏安特性。它可以用伏安特性曲线表示，如图 5-2b 所示，下面可分三种情况讨论。

（1）正向特性

二极管两端加正向电压时，产生正向电流。但从特性曲线上看到，当正向电压较小时，由于外电场还不足以克服 PN 结内电场对多数载流子扩散运动产生的阻力，正向电流很小，几乎为零（图 5-2b 中的 OA 段）。这个区域通常称为死区，对应的电压称为死区电压或阈值电压（锗管约 0.1V，硅管约 0.5V）。当正向电压超过死区电压后，内电场被大大削弱，流过二极管的电流迅速增加，二极

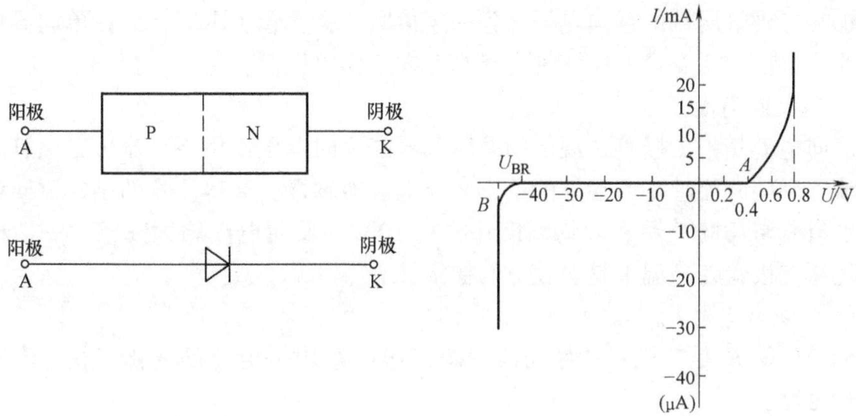

a) 二极管的符号　　　b) 二极管的伏安特性

图5-2　半导体二极管

管正向导通。正向导通时的管压降，硅管为0.6～0.8V，锗管为0.1～0.3V。

（2）反向特性

在反向电压作用下，P区的少数载流子电子与N区的少数载流子空穴产生漂移运动，形成很小的反向饱和电流，如图5-2b中的*OB*段。硅管的反向饱和电流在纳安数量级，锗管在微安数量级。温度升高时，由于热激发少数载流子浓度增加，反向饱和电流也随之增加。

（3）反向击穿特性

当反向电压增大到某一数值U_{BR}时，反向电流突然急剧增加，这种现象称为二极管反向击穿，U_{BR}称为反向击穿电压。

击穿有雪崩击穿、齐纳击穿和热击穿三种形式，前两种又称为电击穿。发生电击穿时，只要反向电压和反向电流的乘积（即PN结的耗散功率）不超过PN结的最大允许耗散功率，管子一般不会被烧坏，当反向电压撤掉后，二极管仍能正常工作。热击穿则为破坏性击穿，这时PN结的耗散功率已超过允许值。

3. 半导体二极管的主要参数

用来表示二极管性能好坏和适用范围的技术指标，称为二极管的参数。不同类型的二极管有不同的特性参数，以下为二极管的几个主要参数。

（1）最大整流电流

最大整流电流是指二极管长期连续工作时允许通过的最大正向电流值，其值与PN结面积及外部散热条件等有关。因为电流通过管子时会使管芯发热，温度上升，当温度超过容许限度时，就会使管芯过热而损坏。所以在规定的散热条件下，二极管使用中不要超过二极管最大整流电流值。

（2）最高反向工作电压

加在二极管两端的反向电压高到一定值时，会将管子击穿，失去单向导电能力。为了保证使用安全，应该规定最高反向工作电压值。

（3）反向电流

反向电流是指二极管在规定的温度和最高反向电压作用下，流过二极管的反向电流。反向电流越小，管子的单方向导电性能越好。值得注意的是，反向电流与温度有着密切的关系，大约温度每升高10℃，反向电流增大一倍。一般硅二极管比锗二极管在高温下具有较好的稳定性。

（4）动态电阻 R_d

动态电阻 R_d 是二极管特性曲线静态工作点 Q 附近电压的变化与相应电流的变化量之比。

二、半控型开关器件——晶闸管

晶闸管（Thyristor，TH）是晶体闸流管的简称，又称为可控硅整流器（SiliconControlled Rectifier，SCR），以前常简称为可控硅，其外形如图5-3a所示。晶闸管具有硅整流器件的特性，能在高电压、大电流条件下工作，且其工作过程可以控制，被广泛应用于可控整流、交流调压、无触点电子开关、逆变及变频等电子电路中。

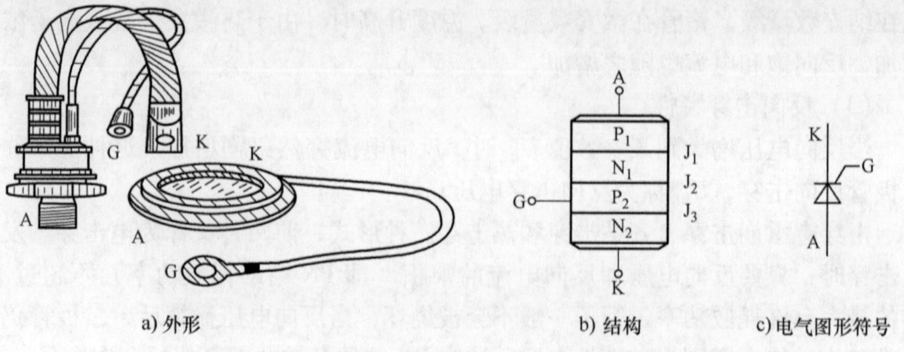

图5-3　晶闸管的外形、结构和电气图形符号

1. 普通晶闸管的结构和工作原理

晶闸管具有四层PNPN结构，形成三个PN结（J_1、J_2、J_3如图5-3b所示），可以等效为PNP、NPN型两晶体管组成的复合管，三端引出线分别为阳极A（Anode）、阴极K（Cathode）和门极G（Gate）。在A、K之间加上正电压后，管子并不导通，当门极G加上正电压（相对于阴极K而言）后才导通，此时再去掉门极的电压，管子依然能够保持导通。

晶闸管在工作过程中，它的阳极A和阴极K与电源和负载连接，组成晶闸管的主电路，晶闸管的门极G和阴极K与控制晶闸管的装置连接，组成晶闸管的控制电路。当晶闸管加上正向电压（阳极接正、阴极接负）时，若门极电路开路，则 J_1、J_3结处于正偏，J_2结处于反偏，其伏安特性与二极管反向特性相似，晶闸管处于正向阻断状态。若门极对阴极加上一定的正向电压，则 N_2区向 P_2区注入电子，这些电子经扩散，通过 P_2区到达 J_2结耗尽层（也称高阻层、阻挡层），因耗尽层电场的作用，注入电子到达 N_1区，形成等效 NPN 型晶体管的射极电流，产生过剩电子。为了中和过剩电子，必将有等量空穴由 P_1区注入 N_1区。同理这些空穴可到达 P_2区，形成等效 PNP 型晶体管的射极电流。构成晶闸管的两个晶体管，因内部载流子的输运现象而相互供给基极电。当满足两个晶体管的共基极电流放大倍数之和 $\alpha_1+\alpha_2 \geqslant 1$ 时，晶闸管导通。晶闸管一旦导通，因流过的电流较大，α_1、α_2 随电流增大，足以继续保证 $\alpha_1+\alpha_2 \geqslant 1$。这时，即使门极电路开路，晶闸管仍能处于导通状态。当所加正向电压大于或等于转折电压时，晶闸管也会导通，称为硬开通。当晶闸管加上反向电压时，因 J_1、J_3结反偏，器件呈阻断状态。

2. 晶闸管的伏安特性

晶闸管的导通和截止这两个工作状态是由阳极电压 U、阳极电流 I 及门极电流 I_G 决定的，而这几个量又是互相有联系的。在实际应用中常用晶闸管的伏安特性曲线来表示它们之间的关系。图 5-4 所示的伏安特性曲线是在$I_G=0$的条件下作出的。

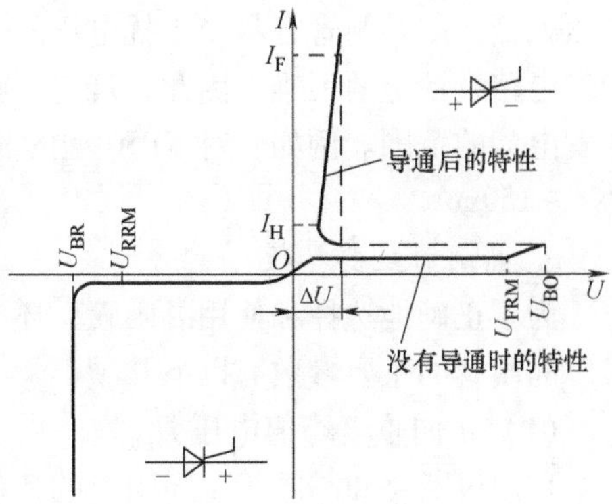

图 5-4 晶闸管的伏安特性曲线

当晶闸管的阳极和阴极之间加正向电压时，由于门极未加电压，晶闸管内只有很小的电流流过，这个电流称为正向漏电流。这时，晶闸管阳极和阴极之间表现出很大的内阻，处于阻断（截止）状态，如图 5-4 第一象限中曲线的下部所示。当正向电压增加到某一数值时，漏电流突然增大，晶闸管由阻断状态突然导通。晶闸管导通后，就可以通过很大的电流，而它本身的管压降只有 1V 左右，因此特性曲线靠近纵轴而且陡直。晶闸管由阻断状态转为导通状态所对应的电压称为正向转折电压 U_{BO}。在晶闸管导通后，若减小正向电压，则正向电流就逐渐减小。当电流小到某一数值时，晶闸管又从导通状态转为阻断状态，这时所对应的最小电流称为维持电流 I_H。

当晶闸管的阳极和阴极之间加反向电压时（门极仍不加电压），其伏安特性与二极管类似，电流也很小，称为反向漏电流。当反向电压增加到某一数值时，反向漏电流急剧增大，使晶闸管反向导通，这时所对应的电压称为反向转折电压 U_{BR}。

从图5-4的晶闸管的正向伏安特性曲线可见，当阳极正向电压高于转折电压时，元器件将导通。但是这种导通方法很容易造成晶闸管的不可恢复性击穿而使元器件损坏，在正常工作时是不采用的。晶闸管的正常导通受门极电流 I_G 的控制，为了正确使用晶闸管，必须了解其门极特性。

当门极加正向电压时，门极电路就有电流 I_G，晶闸管就容易导通，其正向转折电压降低，特性曲线左移。门极电流越大，正向转折电压越低，如图5-5所示。

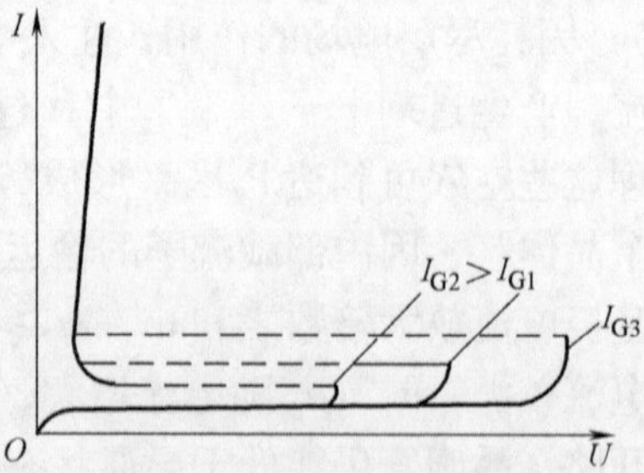

图5-5 门极电流对晶闸管转折电压的影响

实际规定，当晶闸管的阳极与阴极之间加上6V直流电压，能使器件导通的门极最小电流（电压）称为触发电流（电压）。由于制造工艺上的问题，同一型号的晶闸管的触发电压和触发电流也不尽相同。如果触发电压太低，则晶闸管容易受干扰电压的作用而造成误触发；如果太高，又会造成触发电路设计上的困难。因此，规定了在常温下各种规格的晶闸管的触发电压和触发电流的范围。例如，对KP50型的晶闸管，触发电压不大于3.5V，触发电流为8～150mA。

3. 晶闸管主要参数

为了正确地选择和使用晶闸管，还必须了解它的电压、电流等主要参数的意义。晶闸管的主要参数有以下几项：

（1）正向重复峰值电压 U_{FRM}

在门极断路和晶闸管正向阻断的条件下，可以重复加在晶闸管两端的正向峰值电压，称为正向重复峰值电压，用符号 U_{FRM} 表示。按规定此电压为正向转折电压的80%。

（2）反向重复峰值电压 U_{RRM}

在门极断路时，可以重复加在晶闸管器件上的反向峰值电压，称为反向重复峰值电压，用符号 U_{RRM} 表示。按规定此电压为反向转折电压的80%。

（3）正向平均电流 I_F

在环境温度不大于40℃和标准散热及全导通的条件下，晶闸管通过的工频正弦半波电流（在一个周期内的）平均值，称为正向平均电流 I_F，简称为正向电流。通常所说的多少安的晶闸管，就是指这个电流。如果正弦半波电流的最大值为 I_m，则有

$$I_F = \frac{1}{2\pi}\int_0^{\pi} I_m \sin\omega t \mathrm{d}(\omega t) = \frac{I_m}{\pi} \tag{5-1}$$

然而，这个电流值并不是一成不变的，晶闸管允许通过的最大工作电流还受

冷却条件、环境温度、器件导通角、器件每个周期的导通次数等因素的影响。

（4）维持电流 I_H

在规定的环境温度和门极开路时，维持器件继续导通的最小阳极电流称为维持电流 I_H。当晶闸管的正向电流小于这个电流时，晶闸管将自动关断。

4. 晶闸管的派生器件

（1）快速开关晶闸管（Fast Switching Thyristor，FST）

FST 包括所有专为快速响应而设计的晶闸管，有快速晶闸管和高频晶闸管。由于对管芯结构和制造工艺进行了改进，开关时间、du/dt 和 di/dt 都有明显的改善。普通晶闸管关断时间为数百微秒，快速晶闸管为数十微秒，高频晶闸管约为 10ms。高频晶闸管的不足在于其电压和电流定额都不易做高；由于工作频率较高，选择通态平均电流时不能忽略其开关损耗的发热效应。

（2）双向晶闸管（Triode AC Switch，TRIAC）

TRIAC 可认为是一对反并联连接的普通晶闸管的集成，有两个主电极 T_1 和 T_2，一个门极 G。

TRIAC 正反两方向均可触发导通，所以它在第一和第四象限有对称的伏安特性，其电气图形符号和伏安特性如图 5-6 所示。它与一对反并联晶闸管相比，更为经济，且控制电路简单，在交流调压电路、固态继电器和交流电机调速等领域应用较多，通常用在交流电路中，因此不用平均值而用有效值来表示其额定电流值。

（3）逆导晶闸管（Reverse Conducting Thyristor，RCT）

RCT 是将晶闸管反并联一个二极管制作在同一管芯上的功率集成器件，其电气图形符号和伏安特性如图 5-7 所示。与普通晶闸管相比，逆导晶闸管具有正向压降小、关断时间短、高温特性好、额定结温高等优点。逆导晶闸管的额定电流有两个，一个是晶闸管电流，一个是反并联二极管的电流。逆导晶闸管在使用时器件数目较少，装置体积小，质量小，价格低，配线简单，晶闸管承受的反偏时间增加。

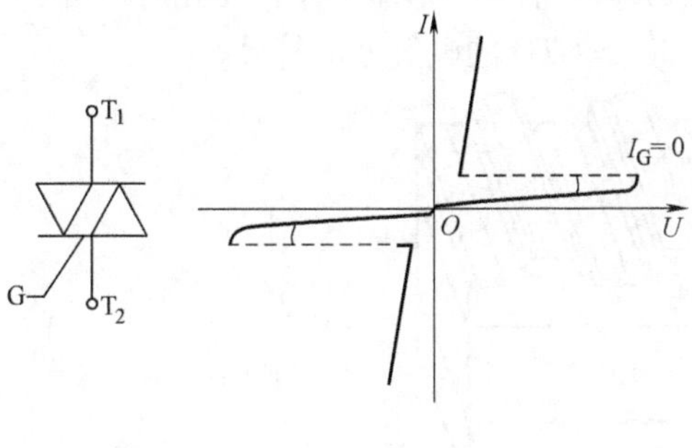

a) 电气图形符号　　b) 伏安特性

图 5-6　双向晶闸管的电气符号和伏安特性

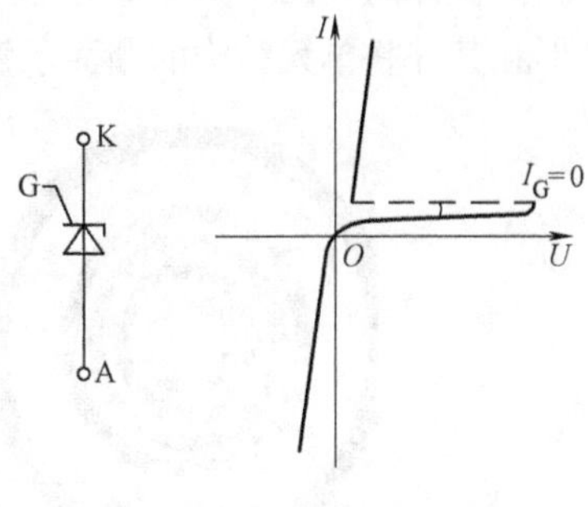

a) 电气图形符号　b) 伏安特性

图 5-7　逆导晶闸管的电气符号和伏安特性

（4）光控晶闸管（Light Triggered Thyristor，LTT）

LTT又称光触发晶闸管，是利用一定波长的光照信号触发导通的晶闸管，其电气图形符号和伏安特性如图5-8所示。小功率光控晶闸管只有阳极和阴极两个端子，大功率光控晶闸管则还带有光缆，光缆上装有作为触发光源的发光二极管或半导体激光器。光触发保证了主电路与控制电路之间的绝缘，且可避免电磁干扰的影响，因此它在高压大功率的场合，如高压直流输电和高压核聚变装置中，占据重要的地位。

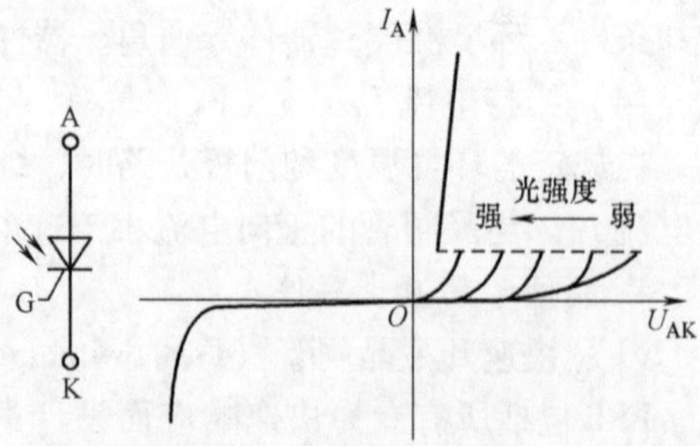

a) 电气图形符号　　b) 伏安特性

图5-8　光控晶闸管的电气图形符号和伏安特性

三、典型全控器件

1. 门极可关断晶闸管（Gate Turn-Off Thyristor，GTO）

门极可关断晶闸管是晶闸管的一种派生器件，但可以通过在门极施加负的脉冲电流使其关断，因而属于全控型器件。GTO的许多性能虽然与绝缘栅双极型晶体管、电力场效应晶体管相比要差，但其电压、电流容量较大，与普通晶体管接近，因而在兆瓦级以上的大功率场合仍有较多的应用。

（1）GTO的结构和工作原理

GTO和普通晶闸管一样，是PNPN四层半导体结构，外部也是引出阳极、阴极和门极。但和普通晶闸管不同的是，GTO是一种多元的功率集成器件，虽然外部同样引出三个极，但内部则包含数十个甚至数百个共阳极的小GTO元，这些GTO元的阴极和门极则在器件内部并联在一起。这种特殊结构是为了便于实现门极控制关断而设计的。图5-9a、b分别给出了典型的GTO各单元阴极、门极间隔排列的图形和其并联单元结构的断面示意图，图5-9c是GTO的电气图形符号。

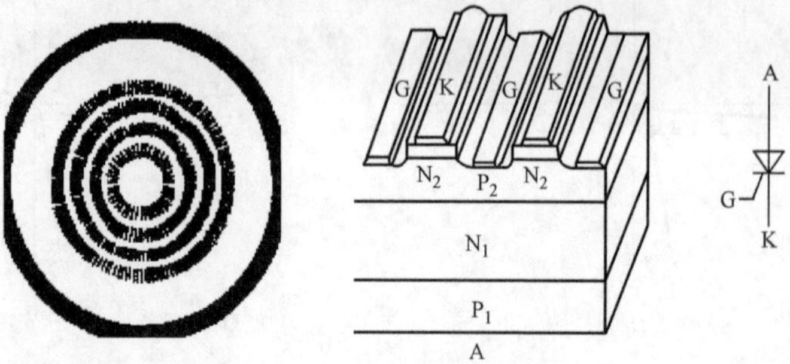

a) 各单元阴极、门极间隔排列的图形　　b) 并联单元结构的断面示意图　　c) 电气图形符号

图5-9　GTO的内部结构和电气图形符号

与普通晶闸管一样，GTO 的工作原理仍然可以用双晶体管模型（见图 5-10）来分析。由 $P_1N_1P_2$ 和 $N_1P_2N_2$ 构成的两个晶体管 VT_1、VT_2 分别具有共基极电流增益 α_1 和 α_2。由普通晶闸管的分析可以看出，$\alpha_1+\alpha_2=1$ 是器件临界导通的条件。当 $\alpha_1+\alpha_2>1$ 时，两个等效晶体管过饱和而使器件导通；当 $\alpha_1+\alpha_2<1$ 时，因不能维持饱和导通而关断。

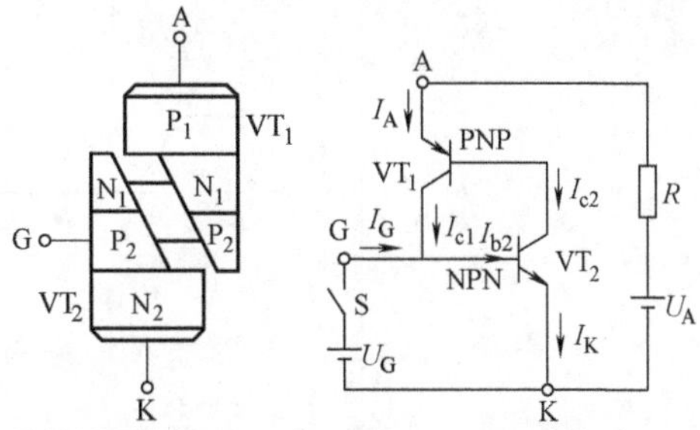

a) 双晶体管模型　　b) 工作原理

图 5-10　晶闸管的双晶体管模型及其工作原理

GTO 与普通晶闸管有以下不同之处：

1）在设计器件时使得 α_2 较大，这样晶体管 VT_2 控制灵敏，使得 GTO 易于关断。

2）使得导通时的 $\alpha_1+\alpha_2$ 更接近于 1。普通晶闸管设计为 $\alpha_1+\alpha_2\geqslant 1.15$，而 GTO 设计为 $\alpha_1+\alpha_2\approx 1.05$，这样使 GTO 导通时饱和程度不深，更接近于临界饱和，从而为门极控制关断提供了有利条件。当然，负面的影响是，导通时管压降增大了。

3）多元集成结构使每个 GTO 元阴极面积很小，门极和阴极间的距离大为缩短，使得 P_2 基区所谓的横向电阻很小，从而使从门极抽出较大的电流成为可能。

所以，GTO 的导通过程与普通晶闸管是一样的，有同样的正反馈过程，只不过导通时饱和程度较浅。而关断时，给门极加负脉冲，即从门极抽出电流，则晶体管 VT_2 的基极电流 I_{b2} 减小，使 I_K 和 I_{c2} 减小，I_{c2} 的减小又使 I_A 和 I_{c1} 减小，又进一步减小 VT_2 的基极电流，如此也形成强烈的正反馈。当两个晶体管发射极电流 I_A 和 I_K 的减小使 $\alpha_1+\alpha_2<1$ 时，器件退出饱和而关断。

GTO 的多元集成结构除了对关断有利外，也使得其比普通晶闸管开通过程更快，承受 di/dt 的能力增强。

（2）GTO 的动态特性

图 5-11 给出了 GTO 开通和关断过程中门极电流 i_G 和阳极电流 i_A 的波形。与普通晶闸管类似，开通过程中需要经过延迟时间 t_d 和上升时间 t_r。关断过程则有所不同，首先需要经历抽取饱和导通时储存的大量载流子的时间——储存时间 t_s，从而使等效晶体管退出饱和状态；然后则是等效晶体管从饱和区退至放大区，阳极电流逐渐减小的时间——下降时间 t_f；最后还有残存载流子复合所需的时间——尾部时间 t_t。

通常 t_f 比 t_s 小得多，而 t_t 比 t_s 要长。门极负脉冲电流幅值越大，前沿越陡，

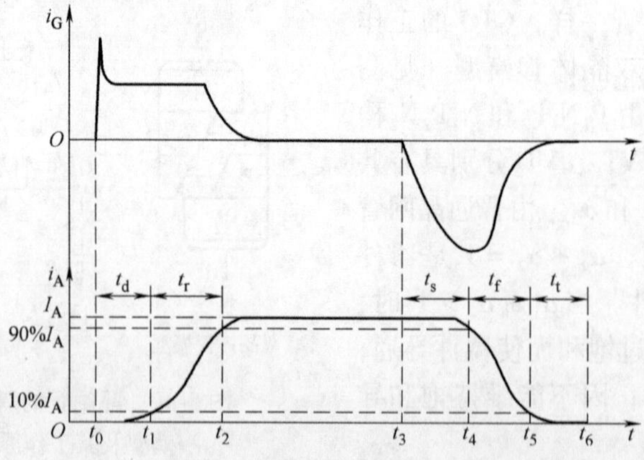

图 5-11　GTO 开通和关断过程中电流的波形

抽走储存的载流子的速度越快，t_s 就越短。若使门极负脉冲的后沿缓慢衰减，在 t_t 阶段仍能保持适当的负压，则可以缩短尾部时间。

（3）GTO 的主要参数

GTO 的多数主要参数都和普通晶闸管相应的参数意义相同。这里只简单介绍一些意义不同的参数。

1）最大可关断阳极电流 I_{ATO}。该值用来标称 GTO 额定电流的参数。这一点与普通晶闸管用通态平均电流作为额定电流是不同的。

2）电流关断增益 β_{off}。最大可关断阳极电流 I_{ATO} 与门极负脉冲电流最大值 I_{GM} 之比称为电流关断增益，即

$$\beta_{off}=\frac{I_{ATO}}{I_{GM}}$$

β_{off} 一般很小，只有 5 左右，这是 GTO 的一个主要缺点。一个 1000A 的 GTO，关断时门极负脉冲电流的峰值达 200A，这是一个相当大的数值。

3）开通时间 t_{on}。开通时间指延迟时间与上升时间之和。GTO 的延迟时间一般为 1～2μs，上升时间则随通态阳极电流值的增大而增大。

4）关断时间 t_{off}。关断时间一般指储存时间和下降时间之和，而不包括尾部时间。GTO 的储存时间随阳极电流的增大而增大，下降时间一般小于 2μs。

另外需要指出的是，不少 GTO 都制成逆导型，类似于逆导晶闸管。当需要承受反向电压时，应和电力二极管串联使用。

2. 双极型晶体管（Bipolar Junction Transistor，BJT）

双极型晶体管是一种耐高电压、大电流的双极结型晶体管。在电力电子技术的范围内，GTR 与 BJT 这两个名称是等效的。

（1）BJT 的结构和工作原理

BJT 与普通双极结型晶体管的基本原理是一样的。但是对 BJT 来说，最主要

的特性是耐压高、电流大、开关特性好，而不像小功率的用于信息处理的双极型晶体管那样注重单管电流放大系数、线性度、频率响应以及噪声和温漂等性能参数。因此，BJT通常采用至少由两个晶体管按达林顿接法组成的单元结构，同GTO一样，采用集成电路工艺将许多这种单元并联而成。单管的BJT结构与普通的双极结型晶体管是类似的。BJT是由三层半导体（分别引出集电极、基极和发射极）形成的两个PN结（集电结和发射结）构成，多采用NPN结构。图5-12a、b分别给出了NPN型BJT的内部结构断面示意图和电气图形符号。注意，表示半导体类型字母的右上角标中，“+”表示高掺杂浓度，“-”表示低掺杂浓度。

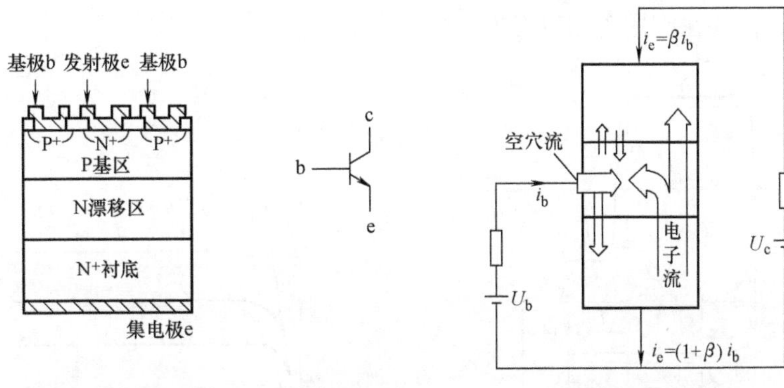

a) 内部结构断面示意图　　b) 电气图形符号　　c) 内部载流子的流动

图5-12　NPN型BJT的结构、电气图形符号和内部载流子的流动

在应用中，BJT一般采用共发射极接法，图5-12c所示为在此接法下BJT内部主要载流子流动情况示意图。集电极电流 i_c 与基极电流 i_b 之比称为BJT的电流放大系数（β），它反映了基极电流对集电极电流的控制能力，当考虑到集电极和发射极间的漏电流 I_{ceo} 时，i_c、i_b 的关系为

$$i_c = \beta i_b + I_{ceo}$$

BJT的产品说明书中通常给出的是直流电流增益 h_{FE}，它是指在直流工作的情况下集电极电流与基极电流之比。一般可认为 $\beta \approx h_{FE}$。单管BJT的 β 值比处理信息用的小功率晶体管小得多，通常为10左右，采用达林顿接法可以有效地增大电流增益。

（2）BJT的基本特性

1）静态特性。图5-13所示为BJT在共发射极接法时的典型输出特性，明显地分为我们所熟悉的截止区、放大区和饱和区三个区域。在电力电子电路中，BJT工作在开关状态，即工作在截止区或饱和区。但在开关过程中，即在截止区和饱和区之间过渡时，都要经过放大区。

2）动态特性。BJT是用基极电流来控制集电极电流的，图5-14给出了BJT

开通和关断过程中基极电流和集电极电流波形的关系。与GTO类似，BJT开通时需要经过延迟时间 t_d 和上升时间 t_r，二者之和为开通时间 t_{on}。关断时需要经过储存时间 t_s 和下降时间 t_f，二者之和为关断时间 t_{off}。延迟时间主要是由发射结势垒电容和集电结势垒电容充电产生的。增大基极驱动电流 i_b 的幅值并增大 di_b/dt，可以缩短延迟时间，同时也可以缩短上升时间，从而加快开通过程。储存时间是用来除去饱和导通时储存在基区的载流子的，是关断时间的主要部分。减小导通时的饱和深度以减小储存的载流子，或者增大基极负电流 I_{b2} 的幅值和负偏压，可以缩短储存时间，从而加快关断速度。当然，减小导通时的饱和深度的负面作用是会使集电极和发射极间的饱和导通压降 U_{ces} 增加，从而增大通态损耗，这是一对矛盾，需要在应用时加以考虑。

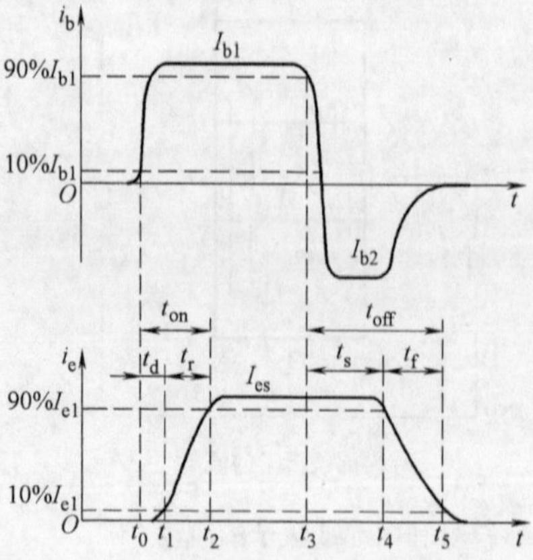

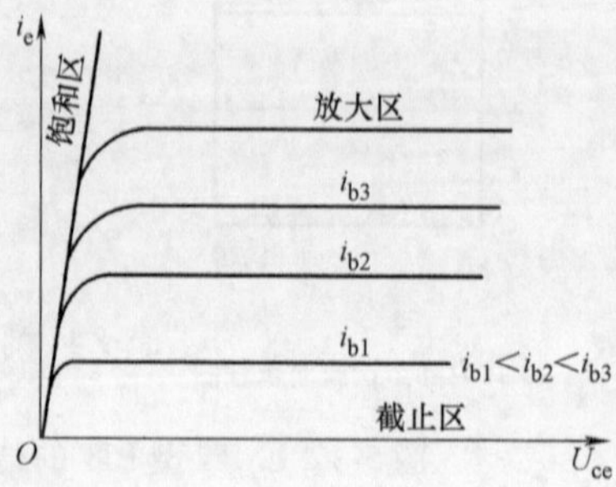

图5-13 共发射极接法时BJT的典型输出特性　　图5-14 BJT开通和关断过程中的电流

BJT的开关时间为几微秒，比晶闸管和GTO都短很多。

（3）BJT的主要参数

除了前面述及的一些参数，如电流放大倍数 β、直流电流增益 h_{FE}、集电极与发射极间漏电流 I_{ceo}、集电极和发射极间饱和压降 U_{ces}、开通时间 t_{on} 和关断时间 t_{off} 以外，对BJT主要关注的参数还包括：

1）最高工作电压。BJT上所加的电压超过规定值时，就会发生击穿。击穿电压不仅和晶体管本身的特性有关，还与外电路的接法有关，有发射极开路时集电极和基极间的反向击穿电压 U_{cbo}；基极开路时集电极和发射极间的击穿电压 U_{ceo}；发射极与基极间用电阻连接或短路连接时集电极和发射极间的击穿电压 U_{cer} 和 U_{ces}，以及发射极反向偏置时集电极和发射极间的击穿电压 U_{cex}。这些击穿电压之间的关系为 $U_{cbo}>U_{cex}>U_{ces}>U_{cer}>U_{ceo}$。实际使用BJT时，为了确保安全，最高工作电压要比 U_{ceo} 低得多。

2）集电极最大允许电流 I_{cM}。通常规定直流电流放大系数 h_{FE} 下降到规定值的 1/3 ~ 1/2 时，所对应的 I_c 为集电极最大允许电流。实际使用时要留有较大裕量，只能用到 I_{cM} 的一半或稍多一点。

3）集电极最大耗散功率 P_{cM}。这是指在最高工作温度下允许的耗散功率。产品说明书中在给出 P_{cM} 时总是同时给出壳温 T_c，间接表示了最高工作温度。

（4）BJT 的二次击穿现象与安全工作区

当 BJT 的集电极电压升高至前面所述的击穿电压时，集电极电流迅速增大，这种首先出现的击穿是雪崩击穿，被称为一次击穿。出现一次击穿后，只要 I_c 不超过与最大允许耗散功率相对应的限度，BJT 一般不会损坏，工作特性也不会有什么变化。但是在实际应用中，常常发现一次击穿发生时如不有效地限制电流，I_c 增大到某个临界点时会突然急剧上升，同时伴随着电压的陡然下降，这种现象称为二次击穿。二次击穿常常会立即导致器件的永久损坏，或者工作特性明显衰变，因而对 BJT 危害极大。

将不同基极电流下二次击穿的临界点连接起来，就构成了二次击穿临界线，临界线上的点反映了二次击穿功率 P_{SB}。这样，BJT 工作时不仅不能超过最高电压 U_{ceM}，集电极最大电流 I_{cM} 和最大耗散功率 P_{cM} 也不能超过二次击穿临界线。这些限制条件就规定了 BJT 的安全工作区，如图 5-15 的阴影区所示。

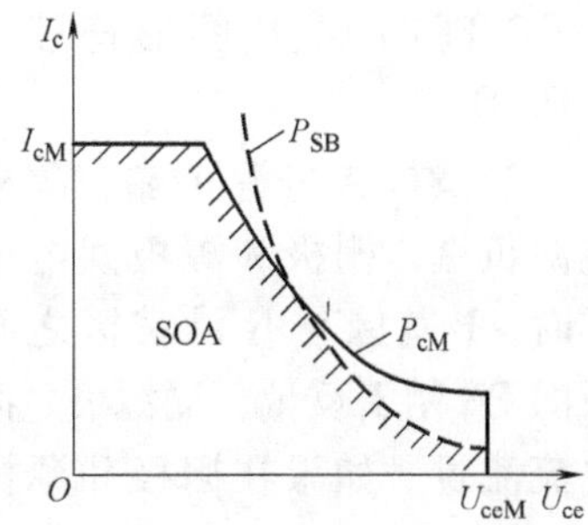

图 5-15　BJT 的安全工作区

3. 电力场效应晶体管（Power Metal Semiconductor Field-effect Transistor，P-MOSFET）

电力场效应晶体管有结型和绝缘栅型两种类型，但通常主要指绝缘栅型中的 MOS 型，简称 P-MOSFET，或者更精练地简称为 MOS 管。结型电力场效应晶体管则一般称作静电感应晶体管（SIT）。

P-MOSFET 是用栅极电压来控制漏极电流的，因此它的第一个显著特点是驱动电路简单，需要的驱动功率小。第二个显著特点是开关速度快，工作频率高。另外，P-MOSFET 的热稳定性优于 BJT，但是 P-MOSFET 电流容量小，耐压低，一般只适用于功率不超过 10kW 的电力电子装置。

（1）P-MOSFET 的结构和工作原理

MOSFET 种类和结构繁多，按导电沟道可分为 P 沟道和 N 沟道。当栅极电压为零时漏源极之间就存在导电沟道的称为耗尽型；对于 N（P）沟道器件，栅极电压大于（小于）零时才存在导电沟道的称为增强型。在电力 MOSFET 中，主要是 N 沟道增强型。

P-MOSFET 在导通时只有一种极性的载流子（多子）参与导电，是单极型晶体管。其导电机理与小功率 MOS 管相同，但结构上有较大区别。小功率 MOS 管是一次扩散形成的器件，其导电沟道平行于芯片表面，是横向导电器件。而目前P-MOSFET大都采用了垂直导电结构，所以又称为VMOSFET。这大大提高了MOSFET器件的耐压和耐电流能力。按垂直导电结构的差异，P-MOSFET又分为利用V形槽实现垂直导电的VV-MOSFET和具有垂直导电双扩散MOS结构的VD-MOSFET，这里主要以VDMOSFET器件为例进行讨论。

P-MOSFET也是多元集成结构，一个器件由许多个小MOSFET元组成。每个元的形状和排列方法，不同生产厂家采用了不同的设计，因而对其产品取了不同的名称。国际整流器公司的HEXFET采用了六边形单元，西门子公司的SIPMOS-FET采用了正方形单元，而摩托罗拉公司的TMOS则采用了矩形单元，按品字形排列。不管名称怎样变，垂直导电的基本思想没有变。

图5-16a给出了N沟道增强型VDMOS中一个单元的截面图。P-MOSFET的电气图形符号如图5-16b所示。

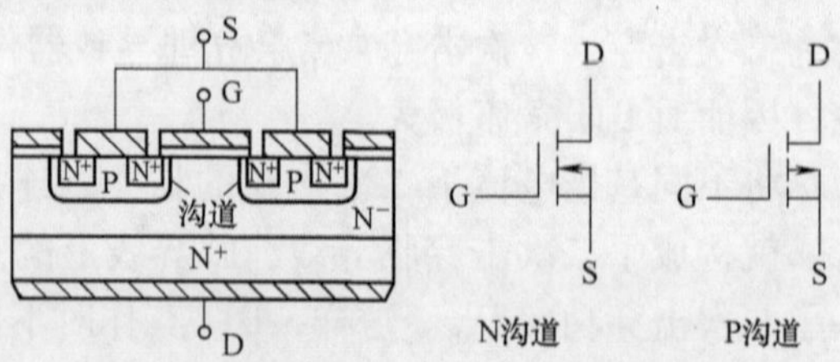

a) 内部结构断面示意图　　b) 电气图形符号

图5-16　P-MOSFET的结构和电气图形符号

当漏极接电源正端，源极接电源负端，栅极和源极间电压为零时，P基区与N漂移区之间形成的PN结J_1反偏，漏源极之间无电流流过。如果在栅极和源极之间加一正电压U_{GS}，由于栅极是绝缘的，所以并不会有栅极电流流过。但栅极的正电压却会将其下面P区中的空穴推开，而将P区中的少子——电子吸引到栅极下面的P区表面。当U_{GS}大于某一电压值U_T时，栅极下P区表面的电子浓度将超过空穴浓度，从而使P型半导体反型而成N型半导体，形成反型层，该反型层形成N沟道而使PN结J_1消失，漏极和源极导电。电压U_T称为开启电压（或阈值电压），U_{GS}超过U_T越多，漏极电流I_D越大。

（2）P-MOSFET的基本特性

1）静态特性。漏极电流I_D和栅源间电压U_{GS}的关系反映了输入电压和输出电流的关系，称为MOSFET的转移特性，如图5-17a所示。从图中可知，I_D较大时，I_D与U_{GS}的关系近似线性，曲线的斜率被定义为MOSFET的跨导G_{fs}，即

$$G_{fs}=\frac{dI_D}{dU_{GS}}$$

MOSFET是电压控制型器件，其输入阻抗极高，输入电流非常小。

图5-17b所示为MOSFET的漏极伏安特性，即输出特性。从图中同样可以看到截止区（对应于BJT的截止区）、饱和区（对应于BJT的放大区）和非饱和区（对应于BJT的饱和区）三个区域。这里饱和与非饱和的概念与BJT不同。饱和

是指漏源电压增加时漏极电流不再增加，非饱和是指漏源电压增加时漏极电流相应增加。P-MOSFET 工作在开关状态，即在截止区和非饱和区之间来回转换。

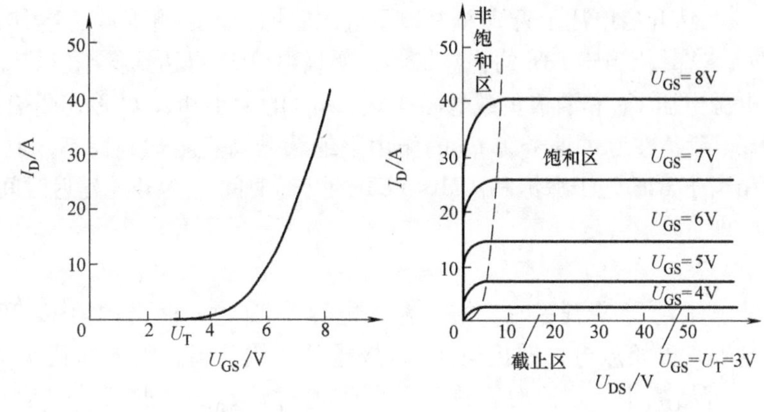

a) 转移特性　　b) 输出特性

图 5-17　P-MOSFET 的转移特性和输出特性

由于 P-MOSFET 本身结构所致，在其漏极和源极之间形成了一个与之反向并联的寄生二极管，它与 MOSFET 构成了一个不可分割的整体，使得在漏、源极间加反向电压时器件导通。因此，使用 P-MOSFET 时应注意这个寄生二极管的影响。

P-MOSFET 的通态电阻具有正温度系数，这一点对器件并联时的均流有利。

2）动态特性。用图 5-18a 所示的电路来测试 P-MOSFET 的开关特性。图中 u_P 为矩形脉冲电压信号源（波形见图 5-18b），R_S 为信号源内阻，R_G 为栅极电阻，R_L 为漏极负载电阻，R_F 用于检测漏极电流。

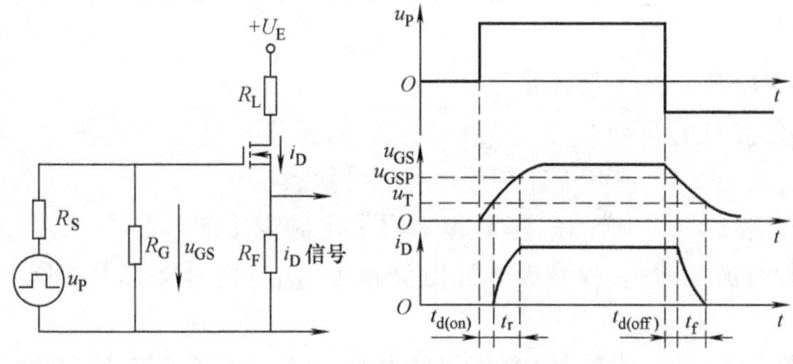

a) 测试电路　　b) 开关过程波形

图 5-18　P-MOSFET 的开关过程

因为 MOSFET 存在输入电容 C_{in}，所以当脉冲电压 u_P 的前沿到来时，C_{in}（在内部，图上未标出）有充电过程，栅极电压 u_{GS} 呈指数曲线上升，如图 5-18b 所示。当 u_{GS}上升到开启电压 u_T 时，开始出现漏极电流 i_D。从 u_P 前沿时刻到 $u_{GS}=u_T$ 并开始出现 i_D 的时刻，这段时间称为开通延迟时间 $t_{d(on)}$。此后，i_D 随 u_{GS}的上升而上升。u_{GS}从开启电压上升到 MOSFET 进入非饱和区的栅压 u_{GSP}这段时间称为上升时间 t_r，这时相当于 BJT 的临界饱和，漏极电流 i_D 也达到稳态值。i_D 的稳态值由漏极电源电压 U_E 和漏极负载电阻决定，u_{GSP}的大小和 i_D 的稳态值有关。u_{GS}的值达到 u_{GSP}后，在脉冲信号源 u_P 的作用下继续升高直至达到稳态，但 i_D 已不再变化，相当于 BJT 处于深饱和。MOSFET 的开通时间 t_{on}为开通延迟时间与上升时间之和，即

$$t_{on}=t_{d(on)}+t_r$$

当脉冲电压 u_P 下降到零时，栅极输入电容 C_{in}通过信号源内阻 R_S 和栅极电阻 R_G（>>R_S）开始放电，栅极电压 u_{GS}按指数曲线下降。当下降到 u_{GSP}时，漏极电流 i_D 才开始减小，这段时间称为关断延迟时间 $t_{d(off)}$。此后，C_{in}继续放电，u_{GS}从 u_{GSP}继续下降，i_D 减小，到 $u_{GS}<u_T$ 时沟道消失，i_D 下降到零，这段时间称为下降时间 t_f。关断延迟时间和下降时间之和为 MOSFET 的关断时间 t_{off}，即

$$t_{off}=t_{d(off)}+t_f$$

从上面的开关过程可以看出，MOSFET 的开关速度和其输入电容的充放电有很大关系。使用者虽然无法降低 C_{in}的值，但可以降低栅极驱动电路的内阻 R，从而减小栅极回路的充放电时间常数，加快开关速度。通过以上讨论还可以看出，由于 MOSFET 只靠多子导电，不存在少子储存效应，因而其关断过程是非常迅速的。MOSFET 的开关时间在 10～100ns 之间，其工作频率可达 100kHz 以上，是主要电力电子器件中最高的。

P-MOSFET 是场控器件，在静态时几乎不需要输入电流。但是，在开关过程中需要对输入电容充放电，仍需要一定的驱动功率。开关频率越高，所需要的驱动功率越大。

（3）P-MOSFET 的主要参数

除前面已涉及的跨导 G_{fs}、开启电压 U_T 以及开关过程中的各时间参数 $t_{d(on)}$、t_r、$t_{d(off)}$和 t_f 之外，P-MOSFET 还有以下主要参数：

1）漏极电压 U_{DS}。这是标称 P-MOSFET 定额电压的参数。

2）漏极直流电流 I_D 和漏极脉冲电流幅值 I_{DM}。这是标称 P-MOSFET 电流定额的参数。

3）栅源电压 U_{GS}。栅源之间的绝缘层很薄，$|U_{GS}|>20V$ 将导致绝缘层击穿。

4）极间电容 MOSFET 的三个电极之间分别存在极间电容 C_{GS}、C_{GD}和 C_{DS}。一般生产厂家提供的是漏源极短路时的输入电容 C_{iss}、共源极输出电容 C_{oss}和反向转移电容 C_{rss}。它们之间的关系是 $C_{iss}=C_{oss}+C_{rss}$，$C_{rss}=C_{GD}$，$C_{oss}=C_{DS}+C_{GD}$。前面提到的输入电容可以近似用 C_{iss}代替，这些电容都是非线性的。

漏源间的耐压、漏极最大允许电流和最大耗散功率决定了 P-MOSFET 的安全工作区。一般来说，P-MOSFET 不存在二次击穿问题，这是它的一大优点。在实际使用中，仍应注意留适当的裕量。

4. 绝缘栅双极型晶体管（Insulate Gate Bipolar Transistor，IGBT）

BJT 和 GTO 是双极型电流驱动器件，由于具有电导调制效应，所以其通流能力很强，但开关速度较低，所需驱动功率大，驱动电路复杂。而 P-MOSFET 是单极型电压驱动器件，开关速度快，输入阻抗高，热稳定性好，所需驱动功率小而且驱动电路简单。将这两类器件相互取长补短适当结合而成的复合器件，通常称为 Bi-MOS 器件。IGBT 综合了 BJT 和 MOSFET 的优点，因而具有良好的特性。因此，自其 1986 年开始投入市场，就迅速扩展了其应用领域，目前已取代了原来 BJT 和一部分 P-MOSFET 的市场，成为中小功率电力电子设备的主导器件，并在继续努力提高电压和电流容量，以期再取代 GTO 的地位。

（1）IGBT 的结构和工作原理

IGBT 也是三端器件，具有栅极 G、集电极 C 和发射极 E。图 5-19a 所示为一种由 N 沟道 VD-MOSFET 与双极型晶体管组合而成的 IGBT 的基本结构。与图 5-16a 对照可以看出，IGBT 比 VDMOSFET 多一层 P^+ 注入区，形成了一个大面积的 P^+N 结 J_1。这样使得 IGBT 导通时由 P^+ 注入区向 N 基区发射少子，从而对漂移区电导率进行调制，使得 IGBT 具有很强的通流能力。其简化等效电路如图 5-19b 所示，可以看出这是用双极型晶体管与 MOSFET 组成的达林顿结构，相当于一个由 MOSFET 驱动的厚基区 PNP 晶体管。图中，R_N 为晶体管基区内的调制电阻。因此，IGBT 的驱动原理与 P-MOSFET 基本相同，它是一种场控器件，其开通和关断是由栅极和发射极间的电压 U_{GE} 决定的，当 U_{GE}（即 G、E 之间的电压）为正且大于开启电压 $U_{GE(th)}$ 时，MOSFET 内形成沟道，并为晶体管提供基极电流进而使 IGBT 导通。由于前面提到的电导调制效应，使得电阻 R_N 减小。这样高耐压的 IGBT 也具有很小的通态压降。当栅极与发射极间施加反向电压或不加信号时，MOSFET 内的沟道消失，晶体管的基极电流被切断，使得 IGBT 关断。

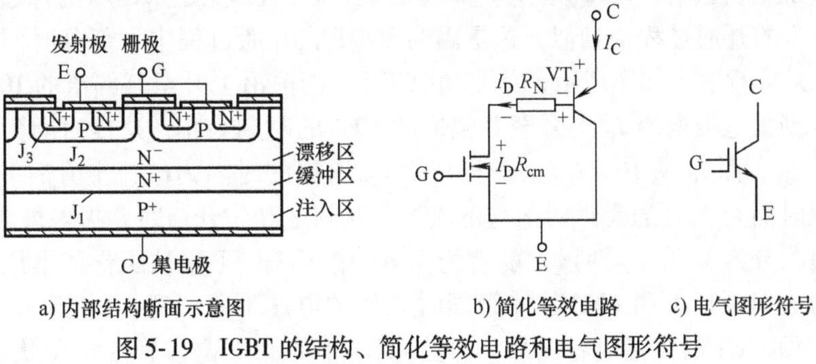

a) 内部结构断面示意图 b) 简化等效电路 c) 电气图形符号

图 5-19 IGBT 的结构、简化等效电路和电气图形符号

以上所述 PNP 晶体管与 N 沟道 MOSFET 组合而成的 IGBT 称为 N 沟道 IGBT，记为 N-IGBT，其电气图形符号如图 5-19c 所示。相应的还有 P 沟道 IGBT，记为 P-IGBT，将图 5-19c 中的箭头反向即为 P-IGBT 的电气符号。目前 N-IGBT 应用较多，因此下面仍以其为例进行介绍。

（2）IGBT 的基本特性

1）静态特性。图 5-20a 所示为 IGBT 的转移特性，它描述的是集电极电流 I_C 与栅射电压 U_{GE} 之间的关系，与 P-MOSFET 的转移特性类似。开启电压 $U_{GE(th)}$ 是 IGBT 能实现电导调制而导通的最低栅射电压。$U_{GE(th)}$ 随温度升高而略有下降，温度每升高 1℃，其值下降 5mV 左右。在 +25℃ 时，$U_{GE(th)}$ 的值一般为 2 ~6V。

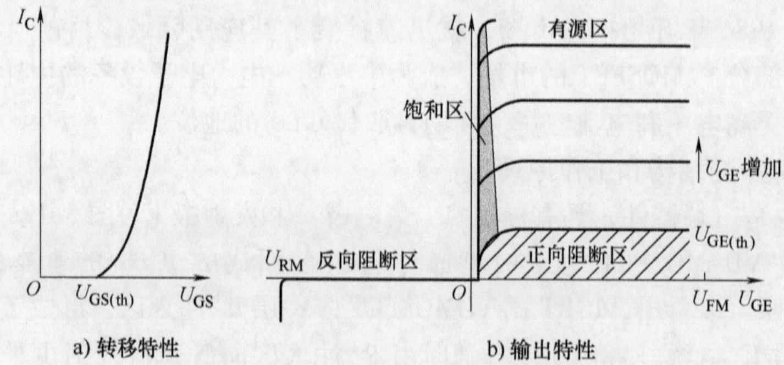

图 5-20　IGBT 的转移特性和输出特性

图 5-20b 所示为 IGBT 的输出特性，也称伏安特性，它描述的是以栅射电压为参考变量时，集电极电流 I_C 与集射极间电压 U_{CE} 之间的关系。此特性与 GTO 的输出特性相似，不同的是参考变量，IGBT 的为栅射电压 U_{GE}，而 GTR 的为基极电流 I_B。IGBT 的输出特性也分为三个区域：正向阻断区、有源区和饱和区。这分别与 GTR 的截止区、放大区和饱和区相对应。此外，当 $U_{CE}<0$ 时，IGBT 为反向阻断工作状态。在电力电子电路中，IGBT 作为开关，因而是在正向阻断区和饱和区之间来回转换。

2）动态特性。图 5-21 所示为 IGBT 开关过程的波形图。IGBT 的开通过程与 P-MOSFET 的开通过程很相似，这是因为 IGBT 在开通过程中大部分时间是作为 MOSFET 来运行的。如图所示，从驱动电压 U_{GE} 的前沿上升至其幅值的 10% 的时刻开始，到集电极电流 I_C 上升至其幅值的 10% 的时刻为止，这段时间为开通延迟时间 $t_{d(on)}$。而 I_C 从 $10\% I_{CM}$ 上升至 $90\% I_{CM}$ 所需的时间为电流上升时间 t_r。同样，开通时间 t_{on} 为开通延迟时间与电流上升时间之和。开通时，集射极电压 U_{CE} 的下降过程分为 t_{fv1} 和 t_{fv2} 两段。前者为 IGBT 中 MOSFET 单独工作的电压下降过程；后者为 MOSFET 和 PNP 晶体管同时工作的电压下降过程。由于 U_{CE} 下降时 IGBT 中 MOSFET 的栅漏电容增加，而且 IGBT 中的 PNP 晶体管由放大状态转入饱和状态也需要一个过程，因此 t_{fv2} 段电压下降过程变缓。只有在 t_{fv2} 段结束时，IGBT 才完全进入饱和状态。

IGBT 关断时，从驱动电压 U_{CE} 的脉冲后沿下降到其幅值的 90% 的时刻起，到集电极电流下降至 90% I_{CM} 止，这段时间为关断延迟时间 $t_{d(off)}$；集电极电流从 90% I_{CM} 下降至 10% I_{CM} 的这段时间称为电流下降时间。二者之和为关断时间 t_{off}。电流下降时间可以分为 t_{fi1} 和 t_{fi2} 两段。其中，t_{fi1} 对应 IGBT 内部的 MOSFET 的关断过程，这段时间集电极电流 I_C 下降较快；t_{fi2} 对应 IGBT 内部的 PNP 晶体管的关断过程，这段时间内 MOSFET 已经关断，IGBT 又无反向电压，所以 N 基区内的少子复合缓慢，造成 I_C 下降较慢。由于此时集射极电压已经建立，因此较长的电流下降时间会产生较大的关断损耗。为解决这一问题，可以与 BJT 一样通过减轻饱和程度来缩短电流下降时间，不过同样也需要与通态压降折中考虑。

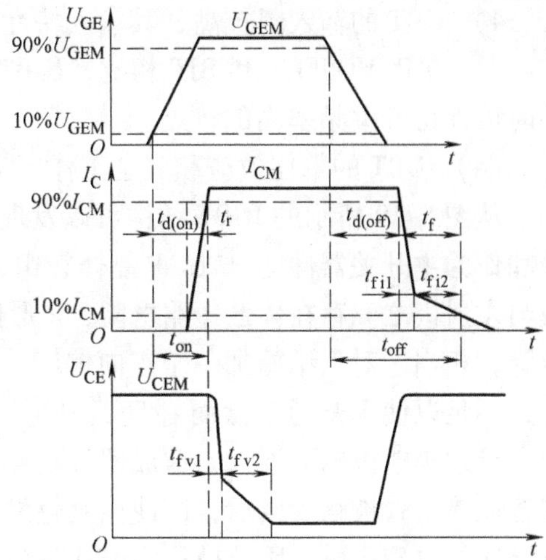

图 5-21　IGBT 的开关过程

可以看出，IGBT 中双极型 PNP 晶体管的存在，虽然带来了电导调制效应的好处，但也引入了少子储存现象，因而 IGBT 的开关速度要低于 P-MOSFET。此外，IGBT 的击穿电压、通态压降和关断时间也是需要折中考虑的参数。高压器件的 N 基区须有足够的宽度和较高的电阻率，这会引起通态压降的增大和关断时间的延长。

（3）IGBT 的主要参数

除了前面提到的各参数之外，IGBT 的主要参数还包括：

1）最大集射极间电压 U_{CES}。这是由器件内部的 PNP 晶体管所能承受的击穿电压所确定的。

2）最大集电极电流。该电流包括额定直流电流 I_C 和 1ms 脉宽最大电流 I_{CP}。

3）最大集电极功耗 P_{CM}。这是在正常工作温度下允许的最大耗散功率。

IGBT 的特性和参数特点可以总结如下：

1）IGBT 开关速度高，开关损耗小。有关资料表明，在电压 1000V 以上时，IGBT 的开关损耗只有 BJT 的 1/10，与 P-MOSFET 相当。

2）在相同电压和电流定额的情况下，IGBT 的安全工作区比 BJT 大，而且具有耐脉冲电流冲击的能力。

3）IGBT 的通态压降比 VD-MOSFET 低，特别是在电流较大的区域。

4）IGBT 的输入阻抗高，其输入特性与 P-MOSFET 类似。

5）与 P-MOSFET 和 BJT 相比，IGBT 的耐压和通流能力还可以进一步提高，同时可保持开关频率高的特点。

（4）IGBT 的擎住效应和安全工作区

从图 5-19 所示的 IGBT 结构可以发现，在 IGBT 内部寄生着一个 N^-PN^+ 晶体管和作为主开关器件的 P^+N^-P 晶体管组成的寄生晶体管。其中 NPN 晶体管的基极与发射极之间存在体区短路电阻，P 形体区的横向空穴电流会在该电阻上产生压降，相当于对 J_3 结施加一个正向偏压。在额定集电极电流范围内，这个偏压很小，不足以使 J_3 开通，然而一旦 J_3 开通，栅极就会失去对集电极电流的控制作用，导致集电极电流增大，造成器件功耗过高而损坏。这种电流失控的现象，就像普通晶闸管被触发以后，即使撤销触发信号晶闸管仍然因进入正反馈过程而维持导通的机理一样，因此被称为擎住效应或自锁效应。引发擎住效应的原因，可能是集电极电流过大（静态擎住效应），也可能是 du_{CE}/dt 过大（动态擎住效应），温度升高也会加重发生擎住效应的危险。

动态擎住效应比静态擎住效应所允许的集电极电流还要小，因此所允许的最大集电极电流实际上是根据动态擎住效应而确定的。

根据最大集电极电流、最大集射极间电压和最大集电极功耗可以确定 IGBT 在导通工作状态的参数极限范围，即正向偏置安全工作区；根据最大集电极电流、最大集射极间电压和最大允许电压上升率 du_{CE}/dt 可以确定 IGBT 在阻断工作状态下的参数极限范围，即反向偏置安全工作区。

四、宽禁带半导体器件

随着硅工艺的日益成熟，硅半导体器件已经接近材料极限。为了进一步提高电力电子系统的综合性能指标，宽禁带半导体器件因其材料本身固有的性能优势，越来越受到功率半导体器件研究者重视。但也是由于材料本身性能的限制，给充分发掘宽禁带半导体材料的性能带来挑战。宽禁带功率半导体器件研究堪称任重道远。目前在宽禁带半导体器件中常用的材料主要还是 SiC 和 GaN。相对于 Si 材料的电力电子器件，宽禁带半导体具有下述显著优势：

1）宽禁带半导体电力电子器件具有更低的导通电阻。在击穿电压较低（约 50V）时，SiC 功率器件的比导通电阻仅有 1.12μΩ，约是 Si 同类器件的 1/100。在击穿电压较高（约 5kV）时，比导通电阻增大到 29.5mΩ，约是 Si 同类器件的 1/300。

2）宽禁带半导体电力电子器件具有更高的击穿电压。这是因为 SiC 器件的击穿电场高。

3）宽禁带半导体电力电子器件的工作频率更高。SiC 和 GaN 的饱和电子漂移速率更快，是 Si 的 2 倍。因而宽禁带半导体电力电子器件的开关速度更快，开关损耗更低，在中大功率应用场合有望实现 Si 功率器件难以达到的更高开关频率（≥20kHz），尤其是 GaN 器件的开关频率可达 MHz 数量级。

4）宽禁带半导体电力电子器件具有更低的结壳热阻。SiC 的热导率是 Si 的 3 倍以上，因而由它制成的电力电子器件的散热性更好，器件的温度上升更慢。

5）宽禁带半导体电力电子器件能够在更高的温度下工作。SiC 的禁带宽度是 Si 的 2 倍以上，SiC 电力电子器件的极限工作温度有望达到 600℃以上，远高于 Si 器件的 115℃，从而使器件的冷却系统大为简化。

目前国际上各大半导体器件制造厂商，包括美国的 Cree、Genesic、Semi-south、Microsemi、PowerEx、IR，欧洲的 Infineon、IXYS、TranSiC，日本的 Rohm、Mitsbushi、Fuji、Renesas 等公司都相继推出自己的 SiC 功率器件，其中包括 SiC 肖特基二极管、SiC MOSFET、SiC JFET、SiC BJT、SiC IGBT、SiC GTO。目前高压 SiC IGBT 器件的实验室水平已达到 27.5kV 耐压水平。图 5-22 为 Cree 公司的 9kV 耐压 SiC GTO 的截面图。

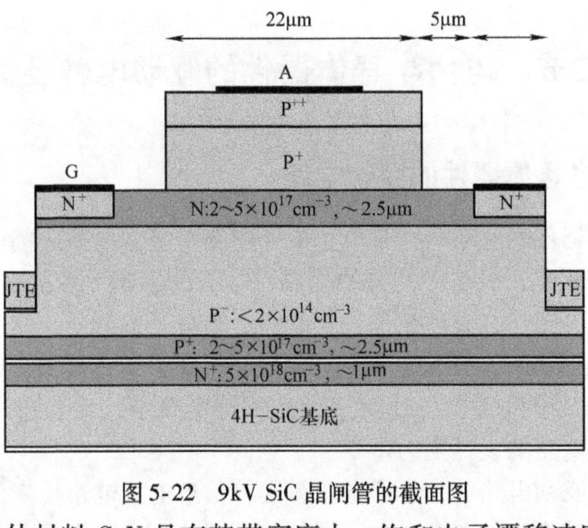

图 5-22 9kV SiC 晶闸管的截面图

宽禁带半导体材料 GaN 具有禁带宽度大、饱和电子漂移速度高、临界击穿电场大和化学性质稳定等特点，因此基于 GaN 材料制造的电力电子器件具有通态电阻小、开关速度快、高耐压及耐高温性能好等特点。与 SiC 材料不同，GaN 除了可以利用 GaN 材料制作器件外，还可以利用 GaN 所特有的结构制作高性能器件。GaN 可以生长在 Si、SiC 及蓝宝石上，由于在价格低、工艺成熟且直径大的 Si 衬底上生长，GaN 具有低成本、高性能的优点，因此受到广大研究人员和电力电子厂商的青睐。

与 SiC 器件类似，GaN 电力电子器件是半导体器件的另一研究热点。美国、日本和欧洲等国家和地区都非常重视 GaN 电力电子器件技术的研究与开发。

国内对 SiC 和 GaN 功率器件的研究起步较晚，主要由一些科研院所及高校在国家相关科技计划的支持下开展相关研究。他们在宽禁带功率器件工作特性、宽禁带功率器件电力电子系统设计等方面已经开展了相关工作。

尽管与 Si 功率器件相比，宽禁带半导体电力电子器件具有诸多优势，但目前仍存在一些限制其广泛应用的不利因素，主要有：

① 产量低，成本高。由于 SiC 存在微管缺陷，难以生产尺寸较大的 SiC 晶圆，因而 SiC 晶圆的成本较高。相应地，SiC 电力电子器件的价格也远高于 Si 功率器件。

② 器件类型和规格有限。目前，成功实现商业化的 SiC 功率器件包括 SBD、BJT、JFET 和 MOSFET，且这些器件的功率处理能力较小，型号较少。而广泛应用于大功率场合的 IGBT 和 GTO 等器件尚处于实验室开发和测试阶段。

③ 缺乏高温封装技术。尽管采用 SiC 材料制造的管芯能够承受很高的工作温度，但目前的封装技术主要针对 Si 功率器件，大多低于 175℃。封装外壳的工作温度限制了 SiC 功率器件高温性能的发挥。

第二节　电力半导体器件的驱动电路及保护

一、电力半导体器件的驱动电路

电力半导体器件的驱动电路是电力电子电路与控制电路之间的接口，是电力电子装置的重要环节，对整个装置的性能有很大的影响。性能良好的驱动电路，可使电力电子器件工作在较理想的工作状态，缩短开关时间，减小开关损耗，对于整个装置的运行效率、可靠性和安全性都有重要意义。另外，电力电子器件或整个装置的一些保护设备也往往就近设在驱动电路中，或者通过驱动电路来实现，这使得驱动电路的设计更为重要。

简单地说，驱动电路的基本任务，就是将信息电子电路传来的信号按照其控制目标的要求，转换为加在电力电子器件控制端和公共端之间，可以使其开通或关断的信号。对于半控型器件，只需提供开通控制信号；对于全控型器件，则既要提供开通控制信号，又要提供关断控制信号，以保证器件按要求可靠导通或关断。

驱动电路还要提供控制电路与主电路之间的电气隔离环节，一般采用光隔离或磁隔离。光隔离一般采用光耦合器；磁隔离的元器件通常是脉冲变压器，当脉冲较宽时，应采取措施避免铁心饱和。

按照驱动电路加在电力电子器件控制端和公共端之间信号的性质，可以将电力电子器件分为电流驱动型和电压驱动型两类。晶闸管虽然属于电流驱动型器件，但它是半控型器件，因此下面将单独讨论其驱动电路，晶闸管的驱动电路常称为触发电路。对于典型的全控型器件 GTO、BJT、P-MOSFET 和 IGBT，则将按电流驱动型和电压驱动型分别讨论。

值得说明的是，驱动电路的具体形式可为分立元器件构成的驱动电路，但目前的趋势是采用专用集成驱动电路，包括双列直插式集成电路，以及将光耦隔离电路也集成在内的混合集成电路，而为达到参数最佳配合，首选所用器件生产厂家专门为其器件开发的集成驱动电路。

1. 晶闸管的触发电路

晶闸管触发电路的作用是产生符合要求的门极触发脉冲，保证晶闸管在需要的时刻由阻断转为导通。晶闸管触发电路往往包括对其触发时刻进行控制的相位控制电路。触发电路一般由同步电路、移相控制、脉冲形成和脉冲功率放大 4 部分组成。

为了保证晶闸管的可靠触发，晶闸管对触发电路有一定要求，概括起来有如下几点：

1）触发脉冲的宽度应保证晶闸管可靠导通，对感性和反电动势负载的变流器应采用宽脉冲或脉冲列触发，对变流器的起动、双星形带平衡电抗器电路的触发脉冲应宽于 30°，三相全控桥式电路应采用宽于 60°或采用相隔 60°的双窄脉冲。

2）触发脉冲应有足够的幅度，对户外寒冷场合，脉冲电流的幅度应增大为器件最大触发电流的 3～5 倍，脉冲前沿的陡度也需增加，一般需达 1～2A/μs。

3）所提供的触发脉冲应不超过晶闸管门极的电压、电流和功率定额，且在门极伏安特性的可靠触发区域之内。

4）应有良好的抗干扰性能、温度稳定性及与主电路的电气隔离。

晶闸管理想的触发脉冲电流波形如图 5-23 所示。

图 5-24 所示为常见的晶闸管触发电路。它由 VT_1、VT_2 构成的脉冲放大环节和脉冲变压器（TM）及附属电路构成的脉冲输出环节两部分组成。当 VT_1、VT_2 导通时，通过脉冲变压器向晶闸管的门极和阴极之间输出触发脉冲。VD_1 和 R_3 是为了 VT_1、VT_2 由导通变为截止时脉冲变压器（TM）释放其储存的能量而设的。为了获得触发脉冲波形中的强脉冲部分，还需适当附加其他电路环节。

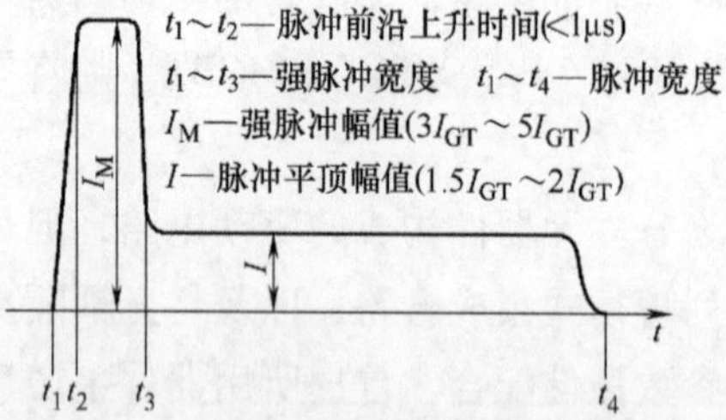

图 5-23　晶闸管理想的触发脉冲电流波形

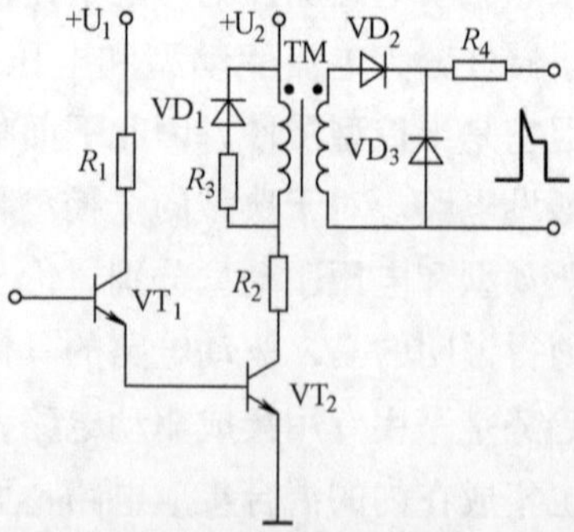

图 5-24　常见的晶闸管触发电路

2. 全控型器件的驱动电路

(1) 电流驱动型器件的驱动电路

GTO 和 BJT 是电流驱动型器件。GTO 的开通控制与普通晶闸管类似，但对触发前沿的幅值和陡度的要求高，且一般需要在整个导通期间施加正门极电流。使 GTO 关断需施加负门极电流，对其幅值和陡度的要求更高，幅值需达阳极电流的 1/3 左右，陡度需达 50A/μs，强负脉冲宽度约 30μs，负脉冲总宽约 10μs，关断后还应在门阴极施加约 5V 的负偏压，以提高抗干扰能力。推荐的 GTO 门极电压电流波形如图 5-25 所示。

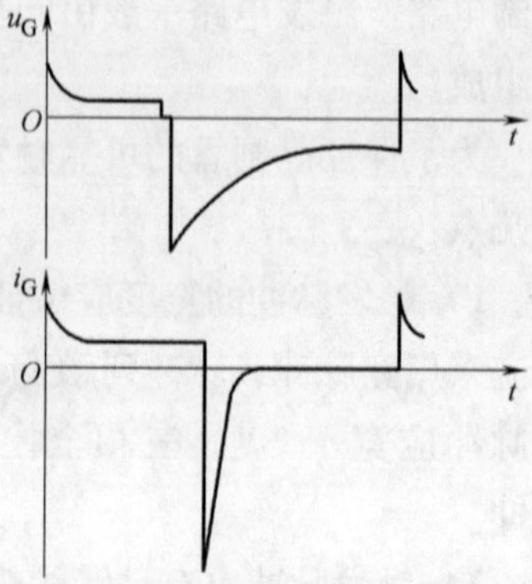

图 5-25　推荐的 GTO 门极电压电流波形

GTO 一般用于大容量电路的场合，其驱动电路通常包括开通驱动电路、关断驱动电路和门极反偏电路三部分，可分为脉冲变压器耦合式和直接耦合式两种类型。直接耦合式驱动电路可避免电路内部的相互干扰和寄生振荡，可得到较陡的脉冲前沿，因此目前应用较广，但其功耗大，效率较低。图 5-26所示为典型的直接耦合式 GTO 驱动电路。该电路的电源由高频电源经二极管整流后提供，二极管 VD_1 和电容 C_1 提供 5V 电压；VD_2、VD_3、C_2、C_3 构成倍压整流电路，提供 15V 电压；VD_4 和电容 C_4 提供 -15V 电压。场效应晶体管 VF_1 开通时，输出正强脉冲；VF_2 开通时，

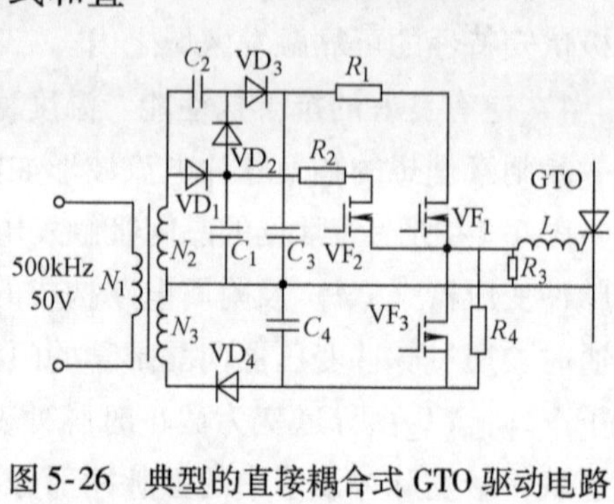

图 5-26　典型的直接耦合式 GTO 驱动电路

输出正脉冲平顶部分；VF_2关断而VF_3开通时输出负脉冲；VF_3关断后电阻R_3和R_4提供门极负偏压。

使GTR开通的基极驱动电流应使其处于准饱和导通状态，使之不进入放大区和深饱和区。关断GTR时，施加一定的负基极电流有利于减小关断时间和关断损耗，关断后同样应在基射极之间施加一定幅值（6V左右）的负偏压。GTR驱动电流的前沿上升时间应小于1μs，以保证它能快速开通和关断。理想的GTR基极驱动电流波形如图5-27所示。

图5-28所示为GTR的一种驱动电路，包括电气隔离和晶体管放大电路两部分。其中二极管VD_2和电位补偿二极管VD_3构成所谓的贝克钳位电路，也就是一种抗饱和电路，可使GTR导通时处于临界饱和状态。当负载较轻时，如果VT_5的发射极电流全部注入VT，会使VT过饱和，关断时退饱和时间延长。有了贝克钳位电路之后，当VT过饱和使得集电极电位低于基极电位时，VD_2就会自动导通，使多余的驱动电流流入集电极，维持$U_{bc}\approx 0$。这样，就使得VT导通时始终处于临界饱和。图中，C_2为加速开通过程的电容。开通时，R_5被C_2短路，这样可以实现驱动电流的过冲，并增加前沿的陡度，加快开通。

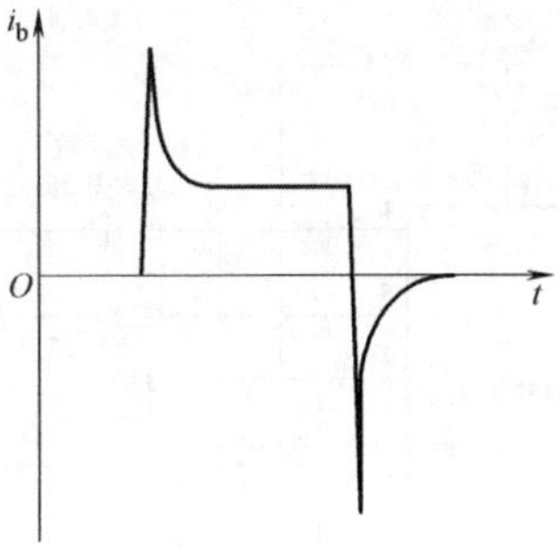

图5-27 理想的GTR基极驱动电流波形

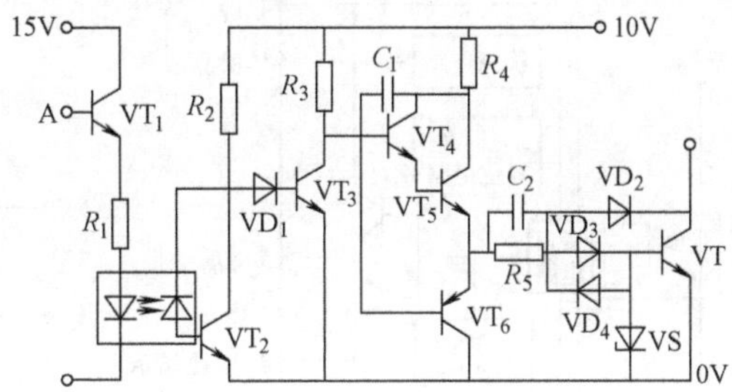

图5-28 GTR的一种驱动电路

驱动GTR的集成驱动电路中，THOMSON公司的UAA4002和三菱公司的M57215BL较为常见。

（2）电压驱动型器件的驱动电路

P-MOSFET和IGBT是电压驱动型器件。P-MOSFET的栅源极之间和IGBT的栅射极之间都有数千皮法的极间电容，为快速建立驱动电压，要求驱动电路具有较小的输出电阻。使P-MOSFET开通的栅源极间驱动电压一般取10～15V，使IGBT开通的栅射极间驱动电压一般取15～20V。同样，关断时施加一定幅值的负驱动电压（一般取－15～－5V）有利于减小关断时间和关断损耗。在栅极串入一只低值电阻（数十欧）可以减小寄生振荡，该电阻阻值应随被驱动器件电流额定值的增大而减小。

图 5-29 所示为 P-MOSFET 的一种驱动电路，它也包括电气隔离和晶体管放大电路两部分。当无输入信号时，高速放大器 A 输出负电平，VT_3导通输出负驱动电压。当有输入信号时，A 输出正电平，VT_2导通输出正驱动电压。

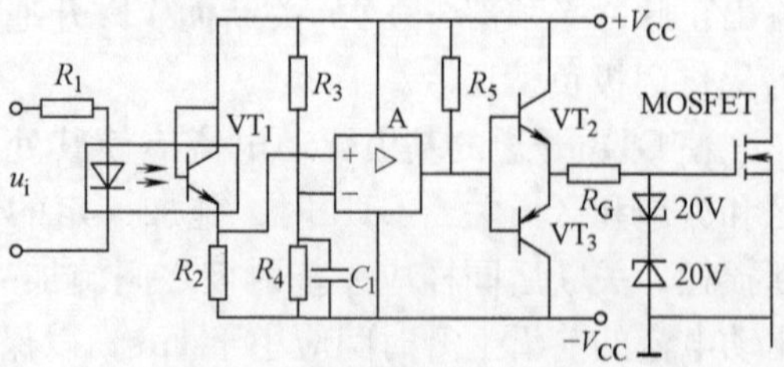

图 5-29　P-MOSFET 的一种驱动电路

IGBT 的驱动多采用专用的混合集成驱动器。常用的有三菱公司的 M579 系列（如 M57962L 和 M57959L）和富士公司的 EXB 系列（如 EXB840、EXB841、EXB850 和 EXB851）。同一系列不同型号的引脚和接线基本相同，只是适用被驱动器件的容量和开关频率以及输入电流幅值等参数有所不同。图 5-30 所示为 M57962L 型 IGBT 驱动器的原理和接线图。这些混合驱动器内部都具有退饱和检测和保护环节，当发生过电流时能快速响应但慢速关断 IGBT，并向外部电路给出故障信号。M57962L 输出的正驱动电压均为 15V 左右，负驱动电压为 -10V。

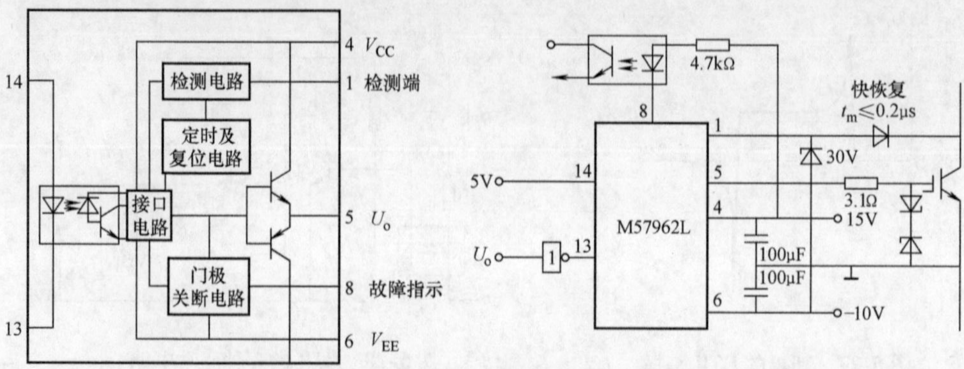

图 5-30　M57962L 型 IGBT 驱动器的原理和接线图

至今，国外许多生产厂家已经生产出各类电力电子器件的各种驱动器，尽管其具体电路的基本原理相差不大，但品种繁多，而且还在不断推出新的品种。

二、电力电子器件的保护

在电力电子变换系统中，除了选择合适的电力电子器件及其驱动电路外，采用合适的过电压保护、过电流保护、du/dt 保护和 di/dt 保护也是非常必要的。

1. 过电压的产生及过电压保护

电力电子装置可能出现的过电压主要包括外因过电压和内因过电压。外因过电压主要来自雷击和系统中的操作过程（如分闸、合闸等），而内因过电压主要来自电力电子装置内部器件的开关过程。

（1）换相过电压

晶闸管或与全控型器件反并联的二极管在换相结束后不能立刻恢复阻断，因而有较大的反向电流流过，当恢复了阻断能力时，该反向电流急剧减小，会由线路电感在器件两端感应出过电压。

（2）关断过电压

全控型器件关断时，正向电流迅速降低而由线路电感在器件两端感应出的过电压。

图5-31所示为晶闸管变流装置过电压保护措施及其配置位置，各电力电子装置可视具体情况只采用其中的几种。其中主电路和整流式阻容保护为抑制内因过电压的措施，其功能已属缓冲电路的范畴。在抑制外因过电压的措施中，采用 *RC* 过电压抑制电路最为常见，其典型连接方式如图5-32所示。

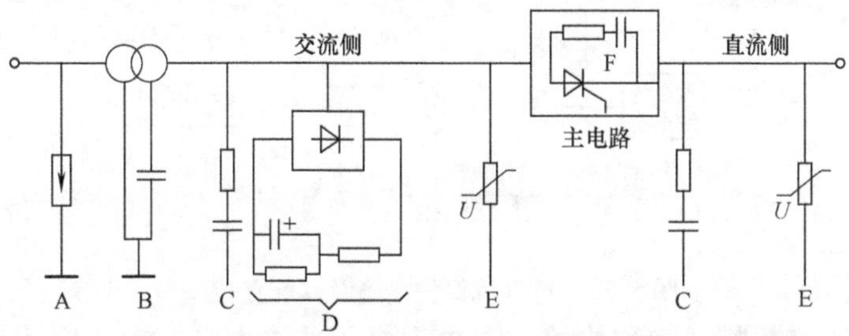

图5-31 晶闸管变流装置过电压保护主要措施及配置位置

A—避雷器 B—接地电容 C—阻容保护 D—整流式阻容保护

E—压敏电阻保护 F—器件侧阻容保护

RC 过电压抑制电路可接于供电变压器的两侧（供电网一侧称网侧，电力电子电路一侧称阀侧），或电力电子电路的直流侧。对大容量的电力电子装置，可采用反向阻断式 *RC* 电路。有关保护电路的参数计算可参考相关工程手册。采用雪崩二极管、金属氧化物压敏电阻、硒堆和转折二极管（BOD）等非线性元器件限制或吸收过电压也是较常用的措施。虽然硒堆较阻容体积大，成本高，但它有较大的吸收过电压的能力，因此较广泛地用于容量较大的电路。金属氧化物压敏电阻的体积小，伏安特性

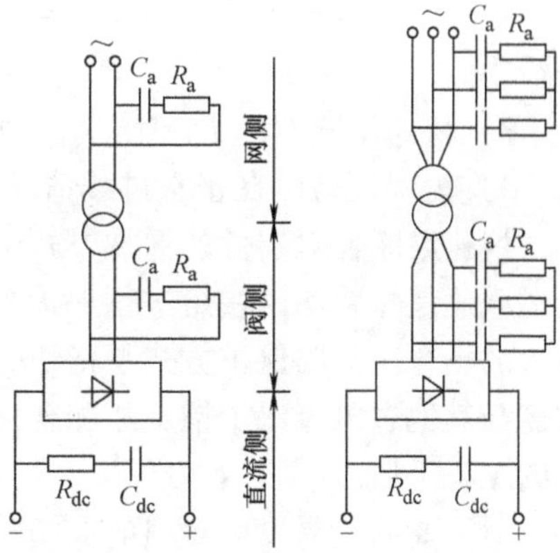

图5-32 *RC* 过电压抑制电路连接方式

很陡，它对浪涌过电压抑制能力很强，反应也快，是一种比较好的过电压保护元器件，可以取代硒堆。

2. 过电流保护

电力电子电路运行不正常或者发生故障时，可能会发生过电流。过电流分过载和短路两种情况。图5-33所示的是过电流保护措施及其配置位置，其中采用的快速熔断器、直流快速断路器和过电流继电器是较为常用的措施。一般电力电子装置均同时采用几种过电流保护措施，以提高保护的可靠性和合理性。在选择保护措施时应注意相互协调。通常，电子电路作为第一保护措施，快速熔断器仅作为短路时的部分区段的保护，直流快速断路器整定在电子电路动作之后实现保护，过电流继电器整定在过载时动作。

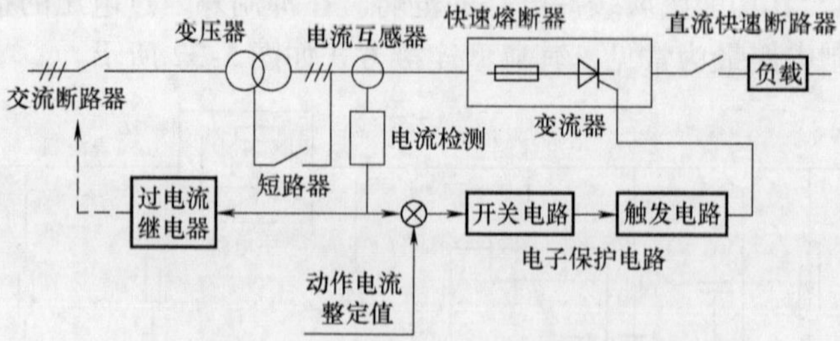

图5-33　过电流保护措施及其配置位置

采用快速熔断器（简称快熔）是电力电子装置中最有效、应用最广的一种过电流保护措施。在选择快速熔断器时应考虑如下问题：

1）电压等级根据熔断后快熔实际承受的电压确定。

2）电流容量按其在主电路中的接入方式和主电路联结形式确定。快速熔断器一般与电力半导体器件串联，在小容量装置中也可串接于阀侧交流母线或直流母线中。

3）快速熔断器的I^2t值应小于被保护器件的允许I^2t值。

4）为保证熔体在正常过载情况下不熔化，应考虑其时间-电流特性。

快速熔断器对器件的保护方式可分为全保护和短路保护两种。全保护是指不论过载还是短路均由快熔进行保护，此方式只适用于小功率装置或器件使用裕度较大的场合。短路保护方式是指快熔只在短路电流较大的区域起保护作用，此方式需与其他过电流保护措施相配合使用。快熔电流容量的具体选择方法可参考相关的工程手册。

对重要的且易发生短路的晶闸管设备，或者工作频率较高、难以快熔保护的全控型器件，需采用电子电路进行过电流保护。除了对电机起动的冲击电流等变化较慢的过电流可以利用控制系统本身调节器对电流的限制作用之外，还需指定专门的过电流保护电子电路，检测到过电流之后直接调节触发或驱动电路，或者关断被保护器件。此外，常在全控型器件的驱动电路中设置过电流保护环节，它对器件过电流的响应是最快的。

3. 缓冲电路

缓冲电路（Snubber Circuit），又称为吸收电路，其作用是抑制电力电子器件的内因过电压、du/dt，或者过电流、di/dt，减小器件的开关损耗。缓冲电路可分为关断缓冲电路和开通缓冲电路。关断缓冲电路又称为du/dt抑制电路，用于吸收器件的关断过电压和换相过电压，抑制du/dt，减小器件的关断损耗。开通缓冲电路又称为di/dt抑制电路，用于抑制器件开通时的电流过冲和di/dt，减小器件的开通损耗。可将关断缓冲电路和开通缓冲电路结合在一起，形成复合缓冲电路。还可以用另外的分类方法：缓冲电路中储能元器件的能量如果消耗在其吸收电阻上，则称其为耗能式缓冲电路；如果缓冲电路能将其储能元器件的能来回馈给负载或电源，则称其为馈能式缓冲电路或无损吸收电路。

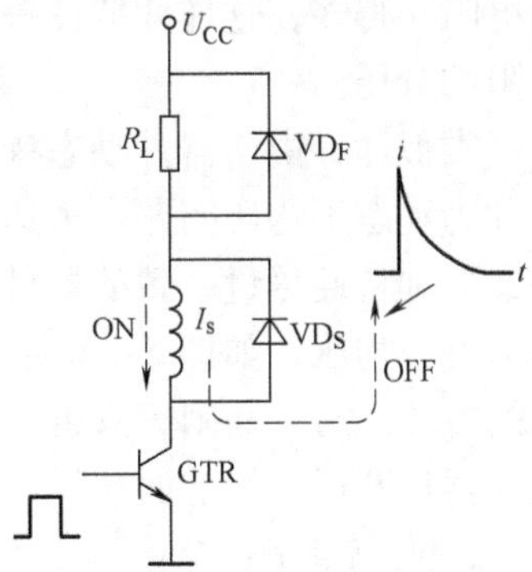

图 5-34　一种开通缓冲电路

缓冲电路通常专指关断缓冲电路，而将开通缓冲电路叫作di/dt抑制电路，图5-34所示为一种开通缓冲电路。

三、电力电子器件的串联和并联使用

对于较大型的电力电子装置，当单个电力电子器件的电压或电流定额不能满足要求时，往往需要将电力电子器件串联或并联起来工作，或者将电力电子装置串联或并联起来工作。本节先以晶闸管为例简要介绍电力电子器件串、并联应用时应注意的问题和处理措施，然后概要介绍应用较多的P-MOSFET并联以及IGBT并联的一些特点。

1. 晶闸管的串联

当晶闸管额定电压小于实际要求时，可以用两个以上同型号器件相串联。理想的串联希望各器件承受的电压相等，但实际上因器件特性之间的差异，一般都会存在电压分配不均匀的问题。

串联的器件流过的漏电流总是相同的，但由于静态伏安特性的分散性，各器件所承受的电压是不等的。两个晶闸管串联时，在同一漏电流下所承受的正向电压是不同的。若外加电压继续升高，则承受电压高的器件将首先达到转折电压而导通，使另一个器件承担全部电压也导通，两个器件都失去控制作用。同理，反向时，因伏安特性不同而承受不同电压，可能使其中一个器件先反向击穿，另一个随之击穿。这种由于器件静态特性不同而造成的不均压问题称为静态不均压问题。

为达到静态均压，首先应选用参数和特性尽量一致的器件，此外，还可以采用电阻均压，如图5-35所示的R_P就是用来均压的电阻。R_P的阻值应比任何一个器件阻断时的正、反向电阻小得多，这样才能使每个晶闸管分担的电压决定于均压电阻的分压。

类似地，由于器件动态参数和特性的差异造成的不均压问题称为动态不均压问题。为达到动态均压，同样首先应选择动态参数和特性尽量一致的器件，另外，还可以用RC并联支路作为动态均压，如图5-35所示，也可采用变压器二次绕组分组的方法。对于晶闸管来讲，采用门极强脉冲触发可以显著地减小器件开通时间上的差异。

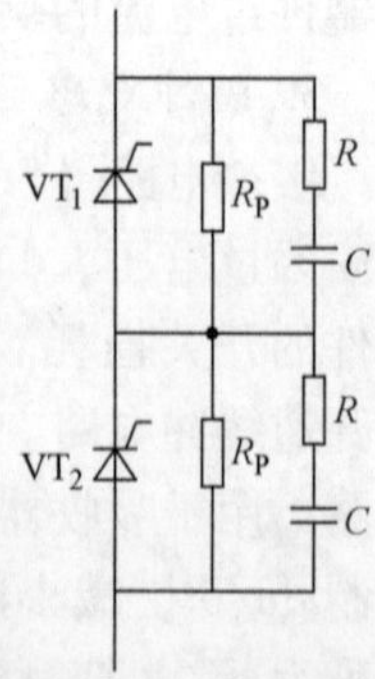

图5-35　晶闸管串联运行均压措施

2. 晶闸管的并联

大功率晶闸管装置中，常用多个器件并联来承担较大的电流。当晶闸管并联时，会分别因静态和动态特性参数的差异而导致电流分配不均匀的问题。均流不佳，有的器件电流不足，有的器件电流过载，这就会阻碍提高整个装置的输出，甚至造成器件和装置的损坏。为了避免电流不均的现象发生，需采取均流措施。均流的首要措施是挑选特性参数尽量一致的器件，此外，还可以采用以下的均流措施：

1）串电阻均流，如图5-36a所示。这个方法虽然比较简单，但是在电阻上要耗损功率，而且对于动态电阻均流不起作用，故只适用于小功率的场合。

2）串电抗器均流，如图5-36b所示。它对于稳态与动态都有均流作用。

3）变压器分组均流，如图5-36c所示。利用变压器二次绕组的阻抗相等来获得均流。这个方法也同时具有稳态与动态均流效果，适用于有变压器供电的情况。

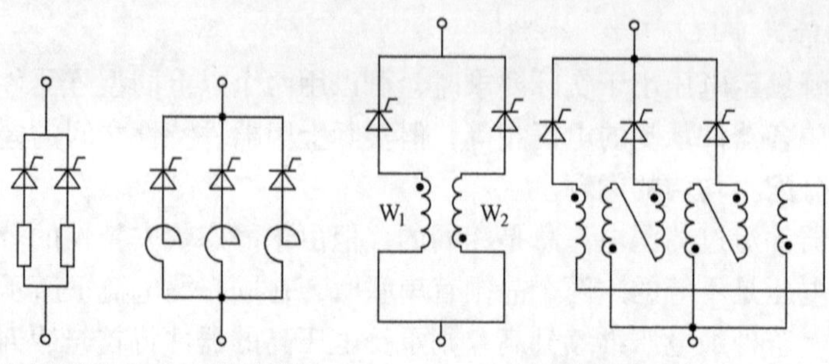

a) 串电阻均流　b) 串电抗器均流　c) 变压器分组均流

图5-36　晶闸管并联运行均流措施

同样，采用门极强脉冲触发也有助于动态均流。

当需要同时串联和并联晶闸管时，通常采用先串联后并联的方法。

3. P-MOSFET 和 IGBT 并联运行的特点

P-MOSFET 的通态电阻 R_{on} 具有正的温度系数（温度升高时，通态电阻加大），并联使用时具有电流自动均衡的能力，因而并联使用比较容易。但也要注意选用与通态电阻 R_{on}、开启电压 U_T、跨导 G_{fs} 和输入电容 C_{iss} 尽量相近的器件，电路走线和布局应尽量做到对称。为了更好地动态均流，有时可在源极电路中串入小电感，起到均流电抗器的作用。

IGBT 在 50% 的额定电流以下时，其等效通态电阻（或通态压降）具有负的温度系数，但在电流较大时其电阻则具有正的温度系数，因而 IGBT 在并联使用时也具有电流的自动均衡能力，与 P-MOSFET 类似，易于并联使用。当然，实际并联时，在器件参数选择、电路布局和走线等方面也应尽量一致。

最后还必须指出，开关器件并联工作时，为了使开通、关断动态过程中能均压、均流，开关器件的开通/关断的驱动电压、电流波形应尽量一致或匹配。

第三节　整 流 电 路

许多电驱动系统的功率输入来自于恒电压、恒频率电源，而其输出必须向电动机提供变压及变频功率。一般来说，这样的系统按两个阶段来转换功率：输入交流首先被整流为直流，然后将直流转换为所期望的交流输出波形。下面先讨论整流电路，然后在第四节讨论逆变器（逆变器将直流转换为交流）。

一、单相半波可控整流电路

单相半波可控整流电路实际应用较少，但它电路简单，调整容易，且便于理解可控整流的原理，所以从它开始进行分析。

（一）具有电阻性负载的单相半波可控整流电路

单相半波可控整流电路的主电路，如图 5-37a 所示。设图中变压器二次电压为 u_2，负载 R_L 为电阻性负载，则其工作原理分析如下：

1. 工作原理

若晶闸管的门极上未加正向触发电压，那么根据晶闸管的导通条件，不论正弦交流电压 u_2 是正半周还是负半周，晶闸管都不会导通。这时，负载端电压 $U_0=0$、负载电流 $I_0=0$，因而电源的全部电压都由晶闸管承受，即 $U_T=U_2$。

当 u_2 由零进入正半周，设 a 点电位高于 b 点电位，晶闸管承受正向电压，如果在 $\omega t=\alpha$ 时，如图 5-37b 所示，在门极加上适当的触发脉冲电压，晶闸管将立即导通。电路中电流流向为 a→VT→R_L→b。晶闸管导通后，其管压降约为

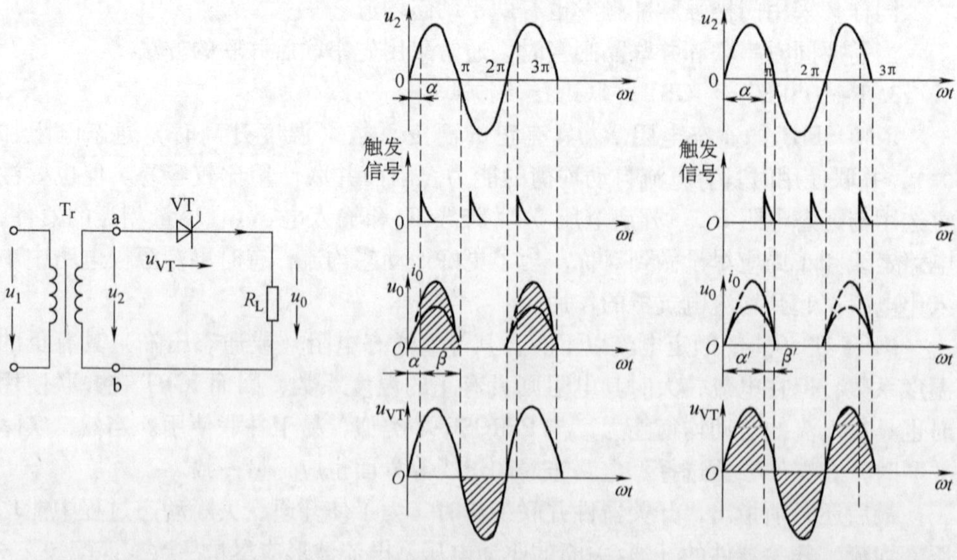

a) 单相半波可控整流电路的主电路　　b) 导通角较小时电压电流波形　　c) 导通角较大时电压电流波形

图5-37　带电阻负载的单相半波可控整流电路及其工作波形

1V，若忽略此管压降，则电源电压全部加在负载 R_L 上，即 $U_0 = U_2$，这样负载电流 $i_0 = u_0/R_L$。此后，尽管触发电压随即消失，晶闸管仍然继续导通，直到电源电压 u_2 从正半周转入负半周过零的时候，晶闸管才自行关断。

当 u_2 在负半周时，因为晶闸管承受的是反向电压，所以即使门极上加触发电压，晶闸管也不会导通。这时，负载电压、电流都为零，晶闸管承受 u_2 的全部电压。在以后各个周期，均重复上述过程。

从整流电路的工作波形图看，u_2、i_0 均是一个不完整的半波整流波形（阴影部分）。在晶闸管承受正向电压的半周内，加上触发脉冲电压，使晶闸管开始导通的相位角 α 称为触发延迟角，而晶闸管从开始导通到关断所经历的电角度 θ 称为导通角，故 $\theta = \pi - \alpha$。显然，α 的大小是由加上触发脉冲的时刻来控制的。改变 α 的大小称为移相。α 的变化范围称为移相范围。因此，改变 α 就可以方便地获得可调节的整流电压和电流。比较图5-37a与图5-37b，可知触发延迟角 α 越小，则输出电压、电流的平均值越大。

2. 负载电压和电流

单相半波可控整流电路的负载电压和电流的平均值，可以用触发延迟角 α 为变量的函数来表示。由图5-37可知，负载电压 u_0 是正弦半波电压的一部分，一个周期的平均值为

$$U_0 = \frac{1}{2\pi}\int_{\alpha}^{\pi}\sqrt{2}U_2\sin\omega t\mathrm{d}(\omega t) = \frac{\sqrt{2}}{2\pi}U_2(1+\cos\alpha) = 0.45\,\frac{1+\cos\alpha}{2}U_2 \quad (5\text{-}2)$$

而负载电流的平均值为

$$I_0=\frac{U_0}{R_L}=0.45\frac{U_2}{R_L}\frac{1+\cos\alpha}{2} \tag{5-3}$$

在单相半波可控整流电路中，触发脉冲的移相范围为0°~180°。当$\alpha=0°$、$\theta=180°$时，晶闸管在正半周内全导通，输出电压平均值最高，其值为$U_0=0.45U_2$；当$\alpha=180°$、$\theta=0°$时，晶闸管全关断，输出电压、电流都为零。可见，输出电压的可控范围为$0\sim0.45U_2$。

3. 晶闸管的电压和电流

在单相半波可控整流电路中，晶闸管在工作时承受的最大反向电压和可能承受的最大正向电压都等于交流电源电压u_2的最大值（$\sqrt{2}u_2$），即$U_M=\sqrt{2}U_2$。通过晶闸管的电流i_T和流经负载的电流i_0相等，即

$$I_T=I_0$$

（二）具有电感性负载的单相半波可控整流电路

上面所介绍的是具有电阻性负载的单相半波可控整流电路，实际上有很多负载是电感性负载，如直流电动机的绕组、电磁离合器的线圈、电磁铁等，它们既含有电阻又含有电感，且电感量较大。

图5-38a所示为具有电感性负载的单相半波可控整流电路。为了便于分析，图中把电感性负载等效为由电感L和电阻R串联的电路。

由于电磁感应作用，当通过电感L的电流发生变化时，在电感中产生阻碍电流变化的感应电动势，将使电流的变化总是滞后于外加电压的变化。因此，可控整流电路带有电感性负载时，其工作情况与电阻性负载不同。现对照图5-38b所示的电压和电流波形，分析该电路的工作情况。

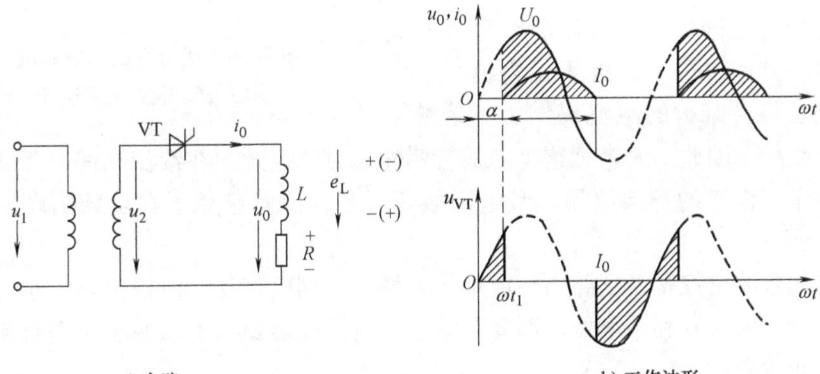

a) 电路　　b) 工作波形

图5-38　带电感性负载的单相半波可控整流电路及其工作波形

当变压器二次电压u_2为正半周时，晶闸管在门极未加触发脉冲之前，处于

正向阻断状态，这时，负载电压 $u_0=0$，晶闸管承受正向电压，$u_T=u_2$。在 $\alpha=\omega t$ 时刻，门极加上触发脉冲电压，晶闸管即刻导通，其管压降迅速下降到接近于零，而负载的端电压则立即从零突变到接近于 u_2，即 $u_0=u_2$。这时，流过负载的电流又将如何变化呢？由于电感中的反电动势 e_L 的阻碍作用（这时，e_L 的极性为上“-”下“+”），负载电路 i_0 不可能突变，而只能逐渐变大，所以在 u_0 达到最大值后又逐渐减小时，i_0 却继续增大，但增大速度变缓。当 i_0 开始变小时，电感中的感应电动势将随着 i_0 的下降而变换其极性（这时，e_L 的极性为上“+”下“-”），它的方向与电流方向一致，阻碍 i_0 的减小。因此，在 u_2 经过零值变为负值的一段时间内，由于电感中的自感电动势 e_L 仍为正值，且大于 u_2，所以晶闸管继续承受正向电压（e_L-u_2）>0 而维持导通，只要电流 I_0 不小于维持电流 I_H，晶闸管就不会关断。因此，在这段时间内，负载的端电压 u_0 仍等于 u_2（忽略管压降），却为负值。当电流下降到维持电流 I_H 以下时，晶闸管自行关断，并且开始承受反向电压，负载的端电压 u_0 才等于零。

综上可见，单相半波可控整流电路具有电感性负载时，晶闸管的导通角 θ 将大于 $\pi-\alpha$。在 α 一定的条件下，若负载的电感越大，则导通角也越大，晶闸管延迟关断的时间就长。这样，在一个周期中，负载端的负电压所占比重便越大，输出电压的平均值也就越小。因此，可控整流电路具有电感性很强的负载时，必须采取适当措施以避免负载上出现负电压。

为了便于解决上述问题，可以在电感性负载的两端并联一个二极管，其阴极与晶闸管的阴极相对，如图5-39所示。这样在变压器二次电压 u_2 由正经过零变负时，二极管随即导通，一方面 u_2 通过二极管给晶闸管加上反向电压，促使晶闸管及时关断；另一方面，这个二极管又为负载上由自感电动势所维持的电流提供了一条继续流通的路径。因此，通常把这个二极管叫作续流二极管。在续流期间，负载的端电压等于二极管的正向电压，其值近似等于零，因此避免了在负载两端出现负电压。

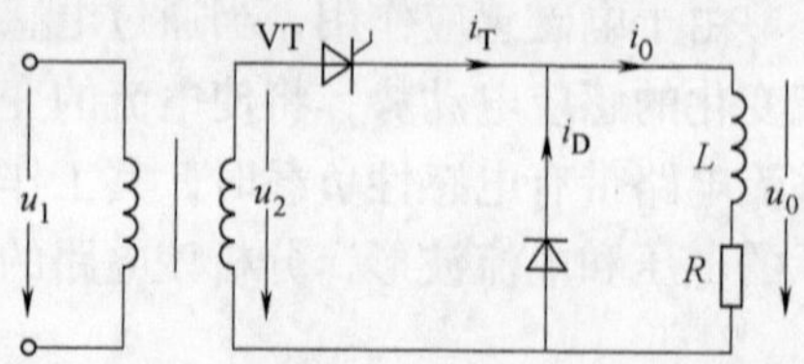

图5-39　接有续流二极管的感性负载可控整流电路

单相半波可控整流电路结构简单，器件少，调整容易，但输出电压小且脉动程度很大，变压器利用率低，因此，除了对电压波形要求不高的小功率整流设备外，已较少采用。

（三）单相桥式可控整流电路

1. 单相桥式半控整流电路

在单相桥式全控整流电路中，每一个导电回路有两个晶闸管，即用两个晶闸管同时导通以控制导电的回路。实际上为了对每个导电回路进行控制，只需一个晶闸管就可以了，另一个晶闸管可以用二极管代替，从而简化整个电路。图5-40a所示为单相桥式半控整流电路（先不考虑VD_R）。

半控电路与全控电路在电阻负载时的工作情况相同，这里无需讨论。以下针对电感负载进行讨论。

与全控桥时相似，假设负载中电感很大，且电路已工作于稳态。在u_2正半周，触发延迟角α处给晶闸管VT_1加触发脉冲，u_2经VT_1和VD_4向负载供电。u_2过零变负时，因电感作用使电流连续，VT_1继续导通。但因a点电位低于b点电位，使得电流从VD_4转移至VD_2，VD_4关断，电流不再流经变压器二次绕组，而是由VT_1和VD_2续流。此阶段，忽略器件的通态压降，则$u_d=0$，不像全控桥电路那样出现u_d为负的情况。

在u_2负半周触发延迟角α时刻触发VT_3，VT_3导通，则向VT_1加反压使之关断，u_2经VT_3和VD_2向负载供电。u_2过零变正时，VD_4导通，VD_2关断，VT_3和VD_4续流，u_d又为零。此后重复以上过程。

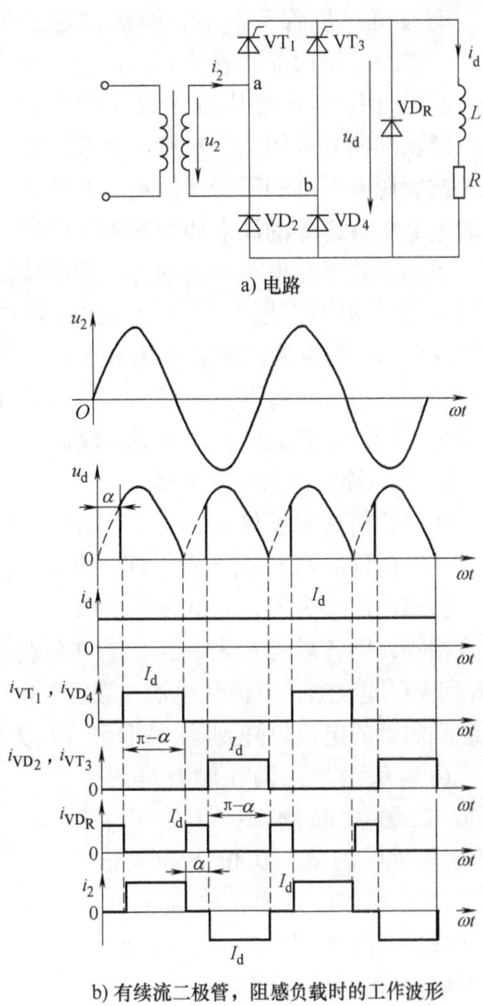

图5-40　单相桥式半控整流电路及工作波形

该电路实用中需加设续流二极管VD_R，以避免可能发生的失控现象。实际运行中，若无续流二极管，则当α突然增大至180°或触发脉冲丢失时，由于电感储能不经变压器二次绕组释放，只是消耗在负载电阻上，会发生一个晶闸管持续导通而两个二极管轮流导通的情况，这使u_d成为正弦半波，即半周期u_d为正弦，另外半周期u_d为零，其平均值保持恒定，相当于单相半波不可控整流电路时的波形，称为失控。例如，当VT_1导通时切断触发电路，则当u_2变负时，由于电感的作用，负载电流VT_1和VD_2续流；当u_2又为正时，因VT_1是导通的，u_2又经VT_1和VD_4向负载供电，出现失控现象。

有续流二极管 VD_R 时，续流过程由 VD_R 完成，在续流阶段晶闸管关断，这就避免了某一个晶闸管持续导通从而导致失控现象。同时，续流期间导电回路中只有一个管压降，少了一次管压降，有利于降低损耗。有续流二极管时电路中各部分的波形如图 5-40b 所示。

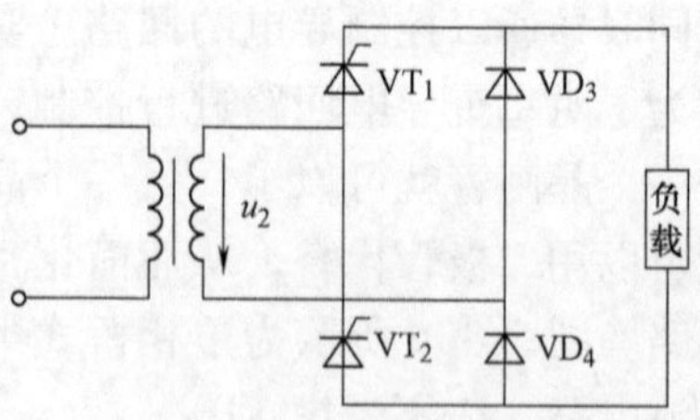

图 5-41　单相桥式半控整流电路的另一种接法

单相桥式半控整流电路的另一种接法如图 5-41 所示，相当于把单相全控桥式整流电路中的 VT_3 和 VT_4 换为二极管 VD_3 和 VD_4，这样可以省去续流二极管 VD_R，续流由 VD_3 和 VD_4 来实现。这种接法的两个晶闸管阴极电位不同，二者的触发电路需要隔离。

2. 单相桥式全控整流电路

在单相桥式全控整流电路中，晶闸管 VT_1 和 VT_4 组成一对桥臂，VT_2 和 VT_3 组成另一对桥臂。在 u_2 正半周（即 a 点电位高于 b 点电位），若 4 个晶闸管均不导通，负载电流 i_d 为零，u_d 也为零，VT_1、VT_4 串联承受电压 u_2，设 VT_1 和 VT_4 的漏电阻相等，则各承受 u_2 的一半。若在触发延迟角 α 处给 VT_1 和 VT_4 加触发脉冲，VT_1 和 VT_4 即导通，电流从电源 a 端经 VT_1、R、VT_4 流回电源 b 端。当 u_2 过零时，流经晶闸管的电流也降到零，VT_1 和 VT_4 关断。

在 u_2 负半周，仍在触发延迟角 α 处触发晶闸管 VT_2、VT_3（VT_2 和 VT_3 的 $\alpha=0$ 位于 $\omega t=\pi$ 处），VT_2 和 VT_3 导通，电流从电源 b 端流出，经 VT_3、R、VT_2 流回电源 a 端。到 u_2 过零时，电流又降为零，VT_2 和 VT_3 关断。此后又是 VT_1 和 VT_4 导通，如此循环地工作下去，整流电压 u_d 和晶闸管 VT_1、VT_4 两端电压波形分别如图5-42b、c 所示。

晶闸管承受的最大正向电压和反向电压分别为 $\frac{\sqrt{2}}{2}U_2$ 和 $\sqrt{2}U_2$。

由于在交流电源的正负半周都有整流输出电流流过负载，故该电路为全波整流。在 u_2 一个周

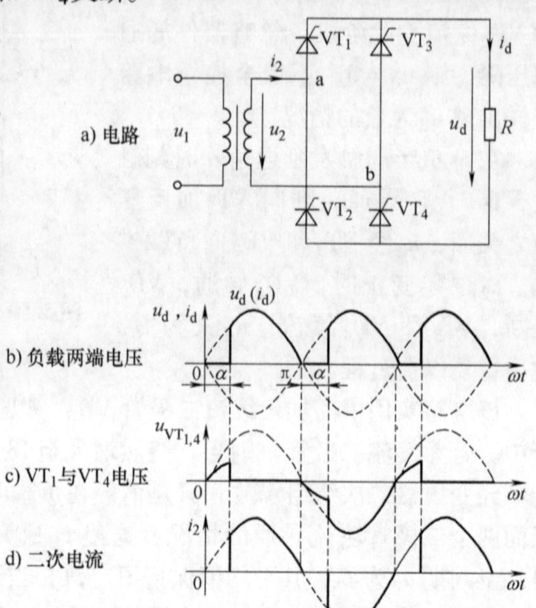

图 5-42　单相桥式全控整流电路带电阻负载时的电路及波形

期内，整流电压波形脉动 2 次，脉动次数多于半波整流电路，该电路属于双脉波整流电路。变压器二次绕组中，正负两个半周电流方向相反且波形对称，平均值为零，即直流分量为零，如图 5-42d 所示，不存在变压器直流磁化问题，变压器绕组的利用率也高。

整流电压平均值为

$$U_d = \frac{1}{\pi}\int_{\alpha}^{\pi}\sqrt{2}U_2\sin\omega t\mathrm{d}(\omega t) = \frac{2\sqrt{2}U_2}{\pi}\frac{1+\cos\alpha}{2} = 0.9U_2\frac{1+\cos\alpha}{2} \tag{5-4}$$

当 $\alpha = 0°$时，$U_d = U_{d0} = 0.9U_2$；当 $\alpha = 180°$时，$U_d = 0$。可见，α 角的移相范围为 0°~180°。

向负载输出的直流电流平均值为

$$I_d = \frac{U_d}{R} = \frac{2\sqrt{2}U_2}{\pi R}\frac{1+\cos\alpha}{2} = 0.9\frac{U_2(1+\cos\alpha)}{2R} \tag{5-5}$$

晶闸管 VT_1、VT_4 和 VT_2、VT_3 轮流导电，流过晶闸管的电流平均值只有输出直流电流的一半，即

$$I_{dVT} = \frac{I_d}{2} = 0.45\frac{U_2(1+\cos\alpha)}{2R} \tag{5-6}$$

为选择晶闸管、变压器容量、导线截面积等定额，需考虑发热问题，为此需计算电流有效值。流过晶闸管的电流有效值为

$$I_{VT} = \sqrt{\frac{1}{2\pi}\int_{\alpha}^{\pi}\left(\frac{\sqrt{2}U_2}{R}\sin\omega t\right)^2\mathrm{d}(\omega t)} = \frac{U_2}{\sqrt{2}R}\sqrt{\frac{1}{2\pi}\sin 2\alpha + \frac{\pi-\alpha}{\pi}} \tag{5-7}$$

变压器二次电流有效值 I_2与输出直流电流有效值 I 相等，为

$$I = I_2 = \sqrt{\frac{1}{\pi}\int_{\alpha}^{\pi}\left(\frac{\sqrt{2}U_2}{R}\sin\omega t\right)^2\mathrm{d}(\omega t)} = \frac{U_2}{R}\sqrt{\frac{1}{2\pi}\sin 2\alpha + \frac{\pi-\alpha}{\pi}} \tag{5-8}$$

由式（5-7）和式（5-8）可知

$$I_{VT} = \frac{1}{\sqrt{2}}I \tag{5-9}$$

不考虑变压器的损耗时，要求变压器的容量为

$$S = U_2 I_2$$

3. 带阻感负载的单相桥式全控整流电路

电路如图 5-43a 所示。为便于讨论，假设电路已工作于稳态。

（1）工作原理

在 u_2 正半周期，触发延迟角 α 处给晶闸管 VT_1和 VT_4加触发脉冲使其开通，$u_d = u_2$，负载中有电感存在使负载电流不能突变，电感对负载电流起平波作用。假设负载电感很大，负载电流 i_d 连续且波形近似为一水平线，其波形如图 5-44b

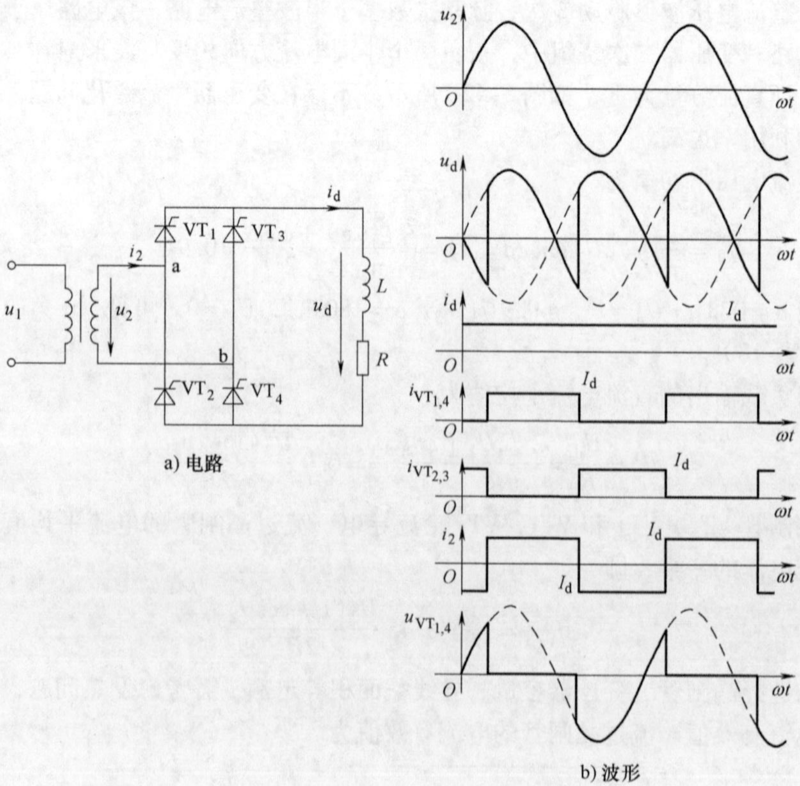

图 5-43　单相桥式全控整流电路带阻感负载时的电路及波形

所示。u_2 过零变负时，由于电感的作用晶闸管 VT_1 和 VT_4 中仍流过电流 i_d 并不关断。至 $\omega t=\pi+\alpha$ 时刻，给 VT_2 和 VT_3 加触发脉冲，因 VT_2 和 VT_3 本已承受正电压，故两管导通。VT_2 和 VT_3 导通后，u_2 通过 VT_2 和 VT_3 分别向 VT_1 和 VT_4 施加反压使 VT_1 和 VT_4 关断，流过 VT_1 和 VT_4 的电流迅速转移到 VT_2 和 VT_3 上，此过程称为换相，也称换流。至下一周期重复上述过程，如此循环下去。

（2）负载电压和电流

u_d 波形如图 5-43b 所示，其平均值为

$$U_d=\frac{1}{\pi}\int_{\alpha}^{\alpha+\pi}\sqrt{2}U_2\sin\omega t\mathrm{d}(\omega t)=\frac{2\sqrt{2}}{\pi}U_2\cos\alpha=0.9U_2\cos\alpha \tag{5-10}$$

当 $\alpha=0°$ 时，$U_{d0}=0.9U_2$；当 $\alpha=90°$ 时，$U_d=0$。α 角的移相范围为 $0°\sim90°$。

单相桥式全控整流电路带阻感负载时，晶闸管 VT_1、VT_4 两端的电压波形如图 5-43b 所示，晶闸管承受的最大正反向电压均为 $\sqrt{2}U_2$。

晶闸管导通角 θ 与 α 无关，均为 180°，其电流波形如图 5-43b 所示，平均值和有效值分别为

$$I_{dVT}=\frac{1}{2}I_d$$

$$I_{VT}=\frac{1}{\sqrt{2}}I_d=0.707I_d \tag{5-11}$$

变压器二次电流 i_2 的波形为正负各 180°的矩形波，其相位由 α 决定，有效值 $I_2=I_d$。

4. 带反电动势负载时的单相桥式全控整流电路

当负载为蓄电池、直流电动机的电枢（忽略其中的电感）等时，负载可看成一个直流电压源，对于整流电路，它们就是反电动势负载。单相桥式全控整流电路接反电动势-电阻负载时的电路如图 5-44a 所示，下面着重分析反电动势-电阻负载时的情况。

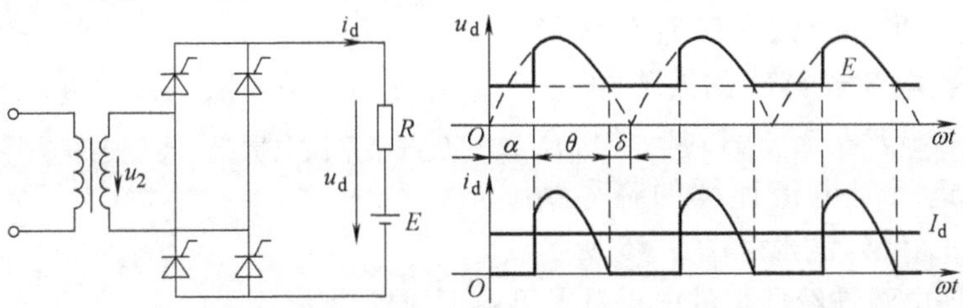

a) 电路　　b) 工作波形

图 5-44　单相桥式全控整流电路接反电动势-电阻负载时的电路及工作波形

当忽略主电路各部分的电感时，只有在 u_2 瞬时值的绝对值大于反电动势即 $|u_2|>E$ 时，才使得晶闸管承受正电压，有导通的可能。晶闸管导通之后，$u_2=u_d$，$i_d=(u_d-E)/R$，直至 $|u_2|=E$，i_d 即降至零使得晶闸管关断，此后 $u_d=E$。与电阻负载时相比，晶闸管提前了电角度 δ 停止导电，u_d 和 i_d 的波形如图5-44b 所示，δ 称为停止导电角。

$$\delta=\arcsin\frac{E}{\sqrt{2}U_2} \tag{5-12}$$

在 α 角相同时，整流输出电压比电阻负载时大。

如图 5-44b 所示，i_d 波形在一周期内有部分时间为 0 的情况，称为电流断续。与此对应，若 i_d 波形不出现为零的情况，则称为电流连续。当 $\alpha<\delta$ 时，触发脉冲到来时，晶闸管承受负电压，不可能导通。为了使晶闸管可靠导通，要求触发脉冲有足够的宽度，保证当 $\omega t=\delta$ 时刻晶闸管开始承受正电压时，触发脉冲仍然存在。这样，相当于触发延迟角被推迟为 δ，即 $\alpha=\delta$。

当负载为直流电动机时，如果出现电流断续则电动机的机械特性将很软。从

图5-44b可看出，导通角θ越小，则电流波形的底部就越窄。电流平均值是与电流波形的面积成比例的，因而为了增大电流平均值，必须增大电流峰值，这要求较多地降低反电动势。因此，当电流继续时，随着I_d的增大，转速n（与反电动势成比例）降落较大，机械特性较软，相当于整流电源的内阻增大。较大的电流峰值在电动机换向时容易产生火花。同时，对于相等的电流平均值，若电流波形底部越窄，则其有效值越大，要求电源的容量也大。

为了克服以上缺点，一般在主电路中直流输出侧串联一个平波电抗器，用来减少电流的脉动和延长晶闸管导通的时间。有了电感，当$u_2 < E$时甚至u_2值变负时，晶闸管仍可导通。只要电感量足够大就能使电流连续，晶闸管每次导通180°，这时整流电压u_d的波形和负载电流i_d的波形与电感负载电流连续时的波形相同，u_d的计算公式亦一样。针对电动机在低速轻载运行时电流连续的临界情况，给出u_d和i_d波形如图5-45所示。

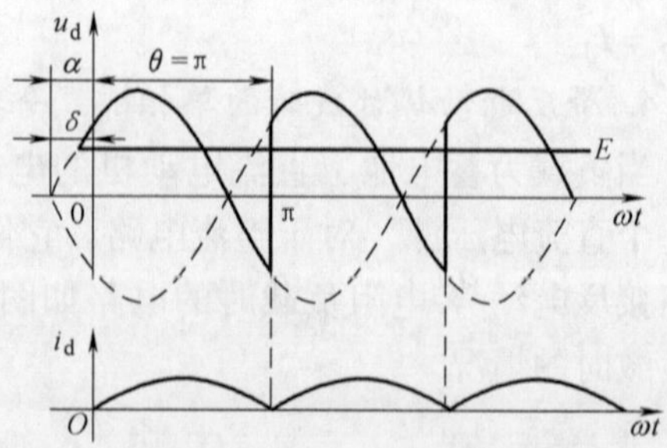

图5-45　单相桥式全控整流电路带反电动势负载串平波电抗器，电流连续临界情况

为保证电流连续所需的电感量L可由下式求出

$$L=\frac{2\sqrt{2}U_2}{\pi\omega I_{dmin}}=2.87\times10^{-3}\frac{U_2}{I_{dmin}} \tag{5-13}$$

式中，ω为工频角速度（rad/s）；L为主电路总电感量(H)。

二、三相半波可控整流电路

1. 电阻负载

（1）工作原理

三相半波可控整流电路如图5-46a所示。为得到中性线，变压器二次侧必须接成星形，而一次侧接成三角形，避免3次谐波电流流入电网。三个晶闸管分别接入a、b、c三相电源，它们的阴极连接在一起，称为共阴极接法，这种接法触发电路有公共端，连线方便。

假设将电路中的晶闸管换作二极管，并用VD表示，该电路就成为三相半波不可控整流电路，下面分析其工作情况。此时，三个二极管对应的相电压中哪一个的值最大，则该相所对应的二极管导通，并使另两相的二极管承受反向电压关断，输出整流电压即为该相的相电压，其波形如图5-46d所示。在一个周期中，器件工作情况如下：在$\omega t_1 \sim \omega t_2$期间，$\alpha$相电压最高，$VD_1$导通，$u_d=u_a$；在

$\omega t_2 \sim \omega t_3$期间，b 相电压最高，$VD_2$导通，$u_d = u_b$；在$\omega t_3 \sim \omega t_4$期间，c 相电压最高，$VD_3$导通，$u_d = u_c$。此后，在下一个周期相当于$\omega t_1$的位置即$\omega t_4$时刻，$VD_1$又导通，重复前一周期的工作情况。如此，一个周期中$VD_1$、$VD_2$、$VD_3$轮流导通，每管各导通120°。$u_d$波形为三个相电压在正半周期的包络线。

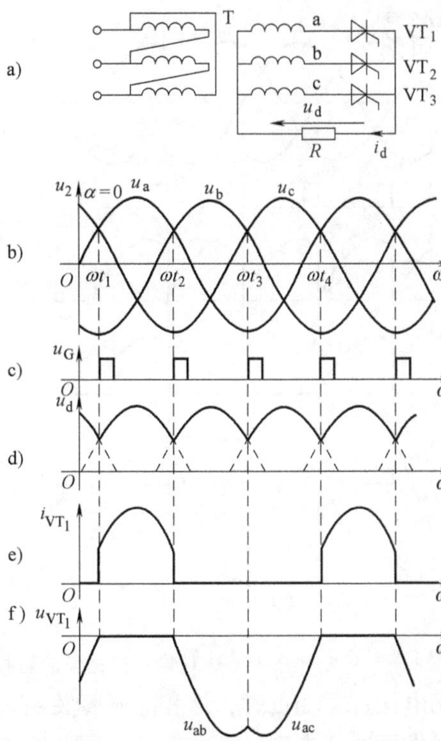

图 5-46 三相半波可控整流电路共阴极接法电阻负载时的电路及$\alpha = 0°$时的波形

在相电压的交点ωt_1、ωt_2、ωt_3处，均出现了二极管换相，即电流由一个二极管向另一个二极管转移，称这些交点为自然换相点。对三相半波可控整流电路而言，自然换相点是各相晶闸管能触发导通的最早时刻，将其作为计算各晶闸管触发延迟角α的起点，即$\alpha = 0°$。要改变触发延迟角，只能是在此基础上增大，即沿时间坐标轴向右移。若在自然换相点处触发相应的晶闸管导通，则电路的工作情况与以上分析的二极管整流工作情况一样。由单相可控整流电路可知，各种单相可控整流电路的自然换相点是变压器二次电压u_2的过零点。

当$\alpha = 0°$时，变压器二次侧 a 相绕组和晶闸管VT_1的电流波形如图 5-46e 所示，另两相电流波形形状相同，相位依次滞后120°，可见变压器二次绕组电流有直流分量。

图 5-46f 是VT_1两端的电压波形，由 3 段组成：第 1 段，VT_1导通期间，为一管压降，可近似为$u_{VT1} = 0$；第 2 段，在VT_1关断后，VT_2导通期间，$u_{VT1} = u_a - u_b = u_{ab}$，为一段线电压；第 3 段，在$VT_3$导通期间，$u_{VT1} = u_a - u_c = u_{ac}$为另一段线电压，即晶闸管电压由一段管压降和两段线电压组成。由图可见，当$\alpha = 0°$时，晶闸管承受的两段线电压均为负值，随着α增大，晶闸管承受的电压中正的部分逐渐增多。其他两管上的电压波形形状相同，相位依次差 120°。

增大α值，将脉冲后移，整流电路的工作情况相应地发生变化。

图 5-47a 是$\alpha = 30°$时的波形。从输出电压、电流的波形可看出，这时负载电流处于连续和断续的临界状态，各相相位依次差 120°。

如果$\alpha > 30°$，如$\alpha = 60°$时，整流电压的波形如图 5-47b 所示，当导通一相

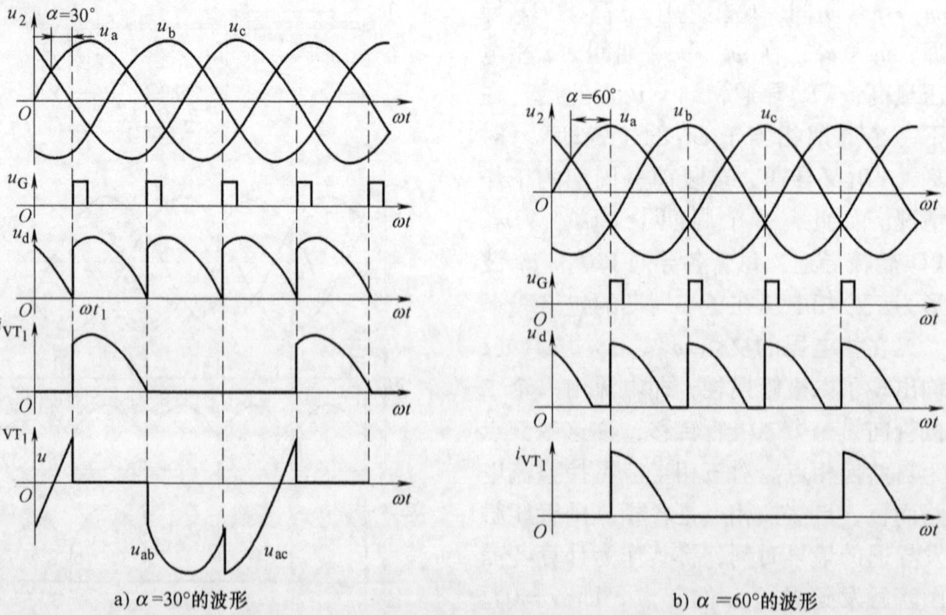

图 5-47　三相半波可控整流电路，电阻负载

的相电压过零变负时，该相晶闸管关断。此时下一相晶闸管虽承受正电压，但它的触发脉冲还未到，不会导通，因此输出电压电流均为零，直到触发脉冲出现为止。在这种情况下，负载电流断续，各晶闸管导通角为90°，小于120°。

若 α 继续增大，整流电压将越来越小，当 $\alpha=150°$ 时，整流输出电压为零。故电阻负载时，α 的移相范围为0°~150°。

（2）负载电压

整流电压平均值的计算分两种情况：

1）当 $\alpha\leqslant30°$ 时，负载电流连续，有

$$U_d=\frac{1}{\frac{2\pi}{3}}\int_{\frac{\pi}{6}+\alpha}^{\frac{5\pi}{6}+\alpha}\sqrt{2}U_2\sin\omega t\mathrm{d}(\omega t)=\frac{3\sqrt{6}}{2\pi}U_2\cos\alpha=1.17U_2\cos\alpha \tag{5-14}$$

当 $\alpha=0°$ 时，U_d 最大，有

$$U_d=U_{d0}=1.17U_2$$

2）当 $\alpha>30°$ 时，负载电流断续，晶闸管导通角减小，此时有

$$U_d=\frac{1}{\frac{2\pi}{3}}\int_{\frac{\pi}{6}+\alpha}^{\pi}\sqrt{2}U_2\sin\omega t\mathrm{d}(\omega t)=\frac{3\sqrt{2}}{2\pi}U_2\left[1+\cos\left(\frac{\pi}{6}+\alpha\right)\right]=0.675U_2\left[1+\cos\left(\frac{\pi}{6}+\alpha\right)\right] \tag{5-15}$$

U_d/U_2 随 α 变化的规律如图5-48中的曲线1所示。

负载电流平均值为

$$I_d=\frac{U_d}{R} \tag{5-16}$$

晶闸管承受的最大反向电压，由图5-46e不难看出为变压器二次线电压峰值，即

$$U_{RM}=\sqrt{2}\times\sqrt{3}U_2=\sqrt{6}U_2=2.45U_2 \tag{5-17}$$

由于晶闸管阴极与零线间的电压即为整流输出电压 u_d，其最小值为零，而晶闸管阳极与阴极间的最大正向电压等于变压器二次相电压的峰值，即

$$U_{FM}=\sqrt{2}U_2 \tag{5-18}$$

2. 感性负载

如果负载为感性负载，且 L 值很大，则如图5-49所示，整流电流 i_d 的波形基本是平直的，流过晶闸管的电流接近矩形波。

当 $\alpha\leqslant30°$ 时，整流电压波形与电阻负载时相同，因为在两种负载情况下，负载电流均连续。

当 $\alpha>30°$ 时，如 $\alpha=60°$ 时，其波形如图5-49所示。当 u_2 过零时，由于电感的存在，阻止电流下降，因而 VT_1 继续导通，直到下一相晶闸管 VT_2 的触发脉冲到来，才发生换流，由 VT_2 导通向负载供电，同时向 VT_1 施加反向电压使其关断。在这种情况下，u_d 波形中出现负的部分，若 α 增大，u_d 波形中负的部分将增多，至 $\alpha=90°$ 时，u_d 波形中正负面积相等，u_d 的平均值为零。可见阻感负载时 α 的移相范围为 0°～90°。

由于负载电流连续，可求出 U_d，即

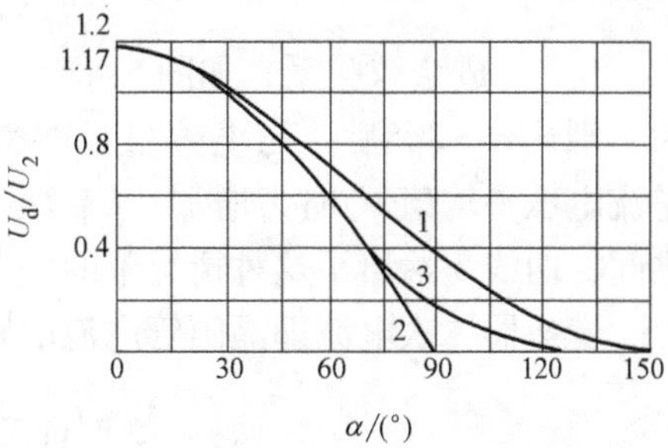

图5-48　三相半波可控整流电路 U_d/U_2 与 α 的关系

1—电阻负载　2—电感负载　3—电阻电感负载

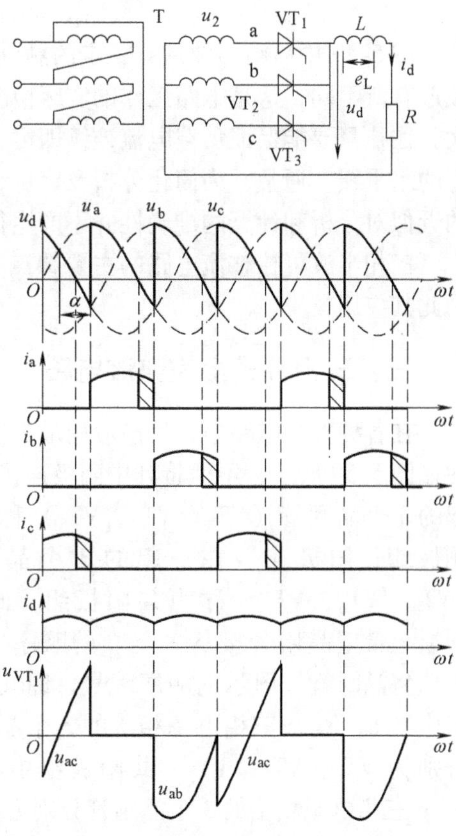

图5-49　三相半波可控整流电路，感性负载时的电路及 $\alpha=60°$ 时的波形

$$U_d = 1.17U_2\cos\alpha \tag{5-19}$$

U_d/U_2成余弦关系，如图 5-48 中的曲线 2 所示。如果负载中的电感量不是很大，则当 $\alpha > 30°$后，与电感量足够大的情况相比较，u_d中负的部分将会减少，整流电压平均值 U_d略为增加，U_d/U_2与 α 的关系将介于图 5-48 中的曲线 1 和 2 之间，曲线 3 给出了这种情况下的一个例子。

变压器二次电流即晶闸管电流的有效值为

$$I_2 = I_{VT} = \frac{1}{\sqrt{3}}I_d = 0.577I_d \tag{5-20}$$

由此可求出晶闸管的额定电流为

$$I_{VT(AT)} = \frac{I_{VT}}{1.57}I_d = 0.368I_d \tag{5-21}$$

晶闸管两端的电压波形如图 5-49 所示，由于负载电流连续，因此晶闸管最大正反向电压峰值均为变压器二次线电压峰值，即

$$U_{FM} = U_{RM} = 2.45U_2 \tag{5-22}$$

图 5-49 中所给 i_d波形有一定的脉动，与分析单相整流电路阻感负载时的 i_d 波形有所不同，这是电路工作的实际情况，因为负载中电感量不可能也不必非常大，往往只要能保证负载电流连续即可，这样 i_d实际上是有波动的，不是完全平直的水平线。通常，为简化分析及定量计算，可以将 i_d近似为一条水平线，这样的近似对分析和计算的准确性并不产生很大的影响。

三相半波可控整流电路的主要缺点在于其变压器二次电流中含有直流分量，为此其应用较少。

三、三相桥式全控整流电路

在各种整流电路中，目前应用最为广泛的是三相桥式全控整流电路，其原理图如图 5-50 所示，习惯将其中阴极连接在一起的 3 个晶闸管（VT_1、VT_3、VT_5）称为共阴极组；阳极连接在一起的 3 个晶闸管（VT_4、VT_6、VT_2）称为共阳极组。此外，习惯上希望晶闸管按从 1 至 6 的顺序导通，为此将晶闸管按图示的顺序编号，即共阴极组中与 a、b、c 三相电源相接的 3 个晶闸管分别为 VT_1、VT_3、VT_5，共阳极组中与 a、b、c 三相电源相接的 3 个晶闸管分别为 VT_4、VT_6、VT_2。从后面的分析可知，按此编号，晶闸管的导通顺序为 VT_1—VT_2—VT_3—VT_4—VT_5—VT_6。以下分析带电阻负载时的工作情况。

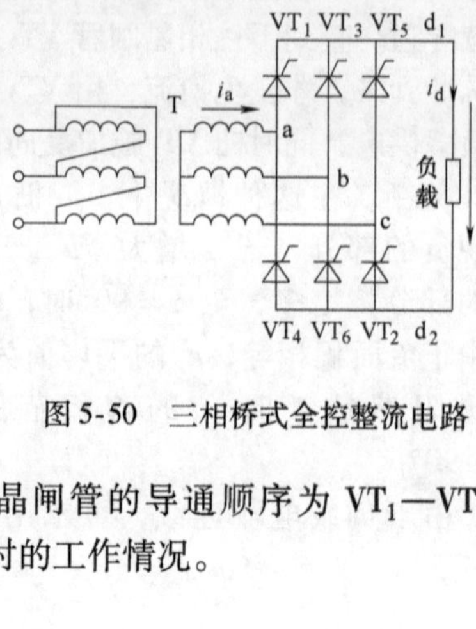

图 5-50　三相桥式全控整流电路

可以采用与分析三相半波可控整流电路时类似的方法，假设将电路中的晶闸管换作二极管，这种情况也就相当于晶闸管触发延迟角 $\alpha=0°$时的情况。此时，对于共阴极组的3个晶闸管，阳极所接交流电压值最高的一个导通。而对于共阳极组的3个晶闸管，则是阴极所接交流电压值最低（或者说负得最多）的一个导通。这样，任意时刻共阳极组和共阴极组中各有1个晶闸管处于导通状态，施加于负载上的电压为某一线电压。此时电路工作波形如图5-51所示。

当 $\alpha=0°$时，各晶闸管均在自然换相点处换相。由图中变压器二绕组相电压与线电压波形的对应关系看出，各自然换相点既是相电压的交点，同时也是线电压的交点。在分析 u_d的波形时，既可从相电压波形分析，也可以从线电压波形分析。

从相电压波形看，以变压器二次侧的中点n为参考点，共阴极组晶闸管导通时，整流输出电压 u_{d1}为相电压在正半周的包络线；共阳极组导通时，整流输出电压 u_{d2}为相电压在负半周的包络线，总的整流输出电压 $u_d=u_{d1}-u_{d2}$是两条包络线间的差值，将其对应到线电压波形上，即为线电压在正半周的包络线。

直接从线电压波形看，由于共阴极组中处于通态的晶闸管对应的是最大（正得最多）的相电压，而共阳极组中处于通态的晶闸管对应的是最小（负得最多）的相电压，输出整流电压 u_d为这两个相电压相减，是线电压中最大的一个，因此输出整流电压 u_d波形为线电压在正半周的包络线。

为了说明各晶闸管的工作的情况，将波形中的一个周期等分为6段，每段为60°，每一段中导通的晶闸管及输出整流电压的情况见表5-1。由该表可知，6个晶闸管的导通顺序为 VT_1—VT_2—VT_3—VT_4—VT_5—VT_6。

表5-1　三相桥式全控整流电路触发延迟角 $\alpha=0°$时晶闸管工作情况

时　段	Ⅰ	Ⅱ	Ⅲ	Ⅳ	Ⅴ	Ⅵ
共阴极组中导通的晶闸管	VT_1	VT_1	VT_3	VT_3	VT_5	VT_5
共阳极组中导通的晶闸管	VT_6	VT_2	VT_2	VT_4	VT_4	VT_6
整流输出电压 u_d	$u_a-u_b=u_{ab}$	$u_a-u_c=u_{ac}$	$u_b-u_c=u_{bc}$	$u_b-u_a=u_{ba}$	$u_c-u_a=u_{ca}$	$u_c-u_b=u_{cb}$

从触发延迟角 $\alpha=0°$时的情况可以总结出三相桥式全控整流电路的一些特点。

1）每个时刻均需2个晶闸管同时导通，形成向负载供电的回路，其中1个晶闸管是共阴极组的，1个是共阳极组的，且不能为1相的晶闸管。

2）对触发脉冲要求：6个晶闸管的脉冲按 VT_1—VT_2—VT_3—VT_4—VT_5—VT_6的顺序，相位依次差60°；共阴极组 VT_1、VT_3、VT_5的脉冲依次差120°，共阳极组 VT_4、VT_6、VT_2也依次差120°；同一相的上下两个桥臂，即 VT_1与 VT_4、VT_3与 VT_6、VT_5与 VT_2，脉冲相差180°。

3）整流输出电压 u_d一个周期脉动6次，每次脉动的波形都一样，故该电路为6脉波整流电路。

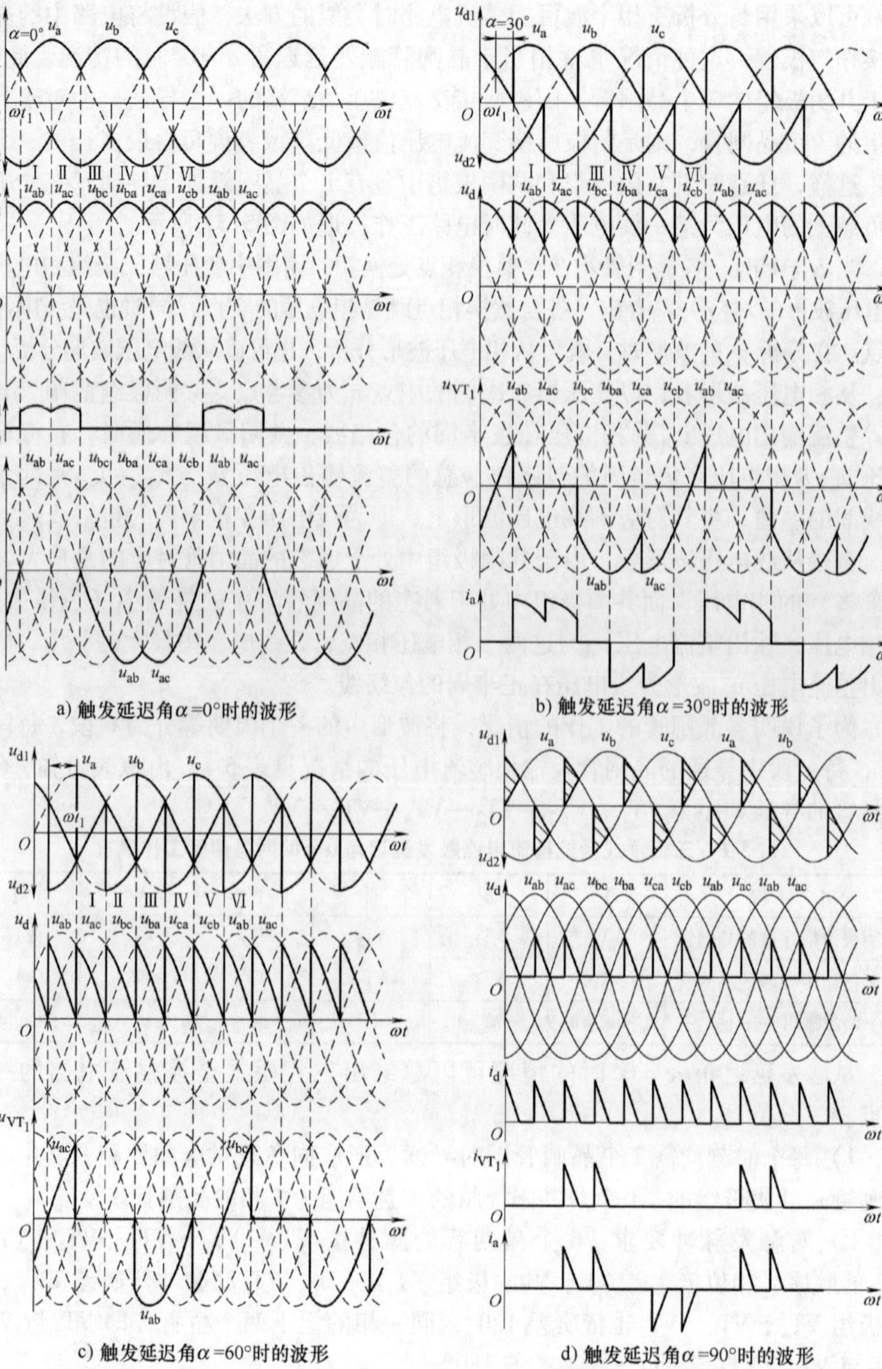

a) 触发延迟角α=0°时的波形

b) 触发延迟角α=30°时的波形

c) 触发延迟角α=60°时的波形

d) 触发延迟角α=90°时的波形

图 5-51　三相桥式全控整流电路图

4）在整流电路合闸启动过程中或电流断续时，为确保电路的正常工作，需保证同时导通的两个晶闸管均有触发脉冲。为此，可采用两种方法：一是使脉冲宽度大于60°（一般取80°~100°），称为宽脉冲触发；另一种方法是，在触发某个晶闸管的同时，给序号前的一个晶闸管补发脉冲，即用两个窄脉冲代替宽脉冲，两个窄脉冲的前沿相差60°，脉宽一般为20°~30°，称为双脉冲触发。双脉冲电路较复杂，但要求的触发电路输出功率小。宽脉冲触发电路虽可少输出一半脉冲，但为了不使脉冲变压器饱和，需将铁心体积做得较大，绕组匝数较多，导致漏感增大，脉冲前沿不够陡，对于晶闸管串联使用不利。虽可用去磁绕组改善这种情况，但又会使触发电路复杂化。因此，常用的是双脉冲触发。

5）当 $\alpha=0°$ 时晶闸管承受的电压波形如图5-51a所示。图中仅给出 VT_1 的电压波形。将此波形与三相半波中的 VT_1 电压波形比较，可见两者是相同的，晶闸管承受最大正向、反向电压的关系也与三相半波时一样。

图5-51a中还给出了晶闸管 VT_1 流过电流 i_{VT} 的波形，由此波形可以看出，晶闸管一个周期中有120°处于通态，240°处于断态，由于负载为电阻，故晶闸管处于通态时的电流波形与相应时段的 u_d 波形相同。

当触发延迟角 α 改变时，电路的工作情况将发生变化。图5-51b给出了 $\alpha=30°$ 时的波形。从 ωt_1 角开始把一个周期等分为6段，每段为60°与 $\alpha=0°$ 时的情况相比，一个周期中 u_d 波形仍由6段线电压构成，每一段导通晶闸管的编号等仍符合表5-1的规律。区别在于，晶闸管起始导通时刻推迟了30°，组成 u_d 的每一段线电压又因此推迟30°，u_d 平均值降低，晶闸管电压波形也相应发生了变化。图中同时给出了变压器二次侧a相电流 i_a 的波形。该波形的特点是，在 VT_1 处于通态的120°期间，i_a 为正。i_a 波形的形状与同时段的 u_d 波形相同。在 VT_4 处于通态的120°期间，i_a 波形的形状也与同时段的 u_d 波形相同，但为负值。

图5-51c给出了 $\alpha=60°$ 时的波形，电路工作情况仍可对照表5-1分析。u_d 波形中每段线电压的波形继续向后移，u_d 平均值继续降低。当 $\alpha=60°$ 时 u_d 出现了为零的点。

由以上分析可见，当 $\alpha \leqslant 60°$ 时，u_d 波形均连续，对于电阻负载，i_d 波形与 u_d 波形的形状是一样的，也连续。

当 $\alpha>60°$ 时，如 $\alpha=90°$ 时，电阻负载情况下的工作波形如图5-51d所示。此时 u_d 波形每60°中有30°为零，这是因为电阻负载时 i_d 波形与 u_d 波形一致，一旦 u_d 降至零，i_d 也降至零，流过晶闸管的电流即降至零，晶闸管关断，输出整流电压 u_d 为零，因此 u_d 波形不能出现负值。图5-51d中还给出了晶闸管电流和变压器二次电流的波形。

如果继续增大至120°，则整流输出电压 u_d 波形将全为零，其平均值也为零，可见带电阻负载时三相桥式全控整流电路 α 的移相范围是0°~120°。

第四节　逆 变 电 路

在生产实践中，存在着与整流过程相反的要求，即要求把直流电转变成交流电，这种对应于整流的逆向过程，定义为逆变。例如，电动汽车下坡行驶时，使驱动电机制动运行，车辆的位能转变为电能，反送到交流电网中去。把直流电逆变成交流电的电路称为逆变电路。当交流侧和电网连接时，这种逆变电路称为有源逆变电路。有源逆变电路常用于直流可逆调速系统、交流绕线转子异步电动机串级调速以及高压直流输电等方面。对于可控整流电路而言，只要满足一定的条件，就可以工作于有源逆变状态。此时，电路形式并未发生变化，只是电路工作条件转变。这种既工作在整流状态又工作在逆变状态的整流电路称为变流电路。

如果交流电路的交流侧不与电网连接，而直接接到负载，即把直流电逆变为某一频率或可调频的交流电供给负载，称为无源逆变。

一、直流发电机-电动机系统电能的流转

图 5-52 所示的直流发电机-电动机系统中，M 为电动机，G 为发电机，励磁回路未画出。控制发电机电动势的大小和极性，可实现电动机四象限的运转状态。

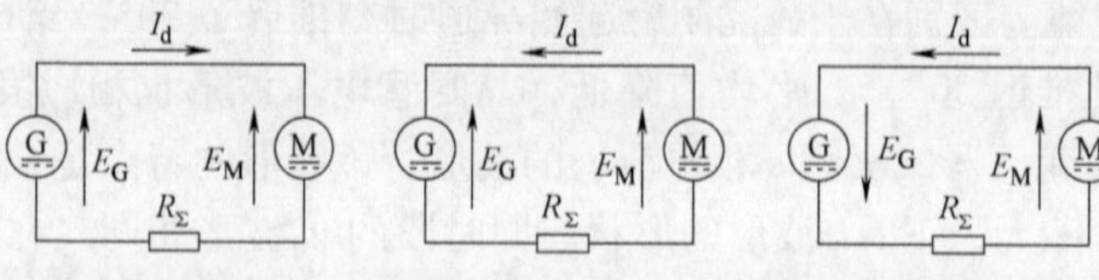

a) 两点式同极性$E_G>E_M$　b) 两点式同极性$E_M>E_G$　c) 两点式反极性，形成短路

图 5-52　直流发电机-电动机之间电能的流转

在图 5-52a 中，M 作电动运转，$E_G > E_M$，电流 I_d从 G 流向 M，I_d的值为

$$I_d = \frac{E_M - E_G}{R_\Sigma} \tag{5-23}$$

式中，R_Σ为主回路的电阻。由于I_d和E_G同方向，与E_M反方向，故 G 输出电功率$E_G I_d$，M 吸收电功率$E_M I_d$，电能由 G 流向 M，转变为 M 轴上输出的机械能，R_Σ上是热耗。

图 5-52b 所示为回馈制动状态，M 发电运转，此时，$E_M > E_G$，电流反向，从 M 流向 G，其电流值为

$$I_d = \frac{U_d - E_M}{R_\Sigma} \tag{5-24}$$

此时 I_d 和 E_M 同方向，与 E_G 反方向，故 M 输出电功率，G 则吸收电功率，R_Σ 上总是热耗，M 轴上输入的机械能转变为电能反送给 G。

再看图 5-52c，这时两电动势顺向串联，向电阻 R_Σ 供电，G 和 M 均输出功率，由于 R_Σ 一般都很小，实际上形成短路，在工作中必须严防这类事故发生。

可见两个电动势同极性相接时，电流总是从电动势高的流向电动势低的，由于回路电阻很小，即使很小的电动势差值也能产生大的电流，使两个电动势之间交换很大的功率，这对分析有源逆变电路是十分有用的。

二、逆变产生的条件

以单相全波电路代替上述发电机，给电动机供电，分析此时电路内电能的流向。设电动机 M 作为电动机运行，全波电路应工作在整流状态，α 的范围为 $0 \sim \pi/2$，直流侧输出 U_d 为正值，并且 $U_d > E_M$，如图 5-53a 所示，才能输出 I_d，其值为

$$I_d = \frac{U_d - E_M}{R_\Sigma} \tag{5-25}$$

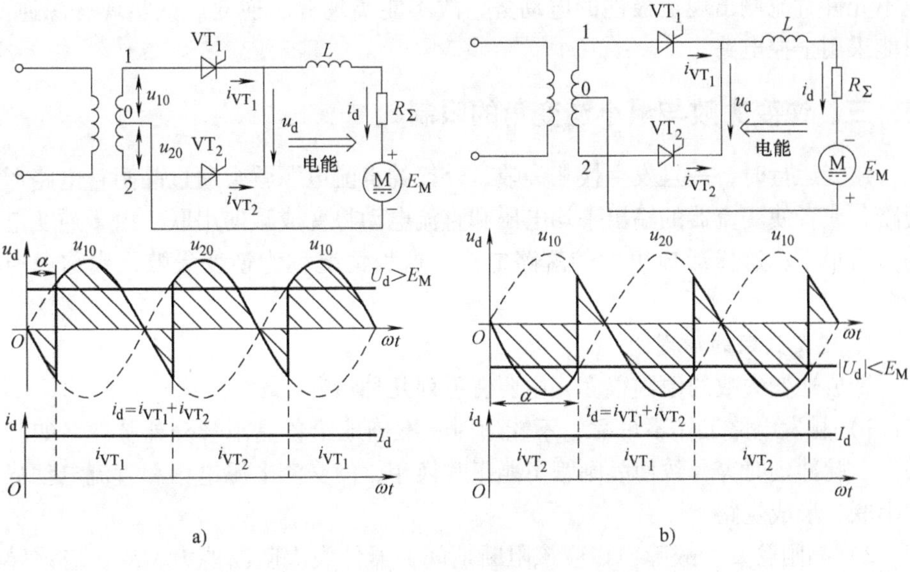

图 5-53　单相全波电路的整流与逆变

一般情况下 R_Σ 值很小，因此电路经常工作在 $U_d \approx E_M$ 的条件下，交流电网输出电功率，电动机则输入电功率。

在图 5-53b 中，电动机 M 作为发电回馈制动运行，由于晶闸管器件的单向导电性，电路内 I_d 的方向依然不变，欲改变电能的输送方向，只能改变 E_M 的极性。为了防止两电动势顺向串联，U_d 的极性也必须反过来，即 U_d 应为负值，且

$|E_M|>|U_d|$，才能把电能从直流侧送到交流侧，实现逆变。这时 I_d 为

$$I_d=\frac{E_M-U_d}{R_\Sigma} \tag{5-26}$$

电路内电能的流向与整流时相反，电动机输出电功率，电网吸收电功率。电动机轴上输入的机械功率越大，则逆变的功率也越大。为了防止过电流，同样应满足 $E_M=U_d$。E_M的大小取决于电动机转速的高低，而 U_d可通过改变 α 来进行调节。由于逆变状态时 U_d为负值，故 α 在逆变状态的范围应在 $\pi/2\sim\pi$ 之间。

在逆变工作状态下，虽然晶闸管的阳极电位大部分处于交流电压为负的半周期，但由于有外接直流电动势 E_M的存在，使晶闸管仍能承受正向电压而导通。

从上述分析中，可归纳出产生逆变的条件如下：

1）要有直流电动势，其极性须和晶闸管的导通方向一致，其值应大于变流电路直流侧的平均电压。

2）要求晶闸管的触发延迟角 $\alpha>\pi/2$，使 U_d为负值。

两者必须同时具备才能实现有源逆变。

必须指出，半控桥或有续流二极管的电路，因其整流电压 u_d不能出现负值，也不允许直流侧出现负极性的电动势，故不能实现有源逆变。欲实现有源逆变，只能采用全控电路。

三、逆变失败与最小逆变角的限制

逆变运行时，一旦发生换相失败，外接的直流电源就会通过晶闸管电路形成短路，或者使变流器的输出平均电压和直流电动势变成顺向串联。由于逆变电路的内阻很小，这样形成很大的短路电流，这种情况称为逆变失败，或称为逆变颠覆。

1. 逆变失败的原因

造成逆变失败的原因很多，主要有下列几种情况：

1）触发电路工作不可靠，不能适时、准确地给各晶闸管分配脉冲，如脉冲丢失、脉冲延时等，致使晶闸管不能正常换相，使交流电源电压和直流电动势顺向串联，形成短路。

2）晶闸管发生故障，在应该阻断期间，器件失去阻断能力，或在应该导通期间，器件不能导通，从而造成逆变失败。

3）在逆变工作时，交流电源发生断相或突然消失，由于直流电动势 E_M的存在，晶闸管仍可导通，此时变流器的交流侧由于失去了同直流电动势极性相反的交流电压，因此直流电动势将通过晶闸管使电路短路。

4）换相的裕量角不足，引起换相失败，应考虑变压器漏抗引起重叠角对逆变电路换相的影响，如图 5-54 所示。

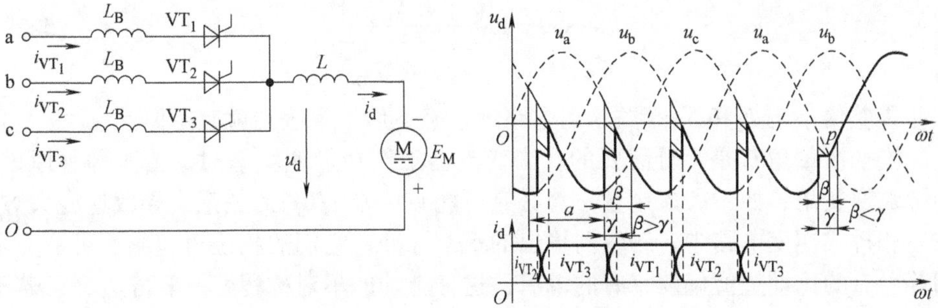

图 5-54　交流侧电抗对逆变换相过程的影响

由于换相有一过程，且换相期间的输出电压是相邻两电压的平均值，故逆变电压 U_d要比不考虑漏抗时的更低（负的幅值更大）。存在重叠角会给逆变工作带来不利的后果，如以 VT_3和 VT_1的换相过程来分析，当逆变电路工作在$\beta>\gamma$时，经过换相过程后，a 相电压 u_a仍高于 c 相电压 u_c。所以换相结束时，能使 VT_3承受反向电压而关断。如果换相的裕量角不足，即当$\beta<\gamma$时，从图 5-54 的波形中可清楚地看到，换相尚未结束，电路的工作状态到达自然换相点 p 点之后，u_c将高于 u_a，晶闸管 VT_1承受反压而重新关断，使得应该关断的 VT_3不能关断却继续导通，且 c 相电压随着时间的推迟越来越高，电动势顺向串联导致逆变失败。 157

综上所述，为了防止逆变失败，不仅逆变角β不能等于零，而且不能太小，必须限制在某一允许的最小角度内。

2. 确定最小逆变角β_{min}的依据

逆变时允许采用的最小逆变角β应等于

$$\beta_{min}=\delta+\gamma+\theta' \tag{5-27}$$

式中，δ为晶闸管的关断时间 t_q 折合的电角度；γ 为换相重叠角；θ'为安全裕量角。

晶闸管的关断时间 t_q，大的可达 200～300μs，折算到电角度δ为 4°～5°。至于重叠角γ，它随直流平均电流和换相电抗的增加而增大。为对重叠角的范围有所了解，下面举例说明。

某装置整流电压为 220V，整流电流为 800A，整流变压器容量为 240kV · A，短路电压比为 5% 的三相线路，其γ的值为 15°～20°。设计变流器时，重叠角可查阅有关手册，也可计算，即

$$\cos\alpha-\cos(\alpha+\gamma)=\frac{I_dX_B}{\sqrt{2}U_2\sin\frac{\pi}{m}} \tag{5-28}$$

式中，m 为相数。

根据逆变工作时$\alpha=\pi-\beta$，并设$\beta=\gamma$，则式（5-28）可改写成

$$\cos\gamma = 1 - \frac{I_d X_B}{\sqrt{2} U_2 \sin\frac{\pi}{m}} \tag{5-29}$$

重叠角 γ 与 I_d 和 X_B 有关，当电路参数确定后，重叠角就有定值。

安全裕量角 θ' 是十分需要的。当变流器工作在逆变状态时，由于种种原因，会影响逆变角，如不考虑裕量，势必有可能破坏 $\beta > \beta_{min}$ 的关系，导致逆变失败。在三相桥式逆变电路中，触发器输出的6个脉冲，它们的相位角间隔不可能完全相等，有的比期望值偏前，有的偏后，这种脉冲的不对称程度一般可达5°，若不设安全裕量角，偏后的那些脉冲相当于 β 变小，就可能小于 β_{min}，导致逆变失败。根据一般中小型可逆直流拖动的运行经验，θ' 值约取10°。这样最小 β 一般取30°~35°。设计逆变电路时，必须保证 $\beta \geqslant \beta_{min}$，因此常在触发电路中附加一个保护环节，保证触发脉冲不进入小于 β_{min} 的区域内。

第五节　母线支撑电容器

支撑电容器是直交牵引逆变器、交直交牵引变流器（以下简称牵引变流器）中不可或缺的重要部件之一，其主要作用是稳定中间直流电压，提供瞬时能量交换，与电源及负载交换无功功率，对于IGBT（IPM）牵引变流器，支撑电容器通过低感母排与IGBT（IPM）并联，还可省掉元器件两端的过电压吸收电路，使电路更加简洁。

从储能效果出发，即稳定中间直流电压的能力方面来看，支撑电容器电容值取得越大越好，然而从成本与体积方面考虑，则希望电容值能取得尽可能小些，此外，支撑电容器盲目增大，将引起直流回路短路时能量释放巨大，增加故障时的破坏力，降低设备的安全性。因此，为使系统达到最优的性价比，支撑电容器电容值的选择成了变流器设计中的一个重要环节。此外，对于应用了四象限脉冲整流的交直交变流器，直流输出存在一个两倍电网频率的谐波（简称二次谐波）。该谐波可用一个由电抗与电容串联组成的二次谐振电路来滤除，如CRH动车组等牵引变流器；在电压波动范围允许的条件下也可不加该回路，不加该回路时可通过增加支撑电容器电容值的方法来抑制纹波电压幅值（还可通过优化逆变器的控制策略来减少中间电压纹波对逆变器输出的影响），如CRH动车组的牵引变流器，因此研究二次谐振电路对支撑电容器选型的影响是非常有意义的，该方向主要研究牵引变流器中支撑电容器的参数选择理论依据及方法，其基本原理也可为其他变流器中支撑电容器的参数选择提供参考。

一、支撑电容器的类型及特点

可以用作支撑电容器的电容器主要有电解电容和薄膜电容，两者各有特点，各有优势。

（一）电解电容器

电解电容器是电容的一种，金属箔为正极（铝或钽），与正极紧贴金属的氧化膜（氧化铝或五氧化二钽）是电介质，阴极由导电材料、电解质（电解质可以是液体或固体）和其他材料共同组成，因电解质是阴极的主要部分，电解电容器因此而得名，同时电解电容器正负不可接错。

1. 内部主体结构

通常铝电解电容器的基本结构是箔式卷绕型的结构，如图 5-55 所示。

结构材料的特点如下：

（1）正极铝箔/阳极导针

先将高纯光铝箔在特定的腐蚀液中进行电化学腐蚀处理，以扩大其表面积，接着在特定的赋溶液中加上相当于额定电压 140% ~200% 的电压进行化成处理，使铝箔的表面形成电化学介质（Al_2O_3），这种介质是非常薄而且致密的氧化膜，约 20 ~ 30Å/V（$1Å=10^{-10}m$），并且具有很高的工作电场强度（600kV/mm）。阳极导针采取化成措施，其目的是将阳极上积蓄的正电荷引出外部电路。

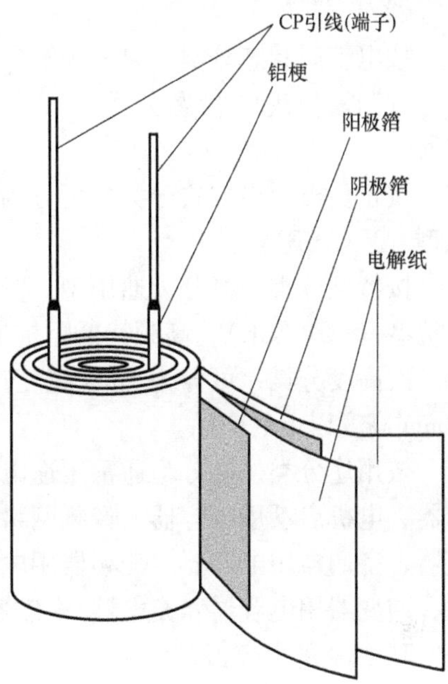

图 5-55 电解电容卷绕结构

（2）负极铝箔/负极导针

与正极箔一样施行表面腐蚀处理，一般产品不进行化成处理。因此表面只有自然氧化膜，耐压为 0.2 ~1V。负极导针是将负极上积蓄的负电荷引出外部电路。

（3）电解液/电解纸

电解液是离子型导电液体，腐蚀后形成介质的箔浸在电解液中，电解液起到负极的作用并且具有修补氧化膜的作用。因此，“负极箔” 只是起到电解液与外部端子连接的电极作用。

为了保持电解液的均匀性及持久性，防止正极和负极的机械接触造成短路，多使用电解纸。

（4）外壳/胶塞（或胶盖）

为了保持电容器芯组的密封性，用铝外壳和胶塞（或胶盖）封装。

目前，胶塞材料分为三元乙丙胶（用于插件品）与丁基胶（用于片式品）。

（5）热缩套管（插件产品专用）

为了外壳绝缘，便于印标志，现多使用两种材料，其一为 PVC 材料，其二为 PET 材料。

（6）底座板（片式产品专用）

构成 V-CHIP 产品的必要部件，将特制电容器组装在底座板上构成表面贴装元器件。

2. 电解电容器的分类

按阀门金属种类分类，可分为铝电解电容器、钽电解电容器和钽铌合金电解电容器。

按电解质状态分类，可分为液体（湿式）电解电容器和固体电解质电容器。

按阳极呈现的状态分类，可分为箔式卷绕型电解电容器和烧结型电解电容器。

按正负极引出方式分类，可分为引线型、牛角型、焊片型、螺栓型和表面贴状型（V-CHIP）。

按特性分类，可分为通用型、宽温型、长寿命型、双极型、低漏电流型、低阻抗型（LOWESR）、高频特低阻抗型、耐高纹波型和缩体型。

按高度分类，可分为5mm 高度产品（微型）、7mm 高度产品（超小型）和11mm 高度以上的产品。

按用途分类，可分为通常用途电容器、节能灯整流器用电容器、闪光灯用电容器、电机启动用电容器、音频网络用电容器、校正用电容器、高保真音响用电容器、空调器用电容器、变频器用电容器、功率因数校正（P. F. C）线路用电容器、逆变器用电容器和充电器/充磁器用电容器等。

3. 铝电解电容器的特点

（1）结构特点

两个电极有正、负极性之分。它的介质是利用电化学技术在金属铝的表面形成一层极薄的氧化膜（Al_2O_3），不同于薄膜电容铝，电解电容器的阴极是电解液（它附着在铝箔表面），它是铝电解电容器的血液，没有它电容器就没有容量。

（2）电气性能的特点

比率容量大：意味着在同容量的情况下它的体积小。

耐压高：Al_2O_3介质膜能承受极高的工作电场强度。一般 $E_{AL}=600kV/mm$，$E_{纸介}=200\sim300kV/mm$，$E_{陶瓷}=20\sim30kV/mm$。

有自愈作用：铝电解电容器内部含有电解液，它能提供氧离子（O^{2-}）在通电状态下自动修补 Al_2O_3膜中的疵点和缺陷，提高了电容器的绝缘电阻和耐压，降低了漏电流。

（3）缺点

Al_2O_3膜的厚度有一定的限制，也决定了其耐压最高为500V 左右；有单相导电性，使用过程中务必看清正负极，不能接反；绝缘质量差，主要表现在漏电流方面，寿命有一定限制，因为电容器长时间使用后电解液会受电容器的密封程度影响而干枯。

4. 关于铝电解电容器的选用

电路设计师在电路设计时正确选择铝电解电容器是确保线路正常工作的必要条件。如何利用价值工程理论选择好铝电解电容器，做到既经济又可靠，需要综合考虑多方面因素。

（1）线路工作的环境温度考虑

这时要考虑电容器承受负载的大小、周围是否有发热源、满载时电容器的温升有多高、机芯通风散热状况等。环境温度通常是85℃，温度高时可以考虑选用105℃或125℃电容器。这要结合整机使用寿命要求和电容器在各种实际使用温度下的寿命来考虑选用。

（2）电容器在电路上承受的纹波电流考虑

电容器在电路中起滤波、旁路、耦合作用，使用过程中电容器的电压状态是在直流电压上叠加有交流脉冲电压（纹波电压），在这种情况下流过电容器两端的交流电称为脉冲电流，即纹波电流。当工作温度小于额定温度时，额定纹波电流可以加大，但过大的纹波电流会大大缩短电容器的耐久性。当纹波电流超过额定值时，它所引起的内部发热每升高5℃，电容器的寿命将减少50%。因此当要求电容器具有长寿命性能时，控制与降低纹波电流尤其重要。但在实际设计过程中，电解电容器的纹波电流由于受变频器输入/输出各物理量变化以及控制方式等的影响，很难直接计算得到，一般多根据实际经验估算大小，如每微法电容器要求20mA纹波电流之类的经验值，或者通过计算机仿真来估算。

下式可以用来初步推算电容的纹波电流

$$I_{c,rms}^2=\left\{I_{o,rms}\sqrt{2m\left[\frac{\sqrt{3}}{4\pi}+\cos^2\phi\left(\frac{\sqrt{3}}{\pi}-\frac{9}{16}m\right)\right]}\right\}^2+\left[a\%\,C\,\sqrt{2}U\,\sqrt{f_R\left(\frac{1}{t_c}+\frac{1}{t_{dc}}\right)}\right]^2 \tag{5-30}$$

式中，$I_{o,rms}$为流经电容器的有效电流值；m为调制比；ϕ为逆变器输出电压与电流的相角差；定义直流母线电压的脉动率为$a\%=\frac{\Delta U}{U_{max}}\times 100\%$；$f_R$为整流输出脉动频率；$t_c$和$t_{dc}$分别代表母线电容的充、放电时间。

由此可见直流母线电容电流的纹波与变频器输入电压和频率、输出电流、负载功率因数、PWM调制比、电容量、允许直流电压脉动率等因素密切相关。

（3）寿命考虑

铝电解电容器的寿命是有限的，所谓元器件寿命是指元器件在规定条件下工作到某一时刻时其性能超过规定的允许值，此时刻称为寿命时间。

加速寿命推算方法：10℃两倍法则，也就是说温度每增加10℃，电容器寿命将缩短一半，此法则的前提是35℃至最高使用温度的范围内。

推算公式为

$$L_2 = L_1 A^{T_1 - T_2/10} \tag{5-31}$$

式中，L_1为T_1时寿命小时数；L_2为T_2时寿命小时数；T_1为最高使用温度叠加纹波电流发热引起的温升之和（℃）；T_2为推算寿命的环境温度加纹波电流发热引起的温升之和（℃）；A为加速系数，$A \approx 2$（35℃至最高环境温度范围内适用）。

（4）电容器工作电压的考虑

电容器必须在标称工作电压下使用，超压使用会使电容器的寿命缩短。这里有两方面的考虑，首先是发热因素，其次是内部打火击穿。

（5）脉冲电压频率的考虑

通常频率一般在40kHz以下，高频一般是100kHz左右，目前出现一些特高频场合使用，如200kHz。在高频情况下使用时必须选用耐高频的电容器，如高频低阻抗电容器，要选最低谐振频率高的电容器。

如果脉冲电压过高则会导致电容器阴极容量衰减，同时电容器的容量也衰减，还会使阴极打火导致击穿。

（6）电容器尺寸方面的考虑

在空间允许的情况下尽可能选体积大一些的电容器（它可以做得耐压高一点，阻抗小些，同时散热面积也大）对电容器寿命有好处；在直径受限制的情况下尽可能选高度大一些（高度大的电容器内部箔片长度将缩短，损耗角变小），这样电容器高频特性好。

（7）特殊要求

线路工作环境和内在有特殊要求时可与电容器设计师沟通，以开发满足特殊要求的特规电容器。

（二）薄膜电容器

薄膜电容器是以金属箔当电极，将它和聚乙酯、聚丙烯、聚苯乙烯或聚碳酸酯等塑料薄膜从两端重叠后，卷绕成圆筒状结构的电容器。而依塑料薄膜的种类又被分别称为聚乙酯电容（又称Mylar电容）、聚丙烯电容（又称PP电容）、聚苯乙烯电容（又称PS电容）和聚碳酸电容。图5-56所示为一种比较典型的膜电容结构图。

1. 薄膜电容器的分类比较

薄膜电容器由介质、电极、电极过渡、引出线、封装和印章标志等部分组成。

按介质分类，可分为聚酯膜和聚丙烯膜等。

按结构分类，可分为卷绕式、叠片式和内串式。

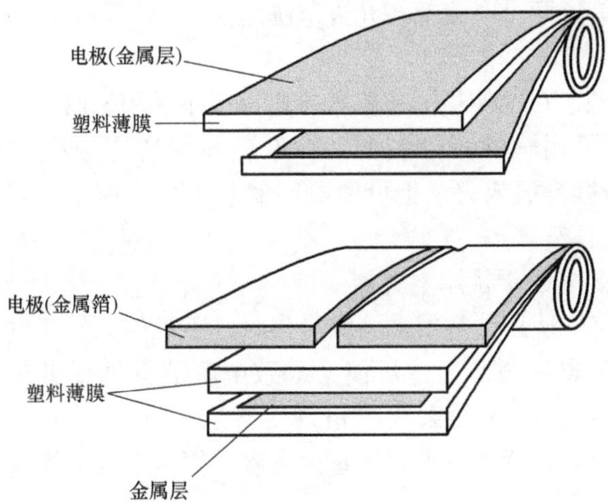

图 5-56 典型膜电容结构图

按电极分类，可分为金属箔、金属化（铝金属化、铝锌金属化）和膜箔复合结构。

按电极引出方式分类，可分为径向和轴向。

按封装方式分类，可分为盒式和浸渍型。

按用途分类，可分为通用（直流）、脉冲、抑制电源电磁干扰和精密等。

2. 选择薄膜电容器时需考虑的因素

（1）电压

薄膜电容器的选用取决于施加的最高电压，并受施加的电压波形、电流波形、频率、环境温度（电容器表面温度）和电容量等因数的影响。使用前请先检查电容器两端的电压波形、电流波形和频率（在高频场合，允许电压随着电容器类型的不同而改变，详细资料请参阅说明书）是否在额定值内，特别要注意偶发性的脉冲电压。当环境温度大于额定温度，小于上限温度时，电压应降额使用，降额幅度为

聚酯电容：1.25% ×额定电压/摄氏温度

聚丙烯电容：(2.0% ~2.5%) ×额定电压/摄氏温度

（2）工作电流

通过电容器的脉冲（或交流）电流等于电容量 C 与电压上升速率的乘积，即 $I = C\mathrm{d}u/\mathrm{d}t$。由于电容器存在损耗，在高频或高脉冲条件下使用时，通过电容器的脉冲（或交流）电流会使电容器自身发热而有温升，将会有热击穿（冒烟、起火）的危险。因此，电容器安全使用条件不仅受额定电压（或类别电压）的限制，而且受额定电流的限制。额定电流被认为是由击穿模式决定的脉冲电流（即由 $\mathrm{d}u/\mathrm{d}t$ 指标所限制的）和连续电流（以峰 - 峰值或有效值表示）组成。当

使用时，必须确信这两个电流都在允许范围之内。

（3）阻燃性

除PPS材料外，目前使用的有机薄膜电介质不是阻燃材料，尽管在薄膜电容器外封装中使用了耐火性阻燃材料——阻燃环氧树脂或阻燃塑壳（UL94V-O级），但外部的持续高温或火焰仍可使电容器芯子变形而使外封装破裂，导致电容器芯子熔化或燃烧。

（4）抑制电源电磁干扰用电容器

当在电源线路中使用电容器来消除噪声时，不仅仅只有正常电压，还会有异常脉冲电压（如闪电）发生，这可能会导致电容器冒烟或者起火。所以，跨线电容器的安全标准在不同国家有严格规定。应使用经过安全认证的MKP62、MKP61、CBB62型电容器，不推荐将直流电容器用作跨线电容器。

（5）电容器充放电

由于电容器充放电电流取决于电容量和电压上升速率的乘积，即使是低电压充放电，也可能产生大的瞬间充放电电流，这可能会导致电容器性能的损害，比如说短路或开路。当进行充放电时，应串联一个20～1000Ω/V或更高的限流电阻，将充放电电流限制在规定的范围内。当多个薄膜电容器并联进行耐电压测试或寿命测试时，应为每个电容器串联一个20～1000Ω/V或更高的限流电阻。

3. 薄膜电容器的发展趋势

薄膜电容器的按用途可分为通用（直流）、交流与脉冲、抑制电源电磁干扰、精密和交流（电机起动、电力等）五大类。

塑料薄膜作为电容器的介质，被正式使用以来已有40年以上的历史了。最初用于电子设备的聚酯薄膜、聚碳酸酯薄膜、聚苯乙烯薄膜是以代替纸介的形式进入实用化的。目前常用的薄膜有聚酯膜和聚丙烯膜两种。

在新型薄膜材料方面，聚萘乙酯（Poly Ethylene Naphthalate，PEN）和聚苯酰硫（Poly Phenylene Sulfide，PPS）等耐高温的介质材料主要是针对表面安装薄膜电容器而开发的，但随着生产规模的扩大和成本的降低，PEN和PPS材料有可能也用于有引线的产品中。

提高介电常数ε，可以提高电容器的容积比，但ε值高，且机械性能、电气性能、价格等都能达到平衡的薄膜还不存在，因此对提高介电常数的研究没有多大进展。

在降低电极厚度t方面，从箔式结构电容器的5～7μm，减薄到金属化电容器的0.03～0.05μm。在减薄介质厚度d方面，对于低电压系列电容器，减小d可明显提高容积比。虽然PET已做到0.9μm（商品化）和0.6μm（试验室）的水平，但制约介质厚度减薄的瓶颈集中在金属化膜的蒸镀及电容器的制造工艺方面，目前较为经济、较为实用的薄膜厚度为 1.2μm。对于中高电压系列的电容器，可通过提高薄膜介质本身的介电强度（单位厚度可承受的击穿电压），选用较薄介质厚度来提高容积比。

（1）通用类薄膜的电容器发展趋势

薄膜电容器是最古老的电子元器件之一，它经历了有感式、无感式、金属化、叠片式、表面安装等几个发展历程。

通用类薄膜电容器在小型化方面是最为活跃的一类，除了使用较薄的介质材料外，叠片式结构的开发对提高容积比也有贡献，此外，薄膜电容器的表面安装化也是一个发展方向。

叠片式薄膜电容器由于其体积小、抗脉冲能力强（du/dt 值高）等优点，正在取代卷绕式薄膜电容器，而逐步成为薄膜电容器的主流产品。

表面安装薄膜电容器采用高温聚酯（polyester 或 Poly-Ethylene Terephthalate，PET）、PEN、PPS 等耐高温的介质材料，采用叠片式结构，已有商品出售。但由于材料价格及制造技术的开发费用较高等因素，与表面安装陶瓷电容器（MLCC）相比，目前只在高电压系列和大容量系列中有优势，可以同 MLCC 竞争。

（2）交流与脉冲类薄膜的电容器发展趋势

这类电容器的是薄膜电容器的优势产品，除了部分高电压小容量陶瓷电容器外，这类电容器几乎全部采用薄膜电容器。这类电容器以聚丙烯膜电容器为主，部分高温场合采用叠片式聚酯膜电容器。

这类电容器的发展趋势是专用化，可根据用途进行专门设计。此外，高频率、高电压、大功率也是其发展趋势。

（3）抑制电源电磁干扰电容器的发展趋势

该类电容器分 X 类和 Y 类两种。

X 类以薄膜电容器为主，这类电容器的发展趋势是：体积越做越小，电容量范围越做越宽。在小型化方面，采用安全金属化膜可以提高容积比，但成本较高，目前更倾向于提高薄膜的介电强度和改善工艺来减薄介质厚度。Y 类以瓷介电容器为主，部分高性能的整机产品采用薄膜电容器。

（4）精密类电容器的发展趋势

这类电容器以聚丙烯膜精密电容器为主，其中小容量采用箔式电极，大容量采用金属化电极，有塑壳封装和轴向等多种形式。该类电容器的发展趋势是提高电容器的性能，使电容器更精密、更稳定、更可靠。

（5）交流电容器的发展趋势

交流电容器以聚丙烯膜电容器为主，该类电容器的发展趋势是提高电容器的可靠性和安全性。

总之，薄膜电容器的发展方向是“小型化、片式化、低成本、高电压、大功率、高精密、高可靠”。

（三）电容器的性能对比

不同的电容器，由于其结构和材料的不同，在电机驱动控制器中作为支撑电容的应用特点也就各不相同。表5-2列举了其应用的优缺点。

表5-2　电容器应用的优缺点

材质		优点	缺点
无机介质电容	云母电容	容量稳定，精度高，耐热，高频性能好，通常用作精密的标准电容，用于较高的高频电路	性能依赖于原料，价格昂贵，容量范围小
	Ⅰ类瓷（高频瓷）	可制作系列线性温度系数，易于片式化，高频性能好，用于高频及温度补偿电路	抗机械和热冲击差，容量范围小
	Ⅱ类瓷（低频瓷）	体积小，容量大，价格低，易于片式化，用于对 $\tan\delta$ 值和容量稳定性要求不高的电路	抗机械和热冲击差，有压电效应，容量与温度、电压呈非线性关系
	Ⅲ类瓷（半导体瓷）	体积小，容量大，介质色散频率高，可用于微波电路中	容量随电压变化敏感，因此工作电压低
电解电容	铝电解	电容量大，价格便宜，广泛应用于低频旁路、耦合和电源滤波等场合	容量偏差大，稳定性差，损耗和漏电流大，耐温差，有极性，可靠性差，寿命短，有搁置效应
	钽电解	工作温度范围较宽，性能比铝电解有很大的改善，已实现表面安装，在较高性能要求的电路中可代替铝电解电容	工作电压范围窄，为6.3～160V，容量偏差大，价格较贵，有极性，有搁置效应
薄膜电容	聚酯膜电容器	容量范围宽，绝缘电阻高，工作电压范围极宽，工作温度范围宽；稳定性好，损耗小，抗脉冲能力强，可靠性高，已实现表面安装，可实现金属化，具有自愈特性，可代替陶瓷电容器，在高性能要求的电路中得到广泛应用	价格比陶瓷电容器高，体积比陶瓷电容器大
	聚丙烯膜电容器	容量范围宽，绝缘电阻高，工作电压范围极宽，工作温度范围宽；性能极为接近理想电容器；可实现金属化，具有自愈特性；特别适合用于高频、高压、高稳定、高脉冲以及交流场合	耐热性差，价格较高，体积大

二、支撑电容器的选用与设计

1. 支撑电容器的主要技术参数

支撑电容器的选型首先应确定电容器的种类，牵引变流器一般选择金属化薄膜电容器，因此仅按该方案进行考虑；然后根据具体的应用条件计算、仿真或凭经验确定电容器的各项主要技术参数；再根据技术参数去选购或定制合适的产品。

支撑电容器的主要技术参数包括直流额定电压 U_{DC}、额定电流 I_N（有效值，连续）、电容值、等效串联电感值、耐压、损耗角、工作温度，其定义与解释参见机车车辆设备电力电容器标准。

支撑电容器的工作电压为变流器直流电路的工作电压，因此设计选型时额定工作电压一般选直流回路的最高工作电压即可；耐压与工作温度可由牵引变流器系统应用条件确定；电感值与损耗角由电容器本身的结构决定，设计选型时只需确定该两项参数能满足使用要求即可。因此，对支撑电容器的选型而言，重点是确定支撑电容器的额定工作电流与电容值。

2. 支撑电容器的选取方法

1）首先，从理论上计算在未考虑网侧阻抗情况下，允许直流母线电压波动范围内支撑电容器的容值大小，计算过程如下：

① 计算相位角 δ 为

$$\sin\delta = l - x$$

式中，x 为直流母线电压波动与最大值之比；δ 为相位角。

② 计算出导电角 θ 大小，可利用公式

$$l - x = \sin(\delta + \theta)\mathrm{e}^{\frac{\pi/6-\theta}{\omega RC}} \tag{5-32}$$

③ 然后计算出电容值 C 的大小，可利用公式

$$\tan(\delta + \theta) = -R\omega C \tag{5-33}$$

式中，R 为等效的直流环节负载电阻。

2）搭建系统主回路仿真模型，该模型应包括网侧变压器（以及进线电抗器或滤波器）及负载。

3）用第 1）条计算出来的电容值作为初始值进行仿真，仿真过程可适当调整电容值大小，得到电压波动、容值和电容电流大小的系列表格。

4）以此表格作为电容器选取的依据。在电压波动允许的范围内选取电容值，然后查电容器的数据手册得到该电容器允许的纹波电流要大于第 3）条表格中的值。

5）根据电容器数据手册的参数，计算每个电容器的损耗为

$$P_C = \left(\frac{I_{max}}{\sqrt{2}n}\right)^2 ESR \tag{5-34}$$

式中，I_{max} 为由仿真模型所得到的电容器电流的最大值；ESR 为电容器等效串联电阻；n 为并联的电容器数量。

6）根据损耗设计电容器的散热方案。

参考文献

[1] 康龙云. 新能源汽车与电力电子技术[M]. 北京：机械工业出版社，2009.

[2] 张兴. 高等电力电子技术[M]. 北京：机械工业出版社，2011.

[3] 贺益康，潘再平. 电力电子技术[M]. 2版. 北京：科学出版社，2010.

[4] 李鹏飞. 电力电子技术与应用[M]. 北京：清华大学出版社，2012.

[5] 朱桂萍，陈建业. 电力电子电路的计算机仿真[M]. 2版. 北京：清华大学出版社，2008.

[6] 黄俊，王兆安. 电力电子变流技术[M]. 北京：机械工业出版社，1999.

[7] 袁寿财. IGBT场效应半导体功率器件导论[M]. 北京：科学出版社，2008.

[8] 曲学基，等. IGBT及其集成控制器在电力电子装置中的应用[M]. 北京：电子工业出版社，2010.

[9] 王永平，等. MOSFET/IGBT驱动集成电路及应用[M]. 北京：人民邮电出版社，2009.

[10] 邓星钟，等. 机电传动控制[M]. 4版. 武汉：华中科技大学出版社，2006.

[11] 杨黎明，厉虹，郑业明，等. 机电传动控制技术[M]. 北京：国防工业出版社，2007.

[12] 陈燕平，忻力，李中浩. 牵引变流器中支撑电容器研究[J]. 铁道机车车辆，2011，31(2).

[13] 常东来. 变频器中直流母线电容的纹波电流计算[J]. 变频器世界，2010 (2).

[14] 王业勤，王心坚，钟再敏，等. 新能源汽车电驱动系统母线滤波电容仿真设计[J]. 微特电机，2011 (1).

[15] 程夕明. 功率电子学原理及其应用[M]. 北京：电子工业出版社，2011.

[16] 朱梓悦，秦海鸿，董耀文，等. 宽禁带半导体器件研究现状与展望 [J]. 电气工程学报，2016 (1)：1-11.

第六章　电动汽车电驱动技术

在新能源汽车中，一般情况下是驱动电机取代发动机并在电机控制器的控制下，将电能转换为机械能来驱动汽车行驶。其中，在纯电动汽车、串联混合动力电动汽车和燃料电池电动汽车中，驱动电机作为唯一驱动装置；在并联式混合动力汽车中，驱动电机作为耦合动力装置。新能源汽车与普通燃油汽车最重要的区别就在于驱动系统的不同，也正因为驱动系统的灵活性，使得电动汽车配置更加方便。

第一节　电动汽车电驱动系统概述

一、电动汽车电驱动系统的种类及特点

1. 纯电动汽车的电驱动系统

传统内燃机汽车中依靠传动装置可以使速度和转矩按照期望的特性变化，纯电动汽车的电驱动系统采用矢量控制、弱磁控制等技术也可以使电机得到几乎与车辆所需动力相似的特性，所以纯电动汽车可以省去变速装置，使其在结构上更加简单，同时产生的机械能量等损失也减少了。若有能量回收装置，还可以得到更高的能量利用率。纯电动汽车没有传统内燃机车的怠速工况，在等待交通信号灯时，可以不消耗能量，从而达到节能的目的，并且由于不存在发动机转动，因而更加安静。此外，与传统内燃机车相比，其转矩控制响应速度大大提高了，具有较快的加速响应、较好的防滑控制及较佳的制动控制等，相应的平顺性和安全性也有所改善。

单电机驱动方式中使用的电机，一般采用减速 - 差速结构。虽然没有离合器的损失，但是还存在着差速器的损失。因为没有变速装置，运转更加容易，但这样也需要低速大转矩、速度变化区域大的电机，同时电机和逆变器的容量也均变大了。去除了差速器的系统称为无差速系统，这种电机是把传统电机的定子变成可动的结构，当转子上电的时候，可以相互反向回转。双电机驱动方式分为前后驱动（即两个电机对前后轮分别驱动）和双轮毂式电机两类，双轮毂电机及其逆变器的造价较高。四轮毂式电机把电机组装在车轮轮毂中，机构更加紧凑。轮毂式电机的大型化较难，但是总功率依靠 4 台电机分担，每台电机的容量可以变得小一些。此外，由于没有动力传动装置，效率可以稍微得到改善。

2. 混合动力电动汽车的驱动系统

混合动力汽车可分为依靠电机行驶的串联式混合动力汽车、发动机辅助行驶的并联式混合动力汽车和兼具两者性能的串并联混合动力汽车三种类型。

串联式混合动力汽车解决了续驶里程短这个电动汽车的难题，行驶中或者停车时可由能量源向电池充电，能量源与车轮在结构上没有机械连接，因此驱动系统的结构具有更高的自由度。

并联式混合动力汽车驱动系统中装载的电机，要进行制动、驱动，发动机还随着运转状况改变转速和输出功率。制动时电机处在发电模式，电池回收电力，起动、加速时为电机提供驱动转矩。其特点是发动机内的飞轮组合了电机，可以在现行车辆驱动系统中原封不动地使用。电气部分更加简单，在电气系统出现故障的情况下，可单独采用发动机运转。以发动机作为能量源的串联式混合动力汽车，发动机虽然在最佳转速和最佳输出功率下运行时效率较高，但如需要驱动容量很大的电机时，还要有可供给电能的发电机。这些情况下就需要配备许多较重的电气设备，电池容量也要增大，因此质量也增加了。并联式混合动力汽车的电机与电池虽然满足容量较小的条件，但是大部分依靠发动机行驶，发动机就不能工作在最佳点，故效率较低。

串并联式混合驱动方式同时具有发动机和电机，与同样具有发动机和电机串联式混合动力汽车不同，发动机与车轮通过机械结构连接到一起。尽管电机的设计容量较小，但是在小功率时可作为纯电动汽车运转，能实现多种驱动方式。对于发动机汽车来说，在路况恶劣需频繁起停的行驶条件下，可回收制动时的能量，使之节省能源。除此之外，车辆还具有混合动力汽车所带来的一些优点：如减少了较重的电池等大容量、短时间的能量存储量，不充电也能使汽车仅在有燃料（汽油）补给的情况下持续行驶。

二、电动汽车对驱动电机的性能要求

新能源汽车用电机在需要充分满足汽车运行功能的同时，还应满足行驶时的舒适性、适应环境的性能和一次充电的续驶里程等性能。新能源汽车用电机要求具有比普通工业用电机更为严格的技术规范。其电机驱动系统的主要性能要求如下所述。

（1）体积小，质量小

减小有限的车载空间，特别是总质量的减少。电机采用铝合金外壳以降低其质量。各种控制装置的质量和冷却系统的质量等也要求尽可能小。

（2）在整个运行范围内的高效率

一次充电续驶里程长，特别是行驶方式频繁改变时，低负荷运行也应该具有较高的效率。

(3) 低转速大转矩特性及宽范围内的恒功率特性

即使没有变速器，电机本身也应满足所需要的转矩特性，以获得所需的起动、加速、行驶、减速、制动等所需的功率与转矩。电机具有自动调速功能，因此可以减轻驾驶人的操纵强度，提高驾驶的舒适度，并且能够达到与内燃机汽车加速踏板同样的控制响应。

(4) 高可靠性

在任何情况下都应确保具有高度的安全性。

(5) 低价格

要想得到普及，价格降低是必经之路。

(6) 高电压

在允许的范围内尽可能采用较高的电压，以减小电机和导线等装备的尺寸，降低逆变器的成本。各种动力电池组和电机的工作电压可达到300V以上，因此电气系统和控制系统的安全性，都必须符合相关车辆电气控制的安全性能标准和规定。

(7) 高转速

高转速电机的体积、质量较小，有利于降低整车的装备重量。

同时，电机还要求耐温和耐潮性能强，运行时噪声低，能够在较恶劣的环境下长期工作，且结构简单，适合大批量生产，使用维修方便等特性。

第二节 驱动电机

电动汽车驱动电机及其控制系统是电动汽车的心脏，是把电能转化为机械能来驱动车辆的部件。它的任务是在驾驶人的控制下，高效率地将动力电池的能量转化为车轮的动能，或者将车轮上的动能反馈到动力电池中。电能和机械能的相互转化在电机转子和定子间的气隙中完成。

目前电动汽车常用的电机及其驱动控制系统有如下4种：

1）直流电机驱动系统。电机控制一般采用脉宽调制（PWM）控制方式。

2）交流感应电机驱动系统。电机控制一般采用矢量控制或直接转矩控制的变频调速控制方式。

3）交流永磁电机驱动系统。包括永磁同步电机控制系统和永磁无刷方波电机控制系统，其中永磁同步电机控制一般采用矢量控制方法，永磁无刷方波电机控制方法与直流电机控制相似。

4）开关磁阻电驱动系统。电机控制一般采用模糊滑模控制方法。

电动汽车的电驱动系统与传统工业电机驱动系统差别较大，其特点如下：

1）以电机转矩或转速为控制目标，加速踏板、制动踏板和转向盘的给定位置是电机转矩或转速的目标值，要求转矩响应快、波动小、稳定性好。

2）要求电机具有较宽的调速范围，最高转速是基速的2倍以上，电机要能四象限工作。

3）为保证汽车动力性好，要求电机低速大转矩输出，并能具有较大的过载能力，较长的过载时间，过载系数达2倍以上，过载时间达3min以上，为保证最高车速，要求电机基速以上处于恒功率输出。

4）电驱动系统要求有高的功率密度和宽转速范围高效工作区，系统效率大于80%的转速区大于75%。

5）电驱动系统可靠性好、电磁兼容性好、易于维护。

一、驱动电机的分类

一般用途的电机的种类很多，用途广泛，功率的覆盖面非常大。而电动汽车所采用的电机种类较少，功率覆盖面也很窄，只根据本章第一节提到的电动汽车对于驱动电机的性能特点，采用了一些符合要求的电机，其基本类型如图6-1所示。

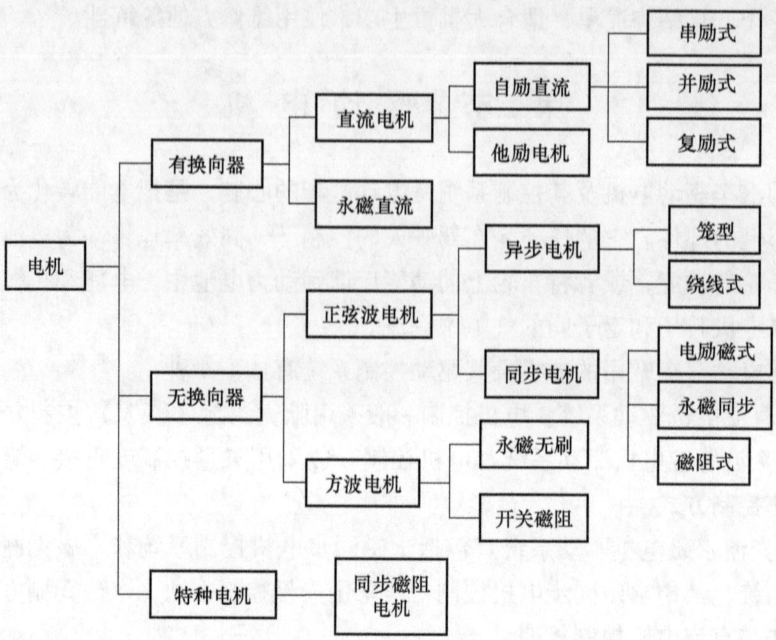

图6-1　新能源汽车所采用的电机的基本类型

电动汽车经常采用的驱动电机包括直流电机、交流异步电机、永磁同步电机和开关磁阻电机。最早应用于电动汽车的是直流电机，这种电机的优点是控制性能好、成本低。随着电子技术、机械制造技术和自动控制技术的发展，交流异步电机、永磁同步电机和开关磁阻电机在很多方面显示出比直流电机更加优越的性能，这些电机正在逐步取代直流电机。

二、直流电机

直流电机由于控制性能好，最早在电动汽车中获得应用。20 世纪 80 年代前，几乎所有的车辆牵引电机均为直流电机，如法国的雪铁龙 SAXO 电动轿车和日本大发 HIJET 电动面包车均达到年产 1 万辆的规模。这是因为直流牵引电机具有起步加速牵引力大、控制系统较简单等优点。直流电机的缺点是有机械换向器，当在高速大负荷下运行时，换向器表面会产生火花，所以电机的转速不能太高。由于直流电机采用机械式电刷和换向器，其过载能力、转速范围、功率体积比、功率质量比、系统效率、使用维护性均受到限制。

直流电机大致可分为永磁式电机和绕组式电机。前者没有励磁绕组且永磁体的磁场是不可控制的，后者有励磁绕组且磁场可由直流电流控制。在电动汽车所采用的电机中，小功率电机采用的是永磁电机，而大功率的电机，大多采用的是串励、并励以及复励电机等有励磁绕组的电机。

1. 直流电机的基本结构及性能特点

如图 6-2 所示，直流电机的结构由定子和转子两大部分组成。直流电机运行时静止不动的部分称为定子，定子的主要作用是产生磁场，由机座、主磁极、换向极、端盖、轴承和电刷装置等组成。运行时转动的部分称为转子，其主要作用是产生电磁转矩和感应电动势，是直流电机进行能量转换的枢纽，所以通常又称为电枢，由转轴、电枢铁心、电枢绕组、换向器和风扇等组成。在电机的定子和转子之间留有气隙，气隙的大小以及定子和转子的结构形式对电机的性能有重要影响。

电动汽车直流电机驱动系统中的直流电机通常采用串励电机和他励电机。电动汽车驱动电机在很多情况下使用的驱动特性如图 6-3 所示。

基本转速 n_e 以下为恒转矩区，基本转速 n_e 以上为恒功率区。在恒转矩区，励磁电流保持不变，通过改变电枢电压来控制转矩。在高速恒功率区，电枢电压不变，通过改变励磁电流或弱磁来控制转矩。直流电机驱动系统的这种特性很适合汽车对动力源低速高转矩、高速低转矩的要求，而且直流电机结构简单、易于平滑调速、控制技术成熟，所以直到 20 世纪 80 年代中期，它仍是国内外的主要研发对象。几乎所有早期的电动汽车都采用直流电机驱动系统。

电动汽车专用直流电机的结构和一般直流电机的结构没有显著的差别，同一

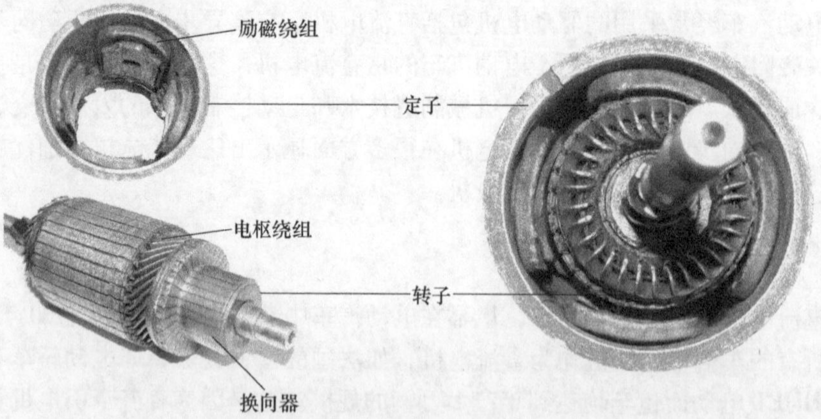

图 6-2　直流电机的构造

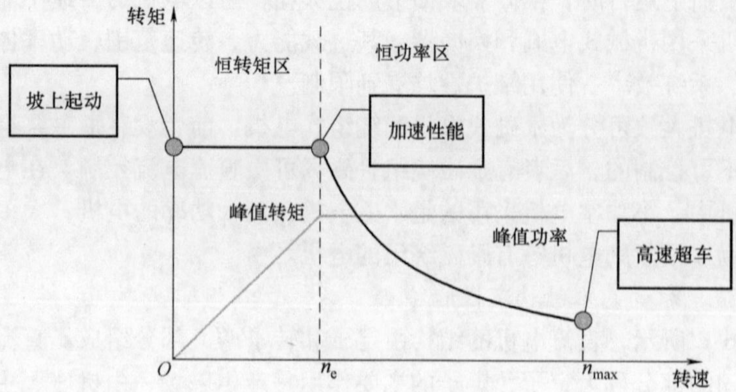

图 6-3　直流电机的驱动特性

般工业用电机相比，电动汽车专用电机具有以下所示的特点：

1）电枢轴要延长，以便安装用于速度检测的脉冲发生器和推力轴接头。

2）转子直径较小，轴较长，以适应高速旋转。

3）为了便于散热，电枢槽较多。

4）为了方便对换向器片、电刷等进行定期检查和维护，检查口较大。

5）为了防止由于振动而引起电刷的虚接，应提高电刷的预紧压力。

6）和其他电动汽车用电机相同，最大功率和额定功率标注在铭牌上。

因此，电动汽车专用直流电机和通用的电机相比，需要考虑耐高温、抗振动、低损耗、抗负荷波动等，此外还有小型轻量化、免维护等技术上的难题。除此之外，电动汽车用直流电机大多在较低的电压下驱动，同时又是大电流电路，因此需要注意连线的接触电阻。

直流电机的效率和转速相对较低；运行时需要电刷和机械换向装置，机械换向结构易产生电火花，不宜在多尘、潮湿、易燃易爆环境中使用；其换向器维护困难，很难向大容量、高速度发展；此外，电火花产生的电磁干扰对高度电子化的电动汽车来说也是致命的；直流电机价格高，体积和重量大。随着控制理论和电力电子技术的发展，直流驱动系统与其他驱动系统相比，已大大处于劣势。因此，目前国外各大公司研制的电动汽车电驱动系统已逐渐淘汰了直流电机驱动系统。

2. 直流电机控制系统

直流电机驱动系统开创了电动汽车的应用先河，其中他励式直流电机的转矩和磁通自然解耦，电枢电流控制转矩和励磁电流独立控制磁通，能够方便地实现恒转矩、恒功率调速和再生制动，控制最简单。而串励式直流电机起动转矩高、恒功率调速范围宽，也适合在牵引领域应用。由于永磁直流电机工作效率高，在直流驱动系统中应用具有优势，但使用中出现退磁是一个需要克服的技术难题。

在直流电机中，由磁极的励磁磁动势单独建立的磁场是电机的主磁场，也称为励磁磁场。励磁方式是指对励磁绕组如何供电、产生励磁磁动势而建立主磁场的问题。根据励磁绕组和转子绕组的连接关系，如图 6-4 所示，励磁式直流电机可细分为以下几种：

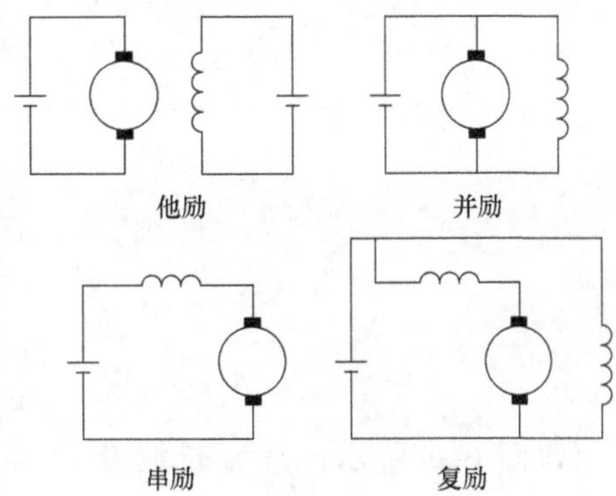

图 6-4　直流电机四种励磁方式

1）他励直流电机：励磁绕组与转子电枢的电源分开，永磁直流电机也可以看作他励直流电机。

2）并励直流电机：励磁绕组与转子电枢并联在同一电源上。

3）串励直流电机：励磁绕组与转子电枢串联到同一电源上。

4）复励直流电机：励磁绕组与转子电枢的连接有串有并，接在同一电源上。

值得注意的是，由于串励直流电机在低速时能提供高转矩，在早期电动汽车驱动系统中广泛应用。它所提供的单位电流转矩在所有电机中是最高的，这种特性能大大降低车辆加速与爬坡时的电能消耗。与励磁绕组直流电机相比，永磁直流电机由于采用永磁体，大大节省了空间并且没有磁场损失，所以其功率密度和效率都较高。

直流电机的调速方式有三种：电枢变阻、电枢调压和改变磁通。电枢变阻调速方式和电枢调压调速方式都属于恒转矩调速，而改变磁通调速的方式属于恒功率调速。电力电子技术和微电子技术的发展，使得直流斩波技术在现代直流调速中飞速发展，强迫换流式晶闸管（SCR）斩波器的开关频率受限制，造成直流电机转矩脉动大，逐渐被脉宽调制（PWM）式自关断器件，如GTR、GTO、MOSFET和IGBT等斩波器替代，使得直流电机的工作效率、动态性能和转矩脉动性得到明显改善。

直流电机控制器通常以斩波方式工作，也称直流斩波器，分为一象限型、二象限型、三象限型和四象限型。电动汽车直流电机控制器通常采用二象限直流斩波器，如图6-5所示，它既适合于电动机模式，又适合于再生制动模式。

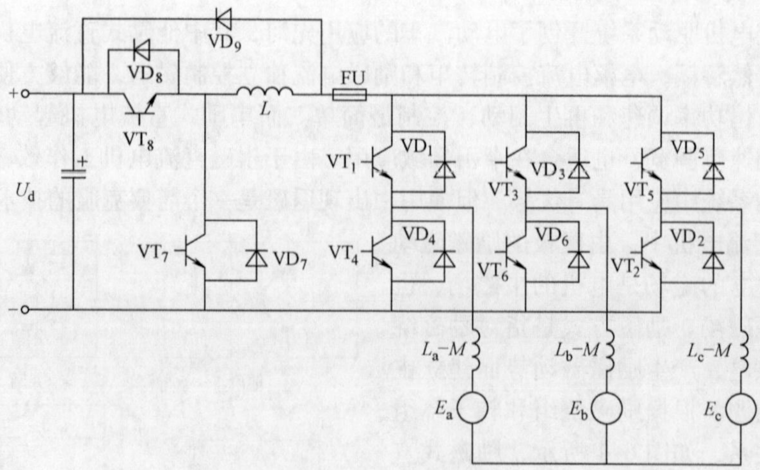

图6-5 典型的电流型二象限斩波器

如图6-6所示，直流斩波器的输出电压有三种调节方式，即脉宽调制（PWM）方式、频率调制方式和限流控制方式。第一种方法，斩波器的频率保持不变，只改变脉冲的宽度；第二种方法，脉冲宽度保持不变，斩波频率是可变的；第三种方法，脉冲宽度和频率都是可变的，使负载电流控制在某个特定的最大值和最小值之间。电动汽车直流电机驱动通常采用PWM控制方式，通过斩波器控制电路分别控制VT_1和VT_2栅极开关信号，直流电机电枢电压依赖于占空比δ的变化。

当电机工组在稳态时，有

$$U_a = \delta U_s \tag{6-1}$$

$$I_a = \frac{U_a - E}{R_a} \tag{6-2}$$

式中，U_s是电源直流电压。当$\delta >（E/U_s）$时，电机工作于电动机模式（$I_a > 0$），电机驱动汽车；当$\delta <（E/U_s）$时，电机工作于再生制动模式（$I_a < 0$），电机实现了回馈制动，给电动汽车储能单元充电；当$\delta =（E/U_s）$时，表示处于空载状态。由于电流没有间断，所以不会出现不连续的导通模式。

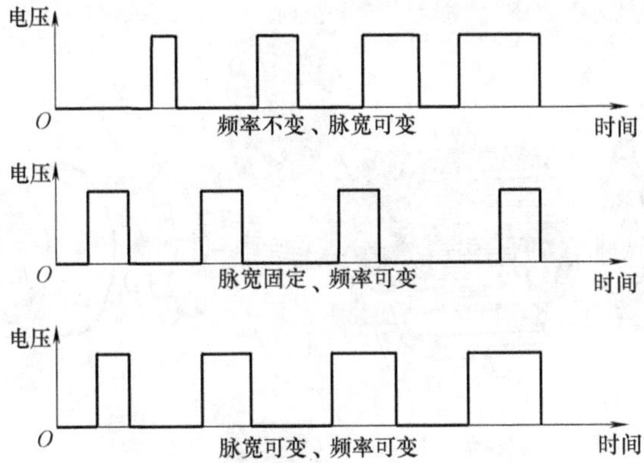

图 6-6 直流斩波器的输出电压调节方式

电驱动汽车的加速踏板、制动踏板和转向盘给定的是转矩（或转速）信号，电机控制器实现的是闭环控制。通过调节占空比 δ 来控制电枢电压，从而控制电磁转矩和电机转速，控制器一般采用 PI 调节器。

三、三相异步电机

交流电机可分为同步电机和异步电机两大种类，异步电机又称为感应电机。如果电机转子的转速与定子旋转磁场的转速相等，转子与定子旋转磁场在空间同步地旋转，这种电机就称为同步电机；如果电机转子的转速不等于定子旋转磁场的转速，转子与定子旋转磁场在空间旋转时不同步，则这种电机就称为异步电机。异步电机具有结构简单、价格便宜、运行可靠、维护方便、效率较高的优点，得到了广泛应用；其主要缺点在于功率因数低，运行时必须从电网吸收无功电流来建立磁场，故其功率因数小于 1。三相异步电机有笼型异步电机和绕线转子异步电机两种。在电动汽车的应用中，笼型异步电机较为广泛。它结构简单(图 6-7)、坚固，价格低，而且维护起来也很容易。

1. 三相异步电机的构造及工作原理

三相异步电机的定子和转子由层叠、压紧的硅钢片组成；两端采用端盖封装，在转子和定子之间没有相互接触的部件。

三相异步电机的定子绕组是一个对称的三相绕组。当三相异步电机接到三相电源上时，定子绕组就能产生一个旋转磁场。该磁场切割转子绕组，在转子绕组中感应电动势。如果转子绕组电路闭合，则会产生转子电流，该电流与定子旋转磁场相互作用，使转子绕组导体受到电磁力的作用，从而使转子跟着定子旋转磁场同方向旋转，电机就能带动机械负荷。如果三相异步电机转子的转速与旋转磁场的转速相同，则转子绕组的导体不切割旋转磁场的磁力线，导体中就没有感应

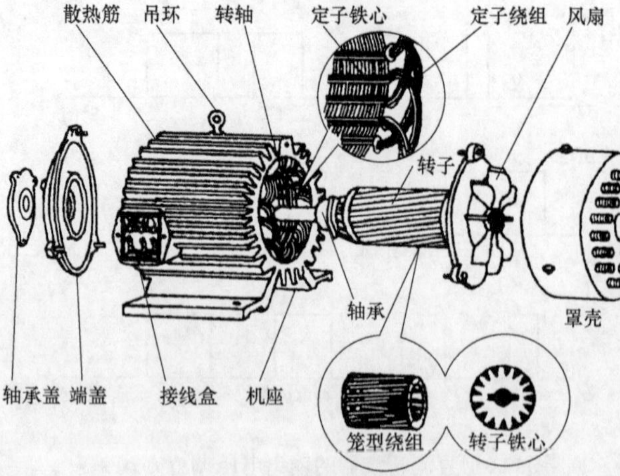

图 6-7　笼型异步电机的结构

电动势和电流，也就不会产生电磁力使转子转动。定子旋转磁场的转速 n_1 与转子转速 n 之间的差值称为转差，它与 n_1 的比值称为转差率 s。三相异步电机转子的转速是随负荷的变化而变化的，s 也就随负荷的变化而变化。

2. 交流异步电机的性能特点

电动汽车用的交流异步电机具有以下的特点：

1）小型轻量化。

2）易实现转速超过 10000r/min 的高速旋转。

3）高速低转矩时运转效率高。

4）低速时有高转矩，以及有宽泛的速度控制范围。

5）高可靠性（坚固）。

6）制造成本低。

7）控制装置的简单化。

异步电机成本低且可靠性高，逆变器即使是损坏而产生短路时也不会产生反向电动势，不会出现紧急制动的可能性，因此广泛应用于大型高速的电动汽车中。三相笼型异步电机的功率容量覆盖面很广，从零点几瓦到几百千瓦。它可以采用空气冷却或液体冷却方式，冷却自由度高，对环境的适应性好，并且能够实现再生制动。与同样功率的直流电机比较，效率较高，质量要减小约一半。

为了更好地满足以上要求，各大厂商均对其进行了研究开发。一般情况下，作为电动汽车专用的电机，由于安装条件是受限制的，而且要求小型轻量化，因而电机在 10000r/min 以上高速运转时，大多采用一级齿轮减速器实现减速。此外，由于振动等恶劣工作环境，低转速状态下需要高转矩，并且要求在较宽的速度范围内具有恒功率输出特性，所以电动汽车用异步电机与一般工业用的电机不同，因此在设计上采用了多种特有的方法。

出于对工作环境的考虑，电机大多采用全封闭式结构，为了框架、托座等的轻量化，采用压铸或挤压铝的方式制造，也有采用将定子铁心裸露在外表面的无框架的结构，而且为了实现小型轻量化，大多采用了水冷却定子框架的水冷式电机。高速运转时由于频率升高而引起了铁损的增大，因此希望减少电机的极对数，一般采用 2 极对数或 4 极对数，但是采用 2 极对数时，线圈端部的长度较长，故采用 4 极对数的场合更多些。此外，为了减少铁损，普遍采用了有良好磁性的电磁钢板。

3. 三相异步电机驱动控制系统

20 世纪 90 年代后，交流电机驱动系统的研制和开发有了新的突破。相比直流电机，交流电机的体积小、质量小、效率高、调试范围宽、可靠性高、价格便宜、维修简单方便，在电动汽车上得到了广泛应用。

图 6-8 所示为双侧独立驱动电驱动履带车辆异步电机驱动系统技术方案，该系统由三相异步电机、三相电压型 PWM 逆变器和驱动控制单元组成。三相异步电机的定子绕组接通交流电源产生励磁电流建立磁场，依靠电磁感应作用使转子绕组感生电流产生电磁转矩，以实现能量转换；三相 PWM 逆变器包含 IGBT 功率管，将直流电变为交流感应电机所需的交流电；驱动控制单元采用矢量控制算法，输出控制信号，使三相 PWM 逆变器实现相应的工作方式，控制瞬间功率流的变化，最终使电机能顺利完成电驱动综合控制器的期望动作。

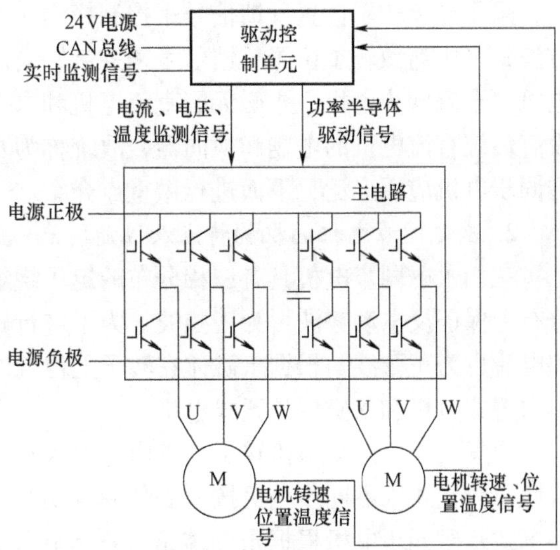

图 6-8　双侧独立驱动电驱动履带车辆异步电机驱动系统技术方案

4. 三相异步电机的调速

异步电机的基本调速方式有三种：调压调速、变极调速和变频调速。改变异步电机输入电源电压进行调速的方式称为调压调速，是一种变转差率调速；变换异步电机绕组极对数，从而改变同步转速进行的调速方式称为变极调速，其转速阶跃变化；改变异步电机输入电源频率，从而改变同步转速的调速方式称为变频调速，其转速可以均匀变化。随着电力电子微电子技术和现代控制技术的飞速发展，目前基于 IGBT 的 SVPEM 脉宽调制式控制应用广泛，动静态性能优良的矢量控制可以与直流调速相媲美，而控制简单、动态性能好的直接转矩控制在机车牵引等领域具有相当的应用前景。

四、永磁电机

研制开发电动汽车的关键主要有两个方面：一是生产高能量密度的电池；二是开发性能优良的驱动系统。在各类驱动电机中，永磁同步电机的能量密度高、效率高、体积小、惯性小、响应快，有很好的应用前景。

1. 永磁电机的分类

永磁电机有多种分类方法，根据输入电机接线端的电流种类可分为永磁直流电机和永磁交流电机。由于永磁交流电机没有电刷、换向器或集电环，因此也可称为永磁无刷电机。根据输入电机接线端的交流波形，永磁无刷电机可分为永磁同步电机和永磁无刷直流电机。输入永磁同步电机的是交流正弦或者近似正弦波，采用连续转子位置反馈信号来控制换向；而输入永磁无刷直流电机的是交流方波，采用离散转子位置反馈信号来控制转向。已有的永磁电机可分为永磁直流电机、永磁同步电机、永磁无刷直流电机和永磁混合式电机4类。其中，后三种没有传统直流电机的电刷和换向器，故统称为永磁无刷电机。在电动汽车中，永磁同步电机应用广泛，下面进行做重点介绍。

2. 永磁同步电机的机构特点及性能特点

三相永磁同步电机具有三相分布的定子绕组和永磁转子，在磁路结构和绕组分布上保证反电动势波形为正弦波。为了进行磁场定向控制，输入到定子的电压和电流也为正弦波。根据永磁体在转子上位置的不同，永磁同步电机可分为永磁体内置式电机和永磁体外置式电机。

内置式永磁同步电机转子由于内部嵌入永磁体，导致转子机械结构上的凸极特性。内置式永磁同步电机按永磁体磁化方向可分为径向式、切向式和混合式。外置式永磁同步电机根据永磁体是否嵌入转子铁心中，可以分为面贴式（SPM）和插入式（IPM）两种，如图6-9所示。

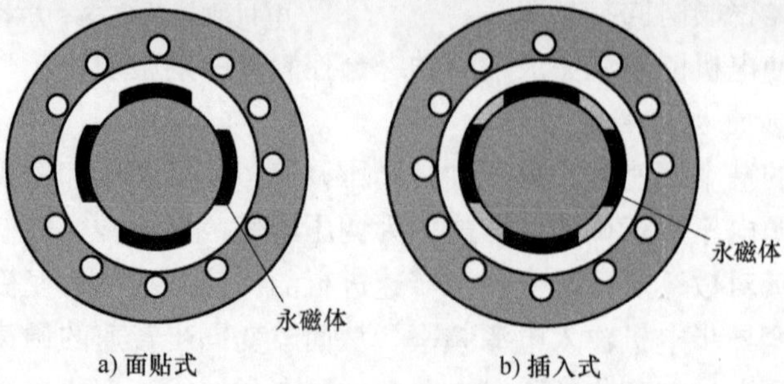

图6-9　外置式永磁同步电机转子结构示意图

面贴式永磁同步电机的转子永磁体一般为瓦片形，通过合成粘胶粘于转子铁心表面。功率稍大的面贴式永磁同步电机中，永磁体与气隙之间可以通过无纬玻璃丝带加以捆绑保护，防止永磁体因转子高速转动而脱落。插入式永磁同步电机的永磁体嵌入到转子铁心中，两永磁体之间的铁心成为铁磁介质突出的部分。在面贴式永磁电机中，由于永磁体的相对磁导率接近真空磁导率（$\mu=1.0$），等效气隙基本均匀，所以交、直轴电感基本相等，是一种隐极式同步电机。插入式永磁同步电机的交轴（q 轴）方向上的气隙比直轴（d 轴）的小，交轴的电感也比直轴大，是一种凸极式永磁同步电机。相对而言，由于永磁体的存在使得面贴式永磁同步电机定子和转子之间的有效气隙较大，因而定子的电感较小。

外置式永磁同步电机的结构比内置式电机简单，且具有制造容易、成本低廉的优点，因而工业上应用较多。其中，面贴式永磁同步电机转子结构最为简单，与插入式相比，它提高了转子表面的平均磁密，可以得到更大的电磁转矩。现阶段，工业上应用最多的是面贴式永磁同步电机。

永磁同步电机的功率因数高、效率高、功率密度大，是一种比较理想的驱动电机。但由于电磁结构中转子励磁不能随便改变，导致电机弱磁困难，调速性能不如直流电机。目前，永磁同步电机理论还不如直流电机和感应电机完善，还有许多问题需要进一步研究，主要有以下两个方面。

（1）电机效率

永磁同步电机低速效率很低，如何通过设计降低低速损耗，减小低速额定电流是目前研究的热点之一。

（2）电机的弱磁能力

由于永磁同步电机的转子是永磁体励磁，随着转速升高，电机电压会逐渐达到逆变器所能输出的电压极限，这时要想继续升高转速只有靠调节定子电流的大小和相位，增加直轴去磁电流来等效弱磁提高转速。电机弱磁能力的大小主要与直轴电抗和反电动势大小有关，但永磁体串联在直轴磁路中，所以直轴磁路一般磁阻较大，弱磁能力较小，电机反电动势较大时，也会降低电机的最高转速。

对一般电机，可以用调节励磁电流来控制。但永磁电机磁场的磁通量调节却比较困难，因此需要采用磁场控制技术来实现。这使得永磁电机的控制系统变得更复杂，而且增加了成本。

永磁无刷同步电机功率密度高，调速性能好，在宽转速范围内运行效率高（90%～95%），是理想的电动汽车驱动电机之一。它的主要缺点是电机造价较高，永磁材料会有退磁效应，抗腐蚀性差，而且永磁材料磁场不可变，要想增大电机的功率其体积会很大。随着稀土永磁材料的开发和应用，永磁无刷电机的性能有了很大的提高，是最有发展前景的驱动电机之一。

3. 永磁同步电机驱动控制系统

永磁同步电机驱动控制系统包括永磁同步电机及其逆变器组成。永磁同步电机是一种交流同步电机，其转子用永磁体产生永久励磁磁场，定子绕组接通交流电源产生电枢磁场，依靠电磁相互作用气隙中产生一个由转子带动而与转子同转速的合成旋转磁场，使定子绕组感生电动势产生电磁转矩，以实现能量转换。永磁同步电机根据定子电流波形的不同可分为矩形波永磁同步电机和正弦波永磁同步电机，而矩形波永磁同步电机又称为永磁无刷直流电机（Permanent Brushless DC Motors，PMBLDC）；根据转子磁路结构可分为表面式（surface types）和内置式（inset types），表面式永磁同步电机的 d 轴绕组电感 L_d 和 q 轴绕组电感 L_q 几乎相等，而内置式永磁同步电机的 L_d 和 L_q 相差很大，其中切向式 $L_d >> L_q$，而径向式 $L_d << L_q$。

高性能的永磁同步电机驱动系统通常采用矢量控制算法，把同步旋转磁场坐标系 d 轴放在转子磁链上，在转子参考坐标系下，d、q 轴上的电压方程可表示为

$$\begin{cases} u_q = R_s i_q + L_q p i_q + \omega_r L_d i_d + \omega_r \psi_f \\ u_d = R_s i_d + L_d p i_d - \omega_r L_q i_q \end{cases} \tag{6-3}$$

磁链方程为

$$\begin{cases} \psi_q = L_q i_q \\ \psi_d = L_d i_d + \psi_f \end{cases} \tag{6-4}$$

电磁转矩为

$$T_e = p_n [\psi_f i_q - (L_d - L_q) i_d i_q] \tag{6-5}$$

式中，u_d、u_q 为 d、q 轴绕组电压；i_d、i_q 为 d、q 轴绕组电流；L_d、L_q 为 d、q 轴绕组电感；R_s 为定子相电阻；ω_r 为转子电角速度；ψ_f 为永磁体基波励磁磁场链过定子绕组的磁链；p_n 为电机极对数；p 为微分算子。

无刷直流电机的气隙感应强度沿气隙梯形波分布，三相定子绕组切割磁场产生的反电动势是梯形波，相位互差120°电角度。定子三相绕组电压方程可以表示为

$$\begin{bmatrix} u_a \\ u_b \\ u_c \end{bmatrix} = \begin{bmatrix} R_s & 0 & 0 \\ 0 & R_s & 0 \\ 0 & 0 & R_s \end{bmatrix} \begin{bmatrix} i_a \\ i_b \\ i_c \end{bmatrix} + \begin{bmatrix} L-M & 0 & 0 \\ 0 & L-M & 0 \\ 0 & 0 & L-M \end{bmatrix} p \begin{bmatrix} i_a \\ i_b \\ i_c \end{bmatrix} + \begin{bmatrix} e_a \\ e_b \\ e_c \end{bmatrix} \tag{6-6}$$

电磁转矩方程为

$$T_e = (e_a i_a + e_b i_b + e_c i_c) / \Omega_n \tag{6-7}$$

式中，u_a、u_b、u_c 为定子三相电压；i_a、i_b、i_c 为定子三相电流；e_a、e_b、e_c 分别是定子三相绕组反电动势；R_s 为定子相电阻；L 为定子电感；M 为定子互感；

Ω_n 为电机转速。

变频调速是永磁同步电机的基本调速方式，原理与感应电机变频调速基本相同。在理想情况下，永磁无刷直流电机的气隙磁通是矩形波，定子感应电动势也是矩形波，三相合成产生恒定的电磁转矩，没有转矩纹波，而实际工作时由于磁饱和等因素产生脉动的梯形波电磁转矩。永磁无刷直流电机转子位置传感器和逆变器构成自控式永磁无刷直流电机，通过转子位置传感器提供的信号控制变压变频装置的逆变器换流，从而达到改变定子绕组的供电频率。目前最常用的是导通型脉宽调制斩波控制 IGBT 逆变器，能够较好地改善转矩控制，增加电流调节控制精度，减小转矩脉动。无刷直流电机矢量控制目前应用较多，它与感应电机矢量控制技术基本相同，但要考虑正弦波永磁同步电机转子永久励磁的特点。

4. 永磁无刷直流电机的工作特性及控制技术

永磁无刷直流电机是在直流电机的转子上装置永久磁铁，不再用电刷和换向器向转子输入励磁电流。工作时，直接将方波电流输入无刷直流电机定子中，控制其运转。永磁无刷直流电机起动转矩大、过载能力强、体积小、效率高、控制方便，非常适合电动汽车的运行特性，其效率明显高于欧盟标准（CEMED）。

永磁无刷直流电机不采用机械式换向器和电刷，而是由固态逆变器和轴位置检测器组成电子换向器。位置传感器用来检测转子在运动过程中的位置，并将位置信号转换为电信号，保证各向绕组的正确换流。永磁无刷直流电机常采用电流斩波控制，控制系统由桥式转换器、PWM 控制电路、电机转轴位置检测器和方波永磁直流电机等几部分组成。

五、开关磁阻电机

磁阻电机的研究最早可以追溯到 19 世纪 40 年代，英国研究者将其用于机车牵引系统。然而，直到 20 世纪 60 年代，由于电力电子器件技术、计算机技术和自动控制理论的发展，磁阻电机的研究才得以全面展开，其优点才被广泛了解。

1. 开关磁阻电机的结构特点及工作原理

开关磁阻电机驱动系统是高性能机电一体化系统，主要由开关磁阻电机（Switched Reluctance Motor，SRM）、功率转换器、传感器和控制器 4 部分组成。其中开关磁阻电机为系统主要组成部分，实现电能向机械能的转化；功率转换器是连接电源和电机的开关器件，用以提供开关电机所需电能，其结构形式一般与供电电压、电机相数以及主开关器件种类有关；传感器主要用来反馈位置及电流信号，并传送给控制器；控制器是系统的中枢，起决策和指挥作用，主要是针对传感器提供的转子位置、速度和电流反馈信息以及外部输入的指令，实时加以分析处理，进而采取相应的控制决策，控制功率转换器中主开关器件的工作状态，实现对电机运行状态的控制。

开关磁阻电机是一种新型电机，由双凸极的定子和转子组成，其定子、转子的凸极均由普通的硅钢片叠压而成。转子既无绕组又无永磁体，定子极上绕有集中绕组。径向的两个绕组串联成一个两极磁极，称为“一相”。SRM 可以设计成多种不同的相数结构，且定子、转子的极数有多种不同的搭配，可以设计成单相、两相、三相、四相及多相等不同相数结构，低于三相的 SRM 一般没有自起动能力。相数多，有利于减小转矩脉动，但同时也导致结构复杂，主开关器件多，成本增高。目前应用较多的是三相 6/4 极结构和四相 8/6 极结构。图 6-10 所示为一台四相 8/6 极 SRM 典型结构，定子有 8 个齿，转子有 6 个齿。每个定子齿上绕有一个线圈，其中径向相对的两个极的线圈串联构成一相绕组，共有 4 相绕组，转子上无绕组。

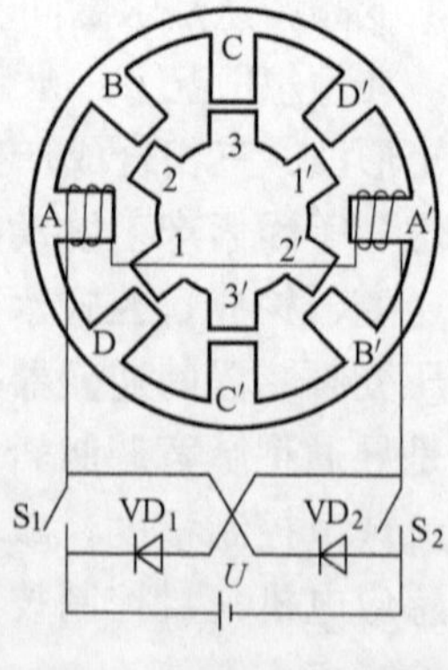

图 6-10　四相 8/6 极 SRM 典型结构（只画一相绕组）

SRM 的运行遵循“磁阻最小原则”——磁通总是沿磁阻最小的路径闭合。当定子的某相绕组通电时，所产生的磁场由于磁力线扭曲而产生切向磁拉力，迫使相近的转子极即导磁体旋转到其轴线与该定子极轴线对齐的位置，即磁阻最小位置。

在图 6-10 中，当定子 D—D′极励磁时，1—1′向定子轴线 D—D′重合的位置转动，并使 D 相励磁绕组的电感以图中定、转子所处的相对位置作为起始位置，依次给 D→A→B→C 相绕组通电，转子即会逆着励磁顺序以逆时针方向连续旋转；反之，若依次给 B→A→D→C 相通电，则电机即会沿顺时针方转动。可见，SRM 的转向与相绕组的电流方向无关，而仅取决于相绕组通电的顺序。另外，当主开关器件 S_2 导通时，A 相绕组从直流电源 U 吸收电能，而当 S_1、S_2 关断，绕组电流经续流二极管 VD_1、VD_2 继续流通，并回馈给电源 U。SRM 传动的共性特点是具有再生作用，系统效率高。

通过控制加到 SRM 绕组中电流脉冲的幅值、宽度及其与转子的相对位置（即导通角、关断角），即可控制 SRM 转矩的大小与方向，这正是 SRM 调速控制的基本原理。

2. 开关磁阻电机的性能特点

与当前广泛使用的感应电机变频调速系统相比，开关磁阻电机及其驱动系统在成本、效率、功率密度、调速性能、可靠性和散热性能等方面具有一定的优势。综合分析比较，开关磁阻电机驱动系统的特点主要集中在以下几个方面：

1）开关磁阻电机的结构简单，紧凑牢固，适于在高速、高温环境下工作。开关磁阻电机为凸极结构，转子上无绕组和永磁体，转动惯量小，易于加、减速，特别适用于高速旋转的工作环境。定子绕组为集中绕组，制造简单，且端部短而紧凑，易于冷却。因此，该电机可适用于工作条件恶劣（如高温）甚至强振动的环境，而且维护简单，有良好适应能力。

2）功率转换器结构简单，容错性能强。由于转矩与电枢绕组电流方向无关，因此可以减少功率转换器的开关器件个数，降低系统硬件成本，增加运行可靠性。由于各绕组互相独立工作，系统可以断相工作，容错能力强。系统中每个功率开关器件均直接与绕组串联，避免了直通短路现象。因此，功率电路的保护电路也可以简化，提高了系统的可靠性。

3）可控参数多，调速性能好。开关磁阻电机驱动系统参数主要有开通角、关断角、相电流幅值和相绕组电压，可控参数多，控制较为灵活，可以有多种控制方法使电机运行于最佳状态，而且可以在不增加辅助开关器件的情况下，实现电机的四象限运行。

4）起动转矩大，调速范围宽。开关磁阻电机起动转矩较大，并可以在宽速度范围内实现恒功率运行，适用于频繁起停及正反方向的交替运行。

5）功耗小，效率高。由于开关磁阻电机转子不存在绕组，降低了电机的铜损，并且能在很宽的功率和转速范围内都保持高效率。

开关磁阻电机驱动系统应用范围广泛，目前已成功应用于电动汽车用驱动系统、家用电器、工业应用以及航空航天等领域。其中电动汽车领域是开关磁阻电机较成功的应用领域之一，开关磁阻电机驱动系统在电动汽车领域应用的主要优势如下：

1）通过适当的控制策略和系统设计，电机能满足电动汽车四象限运行要求，并在高速运行区域内能保持较强的制动能力。

2）电机驱动系统有良好的散热性能，功率密度大，减少了电动机体积和质量，节省了电动汽车的有效空间。

3）电机在很宽的功率和转速范围内都能保持高效率，能有效提高电动汽车的一次充电的连续行驶里程。

4）电机可以实现良好控制的特性，而且容易智能化，能通过编程和替换电路元器件，能满足不同类型电动汽车的运行要求。

5）电机驱动系统无需或很少需要维护，适用于高温、恶劣工作环境，具有良好的适应性能。

以上特点使开关磁阻电机驱动系统适用于电动汽车在各种工况下的运行，因此在电动汽车领域具有一定的应用前景。

3. 开关磁阻驱动电机控制系统

绕组电流的非正弦与铁心磁通密度的高饱和是 SRM 运行的两个特点。由电路基本定律列写包括各相回路在内的电气主电路的电压平衡方程式，电机的每一

相都需要一个方程，电机第 k 相电压平衡方程式为

$$U_k = R_k i_k + \frac{\mathrm{d}\psi_k}{\mathrm{d}t} \tag{6-8}$$

式中，U_k 为加在 k 相绕组的电压；R_k 为 k 相绕组的电阻；i_k 为 k 相绕组的电流；ψ_k 为 k 相绕组的磁链，$\psi_k = L_k(\theta_k, i_k)i_k$。

由于磁路非线性，通常 SRM 的转矩根据磁共能来计算，即

$$T(\theta,i) = \frac{1}{2}\frac{\partial}{\partial\theta}\int_0^{i^2} L(\theta,i)\mathrm{d}i^2 \tag{6-9}$$

在特定情况下，开关磁阻电机没有磁饱和，电感与相绕组电流无关，可推导出磁阻转矩为

$$T(\theta, i) = \frac{1}{2}i^2\frac{\mathrm{d}L}{\mathrm{d}\theta} \tag{6-10}$$

电机的转矩方向不受电流方向的影响，仅取决于电感随转角的变化。若 $\mathrm{d}L/\mathrm{d}\theta>0$，则相绕组有电流流过，产生电动转矩；若 $\mathrm{d}L/\mathrm{d}\theta<0$，则产生制动转矩。因此通过控制加到电机绕组中电流脉冲的幅值、宽度及其与转子的相对位置，即可控制电机转矩的大小与方向。

开关磁阻电机调速系统由 SRM 转子位置传感器逆变器和控制器组成，其基本控制方式如下：

1）基速以下电流或电压斩波控制获得低速恒转矩特性。

2）基速以上角度位置控制获得高速恒功率特性。

第三节　交流异步电机控制算法

一、交流异步电机 *d-q* 参考坐标系数学建模

由于异步电机物理上是一个电磁耦合严重的非线性时变系统，为了理论研究方便，假设一个三相对称的笼型异步电机具有：①均匀气隙；②没有铁心损耗；③线性磁路。考虑异步电机所有物理量归算到定子绕组侧，以便建立与分析感应电机的数学模型。

在任意速度 d-q 参考坐标系中，异步电机的数学模型矢量形式可表示为

$$\begin{cases} \boldsymbol{v}_\mathrm{s}^a = (p+\mathrm{j}\omega_\mathrm{a})\boldsymbol{\lambda}_\mathrm{s}^a + R_\mathrm{s}\boldsymbol{i}_\mathrm{s}^a \\ \boldsymbol{v}_\mathrm{r}^a = [p+\mathrm{j}(\omega_\mathrm{a}-\omega_\mathrm{r})]\boldsymbol{\lambda}_\mathrm{r}^a + R_\mathrm{r}\boldsymbol{i}_\mathrm{r}^a \\ \boldsymbol{\lambda}_\mathrm{s}^a = L_\mathrm{s}\boldsymbol{i}_\mathrm{s}^a + \boldsymbol{L}_\mathrm{m}\boldsymbol{i}_\mathrm{r}^a \\ \boldsymbol{\lambda}_\mathrm{r}^a = L_\mathrm{m}\boldsymbol{i}_\mathrm{s}^a + L_\mathrm{r}\boldsymbol{i}_\mathrm{r}^a \end{cases} \tag{6-11}$$

异步电机的机械运动方程为

$$T_{em} - T_i = J\frac{d\omega}{dt} \tag{6-12}$$

其中，异步电机的电磁转矩方程为

$$T_{em} = \frac{3P}{2}(\boldsymbol{\lambda}_s^a \times \boldsymbol{i}_s^a) = \frac{3P}{2}\frac{L_m}{L_r}(\boldsymbol{\lambda}_r^a \times \boldsymbol{i}_s^a) \tag{6-13}$$

由于笼型异步电机的转子绕组短路，因此有

$$\boldsymbol{v}_r^a = 0 \tag{6-14}$$

这样，式（6-11）的矩阵形式为

$$\begin{bmatrix} v_{sd}^a \\ v_{sq}^a \\ 0 \\ 0 \end{bmatrix} = \begin{bmatrix} R_s + L_s p & -L_s\omega_a & L_m p & -L_m\omega_a \\ L_s\omega_a & R_s + L_s p & L_m\omega_a & L_m p \\ L_m p & -L_m\omega_a & R_r + L_r p & -L_r\omega_a \\ L_m\omega_{sl} & L_m p & L_r\omega_a & R_r + L_r p \end{bmatrix} \begin{bmatrix} i_{sd}^a \\ i_{sq}^a \\ i_{rd}^a \\ i_{rq}^a \end{bmatrix}$$

$$\begin{bmatrix} \lambda_{sd}^a \\ \lambda_{sq}^a \\ \lambda_{rd}^a \\ \lambda_{rq}^a \end{bmatrix} = \begin{bmatrix} L_s & 0 & L_m & 0 \\ 0 & L_s & 0 & L_m \\ L_m & 0 & L_r & 0 \\ 0 & L_m & 0 & L_r \end{bmatrix} \begin{bmatrix} i_{sd}^a \\ i_{sq}^a \\ i_{rd}^a \\ i_{rq}^a \end{bmatrix} \tag{6-15}$$

二、交流异步电机 VVVF 控制

异步电机驱动系统 VVVF 控制功能的框图如图 6-11 所示，此方法是在基频以下用恒压恒频控制，基频以上用变频恒压控制。在频率很低时，定子阻抗下降，通过提高电压来补偿电源电压与感应电动势之间的压降。异步电机的驱动特性如图 6-12 所示，可分为三段，第一段在电机频率低于基频时，产生额定转矩，称为恒转矩区；在第二段，定子电压保持恒定，转差增加到最大值，电机功率维持在额定值不变；第三段在高速区，转差维持常数，而定子电流衰减，转矩以速度的二次方减少。因为变压变频控制方法具有气隙磁通偏移和延时响应等缺点，在高性能电动汽车的驱动中较少使用这种方法。

三、交流异步电机矢量控制

1. 矢量控制基本原理

为了改善电动汽车异步电机的动态特性，应优先选择矢量控制（FOC）而不是 VVVF 控制。FOC 的基本思路是：模拟直流电机的控制方法进行控制，根据线性变换以及变换前后磁势和功率不变的原则，通过正交变换将 a-b-c 三相坐标下的数学模型变成 α-β 两相静止坐标系（Clarke）的模型，然后通过旋转变换将两相静止坐标系的模型变成两相旋转坐标系（Park）的模型（d-q）。在 α-β/d-q 变

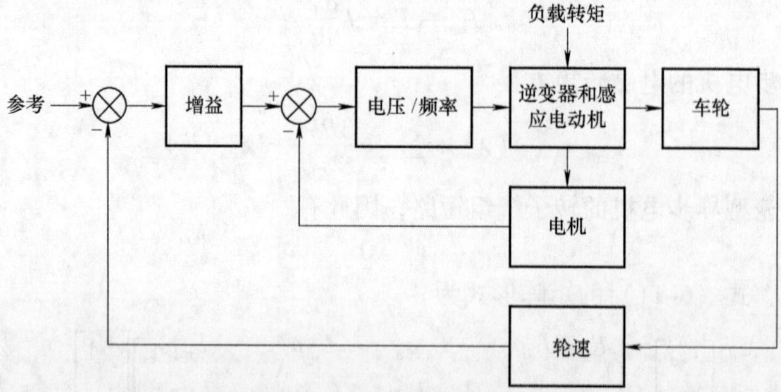

图6-11　异步电机驱动系统 VVVF 控制功能的框图

换下将定子电流矢量分解成按转子磁场定向的两个直流分量 i_d、i_q（其中 i_d 为励磁电流分量，i_q 为转矩电流分量），并对其分别加以控制，控制 i_d 相当于控制磁通，控制 i_q 相当于控制转矩。

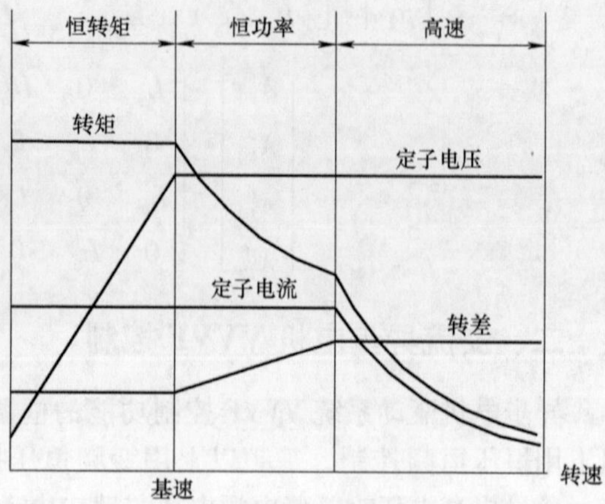

图6-12　异步电机的驱动特性

在异步电机磁场定向的矢量控制算法中，将旋转坐标系中 d 轴放在转子磁场上为转子磁场定向控制，将旋转坐标系中 d 轴放在定子磁场上称为定子磁场定向控制，将旋转坐标系中 d 轴放在气隙磁场上称为气隙磁场定向控制，由于后两种控制较难实现，并且电机的电磁转矩表达式是非线性的，因此通常采用转子磁场定向（RFOC）感应电机模型进行分析和控制。

由三相静止坐标系 abc 变换为两相同步旋转坐标系变换矩阵为

$$C_{3s/2r}=C_{2s/2r}C_{3s/2s}=\sqrt{\frac{2}{3}}\begin{bmatrix}\cos\varphi & \sin\varphi\\ -\sin\varphi & \cos\varphi\end{bmatrix}\begin{bmatrix}1 & -\frac{1}{2} & -\frac{1}{2}\\ 0 & \frac{\sqrt{3}}{2} & -\frac{\sqrt{3}}{2}\end{bmatrix} \tag{6-16}$$

显然有 $\varPsi_r=\varPsi_d=\varPsi_{rm}$，$\varPsi_{rq}=0$，如图6-13所示。

基于转子磁场定向控制的感应电机的磁链方程式为

$$\varPsi_r=\frac{L_m}{1+T_r p}i_{sm} \tag{6-17}$$

式中 T_r 为转子时间常数，$T_r = L_r / R_r$。

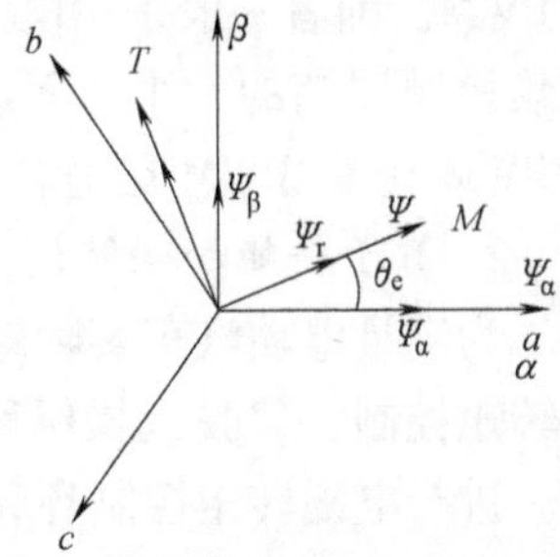

图 6-13　磁链转换相图

基于转子磁场定向控制的感应电机电磁转矩方程为

$$T_e = p_n \frac{L_m}{L_r} i_{st} \Psi_{rm} \tag{6-18}$$

当转子磁链 Ψ_r 恒定时，式(6-18)可变为

$$T_e = p_n \frac{L_m^2}{L_r} i_{sm} i_{st}$$

转子磁链恒定时的转矩方程式与直流电机转矩方程式相似，从物理结构上看，感应电机与直流电机不同，不是依靠换向器来固定磁场的空间位置关系，而是通过坐标变换或矢量变换使转子磁链 Ψ_r 与转矩电流分量 i_{st} 正交解耦。因此，可以通过控制 Ψ_r 和 i_{st}，或控制 i_{sm} 和 i_{st} 来控制电磁转矩。对于电动汽车驱动电机，在基速以下，保持励磁电流 i_{sm} 为额定值，只需调节 i_{st} 即可改变电磁转矩，实现转矩控制；在基速以上，调节励磁电流 i_{sm} 与转速 ω_r 自动调节，保持 $i_{sm}\omega_r$ 恒定，同时调节转矩电流 i_{st}，保持 $T_e\omega_r$ 恒定，实现恒功率控制。

间接转子磁场定向控制（IRFOC）是基于转子速度和转差速度计算转子磁链位置的一种磁场定向控制方式，是一种比较成熟的感应电机控制算法。在 IRFOC 控制方式下异步电机控制模型为

$$\begin{cases} \boldsymbol{\lambda}_r^r = \lambda_{rd}^r \\ \boldsymbol{v}_s^r = (p + j\omega_{rt}) \boldsymbol{\lambda}_s^r + R_s \boldsymbol{i}_s^r \\ \lambda_{sd}^r = \sigma L_s i_{sd}^r + \dfrac{L_m^2}{L_r (1 + T_r p)} i_{sd}^r \\ \lambda_{rd}^r = \sigma L_s i_{sq}^r \\ \lambda_{rd}^r = \dfrac{L_m}{1 + T_r p} i_{sd}^r \\ \omega_{st} = \dfrac{L_m}{T_r \lambda_{rd}^r} i_{sq}^r \end{cases} \tag{6-19}$$

而且，根据式（6-18），得到电磁转矩方程为

$$T_{em} = \frac{3P L_m}{2\ L_r} \lambda_{rd}^r i_{sq}^r \tag{6-20}$$

如果已知转子速度和转差速度，那么转子磁链位置为

$$\theta_r = \int \omega_r \mathrm{d}t + \int \omega_{sl} \mathrm{d}t \tag{6-21}$$

基于 IRFOC 算法的关键在于 PWM 的调节方法，一般可以分为 CRPWM 和

SVPWM。前者一般采用电流滞环比较器直接产生 PWM，虽然实时性好，但严重依赖控制周期的大小；而后者一般基于 PI 电流调节器产生电压信号实现 PWM。SVPWM 比 CRPWM 更适合于 VSI 全数字控制感应电机。

2. 基于转矩和磁链调节的 IRFOC 转矩控制

为满足电动汽车实际驾驶需求和动力性能要求，需要对电机驱动控制系统进行转矩控制，驾驶人操纵踏板施加的是转矩信号，控制系统对转矩进行闭环控制。进行电磁转矩控制环和转子磁链控制环的 IRFOC 矢量控制系统如图 6-14 所示，下面分别对两个控制环进行分析设计。

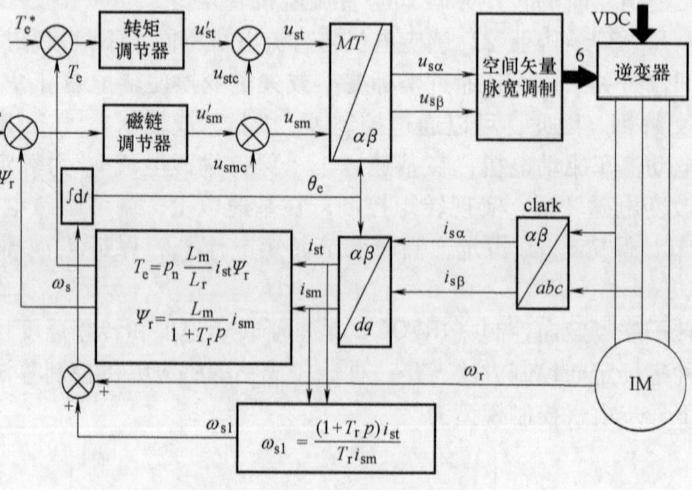

图 6-14 IRFOC 矢量控制系统

根据 IRFOC 矢量控制系统中异步电机数学模型有

$$
\begin{aligned}
u_{sm} &= R_s i_{sm} + \sigma L_s p i_{sm} + \frac{L_m}{L_r} p \Psi_{rm} - \omega_s \sigma L_s i_{st} \\
&= \sigma L_s \frac{T_r}{L_r} p^2 \Psi_{rm} + (T_s + T_r) \frac{R_s}{L_m} p \Psi_{rm} + \frac{R_s}{L_m} \Psi_{rm} - \omega_s \sigma L_s i_{st} \\
u_{st} &= R_s i_{st} + \sigma L_s p i_{st} + \omega_s \left(\sigma L_s i_{sm} + \frac{L_m}{L_r} \Psi_{rm}\right) \\
&= \frac{R_s L_r}{p_n L_m \Psi_{rm}} T_e + \sigma L_s \frac{L_r}{p_n L_m} p\left(\frac{T_e}{\Psi_{rm}}\right) + \omega_s \left(\sigma L_s i_{sm} + \frac{L_m}{L_r} \Psi_{rm}\right)
\end{aligned}
\tag{6-22}
$$

式中，$\sigma = 1 - \frac{L_m^2}{L_r L_s}$。

以上两式中含有与 ω_s 有关的旋转电动势耦合项，若令

$$\begin{cases} u'_{sm} = \sigma L_s \dfrac{T_r}{L_r} p^2 \Psi_{rm} + (T_s + T_r) \dfrac{R_s}{L_m} p \Psi_{rm} + \dfrac{R_s}{L_m} \Psi_{rm} \\ u_{smc} = -\omega_s \sigma L_s i_{st} \end{cases}$$

$$\begin{cases} u'_{st} = \dfrac{R_s L_r}{p_n L_m \Psi_{rm}} T_e + \sigma L_s \dfrac{L_r}{p_n L_m} p\left(\dfrac{T_e}{\Psi_{rm}}\right) \\ u_{stc} = \omega_s \left(\sigma L_s i_{sm} + \dfrac{L_m}{L_r} \Psi_{rm}\right) \end{cases} \tag{6-23}$$

则可得

$$\begin{aligned} u_{sm} &= u'_{sm} + u_{smc} \\ u_{st} &= u'_{st} + u_{stc} \end{aligned} \tag{6-24}$$

式中，$T_s = L_s/R_s$；$T_r = L_r/R_r$。

(1) 磁链控制环的设计

对磁链进行闭环控制，就是为了保证在动态过程中保持磁链恒定。过大超调量容易使磁链饱和，所以要求突加控制量时的超调量要尽量小，即系统要有良好的动态特性。根据式(6-23)，将转子磁链 Ψ_r 和 M 轴电压 u'_{sm} 的关系写成传递函数形式为

$$\frac{\Psi_{rm}}{u'_{sm}} = \frac{L_m/R_s}{\sigma T_s T_r s^2 + (T_s + T_r) s + 1} \tag{6-25}$$

式(6-25)是一个二阶系统，但不是典型的Ⅰ型或Ⅱ型系统。通过根轨迹分析，系统不稳定。为了使系统稳定，提高系统控制精度和响应快速性，磁链控制环串入一个磁链 PI 调节器，把此系统校正为典型的Ⅰ型系统，如图 6-15 所示。

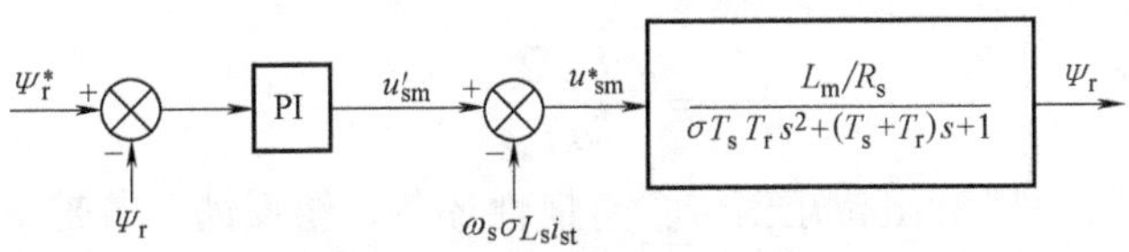

图 6-15 转子磁链传递函数框图

设 PI 调节器传递函数为 $K_p(Ts+1)/Ts$，则引入 PI 调节器的磁链闭环结构图如图 6-16 所示。

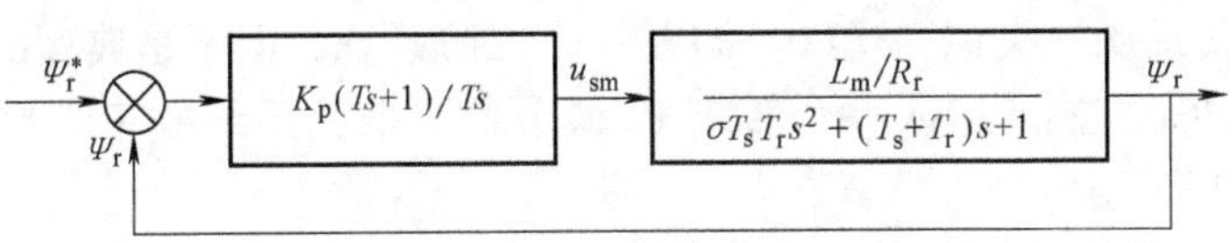

图 6-16 引入 PI 调节器的磁链闭环结构图

对式(6-25)进行分解得到

$$\frac{\Psi_{rm}}{u'_{sm}}=\frac{L_m/R_s}{AB\sigma T_s T_r\left(\frac{s}{A}+1\right)\left(\frac{s}{B}+1\right)} \tag{6-26}$$

式中，
$$A=\frac{(T_r+T_s)-\sqrt{(T_r+T_s)^2-4\sigma T_r T_s}}{2\sigma T_r T_s}$$
$$B=\frac{(T_r+T_s)+\sqrt{(T_r+T_s)^2-4\sigma T_r T_s}}{2\sigma T_r T_s}$$

取 $T=1/A$，则可以得到转子磁链环开环传递函数变为

$$\frac{\Psi_{rm}}{u'_{sm}}=\frac{K_p L_m/R_s}{B\sigma T_s T_r s\left(\frac{s}{B}+1\right)}=\frac{K}{s(T's+1)} \tag{6-27}$$

式中，$K=\frac{K_p L_m/R_s}{B\sigma T_s T_r}$；$T'=\frac{1}{B}$。

式(6-27)是一个典型Ⅰ型系统。根据典型Ⅰ型系统最优动态性能的要求，须满足 $KT'=0.5$，整理得

$$K_p=\frac{0.5B^2 R_s\sigma T_s T_r}{L_m} \tag{6-28}$$

以上 T'、K_p 给出的是参数的大致范围，要在实际的系统调试中再对 T'、K_p 进行微调，直到达到系统的最优点，满足转子磁链性能要求为止。

（2）转矩控制环的设计

根据电动汽车电机驱动控制系统驾驶和动力性能要求，在控制过程中，要求基速以下电机输出最大恒定磁链。由式(6-20)和式(6-21)可得转矩与电压之间的传递函数为

$$\frac{T_e}{u'_{st}}=\frac{p_n L_m \Psi_{rm}/L_r R_s}{\sigma T_s s+1} \tag{6-29}$$

由式(6-29)可以看出转矩信号含有惯性环节，给反馈环节带来延迟，为了平衡这一延迟，在给定信号通道加一个时间常数 T_c 的一阶惯性环节，则式(6-29)变为

$$\frac{T_e}{u'_{st}}=\frac{p_n L_m \Psi_{rm}/L_r R_s}{(T_c s+1)\ \sigma T_s s+1} \tag{6-30}$$

与磁链传递函数类似，式(6-30)是一个二阶系统，但不是典型的Ⅰ型或Ⅱ型系统，因此转矩控制环串入一个转矩 PI 调节器，把此系统校正为典型的Ⅰ型系统，如图 6-17 所示。

设 PI 调节器传递函数为 $K_p(Ts+1)/Ts$，引入 PI 调节器的转矩闭环结构如图 6-18 所示。

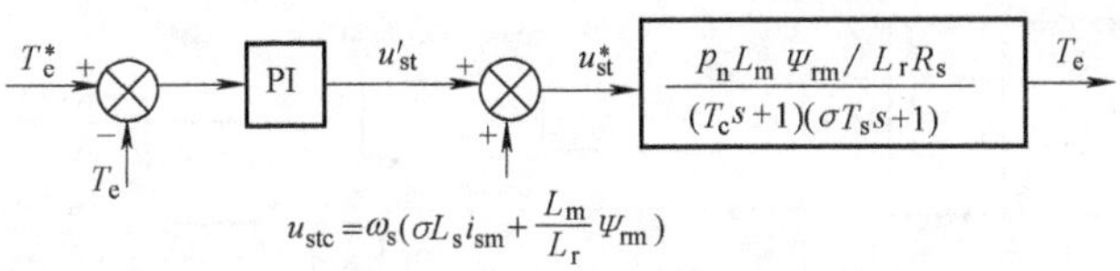

图 6-17　转矩传递函数框图（典型 I 型系统）

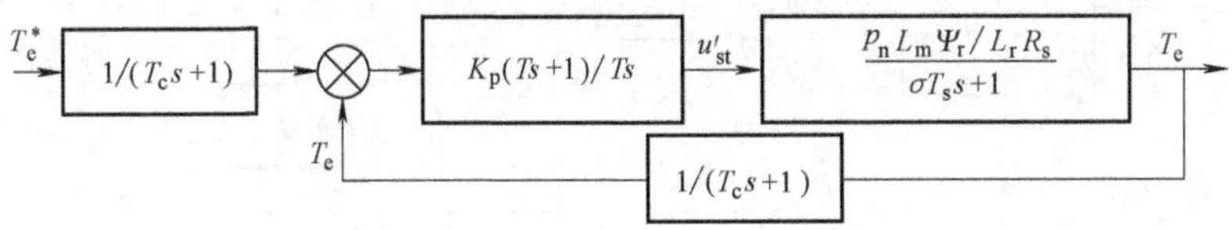

图 6-18　引入 PI 调节器的转矩闭环结构

令 $T=\sigma T_s$，$T_c<T$，校正后的转矩开环传递函数为

$$\frac{T_e}{u'_{st}}=\frac{K_p p_n L_m \Psi_r/L_r R_s \sigma T_s}{s\ (T_c s+1)}=\frac{K}{s\ (T_c s+1)} \tag{6-31}$$

这是一个典型 I 型系统。根据典型 I 型系统最优动态性能的要求，须满足 $KT_c=0.5$，由式(6-31)整理得

$$K_p=\frac{0.5 L_r R_s \sigma T_s}{T_c p_n L_m \Psi_r} \tag{6-32}$$

与转子磁链调节器参数设计相似，首先确定 T、K_p、T_c 的大致范围，再在实际的系统调试中对 T、K_p、T_c 微调，直到达到系统的最优点。

3. 基于双 PI 电流调节的 IRFOC 转矩控制

由于 PID 控制是一种负反馈控制，原理简单，使用方便，适应性强，有一定的鲁棒性，因此在工业控制中广泛应用，但是要根据不同的控制要求，试验调整 PID 调节器系数。异步电机双 PI 电流调节的转矩控制原理图如图 6-19 所示。

在 d-q 坐标系中，建立两个 PI 电流调节器，分别调节励磁电流分量和转矩电流分量，那么时域误差定义为

$$\begin{cases} e_{isd}^r=i_{sdref}^r-i_{sd}^r \\ e_{isq}^r=i_{sqref}^r-i_{sq}^r \end{cases} \tag{6-33}$$

双 PI 调节器为

$$\begin{cases} u_{pisd}^r=k_{psd}e_{sd}^r+\dfrac{k_{isd}}{s}e_{sd}^r \\ u_{pisq}^r=k_{psq}e_{sq}^r+\dfrac{k_{isq}}{s}e_{sq}^r \end{cases} \tag{6-34}$$

一般来讲，双 PI 调节器系数相同。

PI 电流调节器的矢量控制存在 d-q 电流耦合效应，因为 d-q 电流以旋转电动

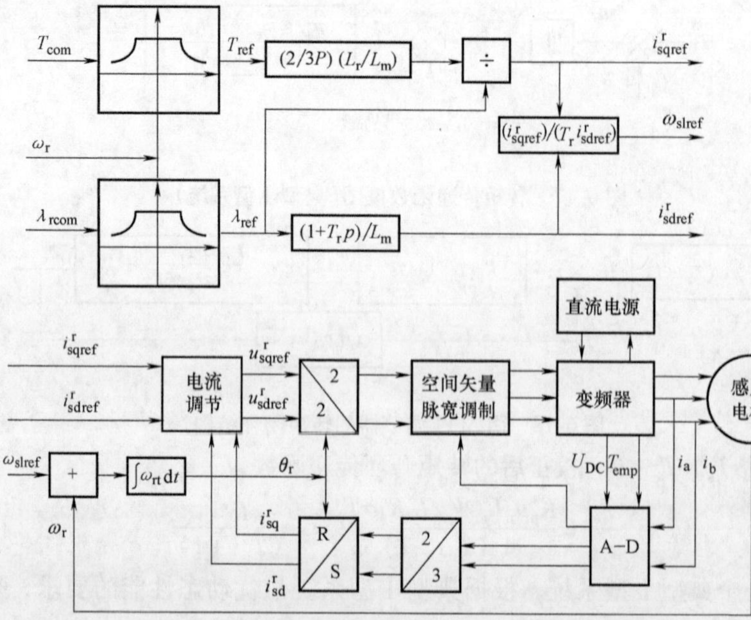

图 6-19 异步电机双 PI 电流调节的转矩控制原理图

势形式产生 d-q 耦合。随着转速的提高，d-q 的耦合效应越来越明显。

常用的两种 PI 电流调节器解耦补偿结构如图 6-20 所示。比较而言，前馈解耦补偿结构简单，计算量小，而反馈积分解耦补偿具有较好的抑制参数扰动能力。

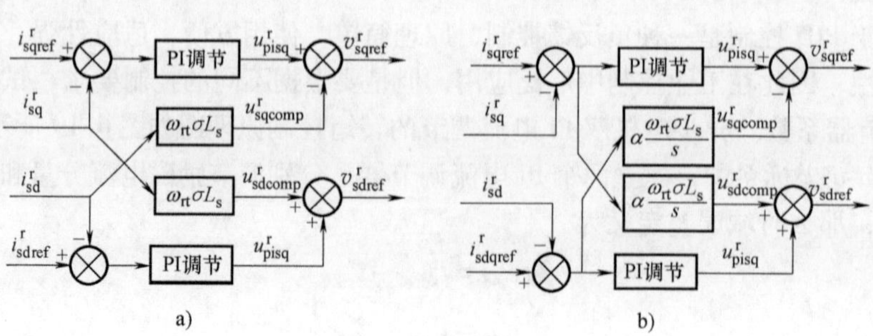

图 6-20 PI 电流调节器解耦补偿结构

a）前馈解耦补偿 b）反馈积分解耦补偿

4. 基于模型转矩反馈速度补偿的 IRFOC 转矩控制

根据 IRFOC 的异步电机定子稳态方程式，当异步电机起动时转速为零或很小，模型给定的定子电压几乎为零，使得异步电机不能形成足够的起动电流，为此在异步电机起动时需要一个定子电压补偿量。

根据电机机械运动方程可以推得速度计算式为

$$\omega_{\mathrm{r}} = \frac{P}{J}\int(T_{\mathrm{em}} - T_{\mathrm{L}})\mathrm{d}t \tag{6-35}$$

这样可以构造一个 PI 速度补偿调节器，即

$$\begin{cases} \omega_{\mathrm{comp}} = k_{\mathrm{tp}}e_{\mathrm{t}} + \dfrac{k_{\mathrm{ti}}}{s}e_{\mathrm{t}} \\ e_{\mathrm{t}} = T_{\mathrm{ref}} - T_{\mathrm{em}} \end{cases} \tag{6-36}$$

式中，k_{tp}、k_{ti}均为 PI 调节器系数；e_{t} 为指定转矩与实际转矩偏差。

通过 PI 调节器补偿模型起动速度，保证了在零速或低速时 IRFOC 模型控制异步电机的有效起动，形成模型转矩反馈速度补偿控制算法（MT-IRFOC）。其算法结构如图 6-21 所示，很显然，MT-IRFOC 的实时计算量比 PI-IRFOC 小，因为只有一个 PI 计算。

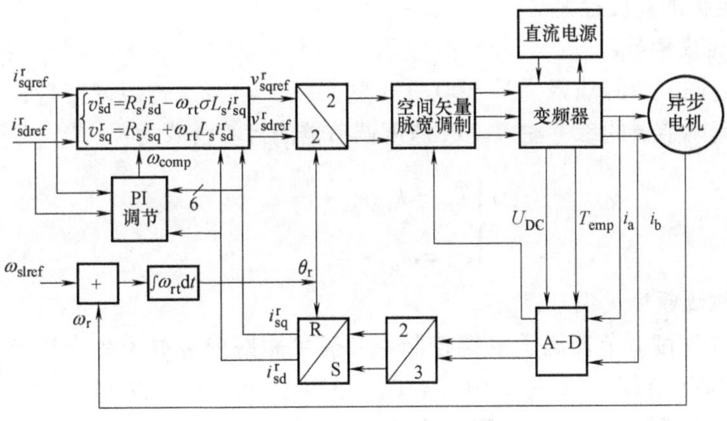

图 6-21　基于模型转矩反馈速度补偿算法结构

5. *弱磁控制*

经典异步电机 FOC 的弱磁控制给定转子磁链参考与转速成反比，但在整个高速区内并不能获得最大转矩输出能力。当感应电机处于弱磁区时，为了防感应反电动势超过额定电压值，必须对定子电流适当控制，实现对转子磁链调节，稳态的定子电压方程为

$$\begin{cases} v^{\mathrm{r}}_{\mathrm{sd}} = R_{\mathrm{s}}i^{\mathrm{r}}_{\mathrm{sd}} - \omega_{\mathrm{rt}}\sigma L_{\mathrm{s}}i^{\mathrm{r}}_{\mathrm{sq}} \\ v^{\mathrm{r}}_{\mathrm{sq}} = R_{\mathrm{s}}i^{\mathrm{r}}_{\mathrm{sq}} + \omega_{\mathrm{rt}}L_{\mathrm{s}}i^{\mathrm{r}}_{\mathrm{sd}} \end{cases} \tag{6-37}$$

忽略定子电阻压降，相应的定子电流约束方程为

$$\begin{cases}\left(\dfrac{i_{sd}^{r}}{|v_{s}^{r}|/\omega_{rt}L_{s}}\right)^{2}+\left(\dfrac{i_{sq}^{r}}{|v_{s}^{r}|/\omega_{rt}\sigma L_{s}}\right)^{2}\leqslant 1\\\left(\dfrac{i_{sd}^{r}}{|i_{s}^{r}|}\right)^{2}+\left(\dfrac{i_{sq}^{r}}{|i_{s}^{r}|}\right)^{2}\leqslant 1\end{cases}\tag{6-38}$$

而且弱磁区的电磁转矩可近似表达为

$$T_{em}=-\frac{3P}{2}\frac{L_{m}^{2}}{\sigma L_{s}^{2}L_{r}}\frac{v_{sd}^{r}v_{sq}^{r}}{\omega_{r}^{2}}\tag{6-39}$$

四、速度控制算法

异步电机的速度控制在一般工业控制中普遍应用，主要分为双 PI 电流内环和单 PI 速度外环，是一种串联控制结构。双 PI 电流内环在转矩控制算法中已应用，而速度外环控制可基于 PI 和模糊逻辑（Fuzzy Logic，FL）两种控制算法，实现异步电机的速度控制。

1. PI 速度调节器

PI 速度调节器的输入是异步电机速度误差，输出是转矩调节量，一般作为 PI 转矩电流调节器的参考输入。PI 速度调节器的计算公式为

$$\begin{cases}T_{ref}=k_{\omega p}e_{\omega}+\dfrac{k_{\omega i}}{s}e_{\omega}\\e_{\omega}=\omega_{ref}-\omega_{r}\end{cases}\tag{6-40}$$

2. 模糊逻辑速度调节器

由于 PI 速度调节器属于一维控制，其速度跟踪能力并不令人满意，为此提出了 FL 速度调节器。FL 速度调节器属于多维控制，一般的 FL 采用二维控制，结构简单，计算量较小，适合实时控制。

FL 速度调节器是一种非线性控制，它的两个精确输入误差定义为

$$\begin{cases}e_{i1}=\omega_{r}-\omega_{ref}\\e_{i2}=pe_{i1}=\mathrm{d}(\omega_{r}-\omega_{ref})/\mathrm{d}t\end{cases}\tag{6-41}$$

如果将精确量与模糊量转换，为此假设系数 k_{i1}、k_{i2}和 k_0 有

$$\begin{cases}E_{i1}=k_{i1}e_{i1}\\E_{i2}=k_{i2}e_{i2}\\\Delta T_{ref}=k_{0}U_{0}\end{cases}\tag{6-42}$$

式中，ΔT_{ref}是 FL 速度调节器的精确量，表示电机的转矩参考增量。

为了实现模糊控制，需要采取模糊语言表达，规定为：{正大,正中,正小,零,负小,负中,负大} = {PB,PM,PS,Z,NS,NM,NB}。根据上述定义，FL 控制器的输入输出模糊集和基本论域为

$$\begin{cases} F_{i1}(E_{i1}) = \{PB,\ PM,\ PS,\ Z,\ NS,\ NM,\ NB\},\ E_{i1} \in (-3,\ -2,\ -1,\ 0,\ 1,2,\ 3) \\ F_{i2}(E_{i2}) = \{PB,\ PS,\ Z,\ NS,\ NB\},\ E_{i1} \in (-2,\ -1,\ 0,\ 1,\ 2) \\ F_0(U_0) = \{PB,\ PM,\ PS,\ Z,\ NS,\ NM,\ NB\},\ U_0 \in (-3,\ -2,\ -1,\ 0,\ 1,\ 2,\ 3) \end{cases}$$

其次，对规定的模糊语言表达进行量化处理，可以通过基于三角分布的隶属函数表示一个精确的模糊化程度，如图 6-22 所示。

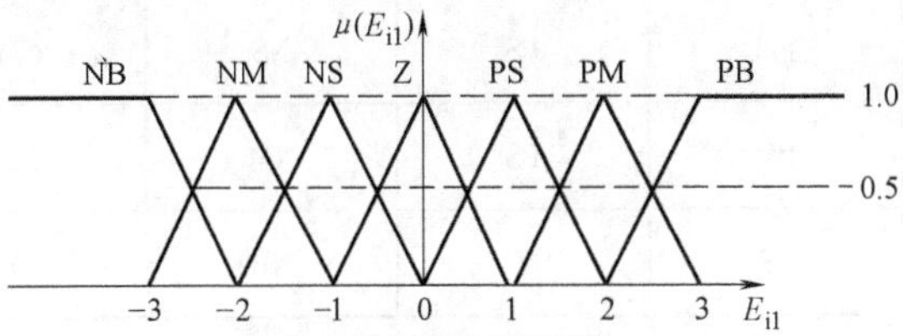

a) 速度误差模糊隶属函数

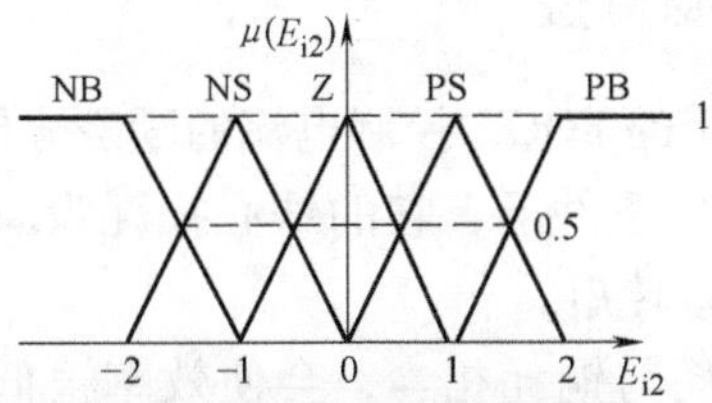

b) 速度误差变化量模糊隶属函数

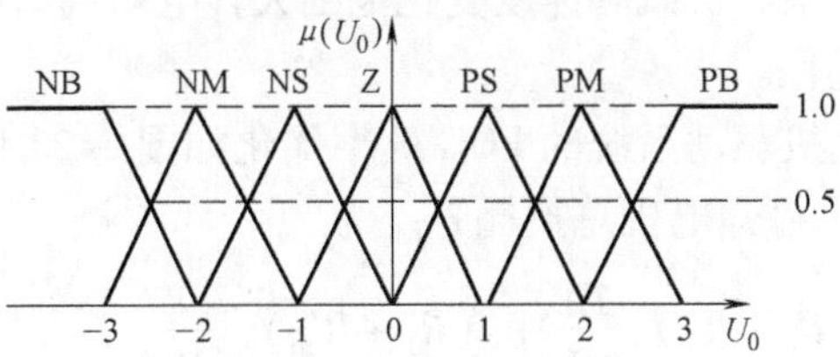

c) 转矩参考增量模糊隶属函数

图 6-22　速度模糊调节器输入输出隶属函数

建立模糊逻辑规则是提高模糊控制系统性能的关键，基于{IF …THEN…}语言描述规则库。例如，{IF F_{i1} = NB, F_{i2} = NB, THEN F_0 = PB}。类似的模糊推理规则可以通过表 6-1 所示的规则库建立。然而，基于最小最大原理，通过模糊推理和输出隶属函数，获得模糊输出，最后进行模糊输出量化。虽然，模糊推理过程很烦琐，但通过 MATLAB 模糊工具箱可很容易地获得良好的模糊逻辑。

表 6-1　模糊规则库

F_{i1} \ F_{i2}	NB	NS	Z	PS	PB
NB	PB	PB	PB	Z	NS
NM	PB	PB	PM	NS	NM

（续）

F_{i1} \ F_{i2}	NB	NS	Z	PS	PB
NS	PB	PM	PS	NS	NM
Z	PM	PS	Z	NS	NM
PS	PM	PS	NS	NM	NB
PM	PM	PS	NM	NB	NB
PB	PS	Z	NB	NB	NB

五、效率最大化控制算法

异步电机驱动采用传统的 FOC，控制电流的励磁分量在恒功率区负载变化时基本保持不变。大部分运行条件下，它的铁心损耗没有铜耗明显，因此传统的 FOC 能提供最大的单位安培转矩。

但是轻载运行时，铁耗与铜耗相当，会使效率很低。电动汽车在运行过程中，由于车载能量有限、负载和速度变化范围大，电动汽车电机驱动系统的效率应在整个运行区间优化。

电动汽车异步电机驱动系统的 FOC 效率优化如图 6-23 所示，基于异步电机的 FOC 等效电路图，可知电机总损耗 P_{loss} 为

$$P_{loss} = (R_s + R'_r)\frac{TA}{pM'} + (R_s + R'_m)\frac{T}{pM'A} + \frac{2R_m}{\omega M}\frac{R_s T}{pM'} + P_m \tag{6-43}$$

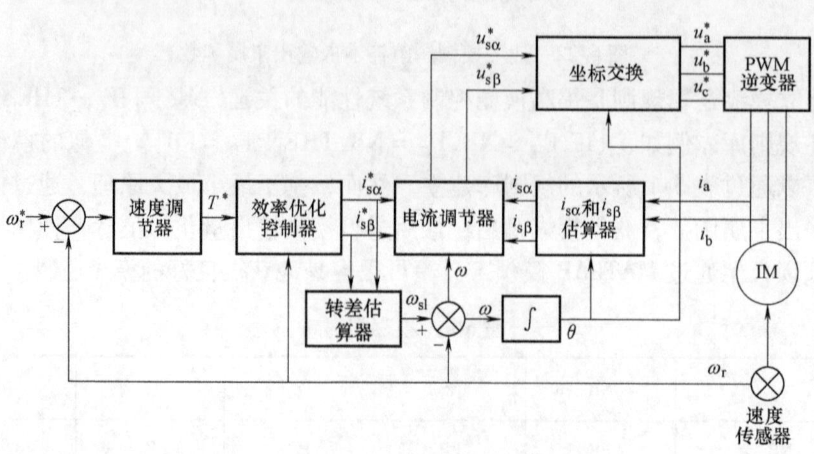

图 6-23 异步电机驱动系统的 FOC 效率优化

式中，p 为极对数；R_s为定子电阻；R_r为转子电阻；R_m为铁心损耗等效电阻；M 为互感；ω 为电源角频率；T 为电机转矩；P_m为机械损耗；$R'_r=\alpha^2R_r$，$R'_m=\alpha R_m$；A 为定子电流转矩分量 $i_{s\beta}$与定子电流励磁分量 $i_{s\alpha}$之比。

T 和 ω 给定，为使损耗最小，使不同 A 对应不同的 P_{loss}，设 $dP_{loss}/dA=0$，可推导出获得优化效率的条件为

$$A=\sqrt{\frac{R_s+R'_m}{R_s+R'_r}} \tag{6-44}$$

因此得到 FOC 效率优化的指令值 $i_{s\beta}$和 $i_{s\alpha}$为

$$i^*_{s\alpha}=\sqrt{T^*/\ (3pM'A)} \tag{6-45}$$

$$i^*_{s\beta}=T^*/\ (3pM'i^*_{s\alpha}) \tag{6-46}$$

注意：R_s随温度的变化而变化，R_m受频率影响，α 随磁饱和度的变化而变化。因此，优化率 A 需要不断更新。

比较 FOC 与效率优化 FOC 在电动汽车中的应用，使用效率优化 FOC，使驱动系统的效率提高了大约 17%，以 40km/h 恒速运行时，续驶里程延长了 26%。

第四节 永磁同步电机控制系统

一、永磁同步电机的矢量控制

1. *永磁同步电机的基本原理*

在进行永磁同步电机矢量控制模型分析时，做以下假定：

1）电机的绕组和磁路分别是对称的。

2）定子三相绕组产生的磁动势都在空间按正弦规律分布，除了将其气隙谐波磁场在差漏磁场中考虑外，不计所有其他的谐波磁动势及其产生的谐波磁通和谐波电动势。

3）定子、转子均具有光滑的表面，因而忽略齿谐波的作用。

通过坐标变换，可以得到在 d-q 参考坐标系下，永磁同步电机的磁链、电压、转矩的表达式(6-47)～式(6-51)。

$$\Psi_d=L_di_d+\Psi_{PM} \tag{6-47}$$

$$\Psi_q=L_qi_q \tag{6-48}$$

$$u_d=r_si_d+\frac{d\Psi_d}{dt}-p\omega_m\Psi_q \tag{6-49}$$

$$u_q=r_si_q+\frac{d\Psi_q}{dt}+p\omega_m\Psi_d \tag{6-50}$$

$$T_e=\frac{3}{2}p[\Psi_{PM}i_q+(L_d-L_q)i_di_q] \tag{6-51}$$

如果将式（6-51）改为如下

$$T_e=\frac{3}{2}p[\Psi_{PM}+(L_d-L_q)i_d]\ i_q \tag{6-52}$$

可以看出，当定子电流中的励磁分量i_d保持恒定时，电磁转矩$T_e \propto i_q$，永磁同步电机的矢量控制变频调速就和直流他励电动机的调压调速具有完全相同的品质。对于一般的永磁同步电机，其交、直轴电感非常小，并且差值也很小，i_d对磁场的贡献很小，为了简化控制，在恒转矩（低速）区一般令$i_d=0$，也就是电流角为90°。虽然在高速区可以利用i_d进行弱磁，但弱磁效果很差，弱磁是PMSM的难点之一。而在磁阻特性较大的永磁同步电机中，交、直轴电感差值较大，i_d有很强的增磁和弱磁作用，为了充分利用绕组电流，原则上应该采用单位电流最大转矩（Torque Per Ampere，TPA）控制方法，即采用上面提到的最优电流角。当然，在特殊情况下，也可采用固定磁场分量i_d，只调节转矩分量i_q的简化策略。

图6-24给出了各物理量之间关系的矢量图。ξ表示励磁电流分量与合成电流向量的夹角；δ表示电压夹角，d轴方向电压与磁链反向；δ'表示磁链与d轴的夹角。

2. 典型的功率速度特性与 d 轴最小磁链的关系

永磁同步电机的转矩－转速特性、功率-速度特性和恒功率范围取决于最小的d轴磁链

$$\Psi_{dmin}=\Psi_{PM}-L_di_{dm} \tag{6-53}$$

式中，i_{dm}为最高电流限。图6-25所示为几种典型的Ψ_{dmin}下的功率-速度特性曲线。这些曲线可分为两种情况。当$\Psi_{dmin}<0$时，最大运行转速理论上无限大，但最大输出功率随Ψ_{dmin}的减小（即负得更多）而减小；当$\Psi_{dmin}>0$时，最大的

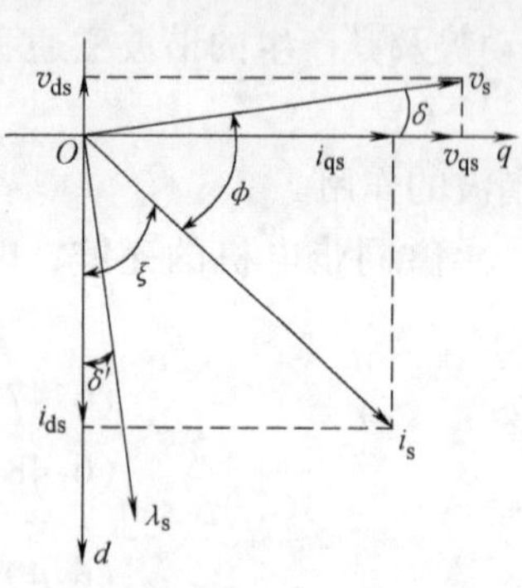

图6-24　参考坐标系矢量图

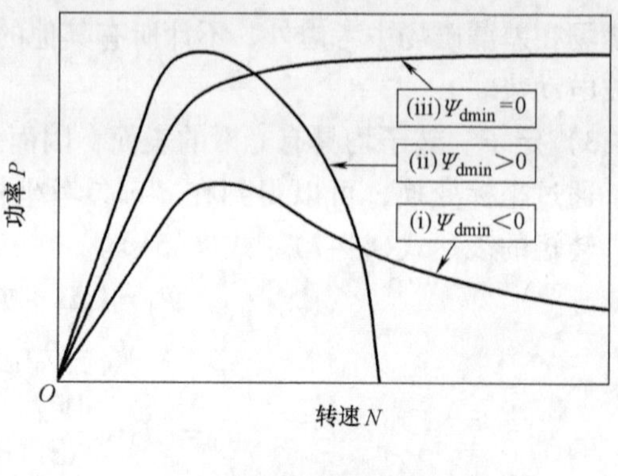

图6-25　典型的功率速度特性与d轴最小磁链的关系

运行转速受到了限制，但最大的输出功率比 $\Psi_{dmin}<0$ 时要大。$\Psi_{dmin}=0$ 为理想的恒功率运行，其理想的恒功率运行范围是无穷大的。对于普通的永磁同步电机，其永磁体的添加量较多而交、直轴电感的值很小，从而导致 $\Psi_{dmin}=0$，最高速度受到了限制，恒功率范围很窄。

3. 永磁同步电机的系统组成

位置、速度、电流三闭环电机 SVPWM 矢量控制的基本框图如图 6-26所示。

通过位置传感器、速度传感器得到电机的实际转子角和转速回馈，并与参考值相比较，利用 PI 调节器得到两相参考电流，然后经过电流调节器得到 u_q^* 和 u_d^*，利用 SVPWM 产生三相交流电压供给永磁同步电机，完成整个控制过程。

控制中使定子电流励磁分量 i_d^* 为常数，此常数是机械特性曲线使恒转矩区的转矩达到最优的那个值。定子电流转矩分量 i_q^* 是依据 PI 调节器的输出而变化的，这样就实现了磁场定向的控制。

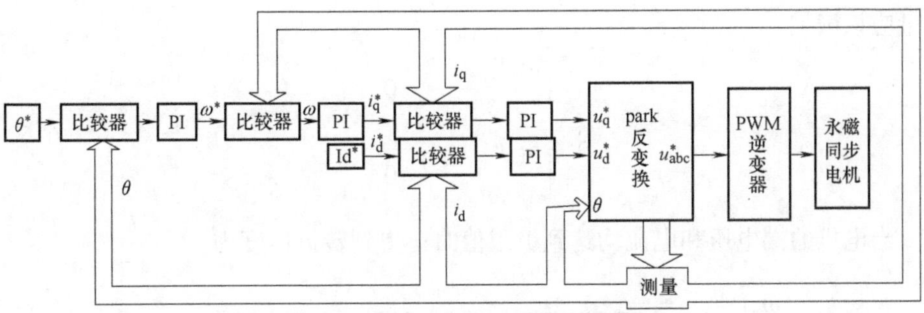

图 6-26　SVPWM 矢量控制的基本框图

4. 电流极限方程和电压极限方程

电动汽车的电机性能受到逆变器的制约，特别是电机相电压的极限值 u_{lim} 和电流的极限值 i_{lim}。

$$(L_q i_q)^2+(L_d i_d+\Psi_{PM})^2=\left(\frac{u_{lim}}{\omega}\right)^2 \tag{6-54}$$

$$i_d^2+i_q^2=i_{lim}^2 \tag{6-55}$$

$$u=\sqrt{u_d^2+u_q^2} \tag{6-56}$$

当逆变器直流母线的电压为 U_{dc} 时，Y联结电机的最大基波相电压有效值为

$$U_{lim}=\frac{U_{dc}}{\sqrt{6}} \tag{6-57}$$

为了提高 U_{lim}，采用一定的过调制技术是很有意义的。

5. 永磁同步电机的电流控制

$i_d=0$ 控制，此时永磁同步电机的电流控制方式较为常用的直轴电流为 0 控

制方法，即

$$T_e = \frac{3}{2} p \Psi_{PM} i_q \tag{6-58}$$

式中，p 为电机极对数；Ψ_{PM} 为电机永磁磁链；i_q 为交轴电流。

这时，电机完全模拟他励直流电机的控制特性，由于永磁体的存在，电枢反应很弱，控制简单、稳定。它能达到的最高转速为

$$\omega_{mb} = \frac{u_{lim}}{\sqrt{(p\Psi_{PM})^2 + \left(\frac{2T_{em}L_q}{3\Psi_{PM}}\right)^2}} \tag{6-59}$$

式中，u_{lim} 为母线电压；L_q 为交轴电感。

6. 单位电流最大转矩控制

对于带有凸极特性的永磁同步电机来说，$i_d = 0$ 控制显然没有发挥磁阻转矩的功能，为了提高电机的出力，宜采用单位电流最大转矩控制，驱动电机的电流矢量应该满足

$$\begin{cases} \dfrac{\partial(T_{em}/i_s)}{\partial i_d} = 0 \\ \dfrac{\partial(T_{em}/i_s)}{\partial i_q} = 0 \end{cases} \tag{6-60}$$

当电机的端电压和电流均达到极限值时，得到转折速度为

$$\omega_{mb} = \frac{u_{lim}}{p\sqrt{(L_q i_{lim})^2 + \Psi_{PM}^2 + \frac{(L_d + L_q)\ C^2 + 8\Psi_{PM} L_d C}{16\ (L_d - L_q)}}} \tag{6-61}$$

其中有

$$C = -\Psi_{PM} + \sqrt{\Psi_{PM}^2 + 8\ (L_d - L_q)^2 i_{lim}^2}$$

7. 弱磁控制

当电机超过转折转速后，要想继续升高转速，只能调节电流 d、q 轴的分量，并且只能利用 i_d 去削弱直轴磁场分量 Ψ_d 和减小 i_q 以减小 Ψ_q，从而减小合成磁场而提高转速。这时，$|u| = u_{lim}$，i_d 逐渐向负的方向增加，同时 i_q 减小以保持 $|i_s| = i_{lim}$。

8. 最大输出功率控制

对于 $\Psi_{PM} \leqslant L_d i_{lim}$ 的电机，i_d 的最大值应控制在 $-\Psi_{PM}/L_d$，如果 $i_d < -\Psi_{PM}/L_d$，则

$$\Psi_{dmin} = \Psi_{PM} - L_d i_{dm} < 0$$

增加的电流反而是增磁的作用，反而导致电机转速不能有效提高，在这种弱磁的情况下，保持 $i_d = -\Psi_{PM}/L_d$，逐渐减小 i_q，其理想转速为无穷大。由于

$P_{em}=T_{em}\omega_m\propto i_q\omega_e=\dfrac{u_{lim}}{L_q}$，所以这是一种恒功率控制状态。

对于 $\Psi_{PM}>L_d i_{lim}$ 的电机，其理想最高转速为

$$\omega_m=\frac{u_{lim}}{p(\Psi_{PM}-L_d i_{lim})} \tag{6-62}$$

9. 定子电流的最佳控制

当对以上各种电流控制方式进行适当组合后，就可以得到以输出功率和输出转矩为目标的定子电流的最佳控制，如图6-27和图6-28所示，当 $\Psi_{PM}\leqslant L_d i_{lim}$ 时，电机的理想最高转速为无穷大，电流控制由低速时的恒转矩、高速时的弱磁及最大功率控制三个阶段组成。当 $\Psi_{PM}>L_d i_{lim}$ 时，则只有恒转矩和弱磁控制两个阶段。

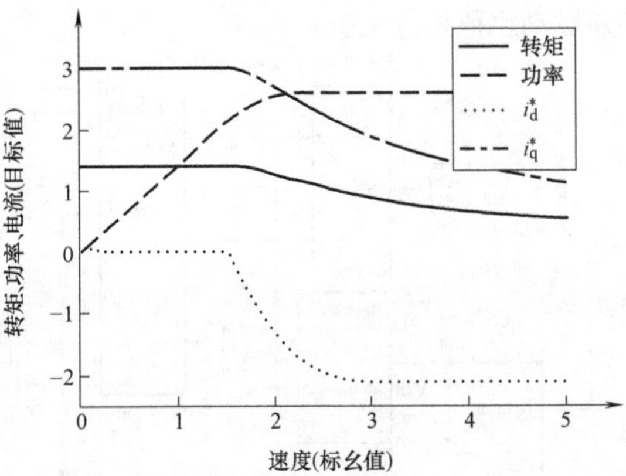

图6-27　定子电流的最佳控制（$\Psi_{PM}\leqslant L_d i_{lim}$）

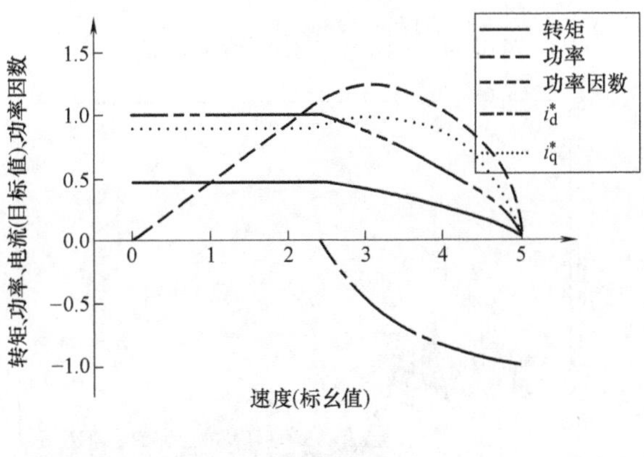

图6-28　定子电流的最佳控制（$\Psi_{PM}>L_d i_{lim}$）

二、永磁同步电机的直接转矩控制策略

直接转矩控制（DTC）目前已成功应用于异步电动机，近年来在永磁同步电

机（PMSM）中的应用也得到了一些研究。通过参考文献中对凸极同步电机DTC的推导，可以得出永磁同步电机以定转子磁链夹角 δ_{sr} 表示的转矩公式为

$$T=\frac{3p\left|\boldsymbol{\Psi}_{s}\right|}{4L_{d}L_{q}}\left[2\boldsymbol{\Psi}_{f}L_{q}\sin\delta_{sr}-\left|\boldsymbol{\Psi}_{s}\right|(L_{q}-L_{d})\sin 2\delta_{sr}\right] \tag{6-63}$$

从中可以看出，如果保持定子磁链 $\boldsymbol{\Psi}_s$ 的幅值不变，转矩将直接由 δ_{sr} 决定。如果能尽快地改变 δ_{sr}，就能得到快速的转矩响应，这就是永磁同步电机DTC的基本思路。

图6-29所示为SR-PM的DTC仿真原理图。图6-30和图6-31分别为电流响应和转矩响应，转矩跟踪的效果非常好。因此，在永磁同步电机中采用DTC是可行的，但和异步电机类似，磁通观测及定子电阻参数的辨识是DTC的关键，如何更好地降低转矩脉动也值得深入研究。

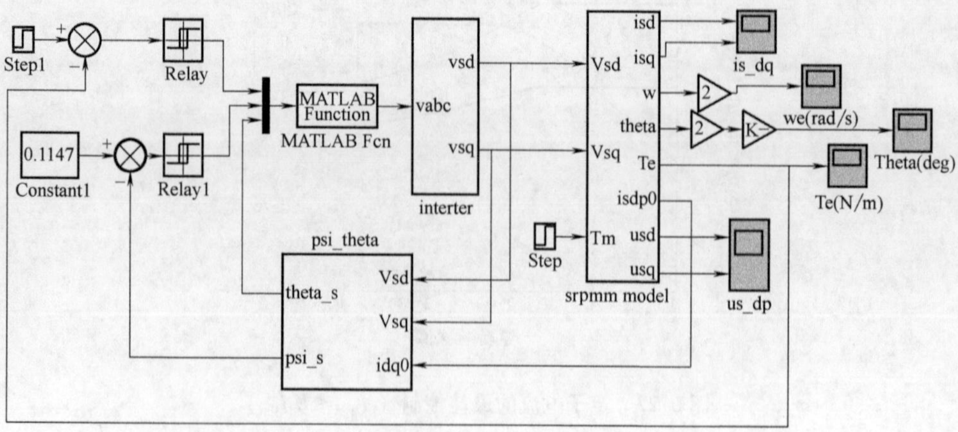

图6-29　SR-PM的DTC仿真原理图

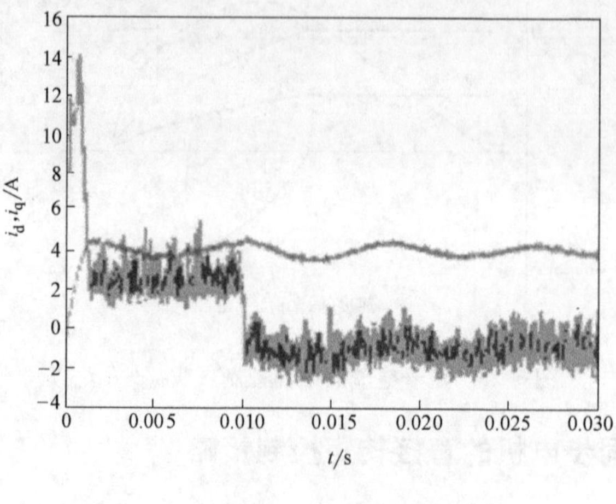

图6-30　DTC控制中的电流响应仿真图形

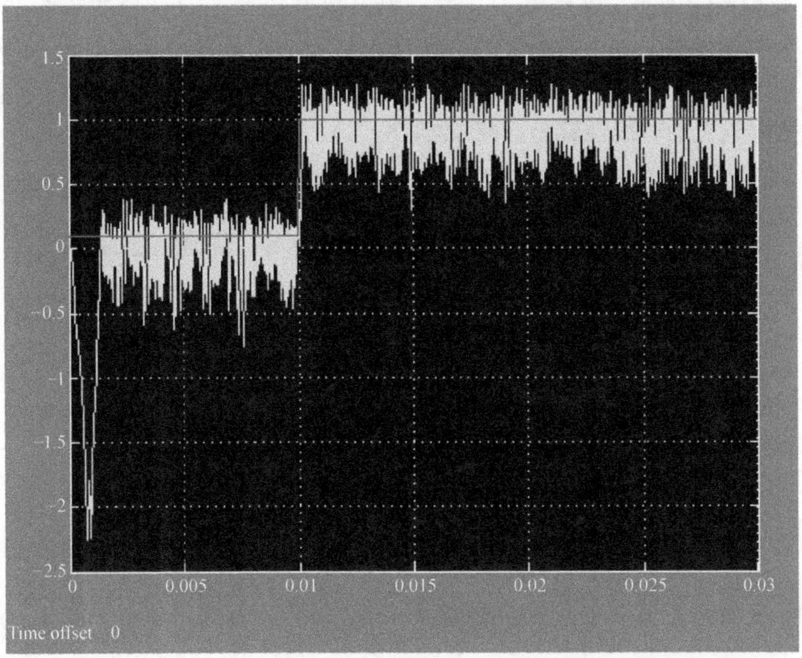

图 6-31 DTC 中的转矩响应仿真图形

第五节 开关磁阻电机控制系统控制算法

开关磁阻电机的控制要求比较独特，因此感应电机和同步电机的控制方法不再适用。我们知道传统的控制方法如 PID 控制不适用于电动汽车，所以人们为电动汽车驱动的开关磁阻电机新开发了一种模糊滑模控制（FSMC）方法，这种方法综合利用了模糊逻辑控制（FLC）和滑模控制（SMC）。

由于 FLC 在不使用控制系统数学模型的条件下，能够将语言控制策略转换为自动控制，所以可用来处理复杂、不能精确定义的系统。但由于模糊控制规则是靠经验决定的，其隶属函数的选择主要靠试错法，因此 FLC 设计费时，而且受控系统的动态响应也不能事先确定。

应用 SMC 方法，控制系统对于外来干扰和参数变化具有很强的鲁棒性。因此，可以通过预定状态轨迹的理想滑模面来支配受控系统的动态特性。但由于系统的各种非理想性如开关磁滞性、控制系统和数字采样的延时等的存在，状态轨迹通常沿非理想滑模面振颤，这种不期望的振颤在控制系统产生高频非模型控制的动态特性。

FSMC 方法结合了 FLC 和 SMC 的优点，即用 SMC 克服开关电机的非线性，用 FLC 减少控制振颤。电动汽车开关磁阻电机的速度控制系统如图 6-32 所示，它由两个闭环组成，一个是内部的电流环，另一个是外部的速度环。FSMC 的输入是参考速度 ω^* 与反馈速度 ω 之差，而输出是参考转矩 T^*。它的参考电流 i^* 用开关磁阻电机的非线性转矩-角特性表示。

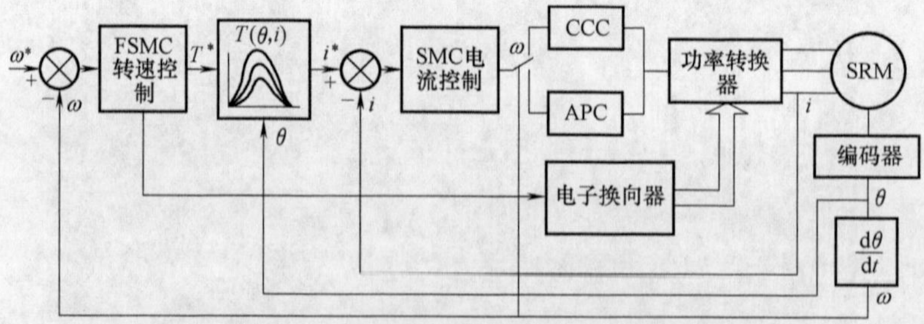

图 6-32　开关磁阻电机的速度控制系统

设计 FSMC 系统时，把速度误差和速度导数作为状态变量，有

$$\begin{cases} x_1 = \omega - \omega^* \\ x_2 = \dot{\omega} = -\dfrac{B}{J}\omega + \dfrac{1}{J}T - \dfrac{1}{J}T_L \end{cases} \tag{6-64}$$

式中，B 为黏着摩擦系数；J 为转动惯量；T 和 T_L 分别为电机转矩和负载转矩。用 $u = \dot{T}^*$ 作为控制变量，则状态方程可表示为

$$\begin{pmatrix} \dot{x}_1 \\ \dot{x}_2 \end{pmatrix} = \begin{pmatrix} 0 & 1 \\ 0 & -B/J \end{pmatrix}\begin{pmatrix} x_1 \\ x_2 \end{pmatrix} + \begin{pmatrix} 1 \\ 1/J \end{pmatrix}u + \begin{pmatrix} -\dot{\omega}^* \\ -\dot{T}_L/J \end{pmatrix} \tag{6-65}$$

式中，$\dot{\omega}^*$ 和 $\dot{T}_L$ 为系统干扰。滑模方式工作的两个开关面，电流控制和速度控制，定义为

$$\begin{cases} s_i = i - i^* \\ s_\omega = x_1 + cx_2 \end{cases} \tag{6-66}$$

式中，系统动态特性受参数 c 控制。电流的滑模条件，即 $s_i\dot{s}_i < 0$，通过控制相电压获得

$$u_i = \begin{cases} U_{dc} & s_i < 0 \\ -U_{dc} & s_i > 0 \\ Ki\omega & s_i = 0 \end{cases} \tag{6-67}$$

式中，U_{dc} 为直流回路电压。注意开关磁阻驱动电机在斩流方式工作时，要满足此条件。另外，给出如下滑模控制法则，可满足速度滑模条件，即 $s_\omega\dot{s}_\omega < 0$：

$$u_\omega = \begin{cases} \alpha & s_\omega < 0 \\ u_{eq} & s_\omega = 0 \\ -\alpha & s_\omega > 0 \end{cases} \tag{6-68}$$

式中，$\alpha = \eta J/c$；$u_{eq} = -Jx_2/c$。为确保滑模条件，参数 η 必须选得足够大。

为了减小控制振颤和转矩波动，模糊速度滑模方式条件的开关法则为

$$\begin{aligned} &R1\text{：if } s_\omega > 0 \text{ then } u_1 = -\alpha \\ &R2\text{：if } s_\omega < 0 \text{ then } u_2 = \alpha \\ &R3\text{：if } s_\omega = 0 \text{ and } x_1 \neq 0 \text{ then } u_3 = u_{eq1} \\ &R4\text{：if } s_\omega = 0 \text{ and } x_1 = 0 \text{ then } u_4 = u_{eq2} \end{aligned} \tag{6-69}$$

式中，u_{eq1} 和 u_{eq2} 是两种不同的控制作用；开关线斜率 $s_\omega = x_1 + c_i x_2$，$i = 1$，2 时是不同的。

第六节　电动汽车驱动系统的发展方向

一、驱动电机的发展方向

电动汽车中使用的电机同一般工业用的电机一样，除小型电机外均由直流电机过渡到交流电机。这是因为，交流电机实现了耐用化、高速化、小型化以及轻量化，而且作为电机电源的逆变器以及适合控制的逆变器也实现了小型化，此外成本低廉也是理由之一。曾经作为驱动专用的电机，拥有理想转矩特性的直流并励电机成为主流，但是在日本，目前在乘用车中采用的是内置式永磁同步电机；而在美国，异步电机是主流的电机。

电动汽车专用的电机，通过从电池中获取有限的能量产生动作，所以要求它在各种环境下的效率都要很好。因而，在性能上要求比一般工业用的电机更加严格。主要的发展方向有如下几点：

1）由高速化而生的小型轻量化（坚固性）：在车辆上搭载方面，电动汽车用电机的体积、质量应为一般工业用电机的1/3～1/2。

2）高效性：务必使一次充电后的续驶里程尽可能长。尤其是行驶模式变换频繁的轻负荷的情况下，电机和控制装置的总效率也需进一步提高。因而，在控制层面上的研究也很有必要。

3）低速大转矩情况下的大范围的恒定输出特性：在电机单体中，能够满足必要的转矩特性。

4）寿命长以及高可靠性：轮毂电机中的振动加速度达到了 $20g$ 左右，即使在汽车上也有$(3\sim5)g$ 的振动加速度，在任何环境中确保高安全性都是必要的。而不采用位置传感器的无位置传感器控制，则被认为能够提高可靠性。

5）低噪声性：考虑到环境和乘坐的舒适性，人们期望噪声尽可能小。

6）成本低廉：为了便于普及，成本的降低是必不可少的。

能够满足以上特性的电机便是适合作为电动汽车专用的电机。但是，现实中全部满足以上特性的电机还未被开发出来。

由表6-2可知，目前更适于电动汽车的电机是异步电机和永磁电机。在美国，异步电机应用得较多，这也被认为是和路况有关系。因为在美国，高速公路已经具有一定的规模，除了大城市外，汽车一般以一定的高速持续行驶，所以能够实现高速运转而且在高速时有较高效率的异步电机得到广泛应用。此外，还和它的技术水平及电机自身的价格有关。在日本，供应永磁电机中采用的稀土磁体的公司比较多，这也许是一方面的原因，同时汽车大多以中低速行驶，因此采用了加减速时效率较好的永磁电机。因此在日本，乘用车类使用的几乎都是永磁电机，但转子中采用的磁体的高价问题仍是个难点。但是，通过进行全面、高效率的弱磁控制就有可能扩大恒定输出的范围，并且通过多极化也可以实现小型轻量化，也可以采用轮毂电机等具有广阔发展前景的电机。

表6-2　电动汽车用电机基本性能比较

比较项目＼电机类型	直流电机	交流异步电机	永磁电机	开关磁阻电机
功率密度	低	中	高	较高
过载能力（%）	200	300~500	300	300~500
峰值效率（%）	85~89	94~95	95~97	90
负荷效率（%）	80~87	90~92	85~87	78~86
功率因数（%）	—	82~85	90~93	60~65
恒功率区	—	1:5	1:2.25	1:3
转速范围/（r/min）	4000~6000	12000~20000	4000~10000	>15000
可靠性	一般	好	优	好
结构坚固性	差	好	一般	优
电机外形尺寸	大	中	小	小
电机质量	重	中	轻	轻
控制操作性能	最好	好	好	好
控制器成本	低	高	高	一般

在交流电机得到广泛应用的同时，如前所述，也有使用直流电机的车辆。直流电机在都市小型汽车和两座左右的乘用车、铲车等工业用车辆以及电动轮椅等特殊用途车辆中都有应用。虽然最近在工业用车辆中，永磁电机的应用也相当多，但是直流电机在低速情况下也可以顺畅运转，而且其控制简单，性能优良，今后也可在特定领域中应用。

以 SRM 为代表的磁阻电机也在不断发展中，作为工业和电动汽车专用的电机，各地对它的开发和研究正在如火如荼地进行中，但它的效率还不是十分的理想，在实际中应用还不是很广泛。然而，作为电动汽车专用的电机，磁阻电机很具发展潜力，人们对其也有很高的评价，因此有必要注意其今后的发展动向。

二、驱动系统控制技术的发展方向

由于可以有效利用的电池能量是有限的，因此高性能电动汽车用电力转换器以及构成它的电力装置等就成为电机驱动用转换器的核心，这也是现在和未来发展的方向。

1. 功率器件的发展方向

直流电机在小型车上多采用 MOSFET 器件，大型车则多使用 IGBT 器件；交流电机可采用耐压 600V 的自动开关器件，如 IGBT。近来，更进一步的智能模块化电力开关器件的使用也日益增多。

作为电机驱动用电力转换器，对于直流电机使用的是附带回收作用的高频斩波器，对于交流电机则选用的是高频 PWM 逆变器。2000mL 级别的内燃机汽车的最大输出功率为 40～60kW，连续输出功率为最大功率的 50% 左右。在交流电机驱动的情况下，作为转换器的逆变器是必需的，其输出频率最高可达到 200Hz 左右，这是根据正弦波调制 PWM 控制得来的。流入电机的电流几乎都是正弦波，并且为了去除转换器的噪声，PWM 发生器在可听频率的 16kHz 以上。在这些情况下，由于电力装置的高频开关动作是必要的，故开关损耗也会相应增加，因此，这类器件的发展方向为

1）效率的提高：电动汽车不会一直处于高速公路上高速行驶的状态，由于在市区行驶时只有 40～60km/h 的速度，此时所需的电力仅为最高速行驶时的 1/5。因此，希望控制器在较大的运行范围内具有较高的效率。实现这个目标不但需要采用轻负荷、高效率的逆变器，还需要恰当的电机控制方法，如在异步电机励磁电流控制中采用高效率控制法，或使用高效率的永磁同步电机，更进一步地多采用高效率的 DC－DC 转换器。

2）回收效率的提高：制动时汽车电池有效回收的能量可增加续驶里程。在再生制动的时候，逆变器、电机（整流器、发电机动作）的效率明显得到改善，但是要注意影响能量回收模式和电池的充电效率等问题。此外，还要注意电池充

电时间的限制，这里必须注意过充电和寿命之间的关系。为了能取得效率较好的能量回收效果，必须采用符合电池充电特性的、效率较高的回收控制法。

3）电力装置：电动汽车中采用的电力装置，特别对低成本、低损耗以及好的环境适应性有较多要求。对于低损耗，关键是降低输出时的损耗。针对电池电压低的情况，考虑采用比 IGBT 导通电压低的 MOSFET。

4）软开关化：采用共振回路会使器件强制工作在零电压或者零电流状态，因此提出了在该点进行开关动作的方法。我们把这种方法称为软开关，这是使开关器件的应力、开关损耗、开关噪声降低的有效方法。

5）电磁噪声规范：电动汽车中，电磁干扰的类别可以分为辐射噪声（从装置辐射电磁波）和传送噪声（电源动力线传播中的高次谐波部分），可以预想到，这些会对人们身心健康造成影响。将来，政府必须制定相关规范，电动汽车的车型和使用条件必须采取相应对策，以尽量降低其电磁辐射对人的影响。

6）电动汽车电力电子设备的一体化：未来要考虑实现电机驱动用逆变器和 DC－DC 转换器的一体化、低成本化、小型轻量化以及低噪声的特性。

2. 驱动电机控制方法的发展方向

随着电力电子技术、微电子技术、数字控制技术以及控制理论的发展，交流驱动系统的动、静态特性完全可以和直流传动系统相媲美，交流驱动系统获得广泛应用，交流驱动取代直流驱动已逐步变为现实。目前在电动汽车的驱动系统中，采用交流驱动的方式已经占大多数，对驱动系统控制方法的研究也多是针对交流驱动展开的。

虽然基于稳态控制的交流驱动控制方法，如常用的稳态模型控制方案有开环恒 u/f 比控制（即电压/频率＝常数）和闭环转差频率控制方法，能够解决驱动电机平滑调速问题，但系统的控制规律是只依据电机的稳态数学模型，没有考虑过渡过程，系统在稳态、起动及低速时的转矩动态响应等动态性能不高；转矩和磁链是电压幅值及频率的函数，当仅控制转矩时，由于 I/O 间的耦合会导致响应速度变慢，因此即使有很好的控制方案，在这种控制方式下也很难满足电动汽车驱动系统的动力特性要求，因此在目前驱动系统控制中很少采用。

目前在电动汽车驱动系统中应用较为广泛的控制方法是矢量控制和直接转矩控制，两种方法在控制性能上各有特色，但本质是相同的，都采用转矩、磁链分别控制，其中转矩控制环（或电流的转矩分量环）都处于转速环的内环，可抑制磁链变化对转速子系统的影响，使转速和磁链子系统近似解耦。

因为电动汽车行驶工况复杂，对于驱动系统的特性要求较高，同时，驱动系统随着车辆行驶工况的不同，其运行参数等也会发生显著变化，因此，对于电动汽车驱动系统而言，在以上两种常用控制方法的基础上，发展方向如下：

1）随着电力电子、微电子、计算机等技术的发展，高速数字处理器将会得到越来越广泛的应用。例如，目前 TI 公司的 TMS320F28335、英飞凌公司的 TC 1797等嵌入式处理器的工作主频已经能够达到120MHz，从而使得一些复杂控制算法逐步得到实际应用，提高了驱动电机的控制性能。

2）为了能够适应驱动系统在电动汽车复杂环境中运行的需要，使驱动电机控制系统具有较高的动、静态性能及鲁棒性，应该寻找新型的控制方法或改进现有的控制方法，如可将两种或多种控制方法互相有机组合，取长补短，优势互补，集成为一体，以克服单控制方法的缺陷，如模糊与 PID、自适应与变结构、模糊与神经、无源与自抗扰等控制方法的结合。

3）一般而言，驱动电机控制系统为了能够进行磁场定位等，需要较为准确的速度信号，但安装速度传感器会带来很多问题，因此高性能的无速度传感器控制方法也已成为研究热点。

4）电机的定、转子等参数会随工况和环境变化，除了采用先进的控制策略减小它们的变化对控制性能的影响外，还应对电机参数进行实时精确辨识。目前电机参数的辨识方法有递推最小二乘法、模型参考自适应法、扩展卡尔曼滤波法、神经网络和遗传算法等。

5）随着人们环保意识的增强，尤其是目前车网融合技术车辆到电网(Vehicle to Grid，V2G)技术的发展，驱动电机控制产生的高次谐波对电网会带来污染，降低电机工作噪声以及增强其可靠性、安全性等问题已经越来越受到重视，因此需要选择合适的控制方法来解决这些问题。

3. 电机控制系统的发展

高功率密度高可靠性的电动汽车电驱动系统一直是电动汽车发展的目标之一，采用宽禁带半导体材料的电机控制器，例如 SiC 材料电机控制器则是实现这一目标的选择之一。2008 年，日产开发出了采用 SiC－SBD（Schottky Barrier Diode）的汽车逆变器，并将其配备在该公司的燃料电池电动汽车 X－TRAIL 上，设备体积与质量降低了 15%～20%。同年，罗姆公司为本田汽车研制出全 SiC 器件（包括 SiC MOSFET 与 SBD）的逆变器设备。该设备采用 80kHz 开关频率，开关损耗仅为 Si IGBT 的 1/4。在 2014 年 5 月举行的日本横滨汽车工程博览会中，日本明电社公司展出全 SiC 电机控制器与电机一体机，将逆变器等效功率密度提升至 60kW/L。丰田与电装联合研发的 SiC 与 Si 电机控制器如图 6-33所示。

电动汽车电机控制器是电动汽车电驱动系统的核心部件，未来它将朝着耐高温、高可靠性、高集成度、数字化和低成本方向发展。对于新型控制器拓扑结构设计、无支撑电容设计、一体化设计等技术的研究已经日渐深入，未来电力电子集成装备制造技术在电动汽车中的应用体现在以下方面：

1）模块化设计。采用满足汽车安全标准的高功率密度半导体功率模块，并

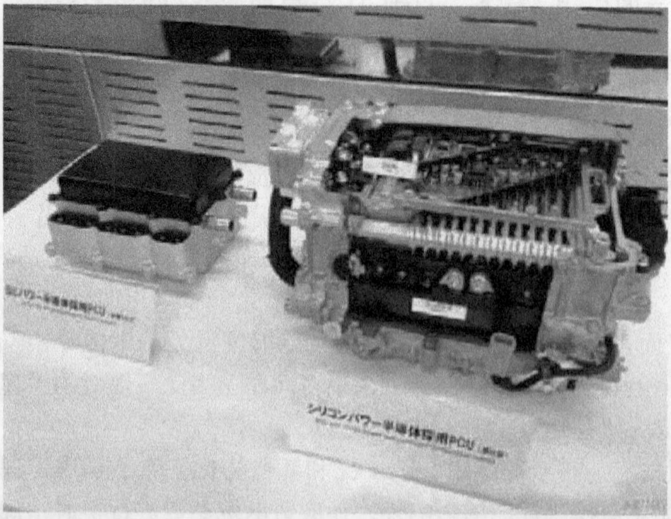

图6-33　丰田与电装联合研发的SiC（左）与Si（右）电机控制器

采用新型封装与互连技术，如银烧结、瞬态液相焊接、陶瓷封装、无基板封装等，以实现集成度的提升与散热性能的优化。

2）智能化设计。智能型IGBT芯片及新型器件的设计与应用，如集成温度检测、电流保护、智能驱动等，以及宽禁带半导体器件的应用，如SiC、GaN器件等。

3）集成化设计。多功能电路及系统的集成，如将逆变器前置双向DC－DC升/降压变换器、DC－DC低压充电机、车载电池快速充电器、发电机与电动机逆变单元等功能电路集成，以减少线缆与接插件用量，同时提高整车EMC性能。其他集成装配制造技术，如薄膜电容与叠层母排一体化设计、动力线缆与传感器的集成设计等。

4）轻量化设计。电机控制器与电机、减速器等的机械集成，降低了系统体积与质量，从而实现汽车产品的小型化、轻量化。

参考文献

[1] 王成元，夏加宽，杨俊友，等．电机现代控制技术［M］．北京：机械工业出版社，2008.

[2] 陈伯时．电力拖动自动控制系统［M］．2版．北京：机械工业出版社，2001.

[3] 顾绳谷．电机及拖动基础［M］．4版．北京：机械工业出版，2011.

[4] 阮毅，陈伯时．电力拖动自动控制系统［M］．4版．北京：机械工业出版社，2007.

[5] 刘锦波，张承慧．电机与拖动［M］．北京：清华大学出版社，2006.

[6] 汤蕴，史乃．电机学［M］．北京：机械工业出版社，1999.

[7] 唐任远. 现代永磁电机理论与设计 [M]. 北京：机械工业出版社，1997.
[8] 王宏华. 开关型磁阻电动机调速控制技术 [M]. 北京：机械工业出版社，1998.
[9] 吴建华. 开关型磁阻电机设计与应用 [M]. 北京：机械工业出版社，2000.
[10] 孙逢春，张承宁. 装甲车辆混合动力电传动技术 [M]. 北京：国防工业出版社，2009.
[11] 王淑芳. 电机驱动技术[M]. 北京：科学出版社，2008.
[12] 孙建忠，刘凤春. 电机与拖动[M]. 北京：机械工业出版社，2007.
[13] 袁登科，陶生桂. 交流永磁电机变频调速系统[M]. 北京：机械工业出版社，2011.
[14] 李崇坚. 交流同步电机调速系统[M]. 北京：科学出版社，2007.
[15] Bimal K Bose. 现代电力电子学与交流传动[M]. 王聪，等译. 北京：机械工业出版社，2005.
[16] 王秀和，等. 永磁电机[M]. 2 版. 北京：中国电力出版社，2011.
[17] 辜承林，等. 电机学[M]. 3 版. 武汉：华中科技大学出版社，2010.
[18] 吴红星. 开关磁阻电机系统理论与控制技术[M]. 北京：中国电力出版社，2010.
[19] 周永勤，吴丹丹，王哈力，等. 开关磁阻电机的模糊滑模控制策略研究[J]. 自动化技术与应用，2011，30(3).
[20] 李珍国. 交流电机控制基础[M]. 北京：化学工业出版社，2010.
[21] 夏长亮. 无刷直流电机控制系统[M]. 北京：科学出版社，2009.
[22] 寇宝泉，程树康. 交流伺服电机及其控制[M]. 北京：机械工业出版社，2008.
[23] 王志新，罗文广. 电机控制技术[M]. 北京：机械工业出版社，2011.
[24] 程启明，程尹曼，王映斐，等. 交流电机控制策略的发展综述[J]. 电力系统保护与控制，2011，39(9).
[25] 李云，朱世武，吴春冬，等. 电动汽车电机控制器的发展 [J]. 大功率变流技术，2015，(02)：12－17.

第七章　电动汽车的辅助系统

汽车的辅助系统包括空调系统、助力转向系统、助力制动、仪表系统和其他辅助泵系统等，传统车上空调和助力转向系统的动力都来自于发动机，由发动机通过传动带带动压缩机和液压泵运转产生动力。为了使空调和助力转向工作，即使在停车的情况下发动机也要保持运转，造成能量的大量浪费；而且发动机与空调压缩机和助力油泵之间相互关联，不能保证他们同时都能高效率地工作。在电驱动汽车中，由于底盘实现了电气化，为辅助系统的电动化创造了条件。将传统空调压缩机改用电动压缩机，助力油泵改为电动油泵，这样不仅取消了发动机不必要的工作，而且提高了辅助系统的工作性能和能量利用率。

第一节　电动汽车电动助力转向系统

汽车转向系统经历了从简单的机械式转向系统、液压助力转向系统，发展到目前正开始广泛应用的电液助力转向（Electro-hydraulic Power Steering，EHPS）系统和电动助力转向（Electric Power Steering，EPS）系统。电子化和电动化技术的应用降低了转向系统的能量消耗，改善了车辆的操纵稳定性能。

电动助力转向系统是一种直接依靠电动机提供辅助转矩的动力转向系统，其初衷是应用于前轴荷 1t 的车辆上，目的在于改善转向的路感、提高高速行驶安全，同时改善车辆燃油经济性。数据显示，与液压转向系统相比，电动助力转向可减少4%左右的燃油消耗。电动助力转向系统的结构如图7-1所示，主要由传感器、助力电机、减速机构、控制器等关键部件组成。

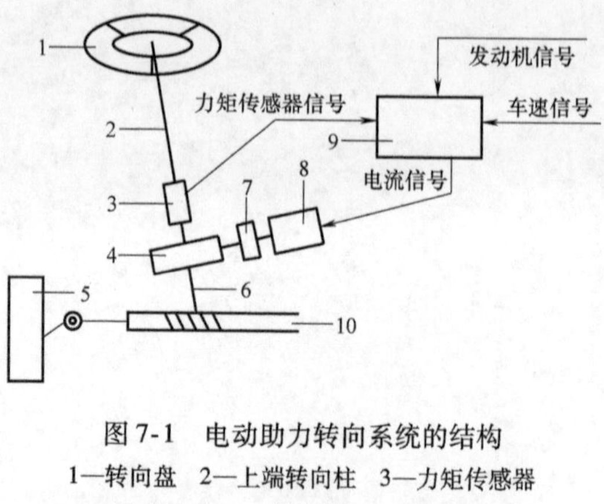

图7-1　电动助力转向系统的结构

1—转向盘　2—上端转向柱　3—力矩传感器　4—减速机构　5—转向轮　6—下端转向柱　7—电磁离合器　8—助力电机　9—控制器　10—齿轮齿条转向器

1. 电动助力转向系统各关键部件的功能

（1）传感器

传感器主要有转矩传感器和转速传感器等，转矩传感器用于测量驾驶人通过转向盘输入的转矩和转向盘转角；车速传感器提供车速信号；在电动机处的电流传感器，获得电机电流并反馈到控制器。这些都是EPS系统的控制信号。转矩传感器比较复杂且成本较高，一种替代方案是在转向轴位置加一扭杆，通过测量扭杆的变形得到转矩。另外也有采用非接触式转矩传感器的。图7-2所示为非接触式转矩传感器的典型结构。输入轴和输出轴由扭杆连接起来，输入轴上有花键，输出轴上有键槽。当扭杆受转向盘的转动力矩作用发生扭转时，输入轴上的花键和输出轴上键槽之间的相对位置就会被改变。花键和键槽的相对位移改变量等于扭转杆的扭转量，使得花键上的磁感强度改变，磁感强度的变化通过线圈转化为电压信号。信号的高频部分由检测电路滤波，仅有转矩信号部分被放大。非接触转矩传感器由于采用的是非接触的工作方式，因而寿命长，可靠性高，不易受到磨损，延时更小，受轴的偏转和轴向偏移的影响更小，现在已经广泛用于轿车和轻型车中，是EPS传感器的主流产品。

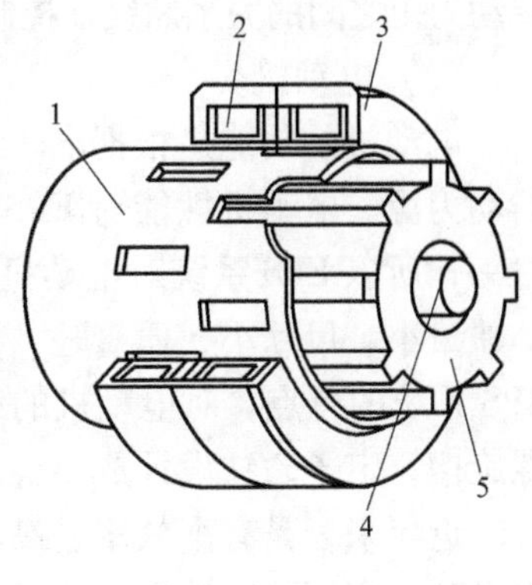

图7-2 非接触式转矩传感器的典型结构

1—轴套 2—线圈 3—线轴套（磁性材料） 4—扭杆 5—输入轴

（2）控制单元

EPS控制单元主要指控制器，功能主要是接收来自车速传感器的速度信号和转矩传感器的转向盘转矩信号，控制器的中央处理单元根据相应的控制策略对信号进行复杂的运算和处理后，生成控制指令，控制电动机输入电流的大小和方向，从而得到所需的助力。图7-3所示为某EPS系统在不同车速下，助力转向电流与转向盘

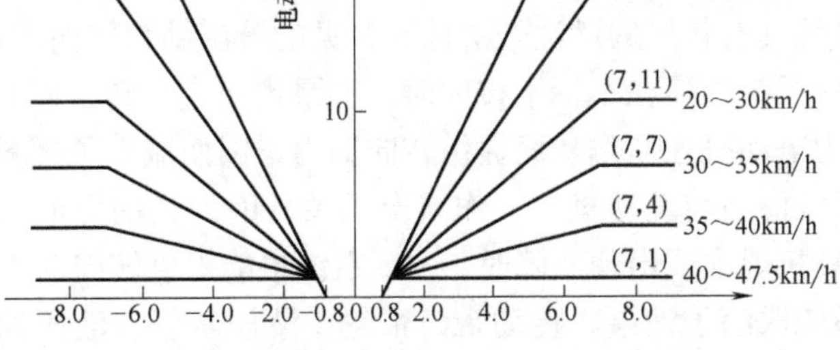

图7-3 助力转向电流与转向盘转动力矩关系

转动力矩之间的关系曲线，控制单元的控制策略就是基于这条曲线得到的。

（3）电动机

电动机的功能是根据电子控制单元的指令输出合适的辅助转矩，是EPS系统的动力源。电动机性能对EPS系统的性能有很大影响，是EPS系统的关键部件之一，所以EPS系统对电动机有很高的要求，不仅要求低速大转矩、波动小、转动惯量小、尺寸小、质量轻，而且要求可靠性高、易控制。为此，设计时常针对EPS系统的特点，对电动机的结构做一些特殊处理，如沿转子的表面开出斜槽或螺旋槽，定子磁铁设计成不等厚等。

近年来，具有高效率、高功率和高转矩惯性比的永磁同步电动机作为EPS助力电动的应用研究被提上了日程。永磁同步电动机与普通直流电动机相比，具有无机械换向器和电刷、结构简单、体积小、运行可靠、环境适应能力强等优点，更重要的一点是永磁同步电动机的功率密度远远超过了一般直流电动机，这样可以在不增加系统体积、不增加质量的情况下方便地将EPS系统应用于需要较大转向力的汽车上。随着永磁材料和电力电子器件性价比的不断提高和现代控制理论、微机控制技术和制造工艺的迅猛发展，永磁同步电动机必将给EPS系统的发展创造新的机遇。

（4）减速机构

EPS减速机构与电动机相连，起到降速增矩的作用。常采用蜗轮蜗杆机构，有的也采用行星轮机构。有的EPS系统还配用离合器，装在减速机构一侧，是为了保证EPS系统只在预先设定的车速行驶范围内起作用。当车速达到某一值时，离合器分离，电动机停止工作，转向系统转换为手动转向。另外，当电动机发生故障时，离合器将自动分离。

2. 电动助力转向系统的特点

与传统动力转向系统相比，EPS系统具有以下特点：

1）EPS系统能够在不同车速下给车辆提供最佳的转向助力，其助力特性的设计依据车速高低而不同，可以兼顾车辆低速行驶时的转向轻便性及车辆高速行驶时的转向稳定性，从而改善车辆的操纵稳定性。

2）EPS系统具有较好的燃油经济性。常见的液压助力转向（Hydraulic Power Steering，HPS）系统即使在车辆不转向时，油泵也一直运转，而EPS系统只有在车辆转向时助力电动机才动作从而提供转向助力，因而减少了燃料消耗。

3）EPS系统助力与发动机的工作状况无关，因为其助力电动机由蓄电池供电，即使在发动机熄火或出现故障时，EPS系统也能提供转向助力。

4）EPS系统取消了油泵、传动带、带轮、液压软管、液压油及密封件等零件，零件数比HPS系统大大减少，易于模块化设计与安装。

5）EPS系统没有液压装置，因此不存在渗油问题，可大大降低保修成本并减少对环境的污染。

6）EPS 系统更易调整和检测，可以通过设置不同的程序与不同车型快速匹配，因而能缩短开发和生产周期。

3. 电动助力转向系统的分类

如图 7-4 所示，根据助力电动机布置位置的不同，可以大致将电动助力转向系统分为转向柱助力式、齿轮助力式和齿条助力式三种，三种型式的特点如下所述。

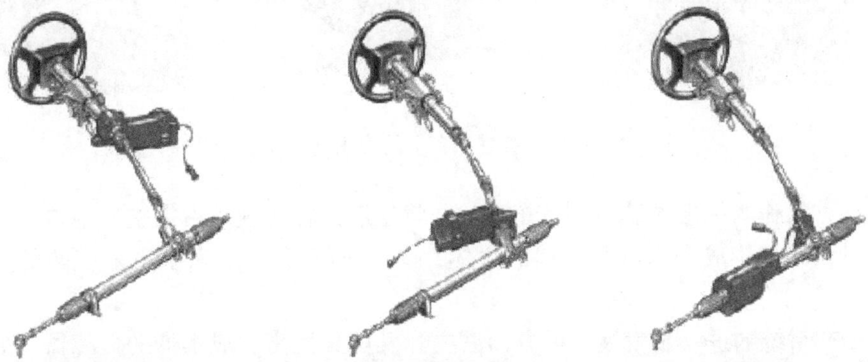

图 7-4　EPS 系统的三种不同型式

（1）转向柱助力式

助力单元、控制器和传感器都集中于转向柱处。系统比较紧凑，易于在车辆上的安装，可安装在固定式转向柱、倾斜式转向柱和其他形式的转向柱上。

（2）齿轮助力式

助力单元固定在转向齿轮的小齿轮轴上端。由于助力单元在驾驶室之外，在提高转向助力的同时驾驶室内可感觉到噪声很小，如果配合变传动比转向齿轮和足够动力的电动机，可提供优异的操纵特性。

（3）齿条助力式

助力单元固定于转向齿轮的齿条处。助力单元可灵活固定于齿条各处，因而方便整车布置，同时降低了齿数比即降低了转动惯量，可以提供优良转向特性。

EPS 系统最早应用于 20 世纪 80 年代，1988 年日本铃木公司首次在其 Cervo 车上装备 EPS 系统。此后，各大汽车和零部件厂商均先后开发出自己的产品，如梅赛德斯-奔驰公司、铃木公司、TRW、德尔福公司、Visteon、ZF、KOYO 和 NSK 等公司，发展至今均已开发出适用于轿车和微型车的技术成熟的产品，其性能已得到人们的普遍认可。图 7-5 所示为国内几种装备了 EPS 系统的车型。

2008 年日本上市的乘用车中约 70% 装配了 EPS 系统，欧洲市场约为 50%，北美市场约为 25%，而我国则不足 10%。EPS 系统代表未来助力转向技术的发

图 7-5　EPS 系统在汽车上的应用（应用车型）

展方向，将作为标准件装备到汽车上，并将在助力转向领域占据主导地位，特别是电动汽车将构成未来汽车发展的主体，这给 EPS 系统带来了更加广阔的应用前景。

EPS 系统的进一步发展，一方面需要开发可靠性高、成本低的传感器，另一方面需要开发满足助力要求、驾驶人舒适性要求且低成本的助力电动机。此外，如何设计合理的控制策略以保证 EPS 系统的动态性能、稳定性以及可靠性，保证驾驶人获得良好的路感，使系统能与整车上其他控制子系统相互通信协调工作以实现整车综合控制，是今后研究的重点，而更多的先进控制策略，如人工智能控制方法等，将应用于电动助力转向系统的控制中。

第二节　电动汽车电动空调系统

一、电动空调系统概述

空调系统是电动汽车功耗最大的辅助子系统，它的功耗占所有辅助子系统功耗的 60% ~75%，因此，开发节能高效的空调系统对提高电动汽车的能量利用率、延长续驶里程具有重大意义。如图 7-6a 所示，传统汽车的空调系统是由发动机曲轴通过传动带驱动蒸汽式压缩机制冷，所以，为了保持车内舒适的环境，即使在车辆停驶时也不能关闭发动机，这样就造成了能量的浪费。而电动空调系统的压缩机，如图 7-6b 所示，是由电动机单独驱动的，即使发动机停转也不会影响空调系统工作，所以能大大提高能量利用率。有资料显示，在炎热的夏天，比起发动机驱动的空调装置来，由电动机驱动的空调装置所消耗的能量要少 20%。另外，对于纯电动汽车和燃料电池汽车来说，没有发动机作为空调压缩机的动力源，因此无法直接采用传统汽车空调系统的解决方案，故在电动汽车的开发过程中，必须研究适合电动汽车使用的新型空调系统。

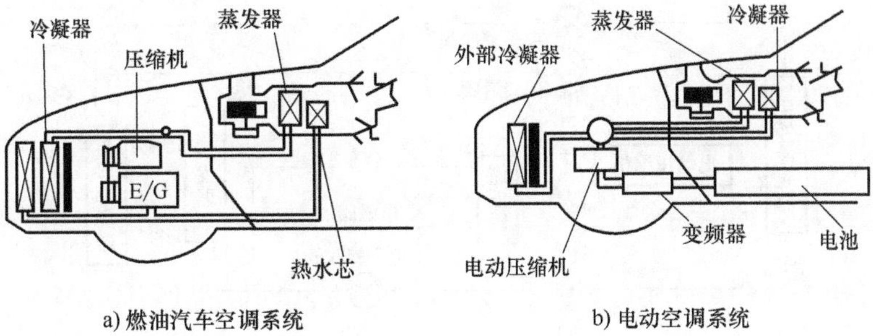

图 7-6　传统空调系统与电动空调系统比较

对于纯电动汽车、燃料电池电动汽车和混合动力汽车来说，它们具有的共同特点是拥有高压电源，所以，采用电动空调系统成为电动汽车可行的解决方案。

传统汽车与电动汽车空调系统的区别在于：电动汽车没有发动机的余热可以利用或者不能完全利用发动机的余热，需采用热泵型空调系统或辅助加热器；电动空调压缩机可以采用电动机直接驱动，但对压缩机高转速性和密封性的要求较高。对于电动空调系统，目前采用的方案主要包括电动热泵式空调系统、电动压缩机制冷与电加热器混合调节空调系统。

与传统空调系统相比，电动空调系统在环境保护、前舱结构布置以及车厢舒适性等各项指标上均处于优势，其主要优点有：

1）电驱动压缩机空调系统可以采用全封闭的 HFC134a（目前主要汽车空调用制冷剂）系统及制冷剂回收技术，整体的高度密封性可以减小正常运行以及修理维护时制冷剂的泄漏损失，从而减少了对环境的污染。

2）电动空调系统的压缩机靠电动机驱动，因此可以通过精确的控制以及在常见热负荷工况下的高效率运行来降低空调系统的能耗，从而提高整车的经济性。

3）采用电驱动，噪声较低，可靠性高，使用寿命长，故障率低。

4）对于一体式电动压缩机，取消了发动机与压缩机之间的传动带，没有了张紧件的质量，相对于传统结构减小了整车质量。

5）可以在上车之前预先遥控启动电动空调系统，对车厢内的空气进行预先调节，提高了乘客的舒适性。

二、电动空调系统方案

1. 电动热泵式空调系统

从原理上讲，电动热泵式空调系统与传统热泵式空调系统并无区别，只是用电动机而不是发动机来驱动压缩机。图 7-7 所示为日本电装公司开发的采用 HFC134a 作为制冷剂的电动热泵式空调系统。

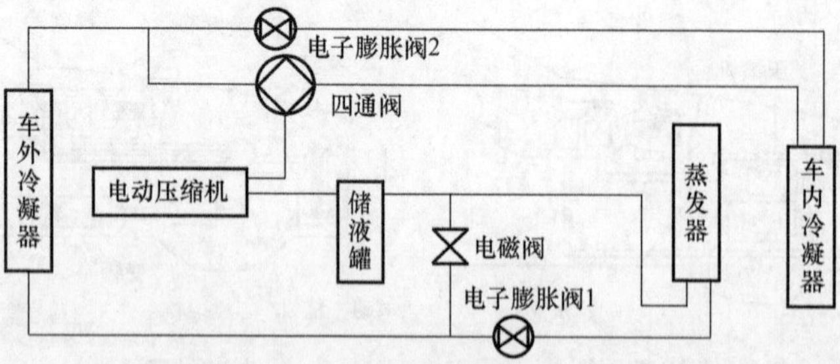

图 7-7　电动汽车热泵式空调系统

该系统在热泵系统的风道中采用了车内冷凝器和蒸发器的结构，如图 7-7 所示。制冷工况循环为：由压缩机经四通阀至车外冷凝器，再经电子膨胀阀 1、蒸发器回到压缩机。制热及除霜工况循环为：由压缩机经四通阀至车内冷凝器，再经电子膨胀阀 2、车外冷凝器、电磁阀回到压缩机。当系统以除霜/除湿模式运行时，制冷剂将经过所有 3 个换热器。空气通过内部蒸发器来除湿，将空气冷却到除霜所需要的温度，再通过车内冷凝器加热，然后将它送到车室，解决了汽车安全驾驶的问题。

2. 电动压缩机制冷与电加热器制热混合调节空调系统

目前传统燃油汽车的空调装置以及热泵式空调系统同时具有制冷和加热的能力。对于纯电动汽车来说，没有发动机，也就没有发动机废热可以利用。采用该设计方案，制冷由电动机驱动压缩机执行，制热由专门的加热装置来实现。

目前最成功的混合动力车型丰田普锐斯采用的就是这种方案，空调系统为电动空调系统，暖风为 PTC 暖风，制冷制热迅速。该空调系统可以在发动机不起动的情况下正常运行，满足乘员的舒适性要求。

对于电动汽车以及采用 42V 电源的传统燃油汽车，如果采用电动空调系统，图 7-8 所示的供电方式即可作为供选择的方案之一。电池组的直流电经逆变器后为空调压缩机驱动电动机供电，空调电动机带动压缩机产生制冷效果。控制器将传感器送来的电池组电量信号以及温度控制信号进行处理后，通过输出端控制驱动逆变器，从而通过驱动电动机控制压缩机的功率和转速。

三、电动压缩机及其驱动方式

无论是电动热泵式空调系统还是混合调节空调系统，都离不开核心部件——电动压缩机，这也是电动汽车空调系统与燃油汽车空调系统最重要的不同之处。电动压缩机的驱动方式在纯电动和燃料电池电动汽车上可以说只有两种：一是压

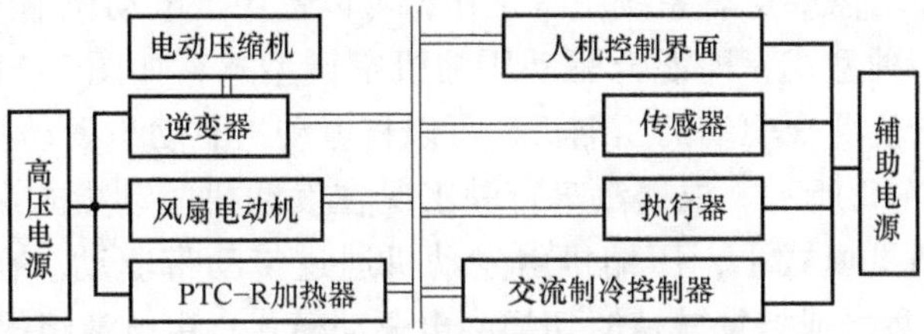

图 7-8 电动空调系统供电方式

缩机直接由主驱动电动机通过传动带驱动，称为非独立式驱动；二是利用一个小功率电动机来驱动压缩机，直接从电池组取电，可以同轴驱动，也可以由传动带驱动，称为独立式驱动。在混合动力汽车上，除了以上两种方式，还可以采用发动机和电动机混合驱动。仿照电动汽车的命名习惯，将只由电力驱动的压缩机称为全电动压缩机，而将电动机和发动机共同驱动的称为混合驱动压缩机。

1. 非独立式全电动驱动方式

非独立式全电动空调系统如图 7-9 所示，压缩机通过带轮由驱动电动机带动，结构相对简单，此时压缩机可以选择传统机械压缩机，排量以及功率的选择同机械式压缩机。压缩机运行工况的控制通过电磁离合器的开闭来实现。另外，由于使用空调系统增加了电动机的热负荷，也增加了电动机散热系统的热负荷，必要时要强化电动机冷却能力。对于此种方案，电动空调系统不能独立控制，并且对整车动力性影响较大，所以不推荐采用该型式。

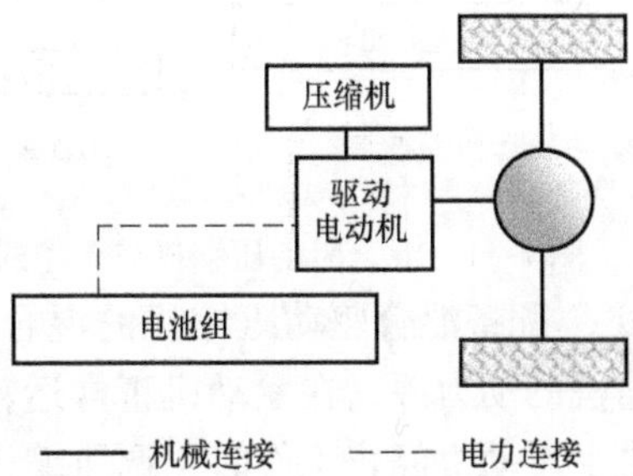

图 7-9 非独立式全电动驱动方式

2. 独立式全电动驱动方式

对于独立式全电动空调系统，如图 7-10 所示，由电动机直接带动空调压缩机制冷，使空调压缩机可以在设定的最理想的电动机恒定运转速度下运行，不会受整车运行状况的影响。一般不采用压缩机通过传动带由电动机带动方案。国内外均普遍采用同轴驱动方案，该型式结构紧凑，可以适应更多的汽车平台。采用该方案，当电动机驱动压缩机进行工作时，其能量传递路径为电源→控制器→电动机定子→电动机转子→涡旋动盘。

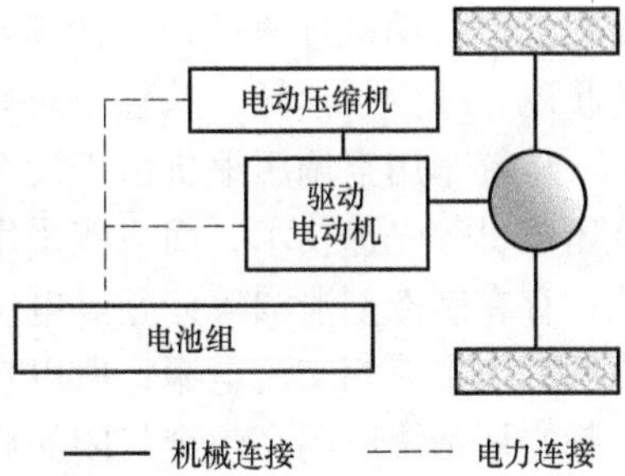

图 7-10 独立式全电动驱动方式

3. 混合驱动方式

对于混合动力车型来说，为保证车厢内的舒适性，在发动机模式、电动模式以及混合模式下均需要空调系统正常工作，可以选用全电动压缩机空调型式，也可以选用另外一种型式，即混合驱动压缩机空调型式，如图7-11所示。对于采用发动机与电动机混合驱动的压缩机，可以将电动机驱动与发动机驱动集成为一个整体，如图7-12所示。根据汽车行驶工况在发动机驱动模式和电驱动模式之间切换。在发动机模式下，压缩机由发动机通过传动带驱动。在汽车临时停车（如遭遇交通堵塞）或持续减速时切换到电驱动模式，由电池组提供能量。

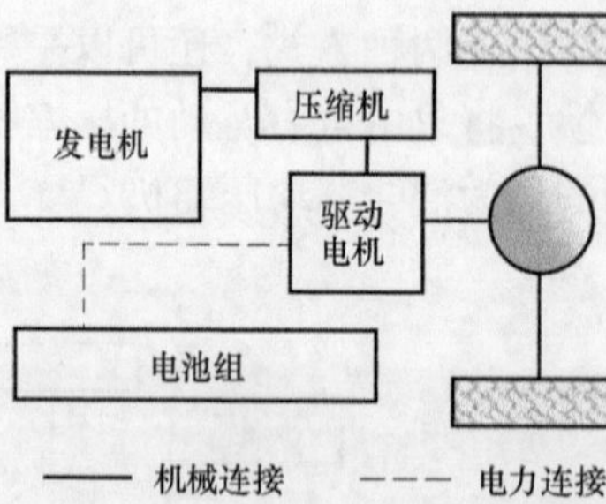

图7-11　混合驱动压缩机空调型式

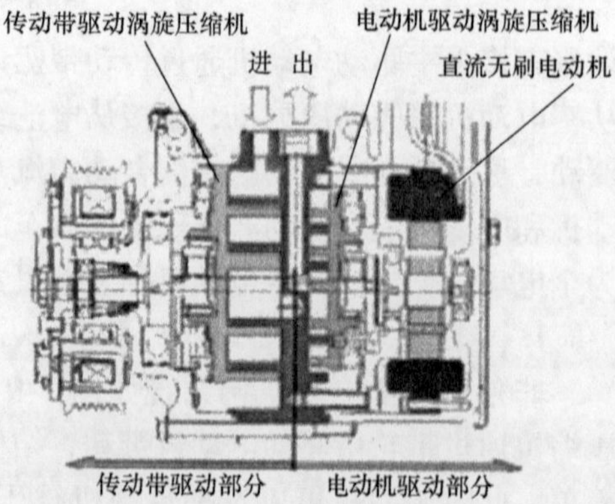

图7-12　混合驱动压缩机

配备混合驱动压缩机的混合动力汽车，在纯电动模式下，由蓄电池作为压缩机的动力源，在发动机正常运转模式下，也可以由发动机驱动压缩机。这样解决了发动机停止工作时空调压缩机无动力来源，以及电动空调系统能量转换损耗大，影响电动机、电池使用寿命的问题。在发动机模式下，压缩机由发动机通过传动带驱动。在汽车临时停车，如遇到红灯或者持续减速时，切换到电驱动模式，由电池提供能量，以确保车室内保持舒适的温度，从而不必专为带动空调压缩机而使发动机怠速运转，这样就避免了在怠速工况下燃油经济性和排放性不佳的状况，减少了油耗，减轻了对环境的压力。

传统车用空调压缩机由于没有三相交流驱动电源，不能采用高效的全封闭涡旋压缩机等先进技术，而只能采用开启式活塞压缩机，效率低，噪声大，无法制热，存在制冷剂泄漏等问题。电动汽车上由于有高压动力电池，经逆变器变换电压后就产生三相交流电源，所以在电动汽车上可以采用涡旋式压缩机。新型电动变频空调系统应用高效全封闭涡旋压缩机等先进技术，改变了车用空调的机械驱动活塞式压缩机模式，推动了车用空调整体技术的提升。新型电动变频空调的技术核心是空调变频电源系统，包括高电压自整流发电机及其稳压模块、逆变电源模块两大部分。通过直交逆变电源的模块控制，对电动涡旋式压缩机进行电压空间矢量调制，实现电动涡旋式压缩机无级变频起动、基频制冷和降频保持等过程，彻底改变了传统车用空调控制模式，节能效果明显，提高了舒适度。应用全封闭式涡旋压缩机，采用全焊接连接方式组成整体全封闭式无漏点系统，彻底解决了车用空调的制冷剂泄漏和轴封技术难题，同时简化了安装，实现了空调系统的一体化集成设计。应用热泵循环原理，通过增加四通道换向阀及调整相应的控制方式，方便地进行制冷、制热模式切换，实现车用空调的冷暖一体化。采用两台涡旋式压缩机、两套冷凝器和蒸发器构成两个独立系统，可以同时启动也可以单独启动，实现了空调全功能和节能的有机结合。

四、其他电动空调产品

对于电动汽车来说，目前市场上还有可供选择的几种空气调节产品，可以作为电动空调系统的补充或者单独为驾乘人员提供舒适环境。

1. 座椅空调系统

座椅空调系统是指通过座椅直接对乘客身体加热或制冷，而不是调节整个车内空气。温度的调节通过座椅与乘客身体直接产生热传导，以及从座椅表面散发出的调温后的空气的对流来实现。制冷和加热由装在座椅内部的温差电敏器件（TED）和吹风机实现，通过控制模块调节温度、气流以及风扇转速。座椅空调系统的结构如图 7-13 所示。座椅空调系统应用的是热电制冷/制热技术，其制冷效率可达 80% 以上，而制热效率更佳。半导体材料的优值系数越高，制冷/制热效果越好。但是目前半导体制冷的效率只有机械压缩式的 50% 左右，在半导体材料的优值系数没有突破之前，半导体制冷/制热只能在小体积和微型化上比传统的机械压缩式制冷优越性。对于短距离行驶的小型电动汽车，完全可以考虑采用座椅空调系统来提高乘坐舒适性。

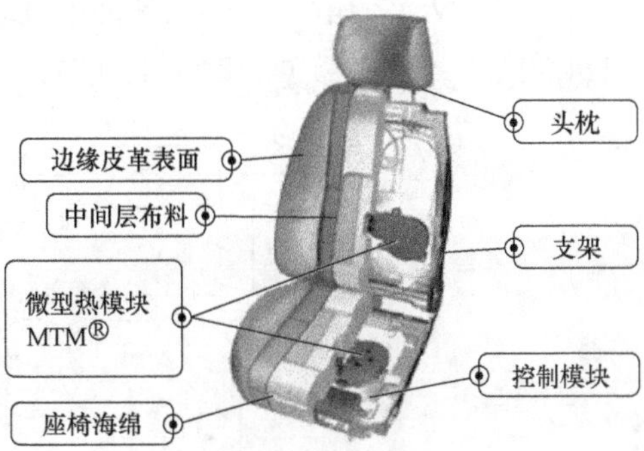

图 7-13 座椅空调系统的结构

美国 Amerigon 公司在 2005 年将最新开发的气候控制座椅（CCS）应用到通用概念车 STS SAE 100 上。安装该系统，乘客可以根据喜好调节座椅的温度。即可在任何气候条件下，在一年四季中的任何时候，让驾驶人和乘客单独为乘坐舒适而加热或冷却座椅。目前，该系统已经被 20 多个汽车平台采用，其中包括本田公司的 FCX CLARITY、丰田公司的雷克萨斯 600hL 和凯迪拉克 ESCALADE HYBRID 等车型。

2. 冰水制冷系统

Swampy 公司开发了一种 12V 的汽车空调制冷系统，通过冰水制冷，由电池提供电源。12V 电源用于驱动水泵及风扇运转，通过水泵使冰水以每小时一千多升的流量流过铜制热交换器。该系统如图 7-14 所示，上部分为热交换器，下部分为储冰箱使水冷却获得冰水。该系统为整体式结构的便携式系统，可以直接安放在驾驶舱内，不需考虑在发动机舱的安装。

图 7-14 冰水制冷系统

通过热交换器，环境热量通过冰水媒质转移到储冰箱中，储冰箱中的冰融化吸热使冰水保持低温，冰水能够继续起到制冷剂的作用。热交换器参数与储冰箱储冰量的参数经过优化，可以达到最佳比例状态。在不通风的情况下，该系统可以产生大约 2.3kW 的制冷量。在白天其耗冰量大约为 8kg/h，而在晚上大约为 5.4kg/h。

3. 热泵空调系统

由永磁直流无刷电机直接驱动的电动车热泵空调系统，较好地解决了电动车的制热问题，其工作模型如图 7-15 所示。

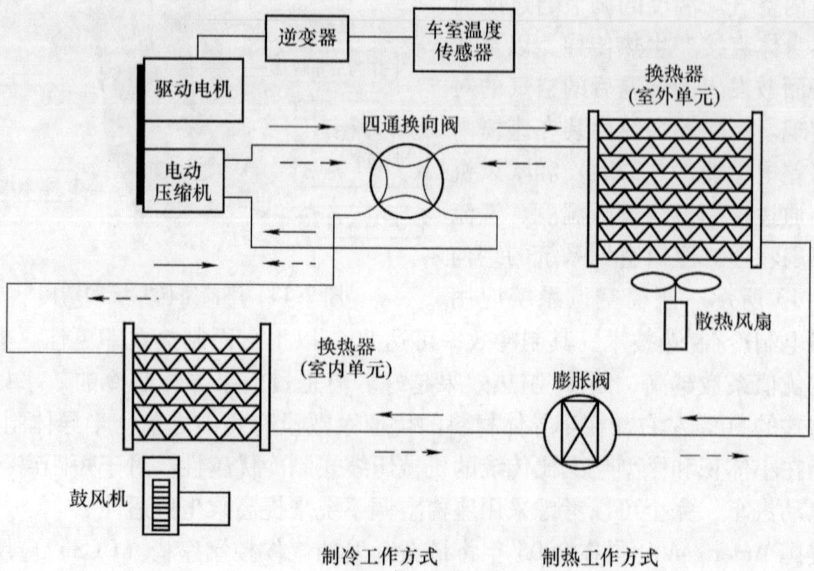

图 7-15 热泵空调系统图

该空调系统工作原理：当空调系统需要运行在制冷模式时，通过四通换向阀的动作，使得从压缩机流出的制冷剂按照图中实线指示的方向运行，通过鼓风机将冷风吹入室内，实现车内制冷。当空调系统需要运行在制热模式时，同样通过四通换向阀的动作，使得从压缩机出口流出的制冷剂按照图中虚线指示的方向运行，实现车内制热。可以看出，该热泵空调系统与普通空调系统的整体架构不同。其区别在于，增加了可改变制冷剂流向的四通换向阀，且采用了允许双向流动的膨胀阀。但当该系统工作在制热工况下，系统从除霜模式转换为制热模式时，风道内换热器上的冷凝水将迅速蒸发，在车辆的前风窗玻璃上结霜，从而影响驾驶安全性。

宝马 i3 纯电动车便采用了热泵系统。热泵换热器安装在冷却液泵和电加热器之间。通过采用该系统，使该车型的电加热器的电能消耗明显减少。图 7-16 是热泵控制器的系统图。

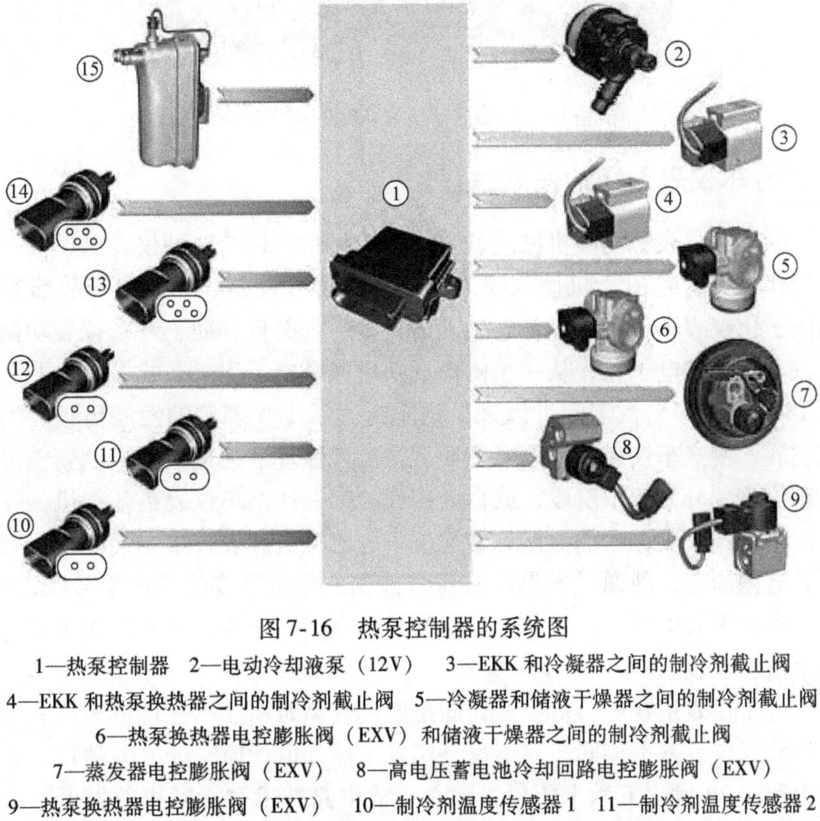

图 7-16 热泵控制器的系统图

1—热泵控制器 2—电动冷却液泵（12V） 3—EKK 和冷凝器之间的制冷剂截止阀
4—EKK 和热泵换热器之间的制冷剂截止阀 5—冷凝器和储液干燥器之间的制冷剂截止阀
6—热泵换热器电控膨胀阀（EXV）和储液干燥器之间的制冷剂截止阀
7—蒸发器电控膨胀阀（EXV） 8—高电压蓄电池冷却回路电控膨胀阀（EXV）
9—热泵换热器电控膨胀阀（EXV） 10—制冷剂温度传感器 1 11—制冷剂温度传感器 2
12—制冷剂温度传感器 3 13—制冷剂压力 - 温度传感器 1
14—制冷剂压力 - 温度传感器 2 15—电加热器

第三节 电动汽车驾驶人仪表系统

汽车仪表是各类汽车必不可少的装置，是驾驶人与汽车进行人机交互的接口，驾驶人通过仪表系统可以随时掌握汽车各个部件的工作状态，获取汽车运行参数、故障、里程等信息。图7-17所示为一种电动汽车仪表系统的实物外观图。

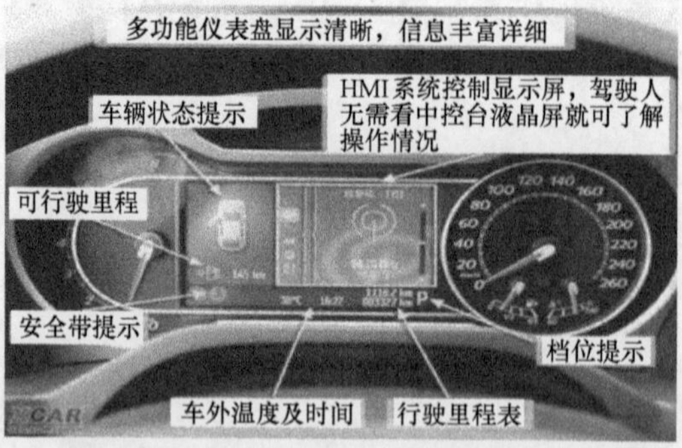

图7-17　电动汽车仪表系统的实物外观

一、汽车仪表系统的发展过程

早期的汽车仪表驱动是机械式的，用指针显示，目前这种仪表已逐渐被电子化仪表所代替。这是由于机械式仪表精度低，可靠性差，一旦出现故障很难处理；而电子化仪表不仅可以改善驾驶人的目视性，而且有助于汽车仪表功能的多样化。汽车仪表的电子化，从一个侧面反映出汽车电子化水平的提高水平。

自1886年第一台汽车问世以来，汽车走过了100多年的发展历程。汽车的出现和发展，使汽车仪表也在不断发展。按工作原理上的重大技术创新情况，可以将汽车仪表划分为四个阶段，或称为四代：第一代汽车仪表是基于机械作用力而工作的机械式仪表，人们习惯称这类仪表为机械机芯表；第二代汽车仪表的工作原理是电测原理，即通过各类传感器将被测的非电量变换成电信号加以测量，通常称这类仪表为电气式仪表；第三代为模拟电路电子式；第四代为步进电动机式全数字汽车仪表。

现代汽车仪表正在经历由第三代向第四代转型时期。第三代汽车仪表的工作原理与电气式仪表基本相同，只不过是用电子器件取代原来的电气器件。它出现的时间大致在20世纪五六十年代，随着集成电路技术突飞猛进的发展，这种仪表现在均采用各种专用集成电路（为汽车仪表专门设计的集成电路），国内汽车仪表目前的主流产品就是这种仪表。经过20多年的发展，其结构形式经历了动圈式机芯（线圈连同指针一起转动）和动磁式机芯（磁钢连同指针一起转动）两个基本阶段。电子器件经历了分立器件和专用集成电路两个阶段。虽然性能和价格都有明显的改善，但受工作原理的限制，其线性、精度、重复性、响应速度等性能指标难以有根本的突破。所以，必须有技术上的突破才可以从根本上提高汽车仪表的性能。随着电子技术和微处理器技术的发展，第四代仪表应运而生。第四代仪表采用步进电动机驱动指针，微型步进电动机是一种以脉冲信号作为驱动信号的特殊电动机，用其驱动仪表指针，与模拟式机芯仪表相比，具有体积小、质量轻、指示精确、一致性好、便于控制等特点，特别适合用单片机控制。第四代仪表系统既保留了传统仪表的指针式显示模式，指示简单直观，符合传统视觉效果，更主要的是有精度高、可靠性好、抗干扰能力强等优点，所以适合在现在汽车上采用。

二、电动汽车用仪表系统

由于动力系统上本质的不同，电动汽车仪表系统在显示内容方面不同于传统汽车，比如纯电动汽车没有油箱和发动机，由电池组和电机分别提供能源和动力，驾驶人不再需要了解油量和发动机信息，取而代之的是电池组的工作情况（主要包括电池组的剩余容量及当前工作状态）和电机信息。因此，电动汽车仪表板就需要在保留传统汽车仪表板显示信息的基础上，增加了电池与电机工作状态等信息。GB/T 19836—2005《电动汽车用仪表》明确规定，电动汽车用仪表系统显示信息的类别应包括：电池荷电状态指示器、电压表、电流表、转速表、绝缘电阻/爬电距离指示、驱动电机指示仪表、动力蓄电池指示仪表装置、动力蓄电池充电指示等，如此多的信息，传统的车用仪表系统根本无法满足要求，所以，必须要针对电动汽车开发新型的仪表系统。

目前电动汽车用仪表系统多为采用 CAN 总线通信和液晶显示器（Liquid Crystal Display，LCD）显示的 CAN 总线组合仪表，将以前模拟组合的分离式仪表数字式的统一管理起来，在提高精度、稳定性和寿命的同时，降低了制造成本。CAN 总线组合仪表属于第四代仪表系统。

与传统汽车的组合仪表一样，电动汽车组合仪表显示的内容包括表头（指针）显示和报警（指示灯）显示两部分。指针显示的内容包括电机转速、发动机转速（混合动力汽车）、车速、电压、电流、荷电状态等；指示灯显示的报警信号主要有运行准备就绪、过热、超速、剩余容量低限、绝缘电阻、驱动控制器就绪、能量回馈故障、停车指示、充电指示、互锁指示、系统故障、动力电池故障等。

如此多的信号，如果跟传统汽车仪表系统一样，通过导线来进行信号的传输，那将使整个系统的线束相当复杂，将 CAN 总线技术应用到电动汽车仪表系统中，能很好地解决电动汽车仪表板与检测单元、控制单元之间的数据传输问题。图 7-18 所示为一种 CAN 总线组合仪表系统的结构示意图，电动汽车电子控制单元和智能仪表设计成 CAN 网络上的智能节点，仪表通过 CAN 接口接收电子控制单元发来的车速、电机转速、电量、冷却液温度、汽车档位及其他车况信息，并进行相应的分析和处理，处理的结果由 LCD 进行显示，同时嵌入式系统通过触摸屏技术将驾驶人对 LCD 的操作处理成命令，通过 CAN 总线传递给电子控制单元。CAN 总线将各种不同的数据处理模块有效地连接在一起，实现数据的无阻碍传输，减少了布线，有效地节约了空间，极大地提高了可靠性、扩展了功能，易于形成模块化，方便仪表板的维护。

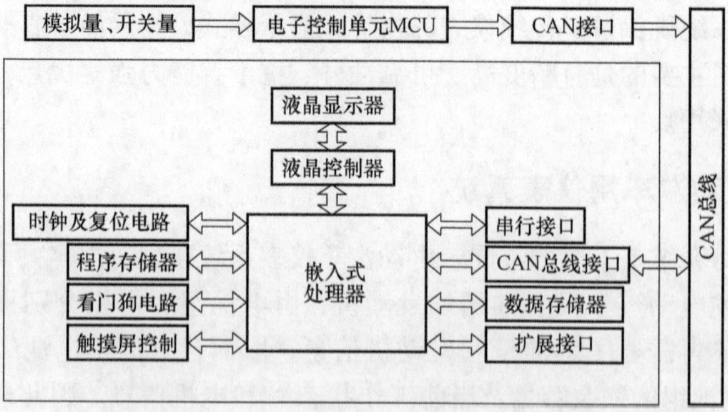

图 7-18　CAN 总线组合仪表系统结构图

LCD 是平板显示器的一种，它具有轻巧、功耗低、显示内容丰富、色彩明丽等特点，在袖珍式仪表和低功耗应用系统中得到了广泛的使用。LCD 通常是利用光反射的被动型显示器，明亮的环境中也适用。LCD 从工作原理上分为两种：动态散射型和场效应型。动态散射型（即电流型）需要数十到数百微安的驱动电流，功耗较高。场效应型 LCD（即电压型），只需要几微安的工作电流，功耗极低。

北京理工大学为北京奥运会研发的 BK6122EV 型纯电动客车的仪表使用就是 CAN 总线组合仪表，如图 7-19 所示。仪表总成的配置：右侧单表显示速度、总/分里程；中间液晶屏显示车内各种状态界面、电池管理系统界面和电机及变速器界面等信息；左侧 6 只步进电机指针指示高低压、高低电流和两路气压值；指示灯分布在仪表板的上部和右下部，共 28 个。仪表的所有信息是通过 3 路 CAN 总线接收，CAN1 上传送的是仪表液晶屏主界面信息和电动机、变速器界面信息；CAN2 上传送的是动力电池单体电压和各电池箱温度数据；CAN3 上传送的是整车低压用电设备的信息。

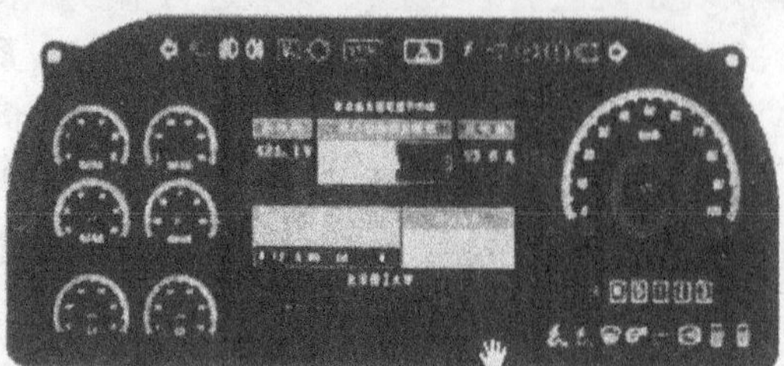

a) CAN总线组合仪表板

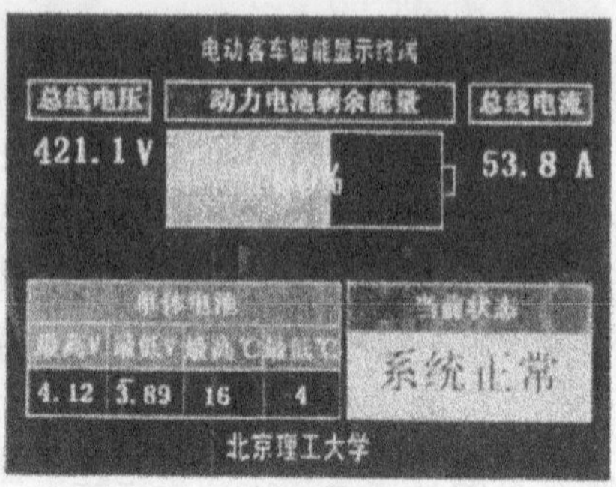

b) 显示器主界面

图 7-19　BK6122EV 型纯电动客车的仪表

还有一种仪表系统，显示屏采用的是具有触摸功能的薄膜场效应液晶显示器（TFT-LCD），其外观如图 7-20 所示。它为全图形化仪表，指针为虚拟指针，不是由步进电机驱动，而是完全由图形控制软件来控制指针的。用户可以通过触摸屏方

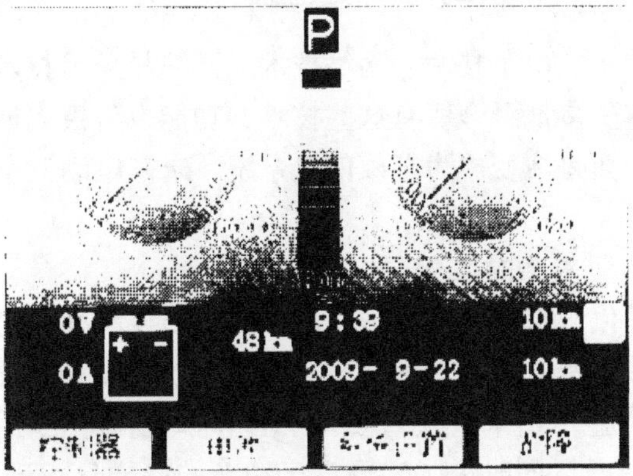

a) 主界面

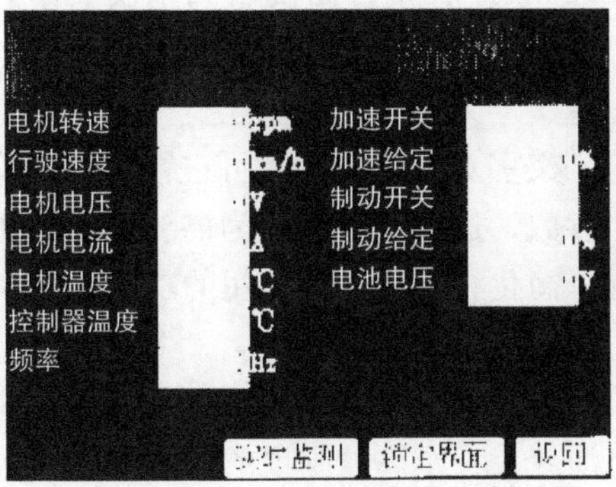

b) 电机信息子界面

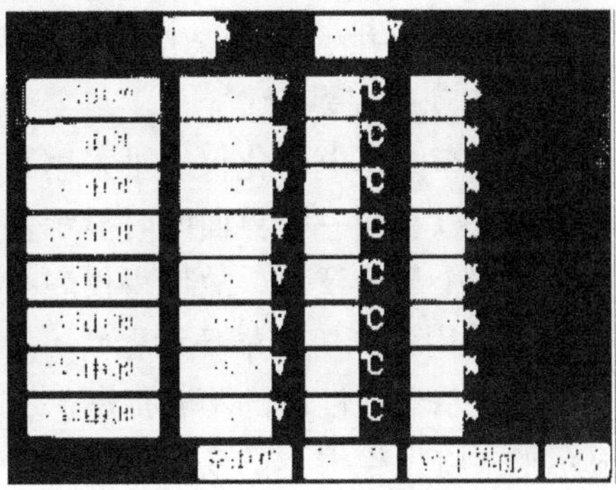

c) 动力电池信息子界面

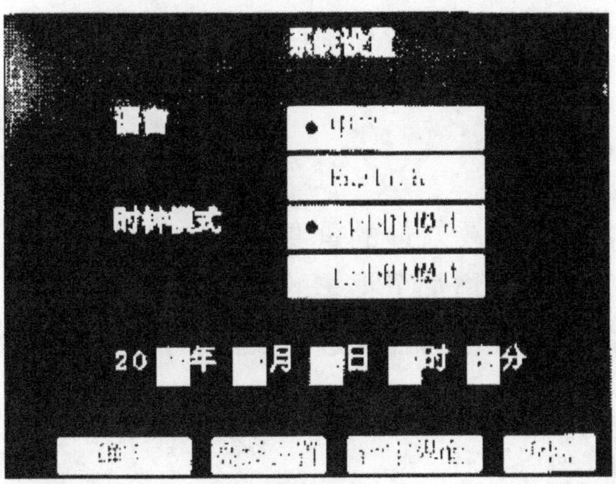

d) 系统设置子界面

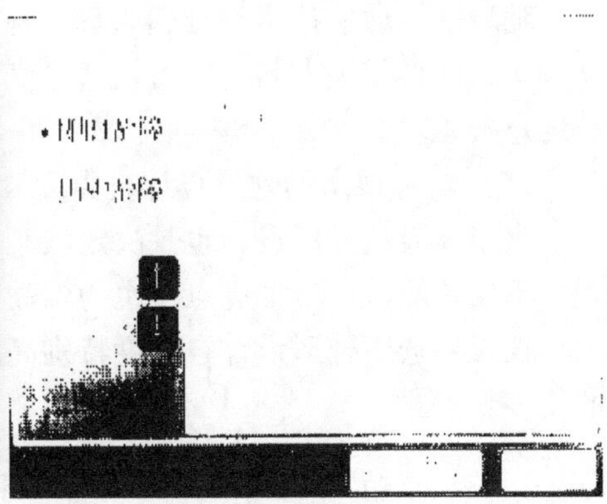

e) 故障显示子界面

图 7-20　采用 TFT-LCD 的仪表盘

便快捷地实现电动汽车各功能模块信息的切换。如在主界面的下方有控制器、电池、系统设置和故障的按钮，单击按钮即可进入相应的子界面显示相关信息。

三、电动汽车仪表系统的发展趋势

随着计算机技术、电子技术、网络技术以及液晶显示技术的不断发展，电动汽车仪表系统也将更多地融合所有这些技术，功能也将极大地拓宽，不再局限于单纯的信息显示，而是演变成为车载信息系统。未来电动汽车仪表的主要发展趋势如下所述。

（1）能提供大量复杂的信息

随着汽车电子化水平的不断提高，汽车的电子控制程度也越来越高。车身的电子控制装置能够迅速、准确地处理各种复杂的信息，并通过汽车仪表以数字、文字或图形等方式显示出来，使驾驶人了解和掌握汽车的当前状态，以便及时处理各种复杂的情况。同时为了实现汽车功能的多样化，现代汽车已经开始配备故障诊断、地形图显示、导航及各种信息服务装置，而使用汽车仪表作为信息显示终端，提供大量复杂信息将是大势所趋。

（2）实现一表多用

电动汽车汽车电子化仪表可采用数字、文字及图片显示，可进行分时、分屏显示，也可以在同一个界面同时显示多个参数，这样，就不必为需要显示的每个参数设置一个显示仪表，故使得仪表板得以简化，实现一表多用的功能。

（3）采用计算机终端显示器

随着显示器件性能的不断提高，在价格进一步降低的前提下，电动汽车仪表的显示形式将发生根本的变化，外观上将演变成一个高清晰度的计算机显示器。

（4）具备完善的通信系统

随着网络通信技术的日趋成熟，各种有线、无线的数据通信网被用于现代电动汽车，使得驾驶人与乘客可以通过汽车仪表与公共互联网相交互，以便充分共享信息资源。

（5）具有很高的外形设计自由度

汽车仪表的外形设计也是决定汽车仪表是否受欢迎的重要因素。仪表造型美观，不仅是给汽车增加亮点，也为驾驶人和乘客增加了乘车的舒适度。因此未来汽车仪表将选用外形设计自由度特别高的电子显示器件来进行设计，推出最流行的仪表新款式。

参考文献

[1] 苑志超．轻中型商用车电动助力转向系统的研究[D]．青岛：青岛科技大学，2008.

[2] 徐汉斌．电动转向器控制系统研究[D]．武汉：武汉理工大学，2007.

[3] 陈彩辉．日臻完善的电动助力转向系统[J]．汽车驾驶与维修，2004（4）：80-83.
[4] 余卓平，孟涛，陈慧，等．电动助力转向系统的技术发展趋势[J]．汽车技术，2005（9）.
[5] 王晓丹．纯电动客车空调系统参数匹配与设计研究[D]．吉林：吉林大学，2009.
[6] 谢卓，陈江平，陈芝久．电动车热泵空调系统的设计分析[J]．汽车工程，2006，28（8）.
[7] 曹中义．电动汽车电动空调系统分析研究[D]．武汉：武汉理工大学，2008.
[8] 马国远，史保新，陈观生，等．电动汽车热泵空调系统的试验研究[J]．低温工程，2000（4）.
[9] 史保新．马国远，陈观生．电动车用空调装置的研究[J]．流体机械，2002（4）.
[10] 王换换．MCGS 下的纯电动汽车智能仪表设计[D]．西安：长安大学，2010.
[11] 刘梦华．纯电动汽车 TFT 车载液晶数字仪表[J]．客车技术与研究，2007（5）.
[12] 刘乃胜．电动汽车组合仪表开发[J]．汽车电器，2009（12）.
[13] 冷韶华，高利，李军伟，等．基于 CAN 总线的电动汽车仪表设计[J]．拖拉机与农用运输车，2009，36（2）.
[14] 蓝天，廖承林，王丽芳．基于虚拟仪器的电动汽车数字化仪表系统设计[J]．电测与仪表，2008，45（1）.
[15] 许德章．现代汽车仪表技术与发展趋势[J]．汽车电器，2002（5）.
[16] 林程，王砚生，孟祥峰．奥运纯电动大客车技术与应用[M]．北京：北京理工大学出版社，2008.
[17] 冯永忠，康永禄．宝马 i3 纯电动车空调热泵解析[J]．汽车维修与保养，2016，（08）：72-75.
[18] 韩光杰．电动汽车热泵空调系统[J]．汽车实用技术，2016，（06）：109-111.

第八章　驱动系统电磁兼容

第一节　电磁兼容基本概念与术语

一、电磁兼容含义

所谓电磁兼容是指电气及电子设备在共同的电磁环境中能执行各自功能的共存状态，即要求在同一电磁环境中的相关设备都能正常工作又互不干扰，达到兼容状态。该表述包含两方面的含义：

1）设备不会由于受到处于同一电磁环境中其他设备的电磁发射导致或遭受不允许的降级。

2）它也不会使同一电磁环境中其他设备因受其电磁发射而导致或遭受不允许的降级。

国际电工技术委员会（IEC）对电磁兼容性（Electro Magnetic Compatibility，EMC）的定义：电磁兼容性是设备的一种能力，它在其电磁环境中能完成自身的功能，且不在其环境中产生不允许的干扰。

电磁兼容的理论基础涉及数学、电磁场理论、电路基础、信号分析等学科与技术，其应用范围又几乎涉及所有用电领域。由于其理论基础宽、工程实践综合性强、物理现象复杂，所以在观察与判断物理现象或解决实际问题时，实验与测量具有重要的意义。由于在新能源汽车上采取了更多的电力电子设备，同时车辆工作电压一般可以达到几百伏，尤其是对于电驱动系统，因为一般采用高频调制的方式实现，高次谐波现象愈加突出，所以电磁兼容问题就愈加突出。

二、现代汽车电磁兼容问题

近年来，随着汽车安全性、舒适性和经济性等要求的不断提高，以汽车电子产业为代表的汽车相关技术发展非常迅猛。据统计，近年来，有关汽车的技术创新70%都来源于汽车电子；在国内外生产的部分轿车中，汽车电子设备价值超过了整车价值的30%多。车载的任何电子电气设备在运行时都会向周围发射电磁能量，可能对其他设备的正常工作产生干扰，同时设备本身也可能受到周围电磁环境的干扰。然而随着汽车电气设备数量、种类和密度的不断增加，工作频率的不断提高，不可避免地使汽车内的电磁环境更加恶劣，各电子设备相互间的电磁干扰愈加严重，这就导致了不胜枚举的汽车电磁干扰问题。例如，各种信号指示灯的误动作，刮水器、安全气囊的误开启，ABS 制动效能降低等。这些电磁干扰问题产生的原因主要来自汽车的内部，如点火系统、电子燃油喷射系统、各种电机、一些集成芯片的控制器、通信系统等高频工作的设备和大量开关性元器件。它们产生的电磁波通过传导与辐射，对诸如各种电子模块、信号传输线等易受影响的设备造成干扰。虽然这些车内的干扰源功率不一定大，但由于距离被干扰对象非常近，所以对车内电子系统的干扰是很强的。

由于驱动电机是感性负载，因此除了在其工作中产生交变电磁辐射外，在断开时还会对车内电源产生强烈的反向过电压传导干扰。图 8-1 所示是感性负载开路瞬变的反向瞬变脉冲电压波形图。

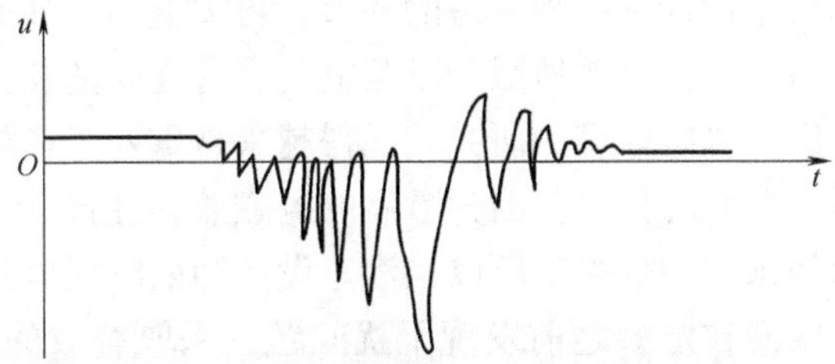

图 8-1　感性负载开路瞬变的反向瞬变脉冲电压波形图

显然，这种瞬变脉冲不但具有浪涌性质，而且具有丰富的谐波，可能引起电子控制系统的逻辑错误，甚至导致部分敏感器件的损坏。车内分布有各种开关性元器件，如开关、继电器。这些元器件的触点在通断的瞬间，都会产生程度不同的火花放电现象。这种触点间放电能量虽然比火花塞电极放电能量小得多，但其放电瞬间的能量密度通常可达到造成危害的程度。图 8-2 所示为开关过程引起的瞬态干扰波形。

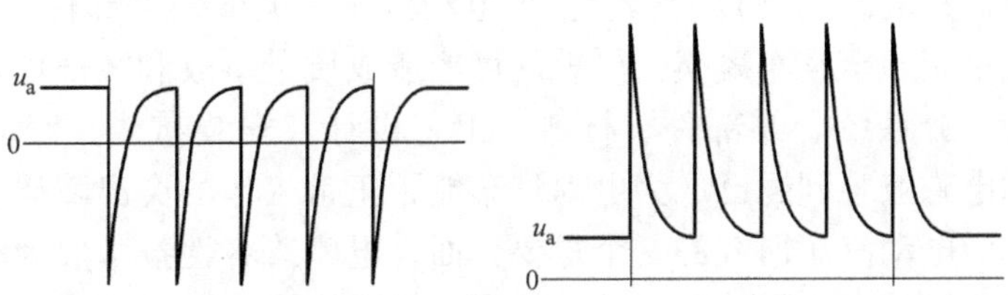

a) 开通干扰波形　　b) 关断干扰波形

图 8-2　开关过程引起的瞬态干扰波形

同时，汽车以及相关部件除了要承受自身产生的电磁干扰外，还要承受外界对它的干扰，如雷电、静电、广播、电视、手机信号、附近的高压输电线路，以及其他各种设备产生的干扰等。目前的资料显示，现在恶劣的电磁环境使得环境中的干扰可以轻易高达（100 ± 50）V/m。而人体同车辆、车身同空气以及轮胎同路面的接触中产生的静电，也可能形成静电干扰源，产生静电放电干扰，在静电放电过程中，放电电流形成传导干扰，放电火花则形成辐射干扰。由于其放电时间很短（1～2ns），所以瞬间的电流可以达到10A甚至更高。这种由于静电放电产生的电流脉冲足以导致任何敏感性差的电子设备工作异常甚至是损坏。此外，由于静电放电产生的电磁场也能够通过辐射的方式影响周围电子设备，导致这些系统工作异常。

实际上，自从人们发现道路上行驶的汽车会对周围的无线电收音机产生干扰，并提出对汽车点火系统产生的电磁干扰加以限制时，便开始了对汽车电磁干扰的研究。由于汽车电磁兼容问题可能会导致重大的安全问题，如汽车安全气囊控制系统因为外界的电磁干扰而突然触发打开气囊等事故。所以，汽车电磁兼容设计已经成为现代汽车设计中必须考虑的环节，再加上面对如此复杂的电磁环境和各种电磁干扰问题，如何有效地减少车载电气设备之间的相互影响，使各种设备正常运行，进行汽车电磁兼容的研究就显得越来越重要。良好的电磁兼容性来自好的设计，而不是事后的检测。因为事后的电磁兼容性设计不仅花费巨大，周期长，而且很难达到预期的效果。所以在汽车设计初期阶段就进行电磁兼容性的数字仿真和预测，以便在定型之前发现干扰问题，采取有效的抑制和防护措施，可以起到事半功倍的作用，达到使汽车具有良好的电磁兼容性的目的。

电动汽车中的驱动电机、发电机、大功率开关器件、高频放大器件、大电流接触器等电磁骚扰源会对电气系统产生污染，不但影响车辆的运行安全性，还会影响车辆周围的无线电设备；这些电磁骚扰源与车载计算机控制单元、现场网络总线等对电磁干扰敏感设备安装在一起，发生相互电磁干扰的可能性很大。可见，电动汽车电气系统的电磁兼容问题日益突出和严重，因此要对电动汽车电磁兼容性提出较高的要求。电驱动系统的高频大功率高压特性，导致的电磁干扰问题尤为突出，其电磁问题直接影响整个电动汽车相关电控零部件的正常工作，甚至会造成系统乃至整车瘫痪，严重的可能造成质量事故和零部件损坏。电动汽车中系统、分系统、零部件、材料、工艺设计、安装布线、EMC测试、工程管理中的电磁兼容问题已成为电动汽车能否正常工作的突出障碍。因此电磁兼容问题成为电动汽车研究的一个重要方面，电磁兼容性技术成为电动汽车整车技术中的关键技术，电磁兼容性的研究对保证电动汽车的质量和安全性具有重要意义。

第二节 电驱动系统电磁骚扰源

电动汽车电驱动系统的电磁环境是指电动汽车在行驶过程中，电驱动系统承受来自车内、车外各种各样的电磁干扰，以及向外界辐射的电磁干扰。电驱动系统的电磁环境是对汽车电子装置威胁最大的工作环境，其主要表现为不稳定的电源电压、瞬态过电压、瞬态脉冲及脉冲群、大电流冲击、静电、雷电以及电磁辐射等对电子装置产生的严重影响。

一、电磁骚扰分类

电磁骚扰可以按传播形式、频谱和性质进行分类。

1. 按传播形式分类

按传播形式的不同，电磁骚扰可以分为传导骚扰和辐射骚扰，通过导体传播的电磁骚扰，叫传导骚扰；通过空间传播的电磁骚扰，叫辐射骚扰。

2. 按频谱分类

按频谱的不同，电磁骚扰可以分为工频骚扰、甚低频骚扰、载频骚扰、射频骚扰、视频骚扰、微波骚扰。

1）工频骚扰（50Hz）：波长为6000km。

2）甚低频骚扰（30kHz以下）：波长大于10km。

3）载频骚扰（10～300kHz）：波长大于1km，包括高压交直流输电谐波骚扰。

4）射频、视频骚扰（300kHz～300MHz）：波长在1～1000m之间，工业科学医疗设备、输电线电晕放电、高压设备火花放电、内燃机、电动机、家用电器、照明电器等都在此范围。

5）微波骚扰（300MHz～300GHz）：波长为1mm～1m，包括特高频、超高频、极高频骚扰，以及雷电和核电磁脉冲骚扰，由几赫兹至接近直流，范围很宽。

3. 按骚扰源性质分类

按骚扰源性质不同，电磁骚扰可以分为自然骚扰和人为骚扰，通常把人为骚扰分为车外骚扰和车载骚扰。

二、自然骚扰源

自然骚扰源是指自然界所固有的与人类活动无关的电磁干扰现象，根据其不同的起因和物理性质可分为电子噪声、天电噪声、地球外噪声以及沉积静电等其他自然噪声。它们所产生的电磁骚扰，其统计特性变化很大，有时呈频谱平坦的高斯分布，有时又呈现偶尔发生的脉冲骚扰。这类骚扰是一种客观存在，只有掌握其分布及频谱变化规律，才能提供电磁环境电平。

1. 电子噪声源

车辆包含大量用电设备及元器件，电子噪声主要来自设备内部的元器件，它是决定接收机噪声系数的重要因素。常见的电子噪声源包括热噪声、散弹噪声、分配噪声、$1/f$噪声和天线噪声等。热噪声具有极宽的频谱，能量随温度而变化，温度越低，噪声越小。绝对温度为零时，热噪声为零。散弹噪声出现于遵循泊松统计分布的任何粒子流中，是一种频率范围很宽的噪声。分配噪声是由电子器件各电极之间电流分配的随机起伏所造成的。1/*f* 噪声是晶体管在低频段产生的一种噪声，其功率与频率成反比关系。天线周围的介质微粒处于热运动状态，它产生的电磁波被天线接收后又辐射出去，当天线处于热平衡状态时，产生的热噪声即天线噪声。

2. 天电噪声

天电噪声是大气层中发生的各种自然现象（包括雷电等），地球上平均每秒发生100次左右的雷电冲击，每次都产生强烈的电磁骚扰，并传播到很远。雷电强大电流会冲击车辆及其车载人员，雷电冲击还会常常伤害人员，损坏设备和输电线。除雷电冲击之外，在大气中如能形成满足电荷分离和储存条件时，也会产生天电噪声，如风雪、暴雨、冰雹、沙暴等。

3. 地球外噪声

地球外噪声即来自地球外层空间的噪声，主要噪声源包括太阳、天空背景辐射和分布在银河系的宇宙源。银河系的辐射峰值出现的频段为150~200MHz，会引起航天器异常，造成通信和遥测中断等。处于静止期的太阳所辐射的太阳噪声能覆盖整个无线电频段。在高于30GHz频段，则由太阳表面产生的黑体辐射所覆盖。处于活动期的太阳产生大于静止期60dB的辐射，能导致无线电通信中断。

4. 沉积静电等其他自然噪声

由飞行器放出的静电所造成的电磁骚扰称为沉积静电，是一重要的自然骚扰源，它引起的电磁骚扰会直接影响整个飞行器的效能和安全。飞行器表面静电荷累积和由此引起的电晕放电和辉光放电所产生的骚扰，其频谱分布在几赫兹至几吉赫兹的范围内，严重影响高频、甚高频和超高频段的无线电通信和导航。大自然中还存在一些其他自然噪声，也应引起注意。

5. 雷电噪声

雷电是一种大气物理现象，它的强度很大，即使远离雷电区，其干扰场强仍相当可观，足够对电气、电子设备造成严重威胁，因此必须对雷电采取防护措施。

雷电与实验室研究的物理现象不同，它不可能通过人为控制的方法找出规律，只能从概率的角度去考虑。远处的雷声产生的干扰可认为是波动的，邻近的雷电干扰则是脉冲型的。这种电磁脉冲是最为严重的自然电磁干扰源，它的陡度大、峰值电流大、电场强、频谱宽（100Hz~100MHz），因此无论是天线、电缆，还是裸露金属体，都会感应出过电压、过电流。若它们被引入电气、电子设备，将会产生破坏性的后果，这种感应方式而非直接方式的雷击称为感应雷。这种感应雷发生的概率远远高于直接雷，因此，防感应雷是防雷的重中之重。

6. 静电波形以及对车辆的影响

静电是因为电子分布不平衡造成的一种客观存在的自然现象，是人或设备在低湿度环境下运动很容易产生的一种物理现象，即在运动的过程中吸取和释放静电。当静电积累到一定程度无法正常泄放时，就会击穿其间的介质对外放电，这就是静电放电（Electro Static Discharge，ESD）现象。ESD是一种非周期性的脉冲，它的频谱能量分布是连续的，所以是一种宽带干扰源，不仅能干扰宽带设备，甚至能干扰窄带设备。静电放电具有电位高、电量低、电流小和作用时间短的特点。

汽车电器系统大多都是由高集成度、高电磁灵敏度的电路板和元器件组成的。它们耐压低，面积小，集成度高，抗静电冲击能力弱，基本都属于静电放电敏感元器件。它们一旦遇到仅几十伏的静电电压就会受到干扰或损坏。对于那些不对静电放电如此敏感的元器件，如果遇到几百伏甚至几千伏的静电电压，也会受到不同程度的损害。这些干扰或损害不仅会增加维修成本，甚至会危及汽车安全。

三、车外骚扰源

人为干扰源是由汽车外部人工装置产生的电磁骚扰，这主要有其他车辆点火系统的辐射骚扰，车外的雷达、无线电台发射机、移动通信设备等发射的电磁波骚扰，以及高压输电线的电晕放电等。

车辆外部产生电磁骚扰的设备和装置大致如下。

1. 输电线杂波

高压输电线所产生的辐射骚扰有两种类型：间隙击穿和电晕放电。间隙击穿发生在高压输电线上两个互相靠近、电位不等的尖端之间。间隙击穿时，放电电流产生很宽的辐射频谱，一直延伸到特高频段。电晕放电是由高达几万到几十万伏的电压产生很强的电场，引起周围粒子激烈的惯性碰撞过程，形成的骚扰具有随机骚扰特征，其频谱在数兆赫以下。

2. 汽车杂波

汽车杂波是产生甚高频（VHF）至特高频（UHF）频段城市杂波的主要原因。根据其强度和特性的测定结果，也可采取相应的措施，使广播和电视的质量基本不受影响。但由于电子设备大量应用于汽车点火控制及移动通信设备在汽车上被广泛使用，这个问题又被重新提出。斯坦福研究所（SRI）对点火系统发射杂波的主要部件，如点火器、配电器等进行了改进，使处于30～500MHz频段的杂波降低了13～20dB。此外还有人给出了6发动机各点火器的脉冲杂波振幅分布。对配电器的情况，若电极间隙从0.27mm改变至2.39mm，则杂波可下降10dB。若在复合电极上增加银触点，或用合金覆盖，也可降低杂波。点火系统以外的汽车电气装置也能发出杂波，其特征正在测试研究中。

3. 接触杂波

接触杂波大体可分为接触器自身杂波及导体开合时放电而引起的杂波。继电器和电机触电、整流子电刷间的开合所产生的放电杂波在人为杂波中占相当大的比例。

4. 电力机车杂波

电力机车运行时，导电弓与电网间的放电也是人为杂波的根源之一。如果导电弓的电流通路用滤波材料包围起来并采用一些辅助措施，可将杂波降低 20dB，但至今尚未找到防止杂波的绝对有效的方法。

5. 工业科学医疗用射频设备杂波

工业科学医疗（Industrial Scientific Medical，ISM）设备，即工业科学医疗用射频设备，是把 50MHz 交流电通过射频振荡电路将工频变为射频的变频装置，用于工业感应、电介质加热、医疗电热法和外科手术工具以及超声波发生器、微波炉等。虽然 ISM 设备本身有屏蔽，但有缝隙、孔洞、管线进出和接地不良等因素，仍将有向外泄漏的电磁场。

6. 城市杂波

城市杂波与社会活动有密切的关系，在日本，每年都定期进行城市杂波测试；欧美也有不少学者专家收集杂波测试数据；我国这项工作也已开始。城市杂波的根源、程度及特性等均在随时变化，其测试方法及统计处理的方法都还有待进一步探讨。

7. 其他

以上主要介绍了几种人为杂波的现状及存在的问题。此外，如静电放电、无线电台的异常动作有时也很有害。况且几乎所有电子设备的电源线上都有瞬变产生的各种杂波、混合波在传播着，这样就会引起设备的误动作。随着数字电路的普遍采用，问题就更加严重。另外，还发现有不明原因的干扰存在。

四、车载骚扰源

车载骚扰源主要是车上各种电子电气系统产生的骚扰。

1. 电感和电容组成的闭合回路形成振荡回路

含有电感、电容和电阻的闭合回路，在外加电源的作用下某些工作频率上引起振荡，闭合回路中的电流可以产生传导干扰。例如现在电动汽车常用的高频开关电源就是一个典型的骚扰源。以反励式转换器为例，其主电路如图 8-3 所

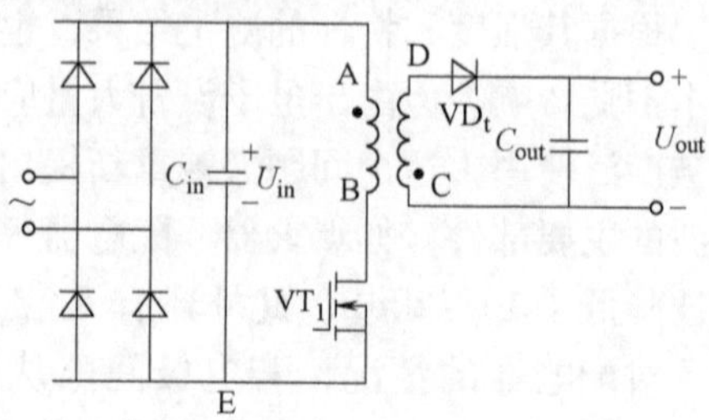

图 8-3　反励式转换器主电路

示。开关管导通后，变压器一次电流逐渐增加，磁心储能也随之增加。当开关管关断后，二次侧整流二极管导通，变压器储能被耦合到二次侧，给负载供电。

在开关电源中，输入整流后的电流为尖脉冲电流，开关导通和关断时转换器中电压、电流变化率很高，这些波形中含有丰富的高频谐波。另外，在主开关管开关过程和整流二极管反向恢复过程中，电路的寄生电感、电容会发生高频振荡，以上这些都是电磁干扰的来源。开关电源中存在大量的分布电容，这些分布电容给电磁干扰的传递提供了通路，如图 8-4 所示。图中，LISN 为线性阻抗稳定网络，用于线路传导干扰的测量。干扰信号通过导线、寄生电容等传递到转换器的输入、输出端，形成了传导干扰。变压器的各绕组之间也存在着大量的寄生电容，如图 8-5 所示。

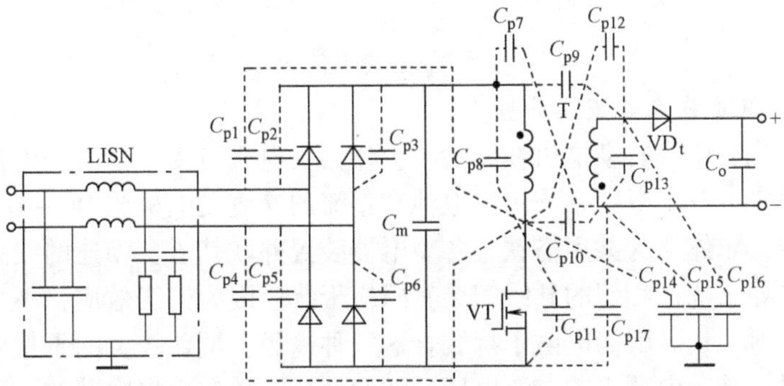

图 8-4 干扰通道

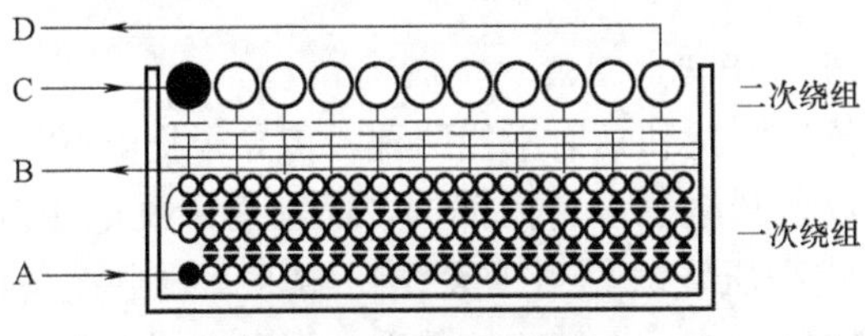

图 8-5 分布式电容

在图 8-3 所示的反励式转换器主电路中，转换器工作于连续模式时，开关管 VT 导通后，B 点电位低于 A 点，一次绕组匝间电容便会充电，充电电流由 A 流向 B；VT 关断后，寄生电容反向充电，充电电流由 B 流向 A。这样，变压器中便产生了差模传导 EMI。同时，电源元器件与大地之间的电位差也会产生高频变化。由于元器件与大地、机壳之间存在着分布电容，便产生了在输入端与大地、机壳所构成回路之间流动的共模传导 EMI 电流。具体到变压器中，一次绕组与二次绕组之间的电位差也会产生高频变化，通过寄生电容的耦合，从而产生了在一次侧与二次侧之间流动的共模传导 EMI 电流。交流等效回路及简化等效回路如

图8-6所示。图中，Z_{LISN}为线性阻抗稳定网络的等效阻抗；C_p为变压器一次绕组与二次绕组间的寄生电容；Z_G为大地不同点间的等效阻抗；C_{SG}为输出回路与地间的等效电容；Z为变压器以外回路的等效阻抗。

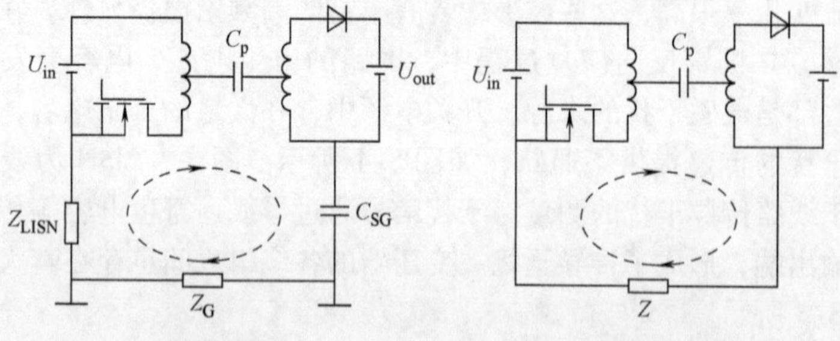

a) 等效回路　　b) 简化等效回路

图8-6　交流等效回路及简化等效回路

2. 发电机负载电流突变和整流

在电动汽车中，驱动电机在制动时会作为发电机应用，发出的电能可以回馈到车载电源中。汽车电路系统由蓄电池和整流的交流发电机或DC－DC转换器作为核心电源，车体作为共用搭铁，各个电器装置并联其上。相连的线束造成电器间彼此的传导干扰；相邻的导线间会有感应干扰；因为天线效应，不相邻导体间又存在着辐射干扰。因而电磁干扰综合这三种途径，覆盖较宽的干扰频率。电路负载较大时，会产生严重的交流电压的波形畸变，并产生多次谐波，干扰了其他用电器具的正常工作。整流及滤波电容器的容性负载，因供电电流呈强脉冲状态而引起电磁干扰问题。

3. 汽车电器产生的干扰电磁波

干扰电磁波分传导干扰和辐射干扰两种。传导干扰电磁波，是通过汽车线束来直接输入无线电设备和电子设备内部的，而辐射干扰电磁波则是在空间传播，通过天线（如点火线高压线就相当于天线）输入无线电设备内部。辐射干扰是干扰能量的电磁波辐射形式，人们比较熟悉。汽车电器产生的干扰电磁波具有脉冲特性且频带较宽，其频率一般在0.5～1000MHz之间。人们关注的频率范围是150kHz～1000MHz。其他频段的干扰也是存在的，目前正在进行研究。当从发生源临近的地方移开时，先以距离三次方的速率衰减，稍远些时，以距离二次方的速率衰减，最后随距离线性衰减。

4. 其他骚扰

除了以上电器设备产生干扰电磁波外，传统汽车上起动机、闪光灯、触点式电磁振动电喇叭、刮水器、仪表系统、空调启动器、燃油泵等也都会产生较小的传导干扰和辐射干扰。电机电刷换向火花产生电磁辐射，起动机电磁开关和各种开关工作时放电干扰，触点式电磁振动电喇叭、刮水器、仪表系统、空调启动器、燃油泵、闪光灯、起动机等重负载和感性负载会引起瞬态干扰。

第三节 电驱动系统电磁骚扰发生机理

一、放电噪声

由于放电而产生噪声是最常见的现象，这时往往伴随着急剧的电流电压的瞬时变化，即 $\frac{\mathrm{d}i}{\mathrm{d}t}$ 或 $\frac{\mathrm{d}u}{\mathrm{d}t}$ 很大。在汽车使用的电子电气设备中，有许多导线、连接器、线圈及其他零件，它们具有不同的电容和电感，这些电容、电感一旦构成闭合回路，就构成了一个振动回路。其中又分布着用来通断电流的各种触点，如开关触点、继电器触点、整流子电机的电刷与整流子之间的触点等。在其开关瞬间，触点之间会产生不同程度的火花或电弧放电现象。电火花和电弧本身是一个高频电磁噪声的干扰源，会向汽车自身的电子设备和汽车四周的空间发射电磁波，影响其他通信电子设备的正常工作。例如，汽车分电器的转子与旁电极之间，点火火花塞之间，发电机的电枢和整流子之间，调节器触点之间，转向灯继电器、喇叭继电器、油压表、燃油表、冷却液温度表传感器及线路之间插接器等工作时都会产生电火花电磁波，这些电磁波频率为0.15～1000MHz，干扰的频带是很宽的，虽然这种触点间放电能量比火花塞电极放电能量小得多，但其持续时间短，因此，其放电瞬间的能量密度会对汽车中其他通信电子设备造成影响。

放电主要包括暗流（无光）、辉光放电、火花放电以及弧光放电等现象。开关的频繁使用，会对感性负载如螺线管或电极等造成不良的影响，这些影响会导致一种现象——簇射电弧。不可避免的寄生电容是与感性负载并联的。当闭合开关时，在电感中产生一个稳态电流 $I=\frac{u_{\mathrm{dc}}}{R}$。当开关断开时，电感由于电流的变化而产生自感电动势，以减缓电流变化。因此，电流通过电容时会改变方向，给电容充电。开关电压 $u_{\mathrm{sw}}(t)=u_{\mathrm{C}}(t)+u_{\mathrm{dc}}$，因此会增大。随着开关电压的增加，可能会超出开关断点电压，从而会形成一个短电弧同时开关电压降至电弧放电电压 u_{A}。电容通过开关放电，此电流主要由于受到本身电阻和开关导线的电感影响而受限。如果开关电流超过了最小电弧保持电流，电弧将继续保持；相反，电弧则消失，电容开始重新充电。开关电压再一次超过开关断电电压，且开关电压降至 u_{A}。如果电弧不可保持，电容又会开始再次充电。最终所存储的初始能量被消耗掉，电容电压也衰减到0，使得 $u_{\mathrm{sw}}=u_{\mathrm{dc}}$。这导致在接触点间形成一个上升（由于电容充电）后又迅速下降（由于开关断开）的电压序列，这就是簇射电弧。随着接触点分离距离的增加，可能会出现辉光放电，可能会保持也可能不会保持，最终形成一个卫星的簇射电弧。每一个簇射电弧的数量和持续时间取决于电路元器件值和任何与互联传输线相关的时延。分布电容通过簇射电弧向电源回路反向放电时，电源回路上出现很大的瞬变脉冲电流，这是产生干扰的根本原因。簇射电弧具有明显的频谱分量，因此极有可能造成电磁兼容问题。这些电流所在的电路可能产生明显的辐射，进而对其他通信电子设备产生干扰问题。电路产生的辐射信号也可能直接沿着互联线路进行传导，进而产生更麻烦的效应。

二、感性负载的瞬变

现代汽车电气系统内存在大量的感性负载，如各种电动机、电磁阀、继电器、电喇叭等，其线圈在开路、电流为零的瞬间，电感产生反电动势，其值为 $-L\dfrac{\mathrm{d}i}{\mathrm{d}t}$。因此感性负载都有可能成为一种宽频谱、高能量的瞬变干扰源。

当电感负载开关系统（如驱动电机、接触器、继电器、定时器等）触点断开时，根据电感的特性可知，电感上的电流不能发生突变消失，为了维持这个电流，电感上会产生一个很高的反向电动势，根据楞次定律可以知道该反向电动势为

$$E=\frac{\mathrm{d}\Phi}{\mathrm{d}t}=L\frac{\mathrm{d}i}{\mathrm{d}t} \tag{8-1}$$

式中，Φ 为电感中的磁通（$\mathrm{T/m^2}$）；L 为电感（H）；i 为电感中的电流（A）。

随着反电动势向电感寄生电容的反向充电，触点电压升高。当达到一定程度时，触点将被击穿，形成导电通路，电容 C 开始放电，电压开始下降；当电压降到维持触点空气导通以下时，通路断开，又重复上面的过程。这种过程一直重复到由于触点之间的距离增加，电容上的电压不能击穿触点为止。当电容不能通过击穿触点放电时，就通过电感回路放电，直到电感中的能量消耗完为止。电容 C 每次击穿触点向电源回路反向放电时，会在电源回路上形成很大的脉冲电流，由于电源阻抗的存在，这些脉冲电流在电源两端形成了脉冲电压，从而对共用这个电源的其他电路造成影响。该电压的变化与负载的性质、大小以及线路阻抗有关，多以高幅值的负脉冲和随后的低幅值正脉冲出现，其最高峰可达 -300V，持续时间达 300ms，它不但具有浪涌性质，而且具有丰富的谐波，可能引起电子控制系统的逻辑错误，甚至导致部分敏感器件或固体组件的损坏，同时由于充放电产生的电磁场也可通过空间辐射或耦合方式干扰其他设备正常工作。由于击穿电压的上升时间一般都在纳秒级别，所以干扰的带宽可以达到数百兆赫兹。

三、功率电子瞬变

1. 功率二极管

功率二极管是以 PN 结为基础的，实际上就是由一个面积较大的 PN 结和

两端引线封装组成的。功率二极管可以被看作开关元器件，它在正偏时短路、反偏时开路。在实际二极管的通断过程中，二极管从一个状态转移到另一个状态不是瞬时的。功率二极管的接通过程如图 8-7 所示。在 t_0时刻，二极管上的电压从断开状态转向接通状态。接通状态时的电流迅速增加，但首先在二极管上出现了一个相当高的通态电压。在时间间隔 t_f内，这一电压降到它的稳态值。这一段时间是载荷子进入耗尽区（ PN 结）所需要的，电压尖峰就是一个宽带发射。

二极管在它的关断操作中会发射电磁波。关断电压和关断电流曲线如图 8-8 所示。在 t_0 时刻，通态电流下降为 0。与理想的二极管不同，由于在耗尽区以少数载流子形式存储电荷，电流转变为负值。电流都是反向流动，直到载荷子出现之前。储存的载荷子的数量受分布电容影响，分布电容的值一般在产品手册中给出。从图中可以看出，反向电流迅速趋向 0（$t_r \leqslant t_s$），或者说，趋向反向电流稳态值。反向脉冲电流的幅度、持续时间及形状是二极管特性和电路参数的函数。由于反向电流振幅 I_m 特别高，并且关断时间非常短（通常小于 1s），所以导线的电感和相连电路中会出现高压跳变，它具有宽频谱。

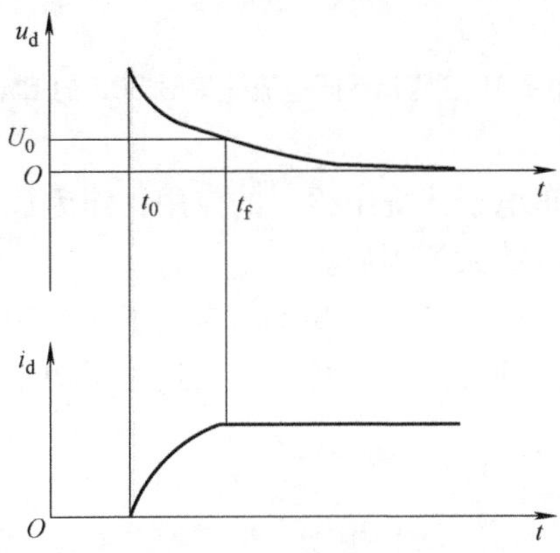

图 8-7　二极管接通时电压、电流波形

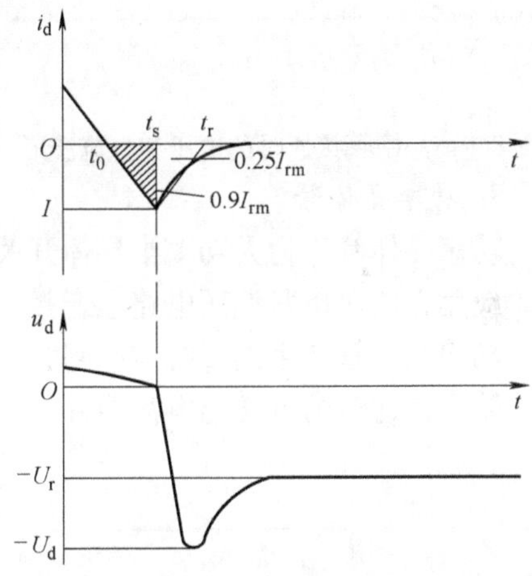

图 8-8　二极管关断时电压、电流波形

通过限制浪涌电流的幅度和减小负浪涌电流的转折率都可以部分地减少干扰。限制负载电流的下降率可以减少二极管干扰的影响，因为负载电流的下降率与浪涌电流的大小有关。二极管在关断时的发射可以用并联于整流器的 RC 吸收器有效地减少。

2. 晶闸管

晶闸管和功率二极管一样，在接通及断开的过程中都要产生高频干扰。但与二极管相反，其高频噪声强度在开通时比在关断时要高得多。晶闸管关断噪声的产生与二极管类似，因此 EMI 强度也类似。晶闸管接通时的电压和电流波形如图 8-9 所示，触发信号在 t_0 时刻加到门极，只有在经过了一个给定时间（称为延迟时间）之后，耗尽区才开始导通。随后，晶闸管上的电压迅速趋零，但不是立即完成。阳-阴极之间电压的快速趋零，从而产生了高频干扰。由于开关时间为0.5～2μs，所以产生的高频声频谱是很宽的。开关时间将随着阴极电压的减少而增加，也与晶闸管的额定电流有关。同样，不同大小的电流在同样的开关情况下也会引起不同的干扰。图 8-10 展示了大小不同的电流的 EMI。电流越大，干扰越大。

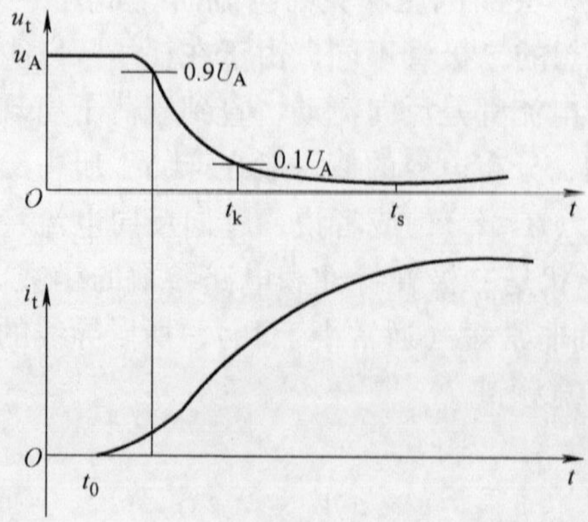

图 8-9　晶闸管接通时的电压和电流波形

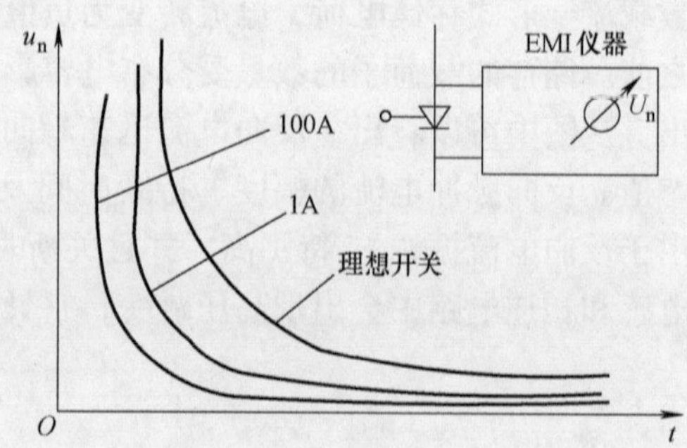

图 8-10　具有不同电流速率时 SCR 的 EMI

3. 功率晶体管

功率晶体管作为大功率半导体开关在汽车电子系统中很多的应用，作为放大器，应用在电源串联调压电路、音频和超声波放大等领域。

功率晶体管产生的干扰与晶闸管产生的干扰相同。图 8-11a 给出了一个功率晶体管在接通时的电压与电流曲线。功率晶体管的接通时间，尤其是对于功率场

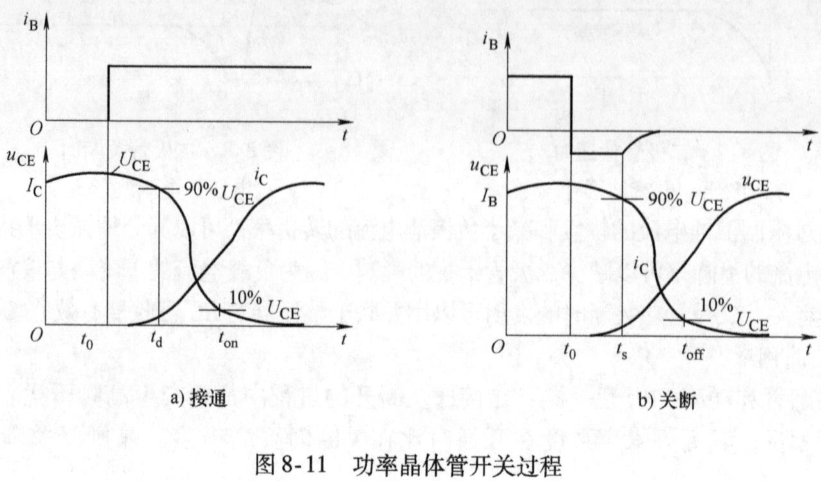

图 8-11　功率晶体管开关过程

效应晶体管，其 t_{on} 明显比晶闸管短。图 8-11b 则给出了功率晶体管在关断时的集-射电压和集电极电流。在 t_0 时刻开始关断，集电极电流持续流动一段时间 t_s，称为存储时间。在这段时间内，载荷子将从耗尽层消去。在存储时间过后，集电极电流将降为 0。集电极电流的下降时间主要取决于晶体管的额定功率，所以是相当短的，通常为 100μs ~ 10ns。所以说功率晶体管产生的 EMI 频谱比晶闸管或整流器产生的 EMI 频谱宽得多。

四、反射现象

反射现象是指空间电磁波传输时遇到障碍物被反射并与原信号叠加，传输线与负载及源内阻抗不匹配引起的反射等。

1. 空间发射波骚扰

以电视信号的接收为例，接收机的天线除了接收到电视发射天线的直射波外，还可以接收到附近一些高大的建筑物发射的反射波。直接波和反射波的传播路径不同，所以相位不同，对声音信号的影响不大，对图像信号和数字信号会造成干扰，如电视屏幕上出现重影。引起发射波骚扰的除高大建筑物外，还有大型广告牌、电车、汽车等。

2. 线路上的反射骚扰

线路上由于阻抗不匹配也会引起发射。终端反射系数为

$$\Gamma = \frac{Z_L - Z_o}{Z_L + Z_o} \tag{8-2}$$

式中，Z_L 为负载阻抗；Z_o 为传输线的特性阻抗。反射波与入射波相位不同，也会形成干扰。

任何信号的传输线（包括焊接线、电路板印制线、双绞线、带状电缆和同轴的电缆等），对一定频率的信号来说，都存在着一定的非纯电阻性的波阻抗，其数值与集成电路的输出阻抗和输入阻抗的数值各不相同，在它们相互连接时，必然存在着一些阻抗的不连续点。当信号通过这些阻抗不连续点时便发生“反射”现象，造成波形畸变，产生反射噪声。较长的传输导线也必然存在着较大的分布电容和杂散电感，信号传输时将有一个延迟，信号频率越高，延迟越明显，造成的反射也越严重，信号波形产生的畸变也就越厉害，这就是“长线传输的反射干扰”。脉冲信号在长线传输时也存在着类似的情况。

反射对信号的影响如下：反射的结果对模拟正弦信号形成驻波，对数字信号则表现为上升沿、下降沿的振铃、过冲或欠冲。过冲指信号跳变的第一个峰值（或谷值）超过规定值，对于上升沿是指最高电压，对于下降沿是指最低电压。欠冲指信号跳变的下一个谷值（或峰值），即电位没有达到最大及最小转换电平值所期望的幅度。过冲与欠冲来源于走线过长或者信号切换速度太快两方面的原

因。虽然大多数元器件接收端有二极管的保护，但有时这些过冲电平会远远超过元器件的电源电压范围，不但会形成强烈的电磁干扰，也会对后级输入电路的保护二极管造成损坏甚至失效。对于 TTL 器件来说，“过冲”超过 6V 时，对器件输入端的 PN 结就有造成损坏的可能。同时从 −6 ~ 3V 的大幅度下降，将会对邻近的平行信号产生严重的串扰，且信号将造成不必要的延时，给工作电路造成不良的后果。一旦形成振荡，危害就更严重，这种振荡信号将在信号的始端和终端同时直接构成信号噪声，从而形成有效的干扰。

五、电动汽车产生的典型的电磁骚扰源

（一）驱动电机

随着汽车电气技术的发展，电机在汽车上的应用越来越广泛，功率从几瓦到几十千瓦都有。汽车用电动机主要有起动电动机、冷凝风机电动机、空调风机电动机、刮水器电动机、摇窗电动机、座椅电动机。除此之外还有各式泵类电动机如气泵、油泵、真空泵电动机，特殊用途的电机如天线传动电动机、反光镜变向电动机、自动门电动机、电子锁电动机、计价器电动机等。对于电动汽车而言，驱动电机作为其主要部件之一，其功率已经达到几百千瓦。

电动机电磁干扰主要是指绕组中突变磁场和换向器与电刷之间产生的火花放电两方面。这些干扰的电磁波频率为 10Hz ~ 1000MHz，频带很宽，场强为垂直极化和水平极化两种，场强与频率基本是正态分布。电动机的干扰脉冲峰值与电动机的结构、工作负载、绕组绝缘老化、换向器与电刷的间隙及磨损等诸多因素有关。

1. 绕组中突变磁场产生干扰或老化

如果通过电动机线圈的电流通路切断，则线圈中的磁场突然消失，线圈上会产生上百伏，甚至上千伏的瞬变过电压。瞬变过电压与负载的大小以及线路的阻抗有关。这种电压类似于一阶电路的指数衰减曲线形状，它能导致极大的能量释放，被释放的能量窜入控制回路，对系统中其他电子装置产生巨大电能冲击，干扰其正常工作，最终导致设备、系统的基本失控和逻辑判断出错，甚至击穿或烧毁系统中的其他机电元器件。

当电动机在额定负载下正常工作时，如果供电电流突然被切断，这时，电枢仍在高速旋转，在定子的励磁下，转子电枢绕组会产生感应电动势，感应电动势与原电枢电动势同方向叠加，形成过电压，其瞬态峰值可达额定电压的 6 ~ 8 倍，上升时间约为 100s，并按指数规律衰减至电枢停止转动。

另一种瞬变过电压是在供电电流被突然切断时，线圈中会产生电感性负载冲击，其瞬变电压大多表现为先后出现的高幅值的负向脉冲和低幅值的正向脉冲，最高峰值可达到额定电压的 10 倍以上，持续时间约为 300ms。

2. 换向器与电刷间的火花放电

对电刷式电动机而言，电刷和换向片之间产生火花放电，同时引起频谱极宽的噪声（从中波到甚高频波段内是连续分布的），它对很多电子设备在很大范围内造成干扰。

3. 其他

诸多电子产品中的电动机均采用桥式整流和电容滤波电路整流后的直流电源。因为其中整流二极管的导通角很小，只有在输入交流电压峰值附近才有高峰值电流通过。这种畸变的电流波形基本很低，但高次谐波却非常丰富，脉冲宽度约为5ms。这种高峰值的电流脉冲不仅对供电电网造成严重污染，还对其他各种用电设备产生干扰。

虽然为了屏蔽电磁干扰大多数电动机采用了封闭的金属外壳，但是由于封闭材料、方式采用不当，以及电动机电源引出线（包括接地线）和外壳上的孔，会产生大量电磁泄漏，对系统内、外的电子装置同样产生干扰。此外，某些电动机存在装配不当等质量问题，如绝缘损坏、接触不良、引出端子存在板间寄生电容等，这些都会使电动机的电磁干扰增强。

（二）车用发电机

1. 车用发电机的特点

（1）工作转速范围宽

汽车发电机由发动机驱动，发电机的转速取决于发动机的转速。车辆在运行中，发动机的转速不断变化而且波动很大。现代汽车发动机的工作转速范围很宽，特别是轿车，最高工作转速为最低工作转速的10多倍。发电机转速一般在1000～12000r/min之间，最高的将近15000r/min。正因为有如此高的工作转速，所以对轴承精度、转子平衡精度以及各零件的机加工精度等要求都很高；工作转速范围宽，要满足电压的调节精度、工作稳定性和供电性能要求，在技术上必有较大的难度。到目前为止，现有车用发电机的低速供电性能和国产调节器还存在一定问题。

（2）负载变化范围大

车辆在运行中，其用电电器的使用是根据需要而定的，随机性很大。照明设备只在夜间使用，刮水器只在下雨行车时使用，车窗升降、喇叭等电器的使用随机性更大，所以，发电机在工作时，其负载的变化范围很大，除汽油机的点火用电是常用的而外，其他的用电设备有时可能全用，有时可能都不用。车用电器的总负载一般在200～1000W之间，随着汽车电子技术的迅速发展和应用，车用电器的负载功率在不断增加。

（3）工作环境恶劣

车用发电机都是装在发动机上的，发动机工作时有强烈的振动，无论公路行驶或其他作业场所，空气中都有很多的灰尘。环境温度变化范围也很大，随气候的变化而变化。热态发动机工作时，发电机周围环境温度较高（夏天可达80℃），因此车用发电机要在 -40 ~ 85℃的环境温度下都能正常工作，所以对其性能稳定和可靠性的要求是很高的。

2. 车用发电机的工作原理

汽车电气系统中，蓄电池与发电机并联工作。蓄电池的作用是将电能转化为化学能储存起来。起动机工作时，靠蓄电池在很短的时间内供给大约 200 ~ 600A 的电流，起动后，发动机带动发电机旋转并发出电能，向蓄电池充电，为下次起动需要储备能量，当发动机低速或停止运行时，发电机供电不足或不发电。蓄电池有时也要向用电设备供电。发电机对蓄电池充电是定压充电，其充电电流的大小由蓄电池可接受充电电流的大小决定。蓄电池亏电时，充电电流就大，随着蓄电池越充越满，充电电流也越来越小，直到趋近于零。

发电机在正常工作时，若负载突然减小或完全无负载，会引起发电机输出电流急剧下降，在发电机电枢绕组上产生正向瞬变过电压，其等效电路如图 8-12 所示。

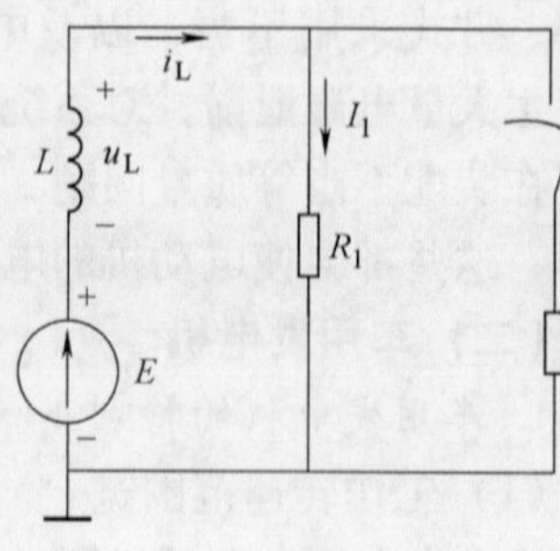

图 8-12 发电机抛负载等效电路

图中发电机被等效为一个电感 L 和电动势 E 的串联电路，负载则等效为支路电阻 R_1 和 R_2 并联，发电机输出电流为 $I_L = I_1 + I_2$。

设 R_2 为被抛的大负载，即 $R_2 \gg R_1$，$I_2 \ll I_1$，则当开关 S 突然断开时，电路换路引起电流 I_L 产生瞬变，即

$$i_L(t) = i_L(\infty) + [i_L(0^+) - i_L(\infty)]e^{-\frac{\tau}{t}} = E/R_1 + (E/R_1)e^{-\frac{\tau}{t}} \tag{8-3}$$

式中，$i_L(\infty)$ 为换路后终了时刻的稳态电流 I_L，即 $i_L(\infty) = E/R_1$；$i_L(0^+)$ 为换路后初始时刻的暂态电流 i_L，根据换路定律 $i_L(0^+) = i_L(0^-) = (R_1 + R_2)E/R_1R_2$，其中 $i_L(0^-)$ 表示换路前终了时刻的稳态电流 i_L；τ 为换路后暂态的时间常数，$\tau = L/R_1$。

在负载 R_1 上产生的过电压为

$$u_{R_1} = R_1 i_L(t)\mathrm{d}t = E + R_1/R_2 E e^{-\frac{\tau}{t}} \tag{8-4}$$

在发电机电枢绕组上产生的感应电压为

$$u_L = -L\frac{\mathrm{d}i_L(t)}{\mathrm{d}t} = \frac{R_1}{R_2}Ee^{-\frac{\tau}{t}} \tag{8-5}$$

显然，发电机抛负载瞬变电压 u_L 是一个正向指数脉冲电压，其前沿较陡（50 ~ 100μs），后沿按指数规律下降，衰减时间为 150 ~ 350ms。抛负载瞬变电压的幅值主要取决于抛负载程度，即式中 R_1/R_2 比值的大小，通常可达 75 ~ 125V；最

严重的抛负载瞬变发生于发电机满载运行时与蓄电池的连接断开状态下抛负载，此时电枢绕组上产生较大的能量泄放，R_1 支路中的电子器件形成较强的冲击，必须设法使其安全泄放。

（三）继电器、电磁阀、触点开关

现代汽车电气系统内存在大量的感性负载，有各种电磁阀、继电器等，其线圈在开路瞬间，都会成为一种宽频谱、高能量的瞬变干扰源。

这种瞬变过电压的变化与负载的性质、大小及线路阻抗有关，多以高幅值的负脉冲和随后的低幅值正脉冲出现。其最高峰值可达到 -300V，持续时间达 300ms，它不但具有浪涌性质，还有丰富的谐波，可能引起电子控制系统的逻辑错误，甚至导致部分敏感器件或固体组件的损坏。

触点开关断开时，在开关两触点之间的距离由零过渡到断开的瞬间，将产生火花放电而形成骚扰。由于电流迅速从一定值减小到零，$\frac{di}{dt}$很大，在带有电感线圈的开关设备中会产生幅值很高的瞬时电压脉冲。如果开关设备的触点很小，而电流很大，还将产生弧光放电。弧光放电是最危险的骚扰源之一，它所产生的 0.15～150MHz 的辐射骚扰可传播很远的距离。当开关闭合时，同样会产生电压或电流的剧变而造成骚扰。

故当用机械式开关、继电器、接触器等接通负载时，应当注意触点的振颤或跳动。触点第一次闭合后又跳开，再接触，有些触点甚至会跳动多次，从而使电路断续接通。当开关接通的是大电流负载时，触点间有可能引发火花放电，从而产生尖峰脉冲噪声。如果开关用在逻辑系统中产生输入信号时，本来开关的一次接通产生一个输入信号，但是由于触点的跳动使输入脉冲变成多个，从而导致逻辑电路误动作，如图 8-13 所示。

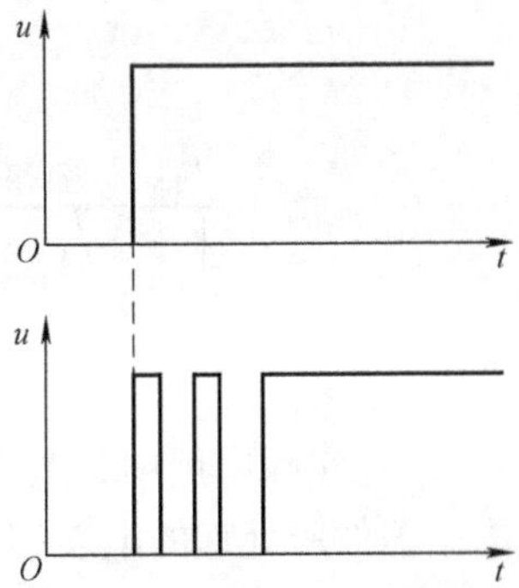

图 8-13 开关抖动产生的多余输入脉冲

（四）电力电子器件

电力电子器件（Power Electronic Device）是指可直接用于处理电能的主电路中，实现电能变换或控制的电子器件。目前，电力电子器件基本专指电力半导体器件，其所采用的主要材料仍然是硅。

在 20 世纪 50 年代，电力电子器件主要是汞弧闸流管和大功率电子管。60 年代发展起来的晶闸管，因其工作可靠、寿命长、体积小、开关速度快，而在电力电子电路中得到广泛应用。到 70 年代初期，晶闸管已逐步取代了汞弧闸流管。80 年代，普通晶闸管的开关电流已达数千安，能承受的正、反向工作电压达数千伏。在此基础上，为适应电力电子技术发展的需要，又开发出门极可关断晶闸管、双向晶闸管、光控晶闸管、逆导晶闸管等一系列派生器件，以及单极型MOS功率场效应晶体管、双极型功率晶体管、静电感应晶闸管、功能组合模块和功率集成电路等新型电力电子器件。

由于电力电子器件直接用于处理电能的主电路，因而同处理信息的电子器件相比，它一般具有如下特征：

1）电力电子器件所处理的电功率的大小，也就是承受电压和电流的能力，是它最重要的参数。它处理电功率的能力小至毫瓦级，大至兆瓦级，都远大于处理信息的电子器件。

2）因为处理的电功率大，所以为了减小本身的损耗，提高效率，电力电子器件一般都工作在开关状态，即工作在图8-14所示的正向阻断区和饱和区。导通时阻抗很小，接近于短路，管压降接近于零，而电流由外电路决定；阻断时阻抗很大，接近于短路，电流几乎为零，而管子两端电压由外电路决定。

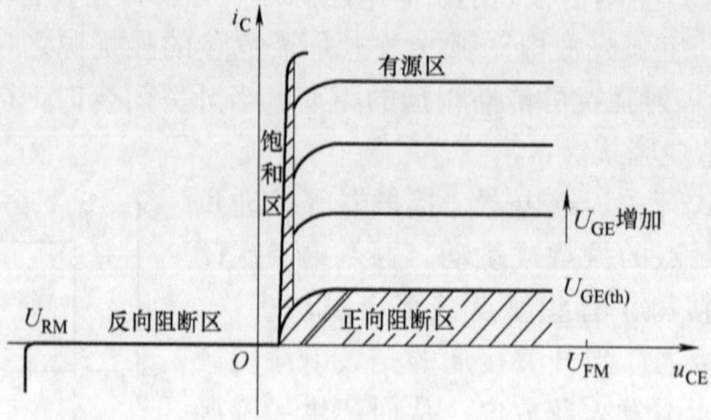

图8-14　电力电子器件的工作区域

3）在实际应用中，电力电子器件往往需要有信息电子电路来控制。由于电力电子器件所处理的电功率较大，因此普通的信息电子电路信号一般不能直接控制电力电子器件的导通或关断，需要一定的中间电路对这些信号进行适当的放大，这就是所谓的电力电子器件的驱动电路。

4）尽管工作在开关状态，但是电力电子器件自身的功率损耗通常仍远大于信息电子器件，因而为了保证不至于因损耗散发的热量导致器件温度过高而损坏，不仅在器件封装上比较讲究散热设计，而且在其工作时一般都还需要安装散热器。

按照电力电子器件能够被控制电路信号所控制的程度，可以将其分为以下三类：

1）通过控制信号可以控制其导通而不能控制其关断的电力电子器件称为半控型器件，这类器件主要是指晶闸管（Thyristor）及其大部分派生器件，器件的关断完全是由它在主电路中承受的电压和电流决定的。

2）通过控制信号既可以控制其导通，又可以控制其关断的电力电子器件称为全控型器件。由于与半控型器件相比，它可以由控制信号控制其关断，因此又称为自关断器件。这类器件品种很多，目前最常用的是绝缘栅双极晶体管（IGBT）和电力场效应晶体管（电力 MOSFET），在处理兆瓦级大功率电能的场合，门极可关断晶闸管（GTO）应用也较多。

3）也有不能用控制信号来控制其通断的电力电子器件，因此不需要驱动电路，这就是电力二极管，又被称为不可控器件。这种器件只有两个端子，其基本特性与信息电子电路中的二极管一样，器件的导通和关断完全是由它在主电路中承受的电压和电流决定的。

按照驱动电路加在电力电子器件控制端和公共端之间信号的性质，又可以将电力电子器件（电力二极管除外）分为电流驱动型和电压驱动型两类。如果是通过从控制端注入或者抽出电流来实现导通或者关断的控制，则这类电力电子器件被称为电流驱动型电力电子器件。如果是仅通过在控制端和公共端之间施加一定的电压信号就可实现导通或者关断的控制，则这类电力电子器件被称为电压驱动型电力电子器件。由于电压驱动型器件实际上是通过加在控制端上的电压在器件的两个主电路端子之间产生可控的电场来改变流过器件的电流大小和通断状态的，所以电压驱动型器件又被称为场控器件，或者场效应器件。

此外，同处理信息的电子器件类似，电力电子器件还可以根据器件内部电子和空穴两种载流子参与导电的情况分为单极型器件、双极型器件和复合型器件三类。

常用电力电子器件的优缺点如下所述。

1）GTR 优点：耐压高，电流大，开关特性好，通流能力强，饱和压降低；缺点：开关速度低，是电流驱动型，所需驱动功率大，驱动电路复杂，存在二次击穿问题。

2）GTO 优点：电压、电流容量大，适用于大功率场合，具有电导调制效应，其通流能力很强；缺点：开关频率低，关断时门极负脉冲电流大，驱动电路复杂，所需驱动功率大。

3）电力 MOSFET 优点：开关速度快，输入阻抗高，热稳定性好，所需驱动功率小且驱动电路简单，工作频率高，不存在二次击穿问题；缺点：电流容量小，耐压低，一般只适用于功率不超过 10kW 的电力电子装置。

4）IGBT 优点：开关速度高，开关损耗小，具有耐脉冲电流冲击的能力，输入阻抗高，通态压降较低，驱动功率小；缺点：开关速度低于电力 MOSFET，电压、电流、容量不及 GTO。

基于上述电力电子器件的优缺点，在现代汽车，尤其是电动车辆上，需要

DC - DC、DC - AC 等电源变换的场合，设计人员基本都选取了电力 MOSFET 或者 IGBT。但是由于这些电力电子器件都是工作在高电压、大电流的状态，且工作的开关频率很高，于是不可避免地给车辆带来频带较宽的电磁骚扰问题。因此，对于这些用在车辆上的电力电子器件，需要我们足够的重视，并对之采取得当的防护屏蔽措施，达到实现车辆良好的电磁兼容性的目的。

第四节　电动汽车的车载电磁骚扰源

一、车用电机驱动系统

电动汽车驱动系统电磁兼容涉及的主要部件有蓄电池、逆变器、交流电缆及驱动电机等。驱动系统的电磁干扰主要是由传导性干扰（图 8-15）与逆变器的共模辐射组成。通过实验测试或仿真方法得到模型参数，分析表明交流变频电机的共模电压是三相交流电压 PWM 调制作用的结果，由于实际的相电压均有一定程度的不对称，电机逆变器输出均装有滤波装置来抑制这种共模骚扰的产生，但是还是会有谐波从电机逆变器中窜出，影响其他电气元器件的工作。

驱动电机的作用是将电源的电能转化为机械能，通过传动装置或直接驱动车轮和工作装置。目前电动汽车上有采用直流串励电机的，这种电机具有“软”的机械特性，与汽车的行驶特性非常相符。但直流电机由于存在换向火花，比功率较小、效率较低、维护保养工作量大等缺点，随着电机技术和电机控制技术的发展，已经逐渐被直流无刷电机（BLDC）、永磁同步电机（PMSM）、开关磁阻电机（SRM）和交流异步电机所取代。从图 8-16 可以看出电驱动系统中存在电磁干扰，电机对 CPU 产生辐射干扰，功率放大器产生强电干扰，所以电驱动系统中的电磁干扰是不可忽视的。

电驱动系统中的干扰源主要有：

1）驱动器中功率变换电路中的开关元器件在开关过程中，大脉冲电流的切换引起磁的或电的干扰，这种干扰脉冲可以在电源线或地线中观察到。

2）交流电网负载突变（如电动机的起动、制动以及各种电器的通断等）时，在负载突变处产生瞬变电压，其振幅可高于电源电压，而且前沿陡峭，频带很宽。

3）强电干扰，电机电流切换时，其$\frac{di}{dt}$很大，它不仅影响驱动电路，而且还会通过电源、地进入控制线路。

逆变器所处电磁环境中存在的主要电磁骚扰源如下：

1）高频开关器件快速通断形成大脉冲电流而引起的电磁干扰。

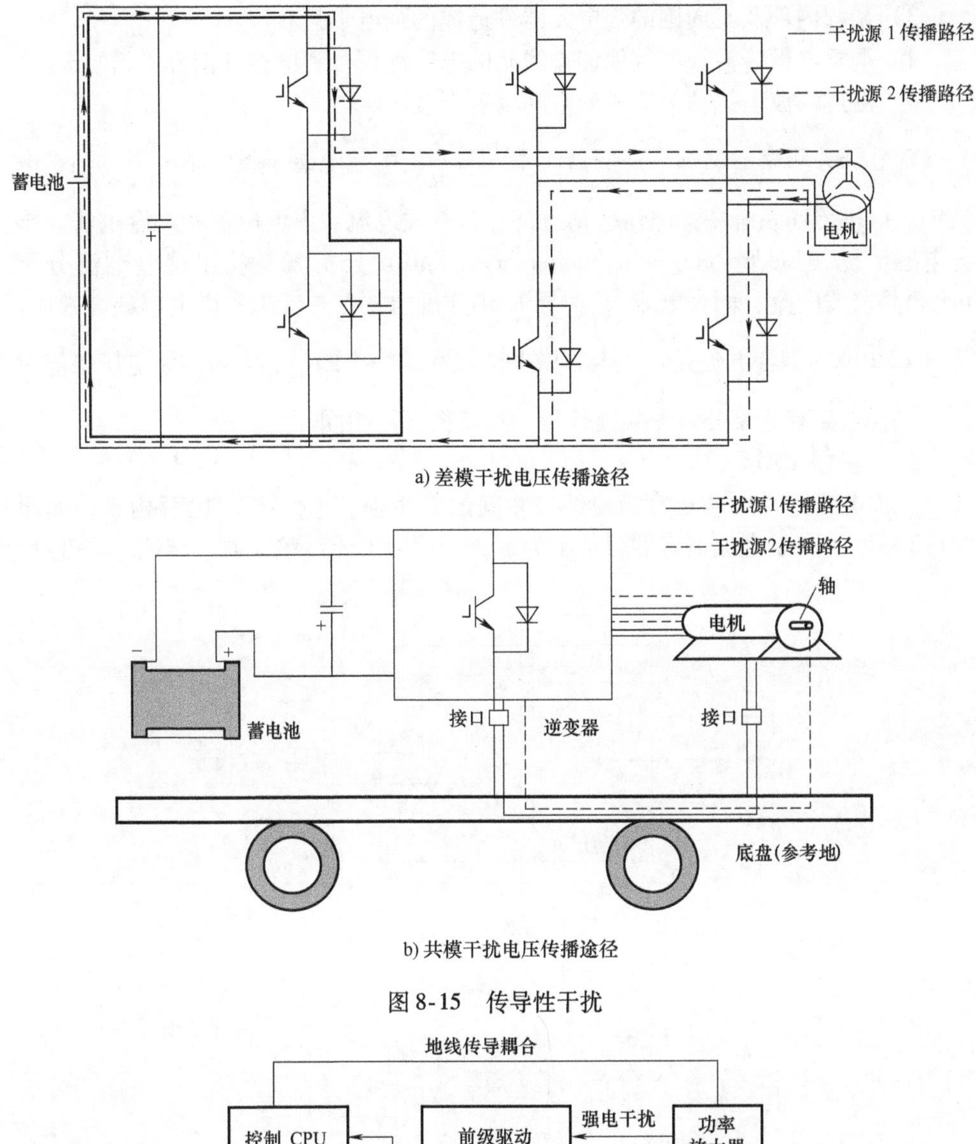

a) 差模干扰电压传播途径

b) 共模干扰电压传播途径

图 8-15　传导性干扰

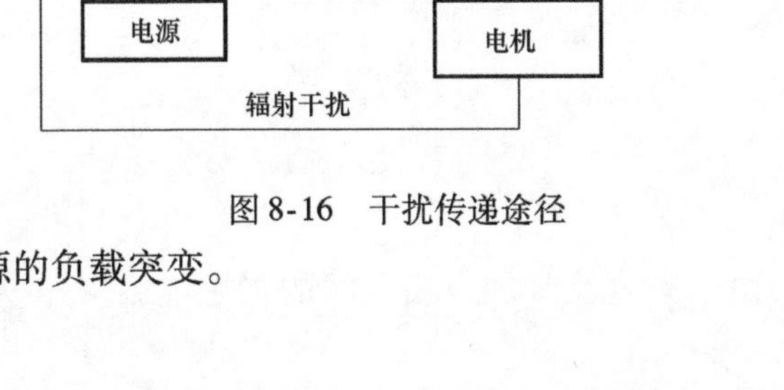

图 8-16　干扰传递途径

2）供电电源的负载突变。

3）系统内部及其周围的强电元器件造成的强电干扰。

4）电机电枢传输线与其他传输线间的电容性耦合和电感性耦合引起的干扰。

5）由连续波干扰源等造成的空间辐射干扰。

随着开关频率的增加，逆变器产生大的$\frac{di}{dt}$，引起电磁干扰、轴电压、轴承电流等。电机传动系统中的电流包括三部分：基波电流、谐波电流和耦合电流。传导电磁干扰（Electro Magnetic Interference，EMI）分析就是找出这些电流分量（主要是谐波电流、耦合电流），传导 EMI 分析的重点是考虑寄生电容耦合效应。传导 EMI 中的耦合电流是寄生电容中电流之和，由大的$\frac{di}{dt}$、大的方波电压幅值引起，耦合电流有差模分量和共模分量，其路径各不相同。

（1）差模 EMI

差模电流路径由两条直流母线、相间的寄生电容 C_d、直流电容构成，如图 8-17a 所示。由于直流电容的阻抗不为零，一部分电流从整流器、交流电源流过。

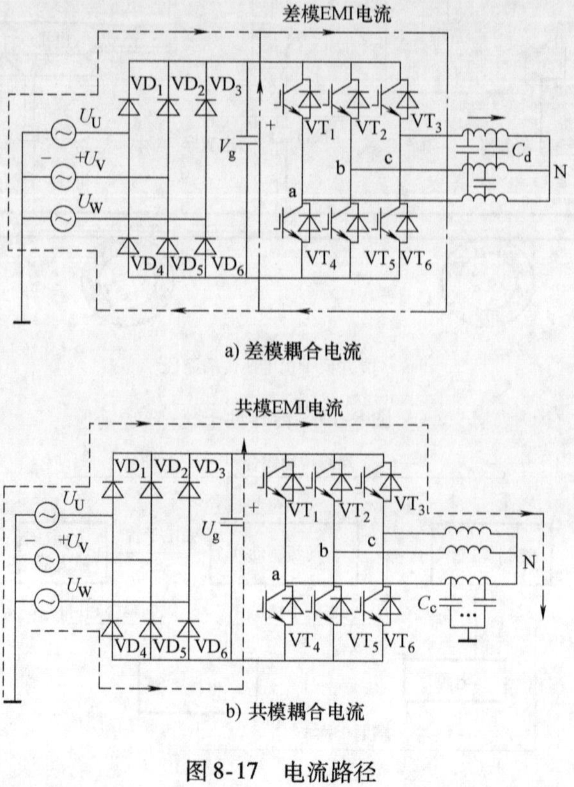

图 8-17 电流路径

（2）共模 EMI

共模电流路径由一条直流母线、相地间的寄生电容 C_c、大地、交流电源、整流器构成，如图 8-17b 所示。一部分电流经整流器的寄生电容、直流电容流过。不同设备的共模电流共享大地路径，所以共模 EMI 水平高，更难抑制。

耦合电流是 EMI 的一种源，与容性耦合阻抗、激励电压、$\frac{di}{dt}$、直流环节电压幅值、寄生阻抗有关，而与电机负载和运行状况无关。

二、总线系统

CAN 总线也是电磁干扰源之一。CAN 总线由总线电缆控制器、收发器和终端电阻组成。目前电动汽车上的网络连接方式主要采用两条 CAN 总线：一条用于驱动系统的高速 CAN，速率一般可达 500kbit/s，最高可达 1Mbit/s；另一条用于车身的低速 CAN，速率为 100kbit/s。

一般情况下，CAN 总线正常工作时，总线上会产生较大的传导干扰，产生传导干扰的环节有开关电源、伺服系统、控制器，而更大的则是由大功率电力电子设备产生的瞬态干扰，它的特点是时间短、幅值大、功率小，瞬态改变时产生的电脉冲群干扰、雷电或大功率开关在电缆上易产生浪涌、静电放电感应等。传导干扰以共模形式居多，也有部分为差模干扰。CAN 数据总线系统由一系列的网络节点通过总线相互连接组成，如图 8-18 所示。总线可看做是接收和发射电磁能量的天线，充当能量耦合的环节，网络节点既是干扰源又是被干扰对象。由此可知，影响 CAN 数据总线系统 EMC 的两个要素是线束的 EMC 耦合和网络节点的 EMC。其中线束的 EMC 耦合因数与 CAN 数据总线系统 EMC 评价标准的制定有关，网络节点的 EMC 则是整个 CAN 数据总线系统 EMC 的直接度量标准。

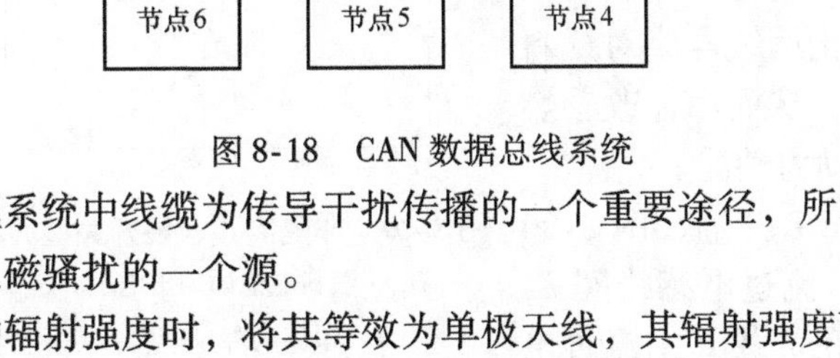

图 8-18　CAN 数据总线系统

多能源管理系统中线缆为传导干扰传播的一个重要途径，所以线缆也成为多能源管理系统电磁骚扰的一个源。

计算线缆的辐射强度时，将其等效为单极天线，其辐射强度可计算为

$$E = 12.6 \times 10^{-7} f I L / r$$

式中，E为电场强度（V/m）；f为电流的频率（MHz）；L为电缆的长度（m）；I为电流（mA）；r为测试点到电流环路的距离（m）。

三、DC－DC 变换系统

DC－DC 变换系统在传统汽车上有着广泛的应用，如起动机、车辆照明系统、车载音响、导航系统等一些设备需要直流稳压供电，同样该装置对于电动车辆来说更是不可缺少。在电动车辆上除了传统车辆上所需要 DC－DC 设备以外，它们都从随车的能源中获得高压直流电能，通过电动机及其调速控制系统驱动车辆运行，还通过 DC－DC 转换器将高压直流电变成 24V 或 12V 低压直流电，供给车辆控制系统使用，并给低压蓄电池组充电。

在电动汽车动力系统中，以燃料电池车为例，大功率 DC－DC 转换器是一个重要的组成部分。在整个动力系统中 DC－DC 转换器的位置大体如图 8-19 所示。

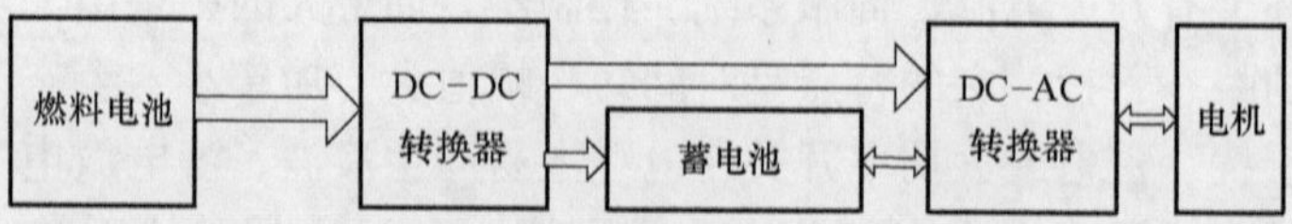

图 8-19　动力系统中 DC－DC 转换器的位置

燃料电池的输出特性偏软，难以直接与电机驱动器匹配，故须采用 DC－DC 转换器改善其输出特性。燃料电池轿车要求 DC－DC 转换器体积小、质量轻、效率高等性能，采用非隔离式、硬开关型的 DC－DC 降压电路。在 DC－DC 转换器中，既涉及大功率、大电流的电力、电子等强电设备，又涉及小功率、小电流的微电子器件等弱电设备，强电设备运行中产生的电磁干扰对弱电设备的正常运行构成了很大的威胁。因此，对 DC－DC 转换器中的电磁干扰加以分析，在 DC－DC 转换器研发阶段具有非常重要的意义。

1. DC－DC 转换器降压型主电路分析

图 8-20 所示为非隔离式、硬开关型的 DC－DC 转换器降压电路。该电路可以改善燃料电池偏软的输出特性，还能防止后续电路对燃料电池的能量反馈，从而明显改善燃料电池和整车的动力性能。

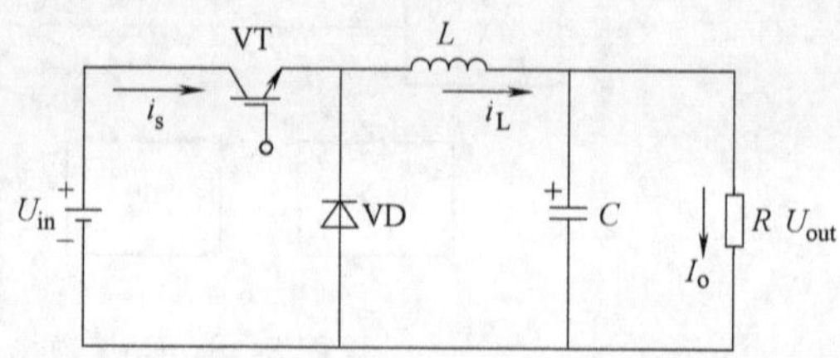

图 8-20　非隔离式、硬开关型的 DC－DC 转换器

U_{in}—燃料电池的输出电压　U_{out}—输出端电压

L—电路的降压电感　VT—开关管 IGBT

VD—续流二极管　C—输出端的滤波电容

在 $t=t_{on}$ 时 VT 开通，图 8-20 中的电流 $i_s=i_1$，流过电感线圈 L，电流线性增加，在负载 R 上流过电流 I_o，两端输出电压 U_{out} 极性上正

下负。当 $i_s < I_o$ 时，电容在充电状态，这时 VD 承受反向电压；当 $t = t_{off}$ 时，VT 关断，由于线圈中的磁场将改变线圈 L 两端的电压极性，以保持其电流 i_L 不变。负载 R 两端电压仍是上正下负。在 $i_s < I_o$ 时，电容处在放电状态，有利于维持 I_o、U_{out} 不变，这时 VD 承受正向偏压，为电流 i_L 构成通路。

2. DC－DC 转换器的电磁干扰分析

通过对降压 DC－DC 转换器主电路的分析可知，电路开关过程中产生很大的 $\frac{di}{dt}$ 与 $\frac{du}{dt}$，从而形成较强的电磁干扰，这种干扰通过输入、输出电源线以共模或差模的形式向外传导，同时还向周围空间辐射。

（1）功率开关管的电压、电流尖峰干扰

VT 导通时，开关管流过电流 i_s，由于电路存在漏感，开关管关断瞬间，电路将在漏感上产生一个极大的感应电压 U_p 以阻碍电流的突变，该电压将以浪涌电压的形式加在 VT 上，产生电压尖峰，如图 8-21 所示。当开关器件在很高的电压下开通时，储存在开关器件电容中的能量将以电流形式全部耗散在该器件内。频率越高，开通电流尖峰越大，从而会引起器件过热损坏。另外，二极管由导通变为截止时存在着反向恢复期，开关管在此期间内的开通动作易产生很大的冲击电流。频率越高，该冲击电流越大，对器件的安全运行造成危害。

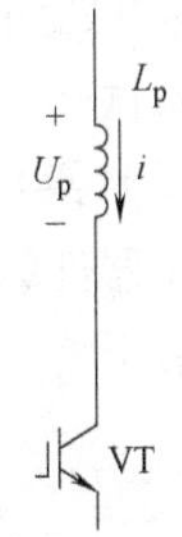

图 8-21　开关管关断等效图

（2）输入、输出传输线与其他传输线间的电容性耦合和电感性耦合引起的干扰

转换器工作过程中，开关管两端存在很高的 $\frac{di}{dt}$ 与 $\frac{du}{dt}$，由于电压变化率和寄生电容之间的耦合影响，产生节点漏电流。该耦合电容电流可能和线路电感之间产生振荡，并且导线间以及导线与地之间存在分布电容，很容易引起传输线、屏蔽线等之间的电容性耦合串扰；导线之间、外壳间封闭电路的存在，容易引起传输线之间电感性耦合，干扰变换器中的敏感元器件。

（3）功率二极管 VT 引起的干扰

转换器中二极管由导通转变为截止时，由于关断的时间很短，容易产生反向电流的浪涌。二极管的关断波形如图 8-22 所示。假设 t_1 时刻前，VD 中流过的电流为 i_{b1}，二极管承受正向导通压降 ΔU。在 t_1 时刻，VD 开始关断，流过二极管的电流开始减小；到 t_2 时刻，$i_{b1}=0$，然后反向并增加；t_3 时刻达负的电流峰值 I_{rr}，然后 i_{b1} 的绝对值迅速减少，i_{b1} 的突变在线路电感上产生一个很高的感应电势，加到 VT 上，VT 上产生电压脉冲；t_4 时刻，VD 的反向恢复电流由 I_{rr} 下降为零。由于反向恢复电流很快降到零，故 $\frac{di}{dt}$ 很大，该电流流过由 L、VD 和输出电容 C 组成的回路，该电流环路将向周围空间辐射高频电磁波，干扰敏感元器件。

由于直流输出线路上存在分布电容和电感，高频浪涌电流流过产生高频衰减振荡，对直流输出端形成差模干扰。

（4）由连续波干扰源等造成的空间辐射干扰

电感电流 i_1 在 VT 开通和关断的瞬间都会出现高频振荡，高频振荡电流将流过由 VT、电感 L 和电源组成的回路。若回路面积较大，则向周围空间辐射的高频电磁波将严重干扰周围的敏感设备。VD 通断时的高频反向浪涌电流由于输出线路的分布电容和电感产生高频衰减振荡，通过空间向外形成辐射骚扰。

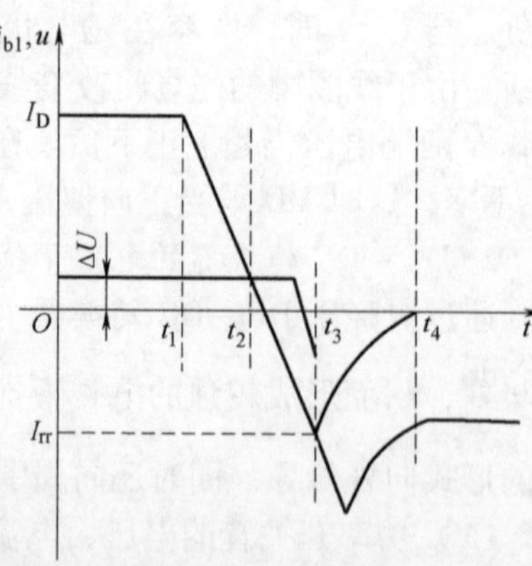

图 8-22　二极管关断时的电压、电流波形

（5）其他原因引起的干扰

元器件的安装位置、屏蔽措施、地线设计、电源的拓扑、结构布置等都会造成电磁干扰。

第五节　电驱动系统印制电路板电磁兼容

一、印制电路板的电磁兼容设计

印制电路板（Printed Circuit Board，PCB）是重要的电子部件，是电子元器件的支撑体。它以绝缘板为基材，切成一定尺寸，其上至少附有一个导电图形，并布有孔（如元器件孔、紧固孔、金属化孔等），用来代替以往装置电子元器件的底盘，并实现电子元器件之间的相互连接。由于这种板是采用电子印制术制作的，故被称为“印制”电路板。

从过去到现在，在各领域各行业，PCB 之所以能得到越来越广泛的应用，是因为它有很多无可比拟的优点，如小型轻便、密度高、可靠性高、易于设计和维护。

但是，PCB 也有其自身的电磁兼容特性，一个很明显而又很难解决的问题是线间的串扰。例如，当一根带状线上载有控制和逻辑电平，另一根相邻的带状线上载有低电平信号，且两者的水平长度超过 10cm 时，一般都会出现串扰问题。又如，当一根电缆编入几组串行或并行高速数据和遥控线时，串扰就成为主要的问题。

靠近的电线和电缆之间的串扰是由电场通过互容、磁场通过互感引起的。在考虑线间串扰问题时，最重要的是要确定电场耦合和磁场耦合哪个是主要的。对线路阻抗来说，大致的原则如下：

1）当源阻抗和接收器阻抗乘积小于300Ω^{2}时，主要是磁场耦合。

2）当源阻抗和接收器阻抗乘积大于1000Ω^{2}时，主要是电场耦合。

3）当源阻抗和接收器阻抗乘积为300～1000Ω^{2}时，取决于线路间的配置和频率。

然而这些原则并不适合所有情况，例如在地层上，带状线的特性阻抗可能较低，而负载和源阻抗可能较高，但串扰仍以电场耦合为主。

另外，在一般情况下，数字电路产生的辐射问题比模拟电路更严重，这是因为数字电路的驱动电流比模拟电路大，时钟频率也更高，而且数字信号比较复杂，一般不是周期信号，其辐射频谱是宽带和窄带的叠加，频率范围很宽，可以从几兆赫到数百兆赫，所以数字信号产生一系列的EMI问题是在所难免的。

实际上，影响PCB辐射的因素主要是它的结构和激励因素。结构不同，其辐射也不同，具体而言，传输带长度、回路面积、地线走向、整体布局等都会影响辐射效果，幅值、脉冲宽度、频率、上升与下降时间等激励因素也都会影响辐射效果。

二、印制电路板的布局

设计印制电路板不仅仅是简单地将各个器件之间用导线连起来就可以了，更重要的是要考虑电路的特点和要求，如高频电路对低频电路的影响，各元器件之间是否会产生有害的干扰，以及热传递等方面的影响等。由于布线不正确带来的分布参数的影响也不可以忽略，所以在设计PCB时应当充分考虑元器件的摆放位置。考虑元器件的布局主要是减小设备内部各元器件骚扰的互相影响和配线的合理性，作为一般的原则，主要有：

1）产生骚扰的元器件和敏感元器件要尽量分开。

2）低电平级和高电平级的元器件，低功率级和高功率级的元器件，应按输入和输出方向顺序排列，避免将高电平、高功率的信号耦合至低电平、低功率的器件，造成反馈骚扰。

3）尽量减小元器件之间的电容耦合、电感耦合：引线要短，避免长距离平行走线；产生变化磁通的元器件要尽量避免对其他元器件和回路产生骚扰。例如，两个线圈的轴向不应平行，应垂直；两个线圈必须平行安装时，要尽量拉开距离，以减小两线圈之间的互感耦合。

4）非辐射元器件或同一级中的元器件，应尽量靠近，以减小公共地阻抗耦合，使用较大的地平面以减小地线阻抗。

5）尽量减小电流回路的面积，即减小辐射回路面积或接收回路面积。

6）留一定的空间以便对一些器件采取屏蔽措施，如继电器、线圈等产生辐射骚扰的器件，高频探头等敏感元器件。

7）I/O驱动器件、功率放大器件、发热器件要尽量要分布在PCB外缘，靠近引出接插件，且周围要留有足够的散热面积。

8）尽可能缩短高频元器件之间的连线，设法减少它们的分布参数和相互间的电磁干扰。易受干扰的元器件不能相互挨得太近，输入和输出元器件应尽量远离。

9）某些元器件或导线之间可能有较高的电位差，应加大它们之间的距离，以免放电引出意外短路。带高电压的元器件应尽量布置在调试时手不易触及的地方。

10）质量超过15g的元器件，应当用支架加以固定，然后焊接。那些又大又重、发热量多的元器件，不宜装在PCB上，而应装在整机的机箱底板上，且应考虑散热问题。热敏元器件应远离发热元器件。

11）对于电位器、可调电感线圈、可变电容器、微动开关等可调元器件的布局应考虑整机的结构要求。若是机内调节，应放在PCB上方便调节的地方；若是机外调节，其位置要与调节旋钮在机箱面板上的位置相适应。

12）应留出PCB定位孔及固定支架所占用的位置。

13）按照电路的流程安排各个功能电路单元的位置，使布局便于信号流通，并使信号尽可能保持一致的方向。

14）以每个功能电路的核心元器件为中心，围绕它来进行布局；元器件应均匀、整齐、紧凑地排列在PCB上；尽量减少和缩短各元器件之间的引线和连接。

15）在高频下工作的电路，要考虑元器件之间的分布参数。一般电路应尽可能使元器件平行排列。这样不但美观，而且装焊容易，易于批量生产。

16）位于PCB边缘的元器件，离电路板边缘一般不小于2mm。电路板的最佳形状为矩形，长宽比为3:2或4:3。电路板面尺寸大于200mm×150mm时，应考虑PCB的机械强度。

三、印制电路板的布线

印制电路板布线的一般原则如下：

1）电源线的宽度要满足1.5倍电流容量要求，地线的宽度要满足2倍电流容量要求。

2）强电之间、强弱电之间的爬电距离不小于2.5mm，小于时必须割槽，但也不能小于2mm。

3）一般地，先布电源走线，再布信号走线。地线敷铜时不要留死铜，用多一些的过孔连接两面的敷设铜。

4）地线、电源线尽量加粗，地线要布成环、网状，高速线、低速线和模拟地线、数字地线分开一点接线。

5）信号线不能交叉，要尽可能短、宽，以免增大电感。信号线的过孔要尽量少。

6）信号线都不要形成环路，如不可避免，环路应尽量小。

7）导体距线路板边缘的距离要大于0.3mm。

8）导线条弯角部分设计成圆角，可以防止铜箔剥落。或使用45°的折线布线，不要使用90°折线，以减小高频信号的发射。

9）不同的电路尽量分别配线，尽量避免出现窄长的平行线，当不得不使用长平行线时，可用地线隔开，与 V_{CC} 电源线的间距应大于1mm。

10）对于可能出现较大突变电流的电路，要有单独的接地回路，减小对其他电路的瞬态耦合。

11）各线间应满足3W 原则，即关键信号线与其他信号线之间的距离为线宽的3倍，大于或等于10mm。

12）旁路电容的连接尽量不用引线，直接连接。

13）对于高速数字电路，为了减小电源阻抗，可以采用电源分布总线。这种分布总线可以在很宽的频带内提供很低的阻抗。

14）敏感信号线要远离输出信号线，输出信号线也要远离强辐射信号线。

第六节 屏蔽与滤波在电动汽车上的应用

屏蔽与滤波技术是解决电磁兼容问题相对有效的技术手段，因为屏蔽体对来自导线、电缆、元部件、电路或系统等外部的干扰电磁波和内部电磁波均起着吸收能量（涡流损耗）、反射能量（电磁波在屏蔽体上的界面反射）和抵消能量（电磁感应在屏蔽层上产生反向电磁场，可抵消部分干扰电磁波）的作用，所以屏蔽体具有减弱干扰的功能。实践表明，一个系统即使经过良好的设计并且采用正确的屏蔽与接地措施，也仍然会有不需要的信号或能量传导进入，致使该系统的效能降低，甚至引起系统失灵。滤波是抑制和防护电磁干扰的重要方法之一。

在电磁兼容领域，滤波是指从混有噪声或干扰的信号中提取有用信号分量的一种方法或技术。实现滤波功能的滤波器可以对某一频率范围的传输能量衰减很小，使能量容易通过；而对另一频率范围的传输能量有很大的衰减，从而抑制了能量的传输。因此，采用滤波器可以抑制与有用信号频率不同的成分的干扰，显著减小干扰电平，从而提高接收设备的信噪比。所以，无论是利用滤波器来抑制干扰源和消除干扰耦合，还是用于增强接收设备的抗干扰能力，都是抑制干扰的有效手段。

一、屏蔽技术在汽车上的应用举例

现代汽车上电子装置大都是电力和电子系统（弱电和强电相互结合的系统），这些设备在工作的同时往往要产生一些电磁能量，从而产生互相之间的电磁干扰。电磁干扰往往造成设备的功能降低甚至丧失，严重时会造成设备元器件或软件不可恢复性的损坏。因此，在进行设备结构设计时应根据电磁兼容的原理，通过一系列的屏蔽方法避免设备由于电磁干扰而造成的元器件损坏或软件损坏和数据丢失，防止被干扰影响或破坏其他电子电器设备的正常工作。汽车电子电气系统中，存在着多种形式的电磁干扰源，电磁干扰通过传导和辐射对车载电子设备产生不同程度的干扰。发动机点火系统是汽车电子电气系统中电磁干扰最强的干扰源。曲轴传感器信号是汽车发动机转速判断的重要依据，过度的曲轴信号干扰将导致发动机控制单元计数失效，发动机非正常熄火。汽车内电磁干扰及其产生的影响是重大的，关系到汽车的安全可靠性。所以，分析研究发动机点火系统电磁干扰的形成机理，采取切实有效的措施抑制曲轴信号的干扰是尤为重要的。

曲轴信号的干扰主要来自发动机点火系统，点火系统的电磁干扰主要来源于高压点火线 、火花塞和点火线圈等几个部件。当二次绕组达到火花塞间隙击穿电压时，火花塞间隙被击穿，储存于火花塞分布电容中的能量迅速释放，放电时间极短，仅数微秒，但形成的放电电流则非常大，可达几十安，这个过程称为电容放电过程。这一阶段的放电使二次电路的电压和电流形成陡峭的脉冲形式，这种宽带脉冲通过裸露的高压点火线对外辐射电磁波，造成周围环境的电磁干扰。随后，另一部分储存在二次绕组电感中的能量将维持放电，其特点是时间较长，为几毫秒，放电电流为几十毫安，这一过程称为电感放电，该电流使气缸内的燃料得到充分燃烧，以保证点火可靠。可见需要抑制的是第一阶段的电容放电电流，该电流为宽带脉冲电流，带宽在0.15~1000MHz范围，是30~300MHz甚至更高频无线电的主要干扰源。

由于火花塞高压放电引起的电磁干扰主要是通过高压点火线向外辐射的，因此高压点火线此时成为干扰源的发射天线。天线的辐射功率与天线的激励电流的平方成正比，也就是说高压点火线上的电流越大，对外辐射的功率也就越大，造成的电磁干扰越强。

目前抑制点火系统对曲轴信号电磁干扰的措施：

1）改变电磁干扰源（改变发动机点火方式）。

2）屏蔽点火系统对曲轴信号产生的干扰。

对于一个上市车型，如果采用第一种方法（主动降干扰），所需的变更周期和验证周期非常长，不能满足市场的需求。采用第二种方法（被动抑制干扰），改动相对比较简单，且验证周期短，满足短期的市场需求，因此常采用第二种方法。综合几种被动抑制干扰的方法，发现屏蔽线对抑制曲轴信号电磁干扰效果比较好。由于电驱动系统一般采用逆变技术进行控制，其输入线中电压和电流谐波非常丰富，而且蕴含能量较大，极易对其周围部件产生不良影响。因此为了抑制其线缆传输电流对外界的影响，一般需要在连接驱动电机和其控制器之间的线缆上加装屏蔽层，或者直接采用动力屏蔽电缆。

除此之外，CAN 总线的电磁屏蔽也越来越受到重视。控制器局域网（CAN）总线是目前在汽车上应用最广泛的通信协议。CAN 总线的通信介质可以是双绞线、同轴电缆或光纤。由于双绞线比同轴电缆和光纤成本低，易实现，因此在汽车上得到广泛应用。但随着电力电子技术在汽车上的应用，使得车内的电磁环境越来越恶劣，传导干扰和辐射干扰对 CAN 总线正常通信产生很大的影响，甚至可能引发严重的交通事故。

CAN 数据总线系统由一系列的网络节点通过总线相互连接组成。当信号在传输线上传输时，因电磁场而对相邻的传输线产生的不期望的干扰电压或电流噪声即为串扰。串扰是由信号线之间的互感耦合或者互容耦合引起的，串扰按产生机理分为电感性耦合和电容性耦合。在汽车实际应用中，非关键设备的通信线缆应优先考虑使用非屏蔽双绞线，既具有一定的抗干扰能力，又可降低成本；对于关键设备的通信线缆应采用屏蔽双绞线，屏蔽层双端接地时要确保两端的接地阻抗相等，避免在屏蔽层-地回路中产生环流。在系统中为了保证 CAN 总线通信的可靠性，常使用的 EMC 措施有 *LC* 滤波器、瞬态抑制二极管、光隔离器等。

驱动电机是车用驱动系统最强的电磁骚扰源，将电机外壳形成一个良好的密封体实现屏蔽的完整性，防止电磁泄漏，再通过多点接地的方式将电机屏蔽外壳与整车可靠接地，可以有效降低电机的电磁辐射水平。从系统整体角度而言，通过屏蔽措施使驱动系统达到良好的电磁屏蔽效果也是解决系统 EMC 的有效手段之一。电磁屏蔽的关键是保证屏蔽体的导电连续性，将机箱形成一个连续密封的导电体，使耦合到内部电路的电磁场被反射和吸收。在机箱的永久性接缝处采用焊接工艺密封，在机箱的非永久性接缝处加入实心导电橡胶条作为导电衬垫，从而有效保证了屏蔽的完整性。在动力线缆与信号线缆穿越机箱部分的屏蔽连续性设计也至关重要，可以采用带屏蔽的接头插座或在端接处使用动力线缆屏蔽压接装置，实现屏蔽层与机箱的 360°端接，以及采用滤波连接器设计，可以有效地抑制辐射耦合。图 8-23 和图 8-24 为相关措施的示意图。

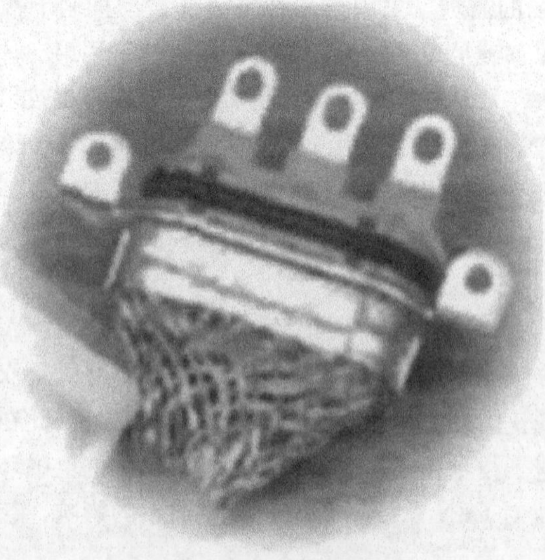

图 8-23 屏蔽动力线缆插座

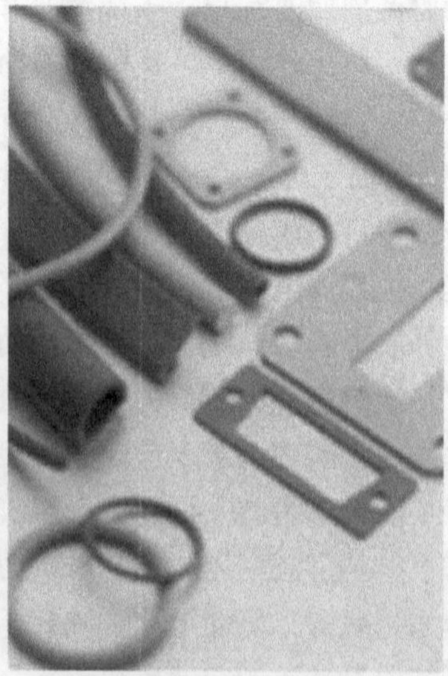

图 8-24 导电衬垫

二、滤波器在汽车上的应用

1. 电源滤波器

强制性的传导发射标准主要体现在电源上。因此，许多厂家都将用于电源输入端的射频干扰滤波器作为一个独立的器件，开发了各种尺寸、各种电路结构的产品。电源 EMI 滤波器实质上是一个低通滤波器。它毫无衰减地把直流或低频电源功率传送到设备上去，抑制电源高频骚扰进入设备，同时又阻止了设备产生的骚扰信号进入电源，进而污染电磁环境，危害其他设备。

采用电网噪声滤波器可有效地防止电源因外来噪声干扰而产生误动作。从电源输入端进入的 EMI 噪声，在电源负载电路中会产生感应电压，成为电路产生误动作或干扰电路中传输信号的原因。这些问题同样也可用电源滤波器来加以防止。比如有这样一种电源滤波器，主要用于减少汽车电源干扰引起的杂音，用于汽车音响改装，消除汽车内电器对汽车音响电源引起的干扰，帮助解决汽车音响杂音问题（图 8-25）。

（1）电源滤波器的作用

1）防止外来电磁噪声干扰电源设备本身控制电路的工作。

2）防止外来电磁噪声干扰电源负载的工作。

3）抑制由其他设备产生的 EMI。

4）抑制由其他设备产生而经过电源传播的 EMI。

电源滤波器按形状可分为一体化式和分立式两种，一体化式是将电感线圈、电容器等封装在金属或塑料外壳中；分立式是在 PCB 上安装电感线圈、电容器等，构成抑制噪声滤波器。应用中选择哪种形式的电源滤波器要根据成本、特性、安装空间等来确定。一体化式成本高，特性好，安装灵活；分立式成本低，但屏蔽性不好。常用的电源滤波器如图 8-26 所示。

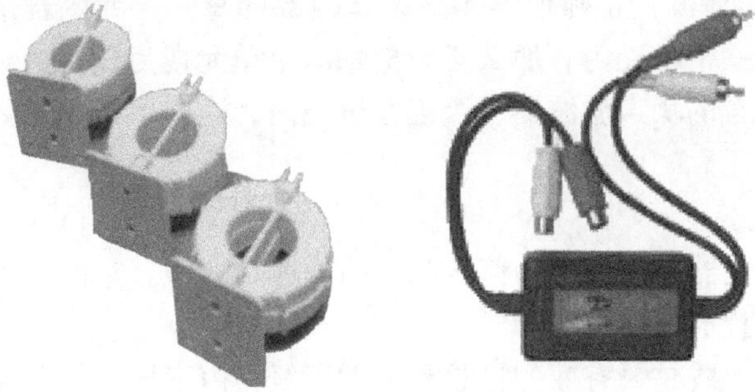

图 8-25　汽车音响滤波器

高性能交流电源线滤波器　　PCB安装直流电源线滤波器

图 8-26　高性能交流电源线滤波器

（2）电源滤波器的正确安装方法

1）为了滤波器能安全可靠地工作（散热和滤波效果），除滤波器一定要安装在设备的机架或机壳上外，滤波器的接地点应和设备机壳的接地点取得一致，并尽量缩短滤波器的接地线。若接地点不在一处，那么滤波器的泄漏电流和噪声电流在流经两接地点的途径时，会将噪声引入设备内的其他部分。其次，滤波器的接地线会引入感抗，它能导致滤波器高频衰减特性变坏。所以，金属外壳的滤波器要直接和设备机壳连接。如外壳喷过漆，则必须刮去漆皮；若金属外壳的滤波器不能直接接地或使用塑封外壳滤波器时，它与设备机壳的接地线应尽可能地短。

2）滤波器要安装在设备电源线输入端，连线要尽量短；设备内部电源要安装在滤波器的输出端。若滤波器在设备内的输入线长了，在高频端输入线就会将引入的传导干扰耦合给其他部分。若设备内部电源安装在滤波器的输入端，则由于连线过长，也会导致同样的结果。

3）确保滤波器输入线和输出线分离。若滤波器输入、输出线捆扎在一起或相互安装过近，那么由于它们之间的耦合，可能使滤波器的高频衰减降低。若输入、输出线必须接近，则必须都采用双绞线或屏蔽线。

4）要将噪声滤波器正确地连接到设备内部的每一单元。若带有单独电源的若干单元安装在一个机壳内，那么必须把每一个单元视为设备的独立部分。每一单元必须连接各自的噪声滤波器，否则在机壳内，这些单元中每一单元的噪声都会传导给其他单元。

2. 信号滤波器

EMI 信号滤波器是用在各种信号线上的低通滤波器。它的作用是滤除导线上不需要的高频干扰成分。

电路板上的导线是最有效的接收和辐射天线，由于导线的存在，往往会使电路板产生过强的电磁辐射。同时，这些导线又能接收外部的电磁干扰，使电路对干扰很敏感。在导线上使用信号滤波器是一个解决高频电磁干扰辐射和接收很有效的方法。

信号滤波器按安装方式和外形分类，有电路板安装滤波器、贯通滤波器和连接器滤波器三种。

电路板安装滤波器适合安装在电路板上，具有成本低、安装方便等优点。但电路板安装滤波器的高频效果不是很理想。贯通滤波器（图 8-27）适合安装在屏蔽壳体上，具有很好的高频滤波效果，特别适合于单根的导线穿过屏蔽体。连接器滤波器适合安装在屏蔽机箱上，具有较好的高频滤波效果，用于多根导线（电缆）穿过屏蔽体。

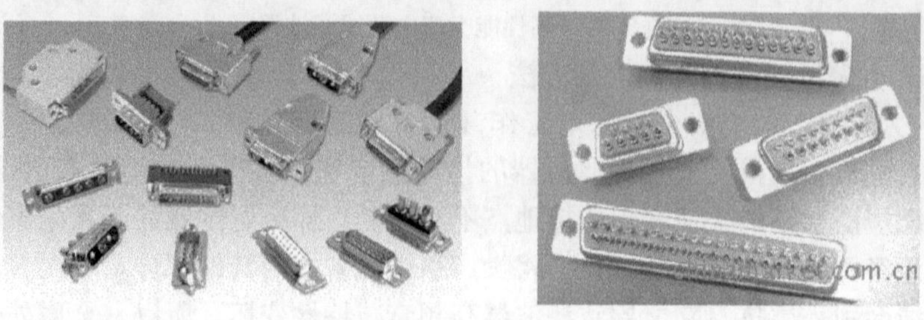

图 8-27 贯通滤波器

从电路形式上分，有单个电容型、单个电感型、L 型、π 型等。滤波器的器件越多，从通带到阻带的过渡带越窄。对于一般的民用设备，使用单个电容型或单个电感型就可以满足要求。

信号滤波器在电子设备中的用途可分为以下几种：

（1）屏蔽壳体上的穿线

屏蔽壳体上不允许有任何导线穿过，屏蔽效能再高的屏蔽体，一旦有导线穿过，其屏蔽效能就会大幅度下降，这是因为导线充当了接收干扰和辐射干扰的天线。当有导线要穿过屏蔽体时，必须使用贯通滤波器，如图 8-27 所示。这样可以将导线接收到的干扰滤除到屏蔽体上，从而避免干扰穿过屏蔽体。

（2）设备内部的隔离

现代电子设备的体积越来越小，器件的安装密度越来越大，这带来的问题之一是电路间的相互干扰——特别是数字电路与模拟电路之间的干扰、强信号电路与弱信号电路之间的干扰等，已成为影响电子设备指标的重要因素。解决这个问题的唯一途径是对不同类型的电路进行隔离。当不同电路之间没有任何连线时，这种隔离是很容易的，只要按照一般的屏蔽设计技术做就可以了。但当电路之间有互连线时，就必须对互连线进行滤波，才能达到真正的隔离。这时要在互连线上使用信号滤波器。

（3）电缆滤波

设备中的电缆是接收干扰和辐射干扰最有效的天线。干扰主要通过电缆进出设备。解决电缆接收和辐射干扰的主要手段有屏蔽和滤波。虽然使用屏蔽电缆能够有效地减小电缆的电磁干扰辐射和接收电磁干扰的能力，但屏蔽电缆的屏蔽效能对屏蔽层的端接方式依赖很大，并且由于屏蔽电缆的屏蔽层是金属编织网构成的，在高频时屏蔽效能较差。为了改善这种状况，在屏蔽电缆的两端使用滤波器是有效的方法。

在安装信号滤波器时要注意以下几点：

1）选用高频特性较好的滤波器件，如三端电容。

2）无论采用什么滤波器，一个良好的接地都是十分必要的。

3）滤波器并排安装，否则已经滤波的和没有滤波的信号之间会发生串扰。当需要滤波器的引线较多时，应使用多级滤波器。

4）滤波器与机箱上电缆接口之间的引线要短，可以加一个隔挡层。

参考文献

[1] 窦汝振，王慧波，苟毅彤，等．电动汽车用电机驱动系统的电磁兼容技术研究[J]．天津工业大学学报，2011（06）：67－70.

[2] 王亮．开关电源变压器屏蔽层抑制共模 EMI 的研究[J]．低压电器，2010（15）．

[3] 孙铁雷，林程，孙逢春．电动车辆电磁兼容性整车测量与分析[J]．安全与电磁兼容，2010（2）．

[4] 段瑞昌，徐国卿，吴志红．车用电机驱动器的电磁兼容性设计[J]．电工技术，2003（10）．

[5] 张戟，孙泽昌．现代汽车电磁兼容理论与设计基础[M]．北京：北京交通大学出版社，

清华大学出版社，2009.
[6] 远坂俊昭. 测量电子电路设计：滤波器篇（从滤波器设计到锁相放大器的应用）[M]. 彭军，译. 北京：科学出版社，2006.
[7] 姜付鹏. 电磁兼容的电路板设计：基于 Altiulm Designer 平台[M]. 北京：机械工业出版社，2011.
[8] 郑希俊，李伟权. 汽车电磁兼容综述[J]. 中国科技博览，2010（30）.
[9] 高印寒，樊宽刚，杨开宇，等. 汽车孔缝对电磁屏蔽效能的影响[J]. 世界科技研究与发展，2009，31（3）.
[10] 张忠连，吴多龙. 瞬态电压抑制器及其应用[J]. 科技资讯，2008（10）.
[11] 韩青，尹项根. 瞬态脉冲骚扰及抑制方法[J]. 继电器，2003，31（8）.
[12] 翟丽，王志福，李合非. 车辆电磁兼容基础[M]. 北京：机械工业出版社，2012.

第九章　电动汽车电驱动系统参数测试

驱动系统的测试技术就是电机驱动系统的测量与试验技术。在驱动系统的测试过程中，既要对驱动调速电机进行相应的测试和试验，又要对电机控制系统进行相应的测试和试验，同时，为了配合整车的需求，更多的测试工作将针对驱动系统——包括驱动电机和电机控制系统同时进行。

不同于一般工业电机的测试，在电驱动车辆驱动系统的测试中，更多是关注驱动电机系统的性能特性以及工况特性，所以驱动系统的测试一般都需要在专门的测试平台上结合规定的测试程序进行。图 9-1 所示是一般的测试平台布置图。

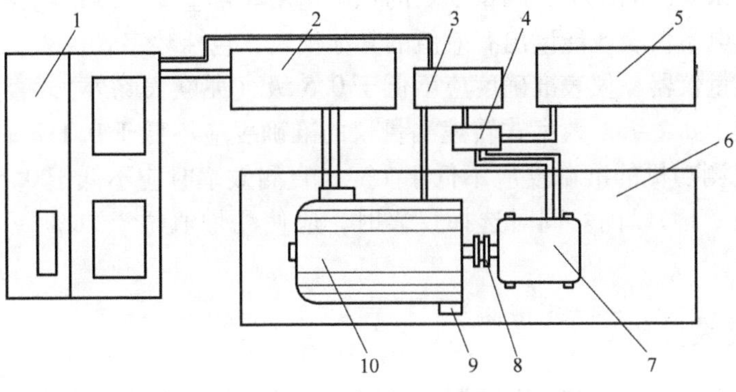

图 9-1　电驱动系统测试平台示意图

1—测功机及电源柜控制平台　2—测功机控制电源柜　3—信号采集柜
4—被测电机控制器　5—被测电机整流/逆变电源柜　6—平台
7—被测试驱动电机　8—柔性联轴器　9—转速-转矩传感器　10—测功机

本章不仅会介绍电驱动系统——包括驱动电机和电机控制系统的各项参数的测试方法和规范，同时也会介绍相关的测试设备的要求。

在下面的介绍中，带下标 mtr 的参数表示是驱动电机的参数，例如 T_{mtr} 表示驱动电机输出转矩；带下标 tra 的参数表示电机控制器的参数，例如 $u_{a\text{-}tra}$ 表示电机控制器 a 相电压；带下标 dyn 表示是测功机参数，例如 n_{dyn} 表示测功机转速；带下标 sys 表示是驱动电机和电机控制系统的参数，例如 η_{sys} 表示驱动电机和控制系统的总体效率。

第一节 电驱动系统测试基础

电驱动系统中的基本物理量主要包括电压、电流、电功率、功率因数、频率、转速、转矩、电机磁场和电机直流电阻等。在电驱动系统中，电压和电流都是非正弦的物理量，其测试难度较大。传统的交流电工测量仪表大多是专门为测量工频正弦信号而设计制造的，用于测量非正弦电量时，会产生较大的误差。

对于电压、电流等电量物理量可以直接采用相应的测试仪表进行，而对于转速、转矩等非电量物理量的测量，一般要借助于传感器将非电量转换为可测量的电量，然后用电测量的方法实现非电量的测量，其转换一般原理如图 9-2 所示。

图 9-2 转换一般原理

在驱动系统的测量中，测量仪表的正确选用非常重要，测量电压、电流有效值可采用磁电系仪表或能读出有效值的其他仪表，包括数字式仪表。试验时，采用的电气测量仪器、仪表准确度应不低于 0.5 级（兆欧表除外），直流分流器准确度应不低于 0.2 级；数字式转速测量仪的准确度应不低于 0.1% ±1 个字；转矩测量仪及测功机的准确度应不低于 1%（直测效率时应不低于 0.5%）；温度计的误差在 ±1℃以内。同时选择仪表时，应使测量值位于 20% ~95% 的仪表量程范围内。

一、谐波分析

随着电力电子器件和自动控制技术的不断发展，目前在电驱动车辆中，驱动电机一般采用异步电机或者同步电机，直流电机由于体积庞大、维护成本高、可靠性较差，其应用已经逐渐较少。而对于异步电机和同步电机的调速，现在主要是使用大功率电力电子器件，采用变频调速的方法进行。由于电力电子变流技术在电机调速与控制系统中的广泛应用，电力电子变流装置产生的电压、电流高次谐波将使供电系统的电压和电流波形发生畸变，因此要对非正弦的电压、电流等进行谐波分析。

图 9-3 所示为一种典型的电力电子驱动结构图，图 9-4 所示为 PWM 载波信号的产生方法。图 9-5 所示为三相电压的输出波形。从图中可见，驱动电机输入电压和电流包含了大量的高次谐波成分，对其分析不能使用常规的工频正弦电压电流分析方法。

由图 9-3 可见，电驱动系统的输出就是驱动电机的输入，所以在以下讨论中，这两组物理量具有同等的地位，为讨论方便起见，所有两者相同的物理量将以驱动电机为研究对象。

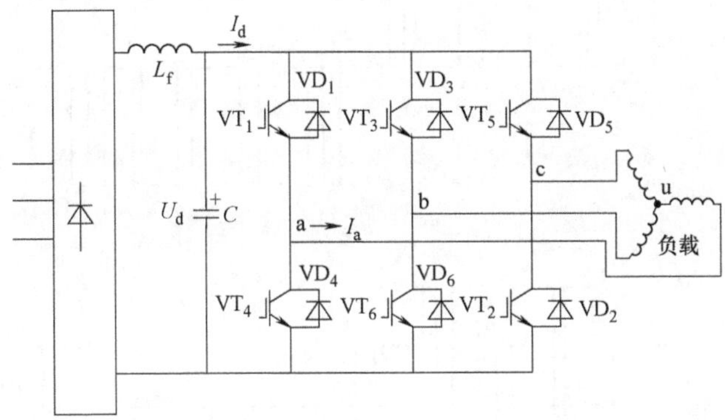

图 9-3　一种典型的电力电子驱动结构图

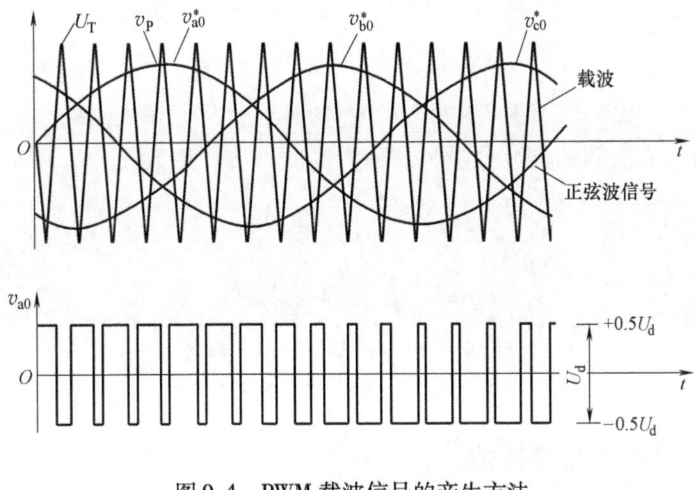

图 9-4　PWM 载波信号的产生方法

二、谐波表示法

所谓谐波分析是指利用傅里叶级数将非正弦周期变化的电压、电流、磁动势等分解成为一系列不同频率的正弦量之和，然后对各频率正弦量单独作用的情况进行分析计算，最后应用叠加原理把所得的结果叠加起来，以便对驱动系统性能做出评价。

一般来说，任何周期波形都可以被展开为傅里叶级数，即

$$f(x) = a_0 + \sum_{n=1}^{\infty}\left(a_n\cos\frac{n\pi x}{L} + b_n\sin\frac{n\pi x}{L}\right) \tag{9-1}$$

式中，第一项 a_0称为$f(x)$的恒定分量；第二项中，$n=1$ 时称为$f(x)$的基波分量，

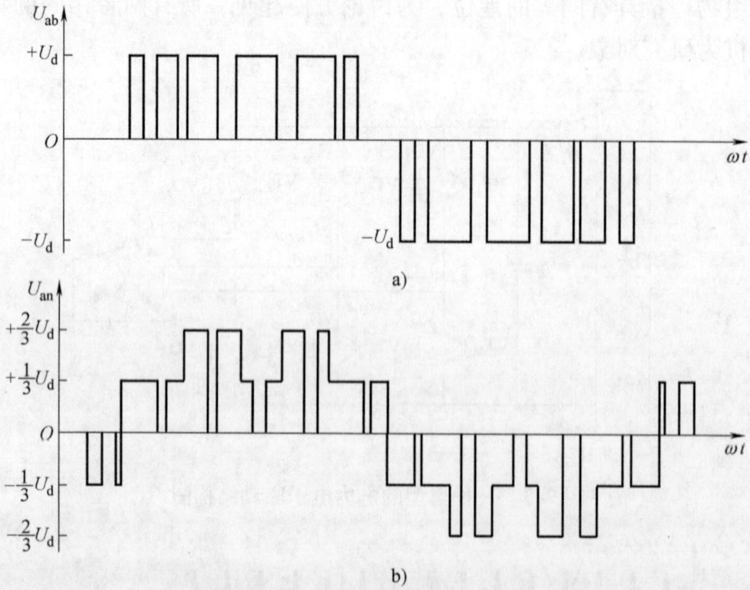

图9-5 控制系统输出（驱动调速电机输入）电压波形图

$n \geqslant 1$ 时称为相应次数的谐波分量，统称为高次谐波。系数 a_0、a_n 和 b_n 为

$$a_0 = \frac{1}{2\pi}\int_{-\pi}^{\pi} f(x)\,\mathrm{d}x \tag{9-2}$$

$$a_n = \frac{1}{\pi}\int_{-\pi}^{\pi} f(x)\cos nx\mathrm{d}x \tag{9-3}$$

$$b_n = \frac{1}{\pi}\int_{-\pi}^{\pi} f(x)\sin nx\mathrm{d}x \tag{9-4}$$

三、驱动系统谐波特性

1. 对称性

由于旋转电机的结构对称性，电机中的周期函数通常也具有对称性。当周期函数以直角坐标系的纵轴为对称时，它是一个偶函数，用傅里叶级数分解时，只含有偶函数分量（即余弦分量和恒定分量），而不含有奇函数分量（即正弦分量）；反之，当周期函数以原点为对称时，它是一个奇函数，用傅里叶级数分解时，只含有奇函数分量，而不含有偶函数分量。

2. 相序性

在一个平衡的三相系统中，频率谐波分量只能是完全正序、完全负序或完全零序，这一点可以从相电压的傅里叶级数展开得到：

$$v_a(t) = U_1\cos(\omega_0 t) + U_2\cos(2\,\omega_0 t) + U_3\cos(3\omega_0 t) + U_4\cos(4\,\omega_0 t) + U_5\cos(5\omega_0 t) +$$

$U_6\cos(6\omega_0 t)+U_7\cos(7\,\omega_0 t)+\cdots$

$v_b(t)=U_1\cos(\omega_0 t-120°)+U_2\cos(2\,\omega_0 t-240°)+U_3\cos(3\omega_0 t-360°)+U_4\cos(4\,\omega_0 t-480°)+U_5\cos(5\omega_0 t-600°)+U_6\cos(6\omega_0 t-720°)+U_7\cos(7\,\omega_0 t-840°)+\cdots=U_1\cos(\omega_0 t-120°)+U_2\cos(2\,\omega_0 t+120°)+U_3\cos(3\omega_0 t)+U_4\cos(4\,\omega_0 t-120°)+U_5\cos(5\omega_0 t+120°)+U_6\cos(6\omega_0 t)+U_7\cos(7\,\omega_0 t-120°)+\cdots$

$v_c(t)=U_1\cos(\omega_0 t+120°)+U_2\cos(2\,\omega_0 t+240°)+U_3\cos(3\omega_0 t+360°)+U_4\cos(4\,\omega_0 t+480°)+U_5\cos(5\omega_0 t+600°)+U_6\cos(6\omega_0 t+720°)+U_7\cos(7\,\omega_0 t+840°)+\cdots=U_1\cos(\omega_0 t+120°)+U_2\cos(2\,\omega_0 t-120°)+U_3\cos(3\omega_0 t)+U_4\cos(4\,\omega_0 t+120°)+U_5\cos(5\omega_0 t-120°)+U_6\cos(6\omega_0 t)+U_7\cos(7\,\omega_0 t+120°)+\cdots$

式中，U_i 为 i 次波的电压基波有效值。

从而可知相电压总的有效值为

$$U_{\mathrm{ph_{rms}}}=\sqrt{U_{\mathrm{h}}^2}=\sqrt{U_{\mathrm{h_{rms}}}^2} \tag{9-5}$$

对于通常驱动电机的星形联结方式，就有

$v_{ab}=v_a(t)-v_b(t)=\sqrt{3}[U_1\cos(\omega_0+30°)+U_2\cos(2\omega_0-30°)+U_4\cos(4\omega_0+30°)+U_5\cos(5\omega_0-30°)+U_7\cos(7\omega_0+30°)+\cdots]$

这表明在线电压中3倍数次谐波消失了，因此线电压的有效值为

$$U_{\mathrm{LL_{rms}}}=\sqrt{U_{\mathrm{h}}^2}=\sqrt{3\,U_{\mathrm{h_{rms}}}^2},\ h\neq 3n\ (3\text{ 的倍数}) \tag{9-6}$$

式（9-6）表明：

1）基波以及4次、7次……谐波是正序的。

2）2次、5次、8次……谐波是负序的。

3）3倍数次（3次、6次、9次……）谐波是零序的。

3. 独立性

平衡电力系统中的线性网络对不同谐波的响应是相互独立的，即对各次谐波分别建立等效电路并求解电流和电压，然后将各个谐波分量相加即得到总的响应。谐波畸变的度量方法如下所述。

将一个畸变的周期电流或者电压波形展开为傅里叶级数，为

$$i(t)=\sum_{h=1}^{\infty}I_h\cos(h\,\omega_0 t+\varphi_h) \tag{9-7}$$

$$v(t)=\sum_{h=1}^{\infty}U_h\cos(h\,\omega_0 t+\theta_h) \tag{9-8}$$

式中，I_h为第 h 次谐波峰值电流；U_h为第 h 次谐波峰值电压；φ_h为第 h 次谐波电流相位；θ_h为第 h 次谐波电压相位；ω_0为基波角频率，$\omega_0=2\pi f_0$，f_0为基本频率。

第二节　电压和电流测量

一、电压与电流的有效值

在驱动系统测试过程中，需要对驱动调速电机和电机控制系统进行性能测试，其中比较重要的一个方面就是测试电机和控制系统的电压、电流以及输入输出功率，因此，电压和电流的测量最重要的技术是对于其有效值的计算，根据驱动系统结构图可以知道，控制系统的输出电压和电流与驱动调速电机的输入电压和电流是同一个物理量，所以在下面的讨论中不再进行区分。根据有效值的一般公式定义，有

$$F^2_{\mathrm{rms}} = \frac{1}{T}\int_0^T f^2(t)\,\mathrm{d}t = \frac{1}{2}\sum_{h=1} F_h^2 = \sum_{h=1} F^2_{h_{\mathrm{rms}}} \tag{9-9}$$

从而电压有效值为

$$U_{\mathrm{rms}} = \sqrt{U^2_{h_{\mathrm{rms}}}}$$

电流有效值为

$$I_{\mathrm{rms}} = \sqrt{I^2_{h_{\mathrm{rms}}}}$$

式中，$U_{h_{\mathrm{rms}}}$和$I_{h_{\mathrm{rms}}}$分别为第h次谐波的电压有效值和电流有效值，即电压（电流）总的有效值等于各次谐波的有效值的代数和。

对于非正弦电压、电流有效值的测量可以有两种方法，即以软件为基础的嵌入式测试法和以硬件为基础的自动测试系统。自动测试系统响应速度快，但是成本高，可扩展性较低，适应性较差，同时随着高性能 A－D 转换芯片的不断发展，嵌入式芯片处理速度的进一步提高，使得嵌入式测试法得到了较为广泛的应用。

如果交流电压u（或者电流i）在一个周期T内分成间隔为Δt的N个子区间，当Δt足够小时，积分运算就可以准确地用下式中的求和运算来代替

$$U_{\mathrm{rms}} = \sqrt{\frac{1}{T}\sum_{m=1}^{N} u_m^2 \Delta t} \tag{9-10}$$

式中，u_m为$t=(m-1)\Delta t$时的电压值。

同样，测试电流有

$$I_{\mathrm{rms}} = \sqrt{\frac{1}{T}\sum_{m=1}^{N} i_m^2 \Delta t} \tag{9-11}$$

式中，i_m为$t=(m-1)\Delta t$时的电流值。

根据式（9-10）和式（9-11），当被测电压和电流信号由模拟量输入电路

后，由 A－D 转换器将模拟量转换为数字量，然后由嵌入式系统进行计数。嵌入式系统根据在一个周期 T 内采集到的 N 个离散值，来计算电压和电流的有效值。可以看出，上述方法测得的电压和电流有效值为近似计算值，测量的准确度主要受A－D转换器转换速度和转换精度的影响。

二、电压和电流的畸变因数

电压畸变因数也称为电压总谐波畸变率 THD_V，为

$$THD_V = \frac{1}{U_1}\sqrt{U_h^2} = \sqrt{\left(\frac{U_{rms}}{U'_{rms}}\right)^2 - 1} \tag{9-12}$$

电流畸变因数 CDF，也称为电流总谐波畸变率 THD_I，为

$$THD_I = \frac{1}{I_1}\sqrt{I_h^2} = \sqrt{\left(\frac{I_{rms}}{I'_{rms}}\right)^2 - 1} \tag{9-13}$$

式中，U_1为基波电压峰值；I_1为基波电流峰值；U'_{rms}为基波电压有效值；I'_{rms}为基波电流有效值；U_h 为所有谐波电压分量；I_h 为所有谐波电流分量。

从而电压和电流的有效值可以表示为

$$U_{rms} = \sqrt{U_{h_{rms}}^2} = U_{1_{rms}}\sqrt{1 + THD_V^2} \tag{9-14}$$

和

$$I_{rms} = \sqrt{I_{h_{rms}}^2} = I_{1_{rms}}\sqrt{1 + THD_I^2} \tag{9-15}$$

第三节　电功率计算

驱动系统作为电驱动系统的动力单元，一般来说，其能量流过程如图 9-6 所示。

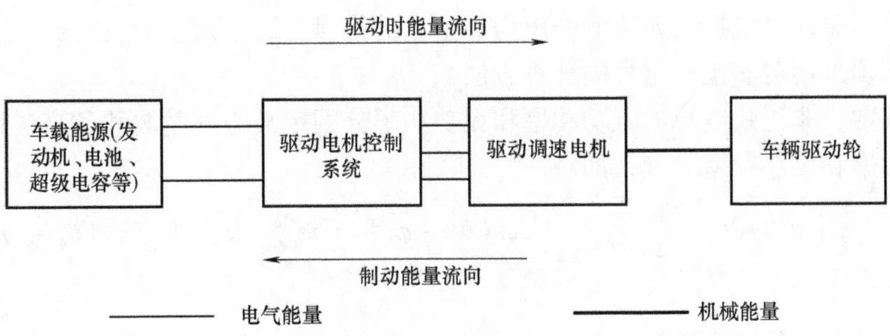

图 9-6　驱动系统能量流

在整车行驶时，能量由车载能源供给（一般为直流电源），通过电机控制系统中逆变为三相（或者多项）交流驱动电压和电流，从而驱动电机输出转矩驱

动车辆行驶；在制动等情况下，在车辆自身的惯性或者坡道势能的驱动下，驱动电机将转换工作模式，由电动模式转换为发电模式，从而驱动电机控制系统将其三相（多相）电压和电流整流为直流电源反馈到车载能源中。在对驱动系统的测试中（如图9-1所示测试平台），车载能源由测试平台的整流/逆变电源代替，而车辆驱动轮（负载）则由测功机代替。

为了进行系统和部件的性能测试，在此要对三个功率进行计算，包括驱动系统输入功率（也正是驱动电机控制系统输入功率和车载能源供给功率），这部分功率作为系统总的能量来源，用P_{isys}表示；驱动电机控制系统输出功率（驱动调速电机输入功率），这部分功率作为驱动系统内部的功率交换，用P_{otra}（或者P_{imtr}）表示；驱动系统输出功率（也正是驱动电机输出功率和车辆驱动功率），用P_{osys}表示。同时，在测试过程中有三个效率是最需要关注的，包括驱动电机控制系统效率η_{tra}、驱动电机效率η_{mtr}和驱动系统效率η_{sys}。

效率计算公式为

$$\eta_{tra}=P_{otra}/P_{isys}$$

$$\eta_{mtr}=P_{osys}/P_{otra}$$

$$\eta_{sys}=P_{osys}/P_{isys}$$

即

$$\eta_{sys}=\eta_{tra}\eta_{mtr}$$

由于驱动系统输入为直流，输出为驱动电机的转速和转矩，从而这两个功率的计算比较简单，可以直接通过通用的计算公式获得。

$$P_{isys}=U_{rmsDC}I_{rmsDC} \tag{9-16}$$

式中，U_{rmsDC}为车载直流电源的电压有效值；I_{rmsDC}为车载直流电源的电流有效值。

$$P_{osys}=\frac{n_{mtr}T_{mtr}}{9549} \tag{9-17}$$

式中，n_{mtr}和T_{mtr}分别为驱动调速电机的输出转速和转矩。

由于驱动电机控制系统的输出为非正弦的信号，所以对于P_{otra}（或P_{imtr}）的测量必须采用对非正弦信号的计算方法。

通常，非正弦电流的有功功率和无功功率分别定义为其基波和各高次谐波的有功功率和无功功率之和，即

$$P=\frac{1}{T}\int_0^T p(t)\mathrm{d}t=\frac{1}{2}\sum_{h=1}^{\infty}U_h I_h\cos(\theta_h-\varphi_h)=m\sum_{h=1}^{\infty}U_{h_{rms}}I_{h_{rms}}\cos(\theta_h-\varphi_h) \tag{9-18}$$

无功功率的平均值为

$$Q=\frac{1}{2}\sum_{h=1}^{\infty}U_h I_h\sin(\theta_h-\varphi_h)=m\sum_{h=1}^{\infty}U_{h_{rms}}I_{h_{rms}}\sin(\theta_h-\varphi_h) \tag{9-19}$$

式中，$U_{h_{rms}}$、$I_{h_{rms}}$、θ_h分别是每相第h次谐波的电压、电流有效值和其对应的相

位；φ_h 为功率角；m 为电机相数。

对于非正弦供电的电机输入有功功率的测量也可以采用嵌入式计算法和自动测量法。

交流电机的瞬时电功率为电压、电流的瞬时值的乘积，即

$$P(t) = mu(t)\ i(t) \tag{9-20}$$

其平均功率为瞬时功率在一个周期内的平均值，即

$$P = \frac{m}{T}\int_0^T p(t)\,\mathrm{d}t = \frac{m}{T}\int_0^T ui\mathrm{d}t \tag{9-21}$$

在使用嵌入式系统进行测量时，采集电压和电流的离散值，当采样时间 Δt 足够小时，式（9-21）的积分可以用下式的求和来近似

$$P = \frac{m}{T}\sum_{j=1}^{N} u_j\, i_j t \tag{9-22}$$

式中，u_j、i_j分别为第 j 个采样点的电压和电流离散值；N 为一个周期内的采样点数。

当采样时间相等时，有 $\Delta t = T/N$，所以平均有功功率可以表示为

$$P = \frac{m}{N}\sum_{j=1}^{N} u_j\, i_j \tag{9-23}$$

可见，平均有功功率的测量也转换为对电压、电流信号的离散值的采样，对每一个采样点的乘法运算、累加运算和平均值运算可以由嵌入式系统软件实现。

1. 视在功率

$$\begin{aligned} S &= U_{\mathrm{rms}} I_{\mathrm{rms}} = \sqrt{U_{h_{\mathrm{rms}}}^2\ I_{h_{\mathrm{rms}}}^2} = U_{1_{\mathrm{rms}}} I_{1_{\mathrm{rms}}} \sqrt{1+\mathrm{THD}_{\mathrm{V}}^2}\sqrt{1+\mathrm{THD}_{\mathrm{I}}^2} \\ &= S_1\sqrt{1+\mathrm{THD}_{\mathrm{V}}^2}\sqrt{1+\mathrm{THD}_{\mathrm{I}}^2} \end{aligned} \tag{9-24}$$

在此定义 S_1为基频的视在功率。

畸变功率：当有谐波存在的时候，视在功率 S 不仅仅是由有功功率 P 和无功功率 Q 构成，同时还包括畸变功率 D（伏安值）：

$$D_2 = S_2 - (P_2 + Q_2)$$

2. 功率因数

功率因数是有功功率对视在功率的比值，即

$$pf = \frac{Q}{S} = \frac{P}{S_1\sqrt{1+\mathrm{THD}_{\mathrm{V}}^2}\sqrt{1+\mathrm{THD}_{\mathrm{V}}^2}} = pf_{\mathrm{disp}}pf_{\mathrm{dist}} \tag{9-25}$$

定义位移功率因数为

$$pf_{\mathrm{disp}} = \frac{P}{S_1}$$

定义畸变功率因数为

$$pf_{\mathrm{dist}} = \frac{P}{\sqrt{1+}\sqrt{1+}} = \frac{U_{1_{\mathrm{rms}}}}{U_{\mathrm{rms}}}\frac{I_{1_{\mathrm{rms}}}}{I_{\mathrm{rms}}} = \frac{S_1}{S}$$

第四节　电机转速与转矩测试

电机转速一般指电机转子的每分钟转数，它是电机运行中一个非常重要的对外表现参数。对电机转速的测量有荧光灯测速法、闪频测速法、光电数字测速法、转速转矩仪法等方法，而前两种方法现在一般采用较少，光电数字测速法由于其测量范围广、准确度高、可测瞬时转速、非接触等优点得到了较为广泛的应用。在台架试验测试中，目前较为流行的做法是采用转速转矩仪，同时对转速和转矩进行测量，从而可以方便地得到电机输出/输入功率。

一、电机转速测试

电机转速测试一般采用光电法。光电转速测量根据光电转速传感器的不同，可以分为投射式和反射式两种。

投射式光电传感器原理示意图如图 9-7 所示。

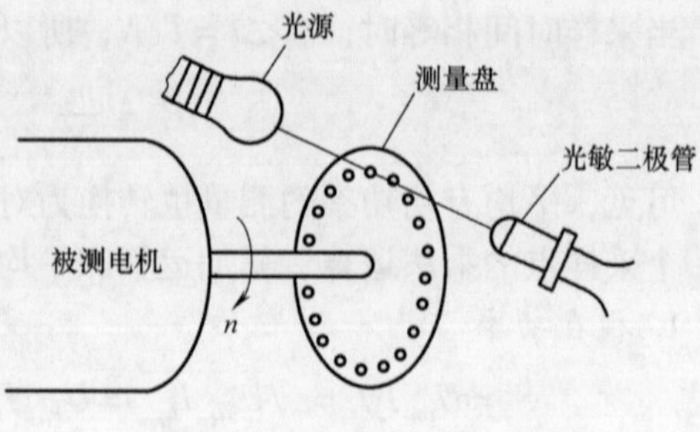

图 9-7　投射式光电传感器

在被测电机轴上安装一个测试盘（齿圆盘或者孔圆盘），圆盘上有 Z 个均匀齿槽或者圆孔，一般 Z 为 60 或者 60 的整数倍。当光束通过槽部或者小孔时，投射到光敏二极管上产生电信号，当光束被齿部或者无孔部分挡住时，光敏二极管无信号，从而光敏二极管产生的脉冲信号的频率正比于电机转速。

一种反射式光电传感器的原理示意图如图 9-8 所示，由光源发出光线通过透镜 1 成为平行光线后，经过半透明膜反射并穿过透镜 2，聚焦在右侧轴的标记上。当光束射在白块上时产生发射光，经过透镜 2 变成平行光，其中穿过半透明膜的光线，经透镜 3 聚焦在光敏二极管上产生脉冲信号，光敏二极管产生的脉冲信号频率正比于电机转速。

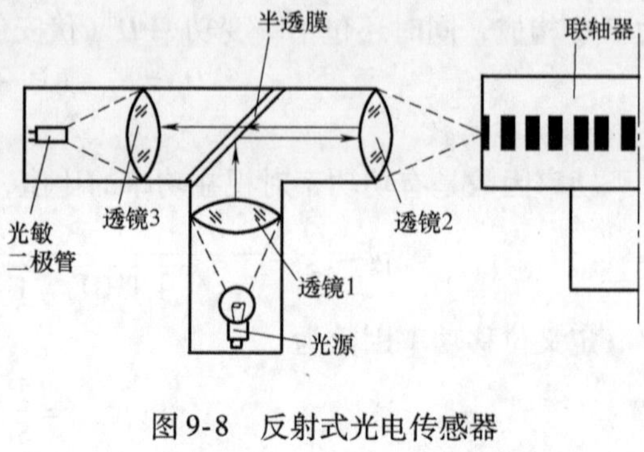

图 9-8　反射式光电传感器

使用转速转矩仪的测量将结合转矩测量进行叙述。

二、电机转矩测试

转矩是驱动调速电机对外表现的最重要的参数，准确测量转矩对于驱动系统特性的研究非常重要。

转矩测量的常用方法有测功机法、校正过的直流电机法、转矩仪法。现代的转矩仪一般同时能够测量转速，所以又称为转速转矩仪，其信号能够方便引入数据采集设备中，从而实现测试自动化和数据处理的实时性，目前得到了较为广泛的应用。但是如果测功机的测量信号能够对外开放，可以引入数据采集系统中，那么基于测功机的转矩测量将是更加紧凑的方法。

1. 测功机法

测功机是根据力的平衡原理设计的。目前常用的测功机有电涡流测功机、磁粉测功机和电力测功机等。由于电涡流测功机和磁粉测功机只能被动测量被测电机的性能，而不能够实现对被测系统的反向拖动，无法实现驱动系统的工况，所以电力测功机在电驱动系统测试中得到了广泛的应用。

从原理上说，电力测功机就是一台电机（直流或者交流），但与普通电机不同的是，电力测功机的定子受到转矩作用后，可以偏转一定的角度，用杠杆装置对定子施加平衡力矩，并由测力计指示轴上转矩的大小。当被测电机作为电动机运行的时候，电力测功机就作为发电机运行；当被测电机作为发电机运行的时候，电力测功机就作为电动机运行，从而实现对电传动驱动系统的全面工况的测试。

2. 转速转矩仪法

目前独立的数字式转速转矩仪已经得到了广泛的应用，主要有相位差式和应变片式两种。

（1）相位差式转速转矩仪

相位差式转速转矩仪的基本原理是：通过弹性轴、两组磁电信号发生器，把被测转矩、转速转换成具有相位差的两组交流电信号，这两组交流电信号的频率相同且与轴的转速成正比，而其相位差的变化部分又与被测转矩成正比。其工作原理如图 9-9 所示。

在一根弹性轴的两端安装有两只信号齿轮，在两齿轮的上方各装有一组信号线圈，在信号线圈内均装有磁钢，与信号齿轮组成磁电信号发生器。当信号齿轮随弹性轴转动时，由于信号齿轮的齿顶及齿谷交替周期性地扫过磁钢的底部，使气隙磁导产生周期性的变化，线圈内部的磁通量亦产生周期性的变化，使线圈中感生出近似正弦波的交流电信号。这两组交流电信号的频率相同且与轴的转速成正比，因此可以用来测量转速。这两组交流电信号之间的相位与其安装的相对位置及弹性轴所传递转矩的大小及方向有关。当弹性轴不受扭时，两组交流电信号

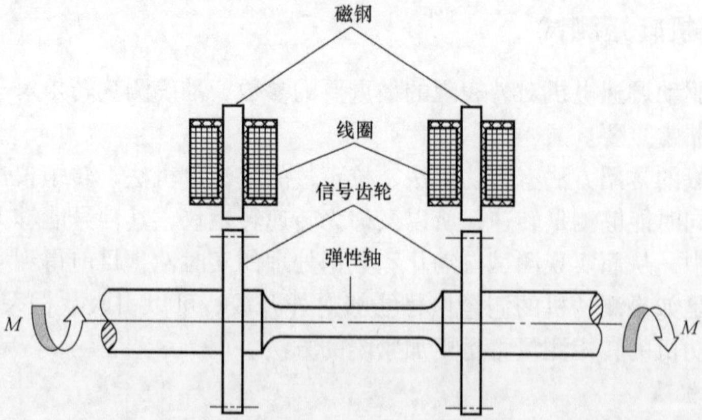

图 9-9　相位差式转速转矩仪原理图

之间的相位差只与信号线圈及齿轮的安装相对位置有关，这一相位差一般称为初始相位差，在设计制造时，使其相差半个齿距左右，即两组交流电信号之间的初始相位差在 180°左右。在弹性轴受扭时，将产生扭转变形，使两组交流电信号之间的相位差发生变化，在弹性变形范围内，相位差变化的绝对值与转矩的大小成正比。把这两组交流电信号用专用屏蔽电缆线送入微机转矩仪或通过具有测量功能的转矩卡送入计算机，即可得到转矩、转速及功率的精确值。

图 9-10 所示为国内某型号转矩转速传感器机械结构图，图 9-11 为其外形图。其结构与其工作原理图的差别是很大的，其中，为了提高测量精度及信号幅值，两端的信号发生器是由安装在弹性轴上的外齿轮、安装在套筒内的内齿轮、固定在机座内的导磁环、磁钢、线圈及导磁支架组成封闭的磁路。

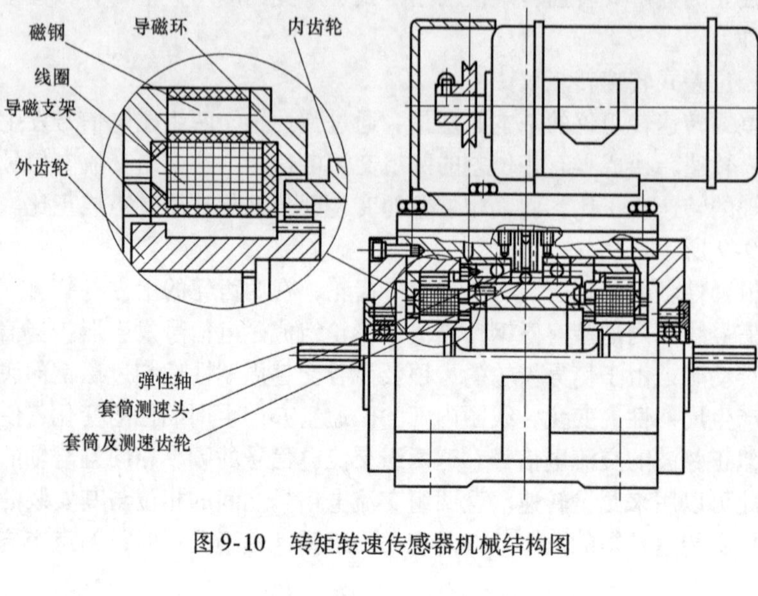

图 9-10　转矩转速传感器机械结构图

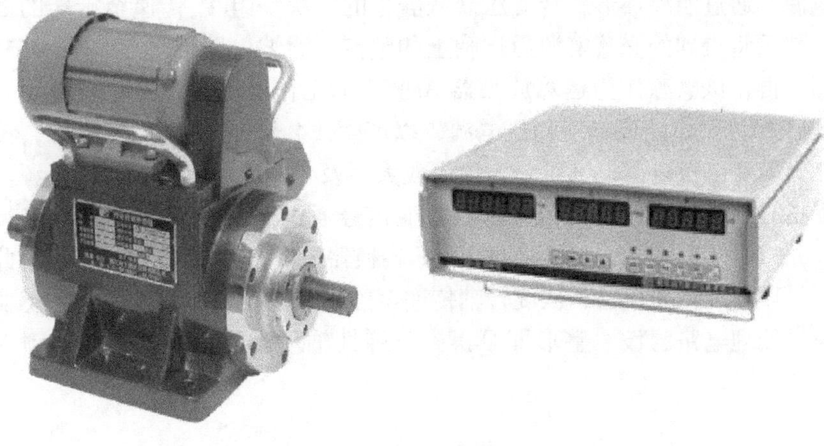

图 9-11 转矩转速传感器外形图

（2）应变片式转速转矩仪

该转矩传感器的检测敏感元器件是电阻应变桥。将专用的测转矩应变片用应变胶粘贴在被测弹性轴上以组成应变电桥，只要向应变电桥提供电源即可测得该弹性轴受转矩的电信号，然后将该应变信号放大，再经过压－频（V－F）转换变成与转矩应变成正比的频率信号。传感器的能源输入及信号输出是由两组带间隙的特殊环形旋转变压器承担的，因此可实现能源及信号的无接触传递。该应变传感器的测量原理如图 9-12 所示。

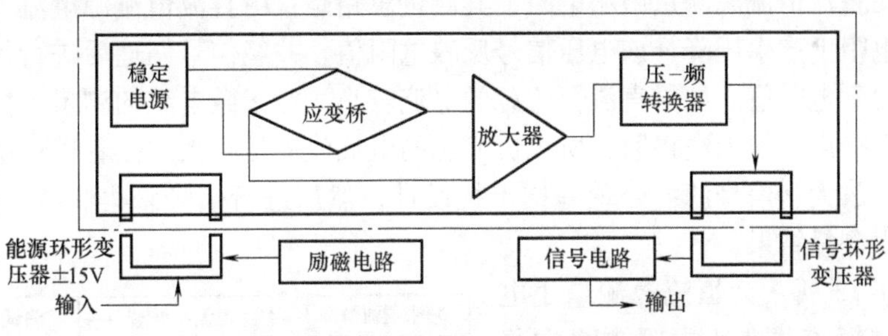

图 9-12 应变片式转速转矩仪测量原理

国内某型号转速转矩仪采用在一段特制的弹性轴上粘贴专用的测转矩应变片并组成电桥，以形成基础转矩传感器，然后在轴上再固定能源环形旋转变压器的二次绕组、轴上印制电路板和信号环旋转变压器的一次绕组。电路板上包含整流稳压电源、仪表放大电路及 V－F 转换电路。在传感器的外壳上固定着励磁电路、能源环形旋转变压器的一次绕组、信号环形变压器的二次绕组及信号处理电路。传感器电路部分在工作时，由外部电源向传感器提供 ±15V 电源，励磁电路中的晶体振荡器产生 400Hz 的方波，经过 TDA2003 功率放大器即产生交流励磁功率电源，通过能源环形旋转变压器从静止的一次绕组 T_1 传递至旋转的二次绕组 T_2，然后将得到的交流电源通过轴上的整流、滤波电路处理后变成 ±5V 的直流电源。再将该电源作为运算放大器 AD822 的工作电源，并由基准电源 AD589 与双运放 AD822 组成高精度稳压电源，以产生 ±4.5V 的精密直流电源，该电源既可作为应变电桥电源，又可作为仪表放大器及 V-F 转换器的工作电源。当弹性轴受扭时，应变桥检测到的毫伏级应变信号通过仪表放大器 AD620 将其放大成（1.5±1）V 的强信号，再通过 V-F 转换器 LM331 变换成频率信号，此信号通过信号环形旋转变压器，从旋转轴传递至静止的二次绕组，再经过传感器外壳上的信号处理电路滤波、整形即可得到与弹性轴承受的转矩成正比的频率信号输出。

第五节 电驱动系统直流电阻测试

电驱动系统绕组的直流电阻不仅仅直接影响了电机运行损耗，同时其准确测量在对电机进行温升分析时也有重要的意义。目前对于电驱动车辆所应用的驱动调速电机而言，其绕组直流电阻一般范围为 10～200mΩ。对于这样的小电阻，可以采用伏安法、开尔文电桥等测量方式。

一、伏安法

采用直流恒流源测量微小电阻，其测量思路是：由直流恒流源电流通过小电阻，在电阻上产生压降，该电压信号反映电阻值，并经信号调理后进行信号采集以计算得到电阻值。如果直流恒流源的电流较小，对于微电阻的测量，信号电压会淹没在噪声中而无法提取，所以恒流源的电流值要足够大。接着进行信号调理中的信号放大和信号滤波处理等抗干扰设计，然后进行信号采集和 A-D 转换，最后输出测量结果。

图 9-13 所示为恒流源测量小电阻框图。恒流源在小电阻测量中很重要，恒流源的准确度决定了测量准确度。为了达到测量的准确度，恒流源的元器件选择非常重要，元器件一般要求高精度和较好的温度稳定性。

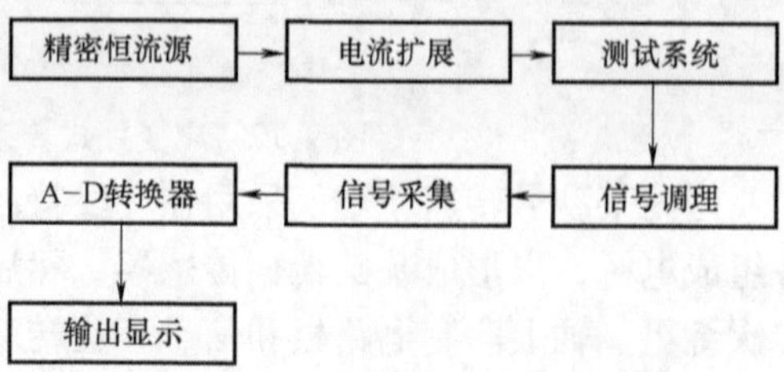

图 9-13 恒流源测量小电阻框图

当使用自动检测装置、数字式微欧计等仪器测量绕组的直流电阻时，通过被测绕组的试验电流应不超过其额定电流的 10%，通电时间不超过 1min。

二、电桥法

使用电桥测量时，每一电阻应测量三次，每次应在电桥平衡破坏后重新进行测量，每次读数与三次读取数据的平均值之差应在平均值的 ±0.5% 范围内，取其平均值作为电阻的实际测量值。如绕组的直流电阻在 1Ω 以下时，应采用有效数不低于 4 位的开尔文电桥测量。

电桥是用比较法测量物理量的电磁学基本测量仪器，电桥的种类很多，测量中等阻值（$10\sim10^6\Omega$）的电阻要用惠斯顿电桥进行测量；若要测量更大阻值的电阻，一般采用高电阻电桥或兆欧表；而要测量阻值较小的电阻，一般采用开尔文电桥。电桥准确度高，稳定性好，所以被广泛用于电磁测量、自动调节和自动控制中。惠斯顿电桥是最基本的直流电桥。

1. 惠斯顿电桥的线路原理

最简单、最常用的直流电桥的电路原理如图 9-14 所示。把 4 个电阻 R_1、R_2、R_0 和 R_x 联成四边形，每一边叫作电桥的臂。在四边形的一对角 A 和 C 之间接上直流电源 E，在另一对角 B、D 之间连接检流计，所谓“桥”即指对角线 BD，它的作用是把 B 和 D 两端点用检流计连接起来，直接比较这两点电位的高低。当 B、D 两点电位相等时，检流计中无电流通过，即 $I_g=0$，电桥达到了平衡，即

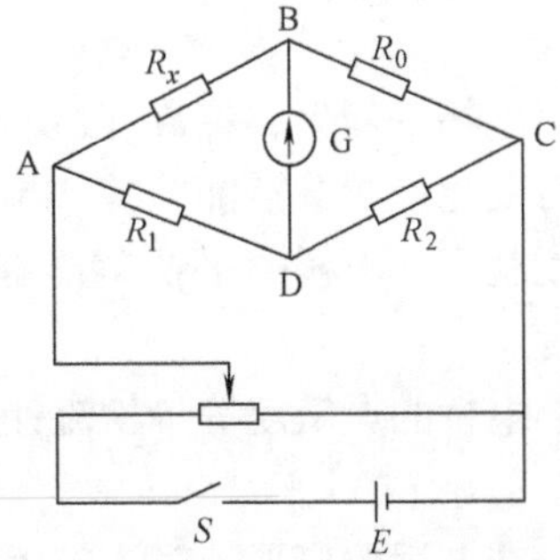

图 9-14 电桥的电路原理图

$$U_{AB}=U_{AD},\quad I_{AB}R_x=I_{AD}R_1$$
$$U_{BC}=U_{DC},\quad I_{AB}R_0=I_{AD}R_2$$

则有

$$\frac{R_x}{R_0}=\frac{R_1}{R_2}$$

此式即为电桥的平衡条件。若 R_1、R_2 为已知电阻，R_0 为可调电阻，则

$$R_x=\frac{R_1}{R_2}R_0=KR_0 \tag{9-26}$$

这样，就把待测电阻的阻值用三个标准电阻表示出来，从而使测量准确。式中 $\frac{R_1}{R_2}=K$ 称为比例臂的倍率，简称为比率臂或比率；R_0 则称为比较臂。

由式（9-26）可以看出，调节电桥平衡有两种方法：

1）取比率臂 K 不变，调节比较臂 R_0。

2）取比较臂 R_0 不变，调节比率臂 K。

实验证明，方法 1）有效可行，准确度高。

用电桥测电阻容易达到较高的准确度，这是因为：

1）电桥的实质是把未知电阻和标准电阻相比较，而制造精度较高的标准电阻并不困难。因此，用电桥测电阻时，只要检流计足够灵敏，且选用标准电阻作桥臂，则待测电阻可以达到其他三臂的标准电阻具有的准确度。

2）电桥电路中的检流计只用来判断有无电流通过，并不需要读出电流的数值，所以只要选用高灵敏度的检流计即可。

电桥的缺点主要是操作较麻烦，也不能测量非线性电阻。

2. 电桥的灵敏度

电桥灵敏度的定义为

$$s=\frac{\Delta n}{\dfrac{\Delta R_0}{R_0}}$$

电桥平衡后，将 R_0 改变 ΔR_0，检流计指针偏转 Δn 格，它反映了电桥对电阻相对变化量的分辨能力。如果一个很小的 ΔR_0 能引起较大的 Δn 偏转，电桥的灵敏度就高，电桥的平衡就能够判断得更精细，实验中可据此测出所用电桥的灵敏度。

电桥的灵敏度等于检流计灵敏度与线路灵敏度乘积，即

$$S=S_iS_L$$

在电桥偏离平衡时，应用基尔霍夫定律，可以推出电桥的灵敏度为

$$S=\frac{S_iU}{(R_1+R_2+R_x+R_0)+\left(2+\dfrac{R_2}{R_1}+\dfrac{R_x}{R_0}\right)R_g} \tag{9-27}$$

式中，S_i 为检流计的灵敏度；R_g 为检流计内阻；U 为电源的电压。

由式（9-27）可知，适当提高电源电压 U，选择灵敏度高、内阻低的检流计，适当减少桥臂电阻（$R_1+R_2+R_x+R_0$），尽量把桥臂配制成均匀状态（如四臂电阻相等）使（$2+R_2/R_1+R_x/R_0$）值最小，对提高电桥灵敏度都有作用。实际上，还有许多其他因素制约，如与桥路电阻之和成反比等，上述提高灵敏度的方法应根据具体情况灵活应用。

三、非平衡电桥测动态电阻

非平衡电桥的内部电路图如图9-15所示。具体应用如下所述。

将1、2、3端短路，8、9端短路，待测电阻 R_x 接在7、8两端，毫伏表当作检流计，当毫伏表指零，即构成非平衡电桥；此时，$R_x=(R_1/R_2)R_3$。此处的 R_x 用专用电阻。

固定 R_1、R_2、R_3，当 R_x 随温度变化时，毫伏表显示非零值，R_x 的改变数值可由毫伏表的示数求得，因此可用非平衡电桥测量动态电阻。

测量时，水浴锅内加入适量清水，先不接通电源，取 $R_1=R_2=110\Omega$；在室温下调节 R_3，使毫伏表尽量指零，此时，$R_{x0}=R_3$，记下室温、R_{x0} 及毫伏表读数；接通水浴电源，使水浴锅内待测电阻加热，以改变其温度，当温度达到一定值后，记录温度和相应的毫伏表读数；继续加热，测定下一组温度的数据，每隔10℃测一组数据，直到温度为90℃为止。以 T 为横坐标，ΔU 为纵坐标，用坐标纸作图。

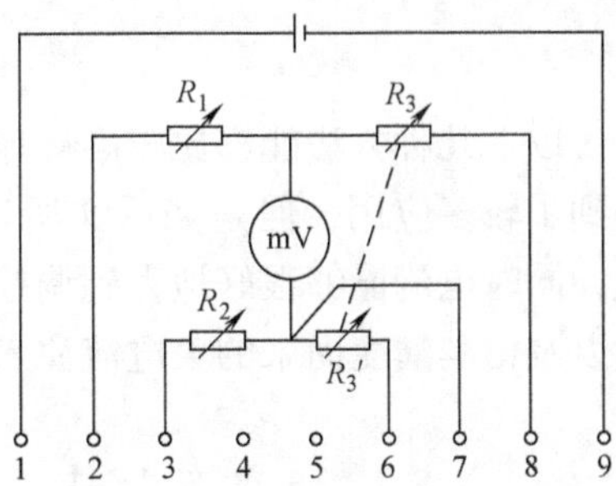

图 9-15　非平衡电桥的内部电路图

保持 R_1、R_2、R_3数值不变，将 R_x 换成电阻箱，调节电阻箱，记下毫伏表读数；然后每增加 5Ω，记录下毫伏表读数，直到电阻为 140Ω 为止。

以 R 为横坐标，ΔU 为纵坐标，在同一张坐标纸上以适当的比例（ΔU 按同一比例）作图。由此确定 $\Delta U-T$ 图上的每一点所对应的 R 值：通过该点作水平线，与 $\Delta U-R$ 曲线交点对应的 R 即为所求值。

开尔文直流电桥是精确测量低电阻阻值时常用的测量仪器，其原理如图 9-16 所示。图中 R_x 为待测电阻，标准电阻 R_s、R_1、R_2、R_3、R_4 为比例臂电阻，r、r_1、r_2、r_3、r_4为导线附加电阻。在测量过程中电流端 C_1、C_2、C_3、C_4串联在电源支路中，电压端 P_1、P_2、P_3、P_4 分别串入 R_1、R_2、R_3、R_4 比例臂支路中，调节 R_s 使得检流计中无电流通过，电桥达到平衡，A 点和 B 点电势相等，根据基尔霍夫第二定律列方程组，解得

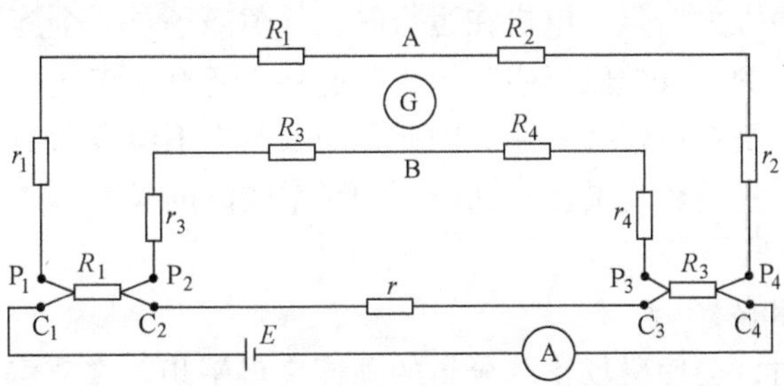

图 9-16　开尔文直流电桥

$$R_x=\frac{R_1+r_1}{R_2+r_2}R_3+\frac{r(R_4+r_4)}{r+(R_3+r_3)+(R_4+r_4)}\left(\frac{R_1+r_1}{R_2+r_2}-\frac{R_3+r_3}{R_4+r_4}\right) \tag{9-28}$$

1）当 $r_1\ll R_1$、$r_2\ll R_2$、$r_3\ll R_3$、$r_4\ll R_4$时，式（9-28）可写为

$$R_x=\frac{R_1}{R_2}R_3+\frac{rR_4}{r+R_3+R_4}\left(\frac{R_1}{R_2}-\frac{R_3}{R_4}\right) \tag{9-29}$$

2）如果电桥满足条件：$R_1/R_2=R_3/R_4=k$，并在测量过程中保持不变，则式（9-29）中第 2 项为零，有

$$R_x = \frac{R_1}{R_2} R_3$$

以上几种方法能够比较准确地测试牵引电机绕组电阻，在实际测试工作中都得到了较多应用，但是如后文所述，由于伏安法中绕组压降和电流可以方便测量，同时电流能够很好地得到调控，所以在电驱动系统的自动测试系统中，伏安法以及由其演变而来的大电流注入法，得到了更多的应用。

第六节　电驱动系统的噪声

电驱动系统的噪声已经不只是作为环境污染的噪声源指标，也是电机设计、工艺和装配水平的综合反映，该噪声按照 GB 10069.1—2006《旋转电机噪声测定方法及限值　第1部分：旋转电机噪声测定方法》技术要求和测试方法进行测试。

一、电驱动系统噪声的组成

1. 电磁噪声

电磁噪声是电动汽车电驱动噪声的主要成分，它通过磁轭向外传播，气隙磁波作用在定子铁心齿上，产生径向和切向磁力两个分量，使定子铁心产生的振动变形的径向分量是电磁噪声的主要来源，使齿根部弯曲产生局部变形的切向分量是电磁噪声的次要来源。当径向电磁力波与定子的固有频率接近时，就会引起共振，使振动与噪声大大增强。电机在运行时，气隙磁场是一个旋转的力波，其产生的电磁力是交变的。气隙磁场中除了主磁通外，还有很多次的谐波分量。它们的频率往往与齿、槽数成倍数关系。因此电磁噪声中不但有两倍于电源频率的主磁通引起的噪声，主要还有谐波磁通产生的频率较高的噪声。产生电磁噪声的其他原因有：

（1）铁心饱和的影响

当铁心饱和时，会使磁场正弦分布的顶部变得平坦，在磁场分布中加大了3次谐波的分量，使电磁噪声增加。

（2）开口槽的影响

定、转子槽都是开口的，气隙磁导在旋转时是变化和波动的。气隙磁场中出现了很多在基波磁势作用下产生的“槽开口波”。它们与气隙和槽开口的大小有关，气隙越小，槽口越宽，幅值越大。

（3）磁通振荡噪声

在直流电机中，由于电枢齿距与补偿绕组节距选择和配合不当，以及主磁极极弧宽度与电枢齿距配合不当，都将产生电磁噪声。这主要是磁通在电枢和极靴表面的横向振荡，以及极靴边侧磁通在电枢表面横向振荡的结果，与电机负荷及转速有关。这种噪声有时表现为很强烈的“嗡嗡”声。低速电机因开口槽而产生类似锤击的声音。

(4) 气隙动态偏心

气隙偏心造成磁导沿圆周产生周期性变化，从而使基波磁势增加了一个谐波分量。

2. 机械噪声

机械噪声主要是指电机运转时产生的轴承噪声，转子系统不平衡力产生的振动及噪声。机械噪声是任何运动件无法避免的噪声，在汽车电机中，它与电磁噪声紧密相关。因为一旦有结构振动，就会影响电磁场；同时由于电磁力的存在也会改变结构件的振动频率和幅值。机械噪声一般随转速和负载电流的增大而增大，在高速情况下成为电机噪声的主要部分，包括轴承、电刷和结构共振引起的噪声。

电机中采用的轴承有滚动轴承和滑动轴承两种。滑动轴承一般用于微型电机和大型电机，噪声相对较低；滚动轴承可靠性高，维护简单，承载大，但其运行噪声较大，常成为电机的主要噪声源。转子动平衡不好是产生机械噪声最常见的原因，其频率和旋转频率相同，是低频噪声。安装不良，定、转子部件固有频率和旋转频率一致时也会产生机械噪声。转子的振动和轴承的振动往往是通过端盖传递到底座和支承上，但当端盖的轴向刚性较差时，端盖受激而产生轴向振动和噪声。

3. 空气动力噪声

电机的空气动力噪声有涡流噪声和笛鸣噪声两种。涡流噪声主要是由转子和风扇引起冷却空气湍流在旋转表面交替出现涡流引起的，其频谱范围较广。笛鸣噪声是通过压缩空气，或空气在固定障碍物上擦过而产生的，即“口哨效应”。电机内的笛鸣噪声主要是径向通风沟引起的。旋转电机的空气动力噪声是不可避免的，它与转子表面圆周速度、表面形状，风扇空气动力特性和突起的零部件形状有关。空气动力噪声是由随轴一起旋转的冷却风扇造成空气流动形成的噪声。它们与转速、风扇与转子的形状、表面粗糙度、不平衡量及气流的风道截面的变化和风道形状有关，分为宽频噪声和离散噪声。

现在电机采用内置式双风扇结构，同时采用了不等节距叶片结构以降低离散噪声峰值，因此风扇噪声比其他噪声小很多。在大多数情况下，电机中的空气动力性噪声源是风扇。

二、电驱动系统噪声的研究

电动汽车作为新的清洁能源车辆，在近年得到了大力发展，其电驱动系统也得到了快速的发展。但电动汽车的特性决定了其电驱动系统特性应具有宽的调速范围以保证高车速和超车等要求；低速输出大转矩，以适应汽车的起动、加速、负荷爬坡、频繁起停等复杂工况，从而区别于传统的工业电机系统。对电动汽车电驱动系统的噪声测量及频谱分析研究鲜见报道。目前，国内主要有通过扩展卡尔曼（Kalman）滤波器考虑永磁同步驱动电机系统噪声和测量噪声的影响的研究、基于数字信号处理（Digtal Signal Processor，DSP）的全数字永磁驱动电机推进系统的研究、对驱动电机轨迹跟踪过程中的非线性高斯噪声采用基于粒子滤波的前馈控制器的研究及对 SPWM 载波对驱动电机振动和噪声的影响等的研究。国外的研究也主要是围绕电磁噪声进行的。

传统的噪声测试需要在专门的消声室或空旷的空间来进行，电动汽车驱动电机需要在电动汽车动力驱动系统测试台架上来进行。而电动汽车动力驱动系统测试台架由于体积大和安装困难等因素，使得很难建在消声室内，即便将台架建立在消声室内，台架和测功机如何相连才能减少或避免噪声泄漏也将成为一大难题，并且台架运行时对驱动电机噪声的影响也很难消除，同时建立消声室造价比较高，成本比较贵，所以如何在普通实验室里快捷有效地对电动汽车电驱动系统进行噪声测试就显得格外重要。

三、噪声测量技术的进展

声学理论的发展已有两千多年的历史，但声学的实用测量起步却较晚。直到 20 世纪初，无线电技术和电子仪器的发展为声学测量技术的发展提供了良机。1915 年，E. C. Wenter 设计了第一个电容传声器，使得声波的测量可以转化为电压信号进行测量分析。高性能的测量传声器、频谱分析仪和声级记录器实现了噪声信号的声压级测量、频谱分析和信号特性的自动记录，使得声学测量技术获得了迅速发展，各种模拟仪器如声级计、倍频程滤波器应运而生。由于计算机技术和大规模集成电路的发展，进一步提高了声学测量的准确度和速度，数字技术的应用实现了频谱的实时分析。

由于传声器只能感受声压，而声源（或声场）的其他特性只能根据声压的测量结果进行计算，测量的准确度和速度都不能令人满意。同时为了排除测试环境的影响，在现代科技发展的基础上，一些先进的测量技术和方法如声强测量法、声全息测量法、声阵列测量法、声模态分析法、相关分析法和偏相干分析法等获得了充分的发展。

1. 声强测量法

由声学原理可知，单位时间内通过垂直于声传播方向上面积 S 的平均声能称为平均声能流量或称为平均声功率 W。通过垂直于声传播方向单位面积上的平均声能流量，就称为平均声能流量密度或声强。瞬时声强是瞬时声压与瞬时质点速度的乘积，所以声强测量法就是通过同时测量出这两个瞬时量，然后进行相乘得到。

声强本身是一个矢量，有大小、方向，可以描述声的能量场。用声强法测定噪声源的声功率原理提出的较早，但长期以来由于声强的测量很困难，所以并未获得广泛的应用。用传声器测量声压的问题早已解决，所以问题主要集中在实测质点速度上。质点速度的测量一般采用的是间接测量法，R. H. Bolt 首次应用双传声器测量材料的声阻抗，而 T. J. Schultz 应用 Bolt 的双传声器原理，处理两个传声器的声压信号，得到质点速度，从而开始了质点速度的间接测量法。到 20 世纪 70 年代随着数字信号处理技术的快速发展，通过把双传声器测到的信号由时域转换到频域，计算其互功率谱的虚部就可以得到声强，在此基础上，不少商品化的声强测量系统也开始出现在市场上。声强测量具有许多优点，可用来判断噪声源的位置，求噪声发射功率；同时，也可以不需要消声室、混响室等特殊声学环境进行声源的声功率、材料的吸声系数和透射系数等的测量，因而近年来声强测量技术获得了快速发展。

声强测量法也正越来越多地应用到噪声源的识别，利用测得的噪声辐射面的声强值，做出声强的矢量图、等高线图和三维声强分布图，形象地表示出被测辐射面各部位的噪声辐射分布，从而可以直接识别出主要噪声辐射位置。

2. 声全息测量法

声全息是指用二维面上测得的声压信息来计算三维空间的声场特征。传统的声全息是在远场进行测量的，由于测量信号漏掉了衰减波分量，致使分辨率不高。近场声全息能够捕获近场衰减波分量，分辨率比传统的声全息高。声全息能够用于重建三维空间的声压场、振速场、声强矢量场，能够预测声源的辐射声功率及远场指向性，分离与识别具有相干特性的多噪声源，还有助于对结构振动和噪声的有效控制。对于空气中或者水下结构的振动及声辐射特性的研究，声全息技术不失为一种极为有效的测量方法。

经过 20 多年的发展，近场声全息技术已发展成为噪声源识别和声场可视化问题研究的重要技术。近场声全息技术的核心是全息变换算法。自 Williams 等人于 1980 年首先提出采用近场空间傅里叶变换法实现声场全息变换以来，已经有许多方法相继被采用，并都取得了一定的效果，如在空间傅里叶变换法基础上发展的基于 K-空间滤波法、维纳滤波法、反复算法以及统计最优法的近场声全息技术，还有不受源面和全息面形状限制的基于边界元法的近场声全息技术，以及最近提出的基于 Helmholtz 最小二乘法的近场声全息技术和基于分布源边界点法的近场声全息技术。它们都能有效地实现声场的全息变换，但也各有优缺点：基于空间傅里叶变换法的近场声全息技术虽然原理简单，但是要求测量面和源面都为规则形状（如平面、柱面、球面和椭球面等）；基于边界元法的近场声全息技术虽说可以对任意形状的振源进行分析，但计算量大，而且其中存在的奇异积分处理和特征波数处解的非唯一性处理相当麻烦；基于 Helmholtz 最小二乘法的近场声全息技术是将振源辐射分解成有限个模态的正交球面波的叠加，而随着分解数目的增加计算量急剧上升，而且对于非球形结构体，其计算精度也受到影响；基于分布源边界点法的近场声全息技术是在边界元法基础上发展起来的一种新型的近场声全息技术，它只需要对振动边界进行结点离散，并通过特解源来构造源面与场点之间的传递关系，其计算量小、精度高而且计算稳定性好，但边界离散仍是必需的，而且对其特解源的位置选取也需相当谨慎。

近场声全息主要适用于稳态声场的分析，但是该方法也可以用于分析瞬态声场。在国外，B&K、Sensound、LMS 公司的软件中都有相应的瞬态分析功能，由于成本太高，国内目前用得较少，因为做瞬态分析需要同步测量，因而需要大的测量阵列（如 $16\times16=256$ 通道）和后续处理设备，而普通的声全息只需要小的阵列扫描测量。后处理算法也有一定的关系，因为算法的快慢决定了瞬态分析的快慢（注：此处的瞬态不可能是完全的瞬态，而是连续的很短的时间段），目前用于瞬态分析的算法主要是 FFT 法。如果不用实时分析，可以通过大的测量阵列连续采集数据再进行离线分析，但是阵列的数据采样必须是同步的。

3. *声阵列测量法*

所谓传声器阵列就是由多个在空间确定位置上排列的一组传声器，由这个阵列测量出空间中的声场信号，经过特殊的数据处理，就可以得到更多的有关声源的信息。

通过传声器阵列对空间信号场进行接收和处理，从而提取阵列所接收的信号及其特征信息，同时抑制干扰或不感兴趣的信息，这种处理方式为阵列信号处理。阵列信号处理是信号处理领域内的一个重要分支，在近 40 年来得到迅速发展，其应用涉及雷达、通信、声呐、地震和勘探等众多军事及国民经济领域。

阵列信号处理与一般的信号处理方式不同，因为其阵列是按一定方式布置在空间不同位置上的传感器组，主要利用信号的空域特性来增强信号及有效提取信号空域信息。因此，阵列信号处理也常称为空域信号处理。与传统的单个定向传感器相比，阵列信号处理具有灵活的波束控制、高的信号增益、高的抗干扰能力及空间分辨能力等特点，因而受到了人们的极大关注，同时与此相关的研究工作不断发展与深入，其应用范围也不断扩大。

基于传声器阵列的噪声测试可用于具有嘈杂背景的环境，进行稳态声源、非稳态声源和运动声源的分析。与传统的阵列信号处理相比，主要有以下几种不同：

1）传统的阵列信号处理一般是有一个调制载波的窄带信号，如通信信号和雷达信号等，而阵列传声器处理的信号没有载波，其频率分布大部分集中在 300～3000Hz 之间，是一个多频宽带信号。

2）传统的阵列处理技术一般处理的信号为平稳或准平稳信号，而传声器阵列处理的信号通常为非平稳信号。

3）传统的阵列处理一般采用远场模型，而传声器阵列处理要根据不同的情况选择远场模型或者近场模型。

4）在传统的阵列处理中，噪声一般为高斯噪声（包括白噪声），与信源无关。在传声器阵列处理中噪声既有高斯噪声，也有非高斯噪声（如室内的空调风机的噪声、打字机发出的干扰噪声、碎纸机的声音、突然出现的电话铃声等），这些噪声可能和信源无关，也有可能相关。

综上所述，以上三种方法都可以进行噪声源识别，但是基于声强的噪声测试所需的测试时间比较长，所以只限于稳定工况；基于声全息的声源识别目前也主要用于稳定工况和限于理论算法的研究；声阵列测量法是目前最强的声源识别系统，可用于稳态声源、非稳态声源和移动声源，基于传声器阵列的研究更多地应用于水声和雷达等领域。

四、电动汽车电驱动系统噪声评价指标体系

首先要明确测量和评价的目的、噪声评价量的适用范围及特点。同时结合噪声的特性进行噪声评价量，只有这样才能比较客观、准确地评价噪声的影响。

因为基于声强的声功率测试不受环境影响，可以在实验室内进行，所以在进行电动汽车驱动电机噪声的测量和评价时，对电动汽车驱动电机噪声评价用传统声功率、A 计权声功率级、1/1 倍频程或 1/3 倍频程来分析。评价相同型号或相同类型的驱动电机噪声时，比较其相同参数数值即可。为了比较不同类型、不同质量和体积的驱动电机，本文提出采用包括功率声功率比、质量声功率比、体积声功率比及综合评价指标当量声功率比等评价指标体系来进行评价。

1. 功率声功率比

功率声功率比表征单位驱动电机功率的声功率（Sound Power Per Power），用 SP_P 表示，为无因次量，即

$$SP_P = \rho_P W/P \tag{9-30}$$

式中，ρ_P 为功率声功率比系数，大车取 0.5，小车取 1；W 为电动汽车驱动电机声功率（W）；P 为电动汽车驱动电机额定功率（W）；

功率声功率比的数值越大，表征该驱动电机功率噪声密度越大。

2. 质量声功率比

质量声功率比表征单位质量的声功率(Sound Power Per Mass)，用 SP_m 表示，单位为 $W \cdot kg^{-1}$，即

$$SP_m = \rho_m W/m \tag{9-31}$$

式中，ρ_m 为质量声功率比系数，大车取 1，小车取 0.5；W 为电动汽车驱动电机声功率（W）；m 为电动汽车驱动电机质量（kg）。

质量声功率比的数值越大，表征该驱动电机质量噪声密度越大。

3. 体积声功率比

体积声功率比表征单位体积的声功率（Sound Power Per Volume），用 SP_V 表示，单位为 $W \cdot m^{-3}$，即

$$SP_V = \rho_V W/V \tag{9-32}$$

式中，ρ_V 为体积声功率比系数，大车取 1，小车取 0.5；W 为电动汽车驱动电机声功率（W）；V 为电动汽车驱动电机体积（m^3）；

体积声功率比数值越大，表征该驱动电机体积噪声密度越大。

4. 当量声功率比

以上各个指标分别表征从体积、质量和功率方面进行驱动电机噪声的评价，为了全面比较，可以引入综合评价指标，即当量声功率比（Equivalent Sound Power），用 SP_e 表示，它为无因次量，即

$$SP_e = \rho_e \frac{W}{mVP} \tag{9-33}$$

式中，ρ_e 为当量声功率比系数，大车取 0.5，小车取 1；W 为电动汽车驱动电机声功率（W）；P 为电动汽车驱动电机功率（W）；

当量声功率比 SP_e 数值越大，表征该驱动电机当量声功率噪声密度越大。

在实际运用上述指标时需要综合考虑，评价相同功率的驱动电机时，如果其功率声功率比越大，则该驱动电机的声功率越大，表明该驱动电机的噪声越高，噪声水平越差；而当功率声功率比相同时，功率越小的驱动电机，噪声声功率越小，表明该驱动电机的噪声比较低，噪声水平比较好。

对于体积声功率比和质量声功率比的分析同功率声功率比。

如果驱动电机的质量、体积和额定功率都不尽相同，则在进行比较时，可参考当量声功率比，如果计算的当量声功率数值越大，则表明该驱动电机的噪声比较高，噪声水平比较差。

在进行噪声测量的时候，较小的电机可采用弹性安装方式，较大的电机通常采用刚性安装方式。

对于使用变频电源供电的交流电动机，应该采用变频电源供电，并在规定的调频范围内进行试验，取最大值作为试验结果。建议从最小频率到最大频率缓慢调频运行，找到最大噪声点后，设定在该频率空载运行并测其噪声值。当有规定时，电机可以加给定的负载。

五、基于传声器阵列声场分析系统试验研究

1. 试验设备

试验在交流电力测功机电驱动系统测试平台上进行，平台采用单路传动设

计，通过模块配置可适应不同车型电动汽车电驱动的综合测试。电动汽车动力驱动系统测试平台原理图以及主要构成模块如图 9-17 所示。

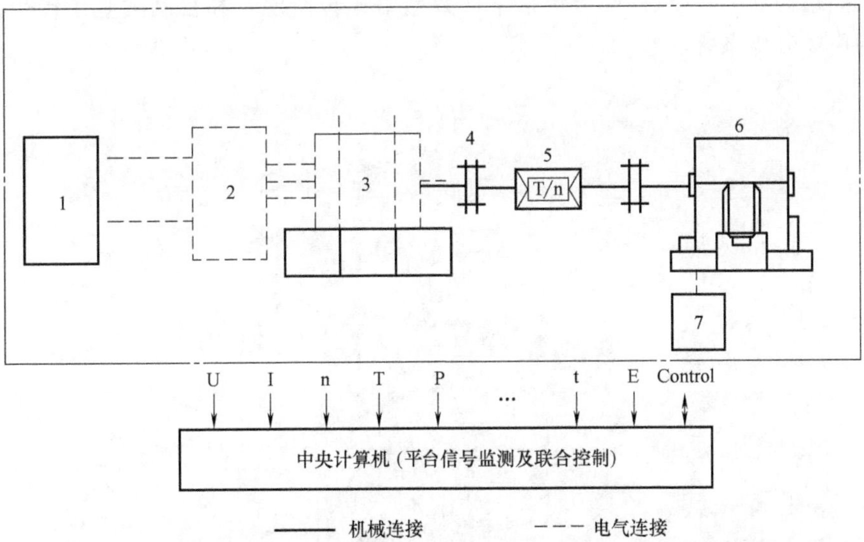

图 9-17　电动汽车动力驱动系统测试平台原理图及主要构成模块

1—台架可逆电源　2—驱动电机控制器　3—被测试驱动电机　4—联轴器　5—转速转矩仪　6—电力测功机　7—测功机控制器

被测试驱动电机 3、转速转矩仪 5 和电力测功机 6 之间采用弹性联轴器顺序连接以传递动力。台架可逆电源 1、驱动电机控制器 2 与被测试驱动电机 3 之间采用电气连接，测功机控制器 7 与电力测功机 6 之间也是电气连接，用以实现对测功机的控制。中央计算机完成测试平台各种信号的采集和测试平台的控制。台架可逆电源 1 作为车载电池的模拟器，为被测试驱动电机 3 提供直流电，同时可将驱动电机的发电回收。由电力测功机 6 实现负载的施加，采用电惯量实现车辆行驶惯性负载的模拟，同时由电力测功机模拟惯性负载。电力测功机也可以反拖被测试驱动电机，实现发电特性的测试。测功机采用德国 HORIBA ATS 公司生产的 DYNAS3 HT460 交流电力测功机，该系统由负载部分、测试部分、控制部分、操作及安全部分、计算机仿真部分以及相关电缆及配件组成。交流电力测功机的最大转速为 8000r/min，最大转矩为 1400N·m，最大功率为 460kW，转矩测试精度为 0.1% 级，转矩响应≤3ms。

噪声测试分析系统包括硬件部分和软件部分。硬件部分即传声器阵列系统和数据采集设备，其中传声器阵列系统及数据采集设备如图 9-18 所示。它由 27 个传声器组成，传声器型号为 MPA201，其频率响应范围为 20Hz ~ 20kHz，开路灵敏度为 50mV/Pa（250Hz），使用温度范围为 −35 ~ 80℃，温度系数为

-0.01dB/K（250Hz）。将这27个传声器安装在固定装置上，组成一个水平方向与垂直方向分别为15个和12个传声器的十字形平面传声器阵列。传声器之间的等间距为0.1m。软件部分包括采样数据格式转换模块和自制的基于传声器阵列的声场分析系统。

图9-18　阵列系统及数据采集设备

1—被测试驱动电机　2—阵列　3—测功机　4—传声器　5—MKⅡ数据采集设备

MKⅡ数据采集设备为27通道MKⅡ数据采集前端，7个ICP模块，27通道ICP/电压输入，采样频率为102.4kHz。信号通过数据采集前端，最后在PC上利用自编程序进行分析和计算。分析主要包括驱动电机噪声信号的时域分析、频域分析和噪声声场重建分布，以考察驱动电机在不同工况、不同测试条件下，进行稳态运行时的噪声分析。

测量前，对传声器测量通道的相位和增益进行了校正，以便保证测量误差小于1dB。测试时探头高度正对着驱动电机中心位置，水平距离为1m。驱动电机稳态运行后取10s内的数据。

试验用电驱动系统是纯电动客车用交流异步驱动电机，基本参数为：额定功率为100kW，额定电压为DC 386V，额定转速为2000r/min，额定转矩为471N·m，质量为368kg，几何尺寸ϕ435mm×L600mm，体积$V=\pi D2L/4=0.089\mathrm{m}^3$，电驱动系统冷却方式为自带风扇冷却。试验时测试环境湿度为20%，温度为22.9℃。

2. 典型工况试验过程及分析

进行驱动电机在不同工况下的噪声试验时，选取驱动电机运行过程中几种典型工况分别进行测试，分别是低速低转矩、低速高转矩、额定转速转矩、高速低转矩和高速高转矩。同时为剔除背景噪声的影响，先使测功机运行，而驱动电机不转动进行环境背景噪声测试，其中用声级计测量背景噪声为68dB。通过PAK软件模块将数据转换为MATLAB可调用的格式。通过自编程序进行分析，可以分别得出整个电驱动系统在不同运行工况下的噪声源定位图。

背景噪声的分析如下所述。

首先将信号在时域里表现出来，即时域曲线显示，1s内背景噪声条件下全部信号的时域曲线如图9-19所示。

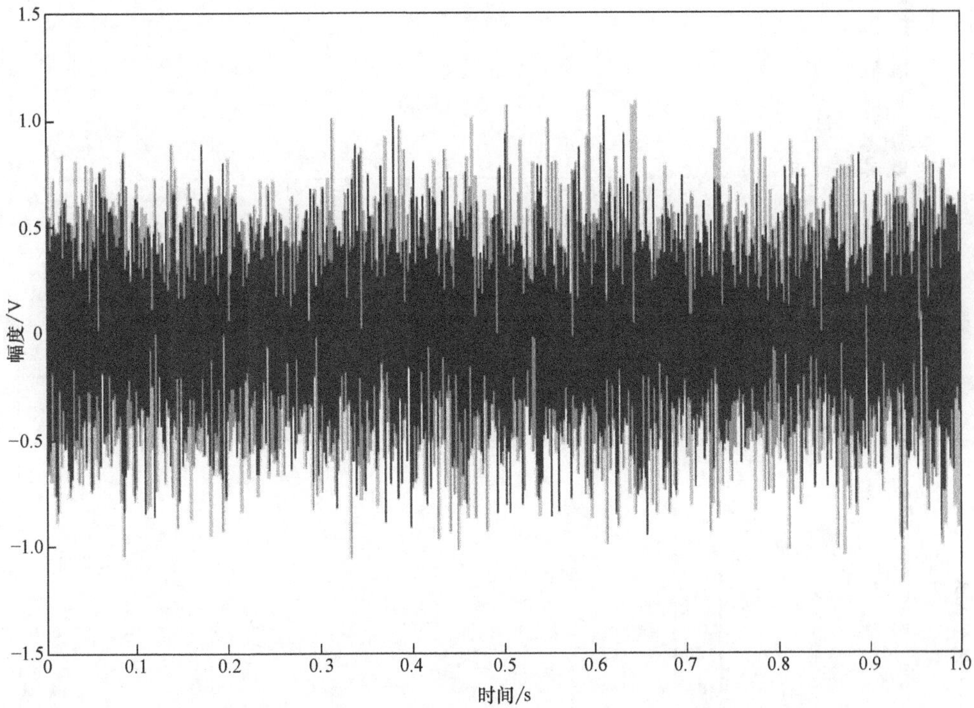

图9-19 背景噪声条件下全部信号的时域曲线

同时，驱动电机背景噪声的声场频谱分析如图9-20和图9-21所示。其中图9-20为人耳可听声的频率范围（0～20kHz），简称全频段。后面提到的全频段均为此范围，不再加以说明。

通过全频段频谱图可以看到，背景噪声主要频段主要分布在低频段。为更进一步地分析主要频段情况，查看低频段的频谱，低频段的频谱分布如图9-21所示。

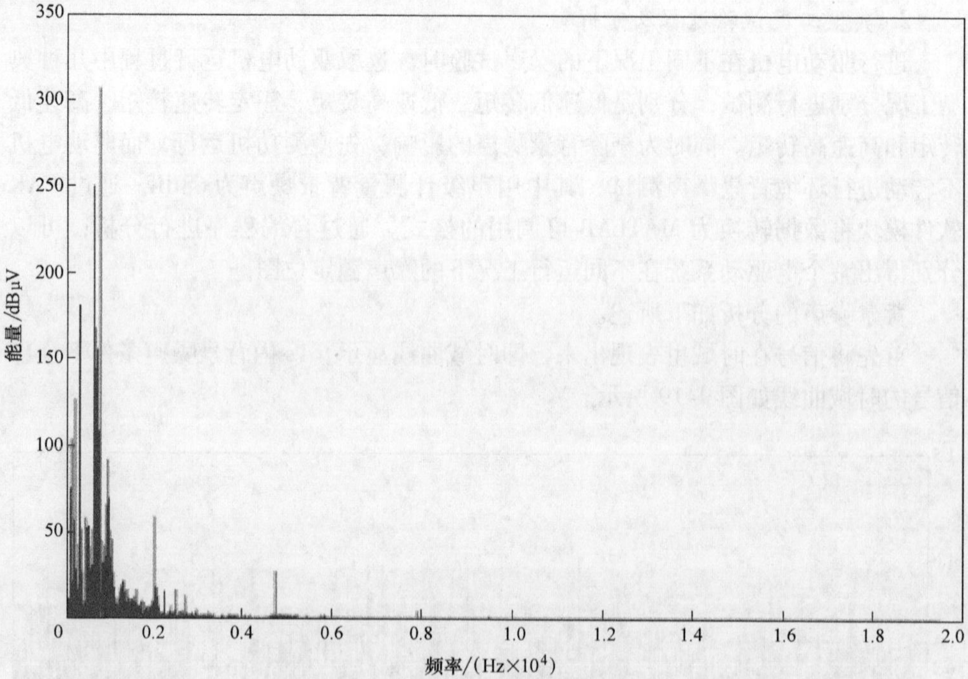

图 9-20 背景噪声全频段频谱分布

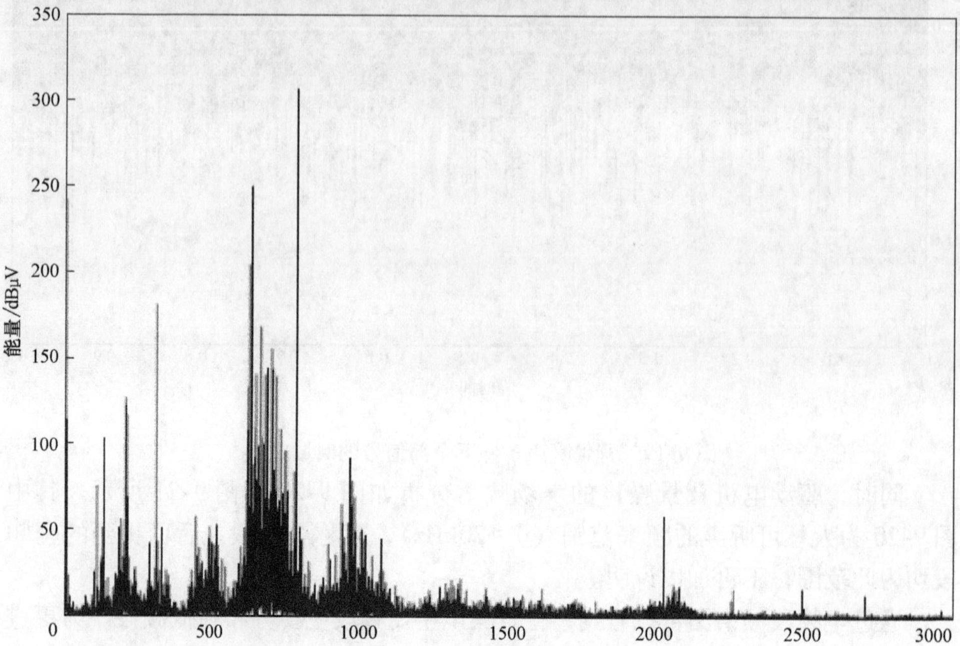

图 9-21 低频段频谱图

通过低频段的频谱分布图可以看出，主要频率在200Hz和700Hz附近。结合现场情况，背景条件下该频率为测功机风扇噪声的频率。其次通过分析，得到驱动电机背景噪声的声场重建如图9-22所示。其中图9-22a中通道加权因子均为1，图9-22b中通道加权因子满足能量最小化的原则。图中的坐标原点为阵列架的中心位置，其坐标范围即为声场重建的范围。其他工况下的噪声分布图坐标意义与此相同，就不再另外说明。

为了更好地显示主要噪声源的位置，利用程序图显示噪声强度相对大的地方，即主要噪声源分布情况。图9-22所示为背景噪声条件下的主要噪声分布图。

由图9-22可知，基于能量最小化原则确定的通道加权因子的噪声声场重建相对比通道加权因子均为1的主次更为分明，效果更好。所以在其他的噪声分布图中，凡是没有特别说明的，都是基于能量最小化原则确定的通道加权因子。

由图9-23分析可知道，在背景噪声条件下，主要噪声分布在驱动电机上半部分的两端位置。结合驱动电机在实验室台架上的位置，而且驱动电机没有起动，可以确认噪声源主要来自驱动电机两端电力测功机的风扇和驱动电机控制器位置。

3. 低速、低转矩工况的分析

低速、低转矩工况是指驱动电机在转速800r/min和转矩为200N · m条件下进行工作时的工况，驱动电机在低速、低转矩工况条件下全部信号的时域曲线如图9-24所示。

同时，低速、低转矩工况条件下驱动电机噪声声场的全频段频谱图如图9-25所示。

通过全频段频谱图9-25可以看到，背景噪声主要频段主要分布在低、中频段。为更进一步地分析主要频段情况，再分别查看低、中、高频段的频谱，其分布如图9-26～图9-28所示。

通过频谱分布图9-26～图9-28可以看出，主要频率在200Hz、700Hz、1400Hz、6000Hz和11600Hz附近。如果忽略背景噪声，则该工况下，驱动电机主要噪声频率为1400Hz、6000Hz和11600Hz附近。结合工业电机噪声的频谱及电动汽车驱动电机该工况下主要噪声的分布图，可知噪声源主要来自驱动电机轴承自身噪声。通过分析，驱动电机在低速、低转矩工况下的声场重建图和主要噪声分布分别如图9-29和图9-30所示。

由图9-30可知，在低速、低转矩工况条件下，主要噪声分布在驱动电机中部和下半部分的两端位置。结合驱动电机在实验室台架上的位置，可以确认噪声源主要来自驱动电机中间的位置，结合驱动电机的结构，而两端噪声则主要是由于地面的反射作用造成的。

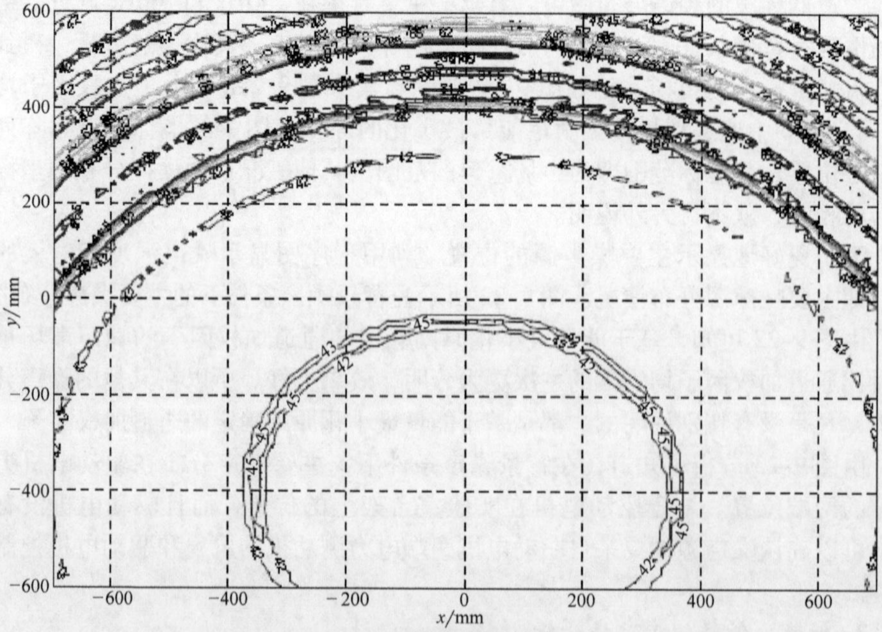

a) 通道加权因子为1

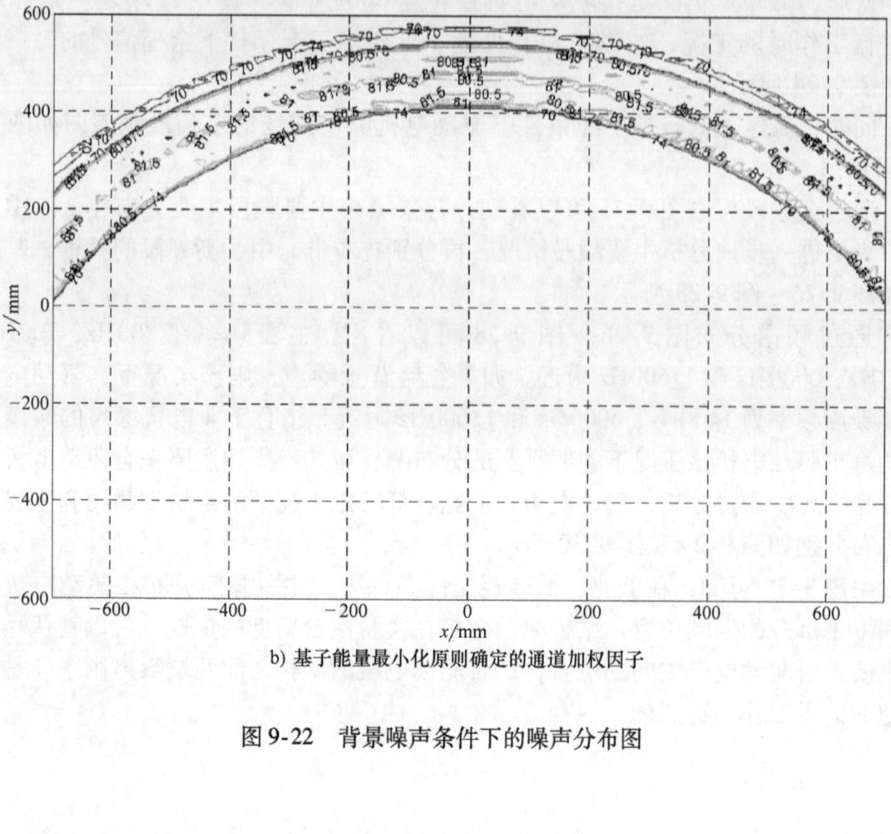

b) 基于能量最小化原则确定的通道加权因子

图 9-22　背景噪声条件下的噪声分布图

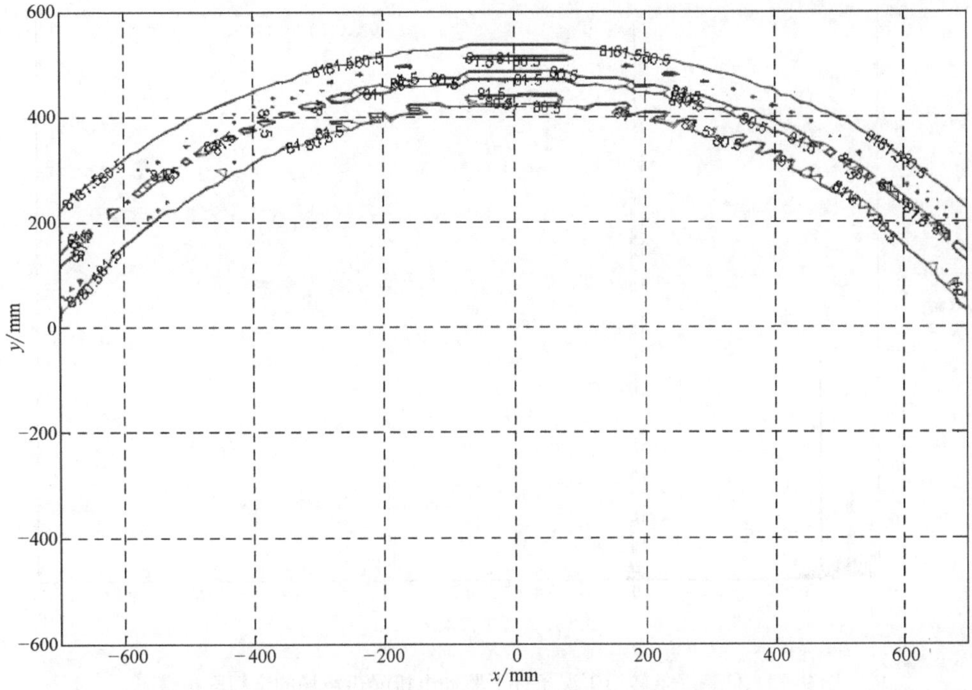

图 9-23　背景噪声条件下主要噪声分布图

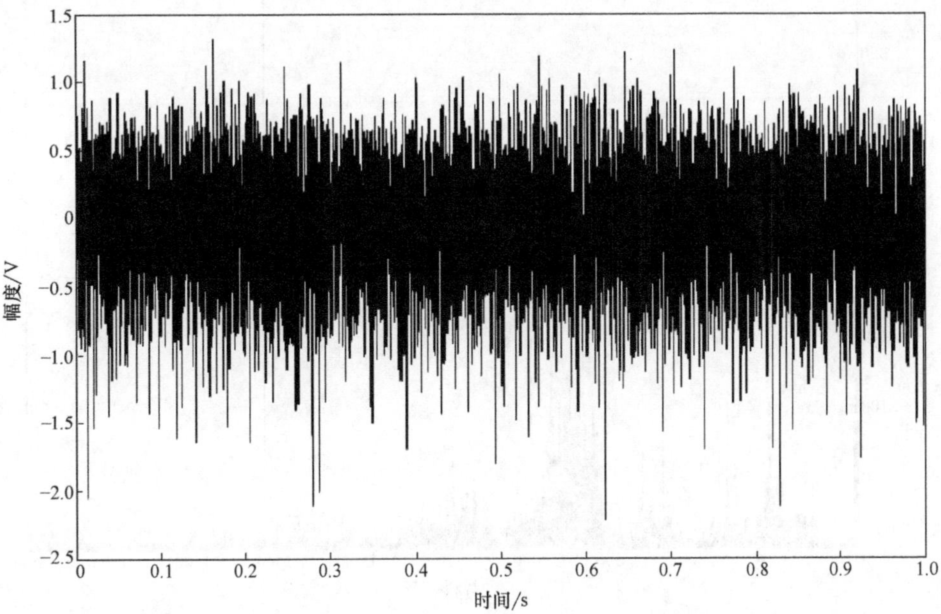

图 9-24　驱动电机在低速、低转矩工况条件下全部信号的时域曲线

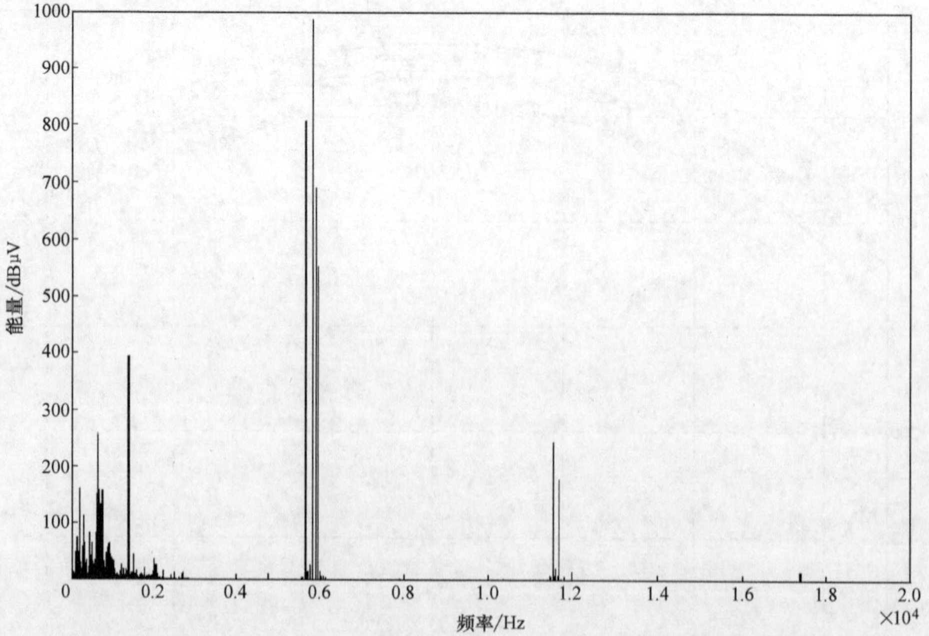

图9-25　低速、低转矩工况条件下驱动电机噪声声场的全频段频谱图

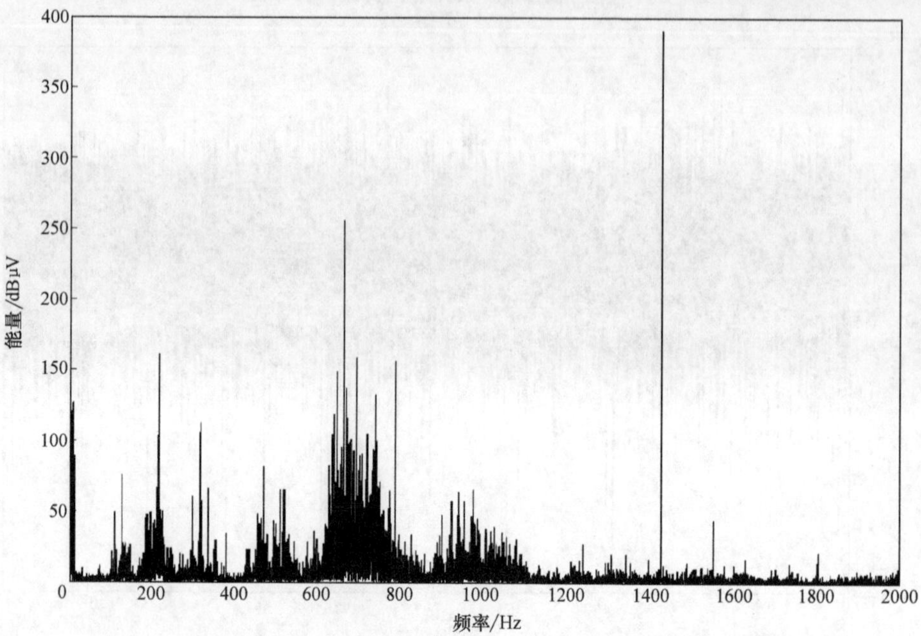

图9-26　低速、低转矩工况条件下驱动电机噪声声场的低频段频谱图

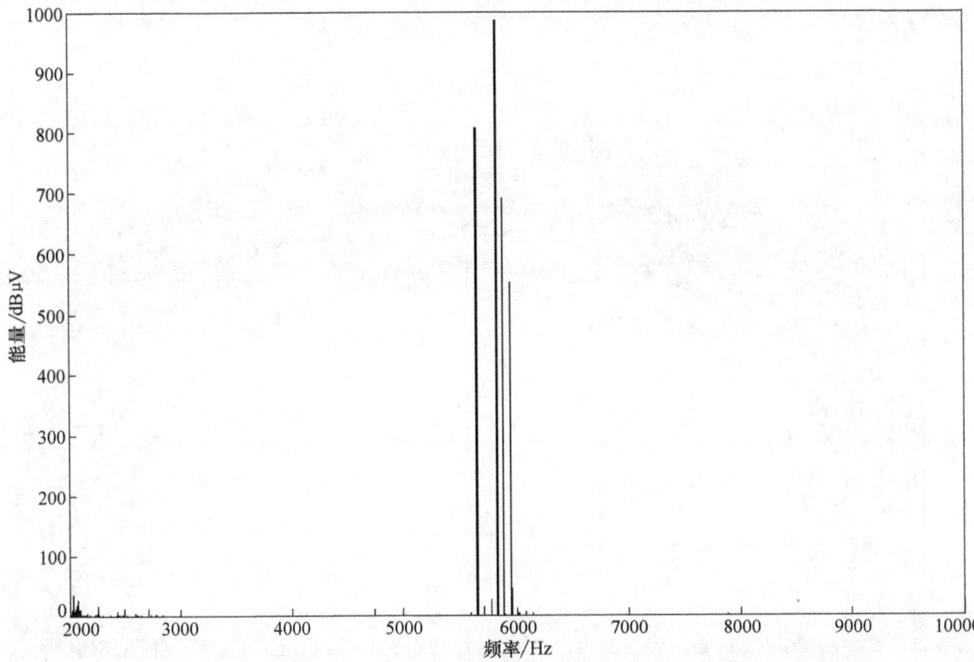

图 9-27 低速、低转矩工况条件下驱动电机噪声声场的中频段频谱图

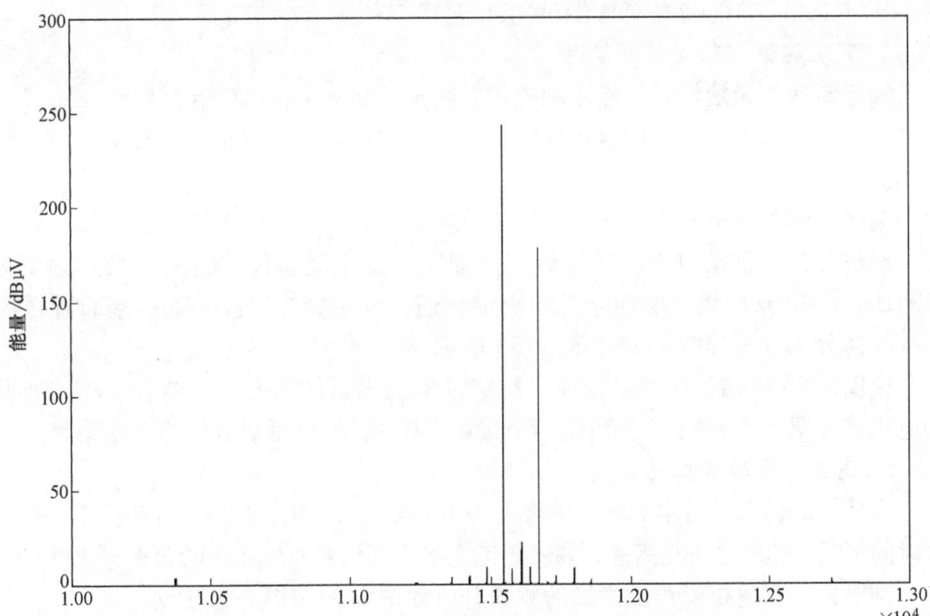

图 9-28 低速、低转矩工况条件下驱动电机噪声声场的高频段频谱图

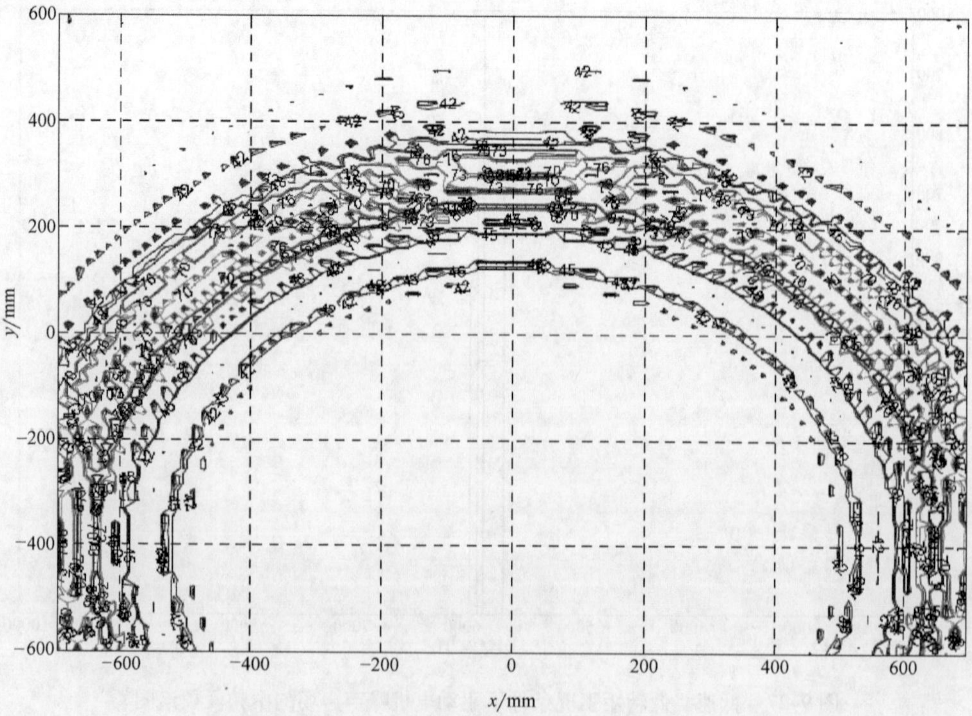

图9-29 低速、低转矩工况条件下的噪声声场分布图

4. 额定转速、额定转矩工况

额定转速、额定转矩是指驱动电机在转速2000r/min和转矩为477N·m条件下进行工作时的工况，驱动电机在额定转速、额定转矩工况全部信号的时域曲线如图9-31所示。

同时，驱动电机噪声声场的频谱分析如图9-32和图9-33所示。

通过分析，驱动电机在额定转速、额定转矩工况条件下的主要噪声频率为3600Hz、5800Hz附近。驱动电机在额定转速、额定转矩工况下的声场重建图和主要噪声分布分别如图9-34和图9-35所示。

由图9-35可知，在额定转速、额定转矩工况条件情况下，结合电动汽车驱动电机该工况下主要噪声分布图，可知噪声源主要来自驱动电机的电磁噪声。

5. 高速、高转矩工况

高速、高转矩是指驱动电机在转速4000r/min和转矩为220N·m条件下进行工作时的工况，驱动电机在高速、高转矩工况下全部信号时域曲线如图9-36所示。

同时，驱动电机噪声的声场的频谱分析如图9-37～图9-39所示。

通过分析，除了背景噪声，驱动电机在高速、高转矩工况条件下主要噪声频率为1200Hz、5800Hz、7200Hz。另外，驱动电机在高速、高转矩工况下的声场

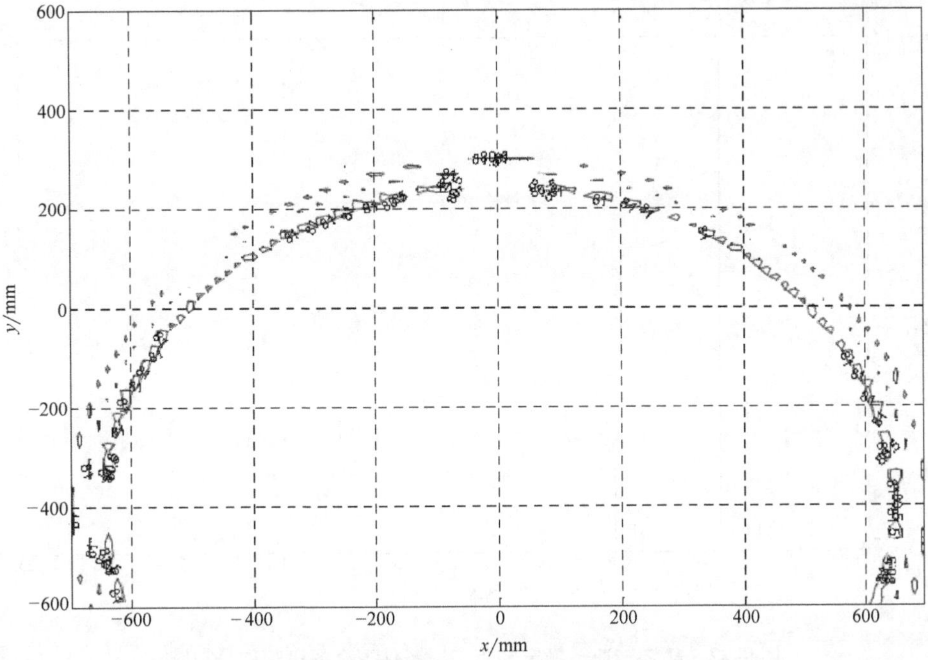

图 9-30　低速、低转矩工况条件下主要噪声分布图

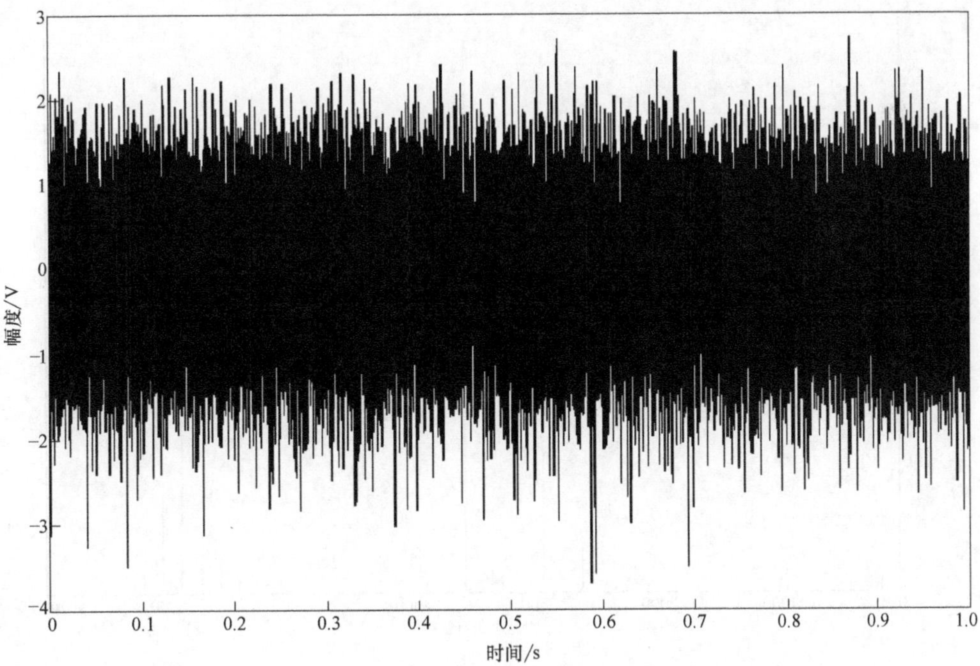

图 9-31　额定转速、额定转矩工况条件下全部信号的时域曲线

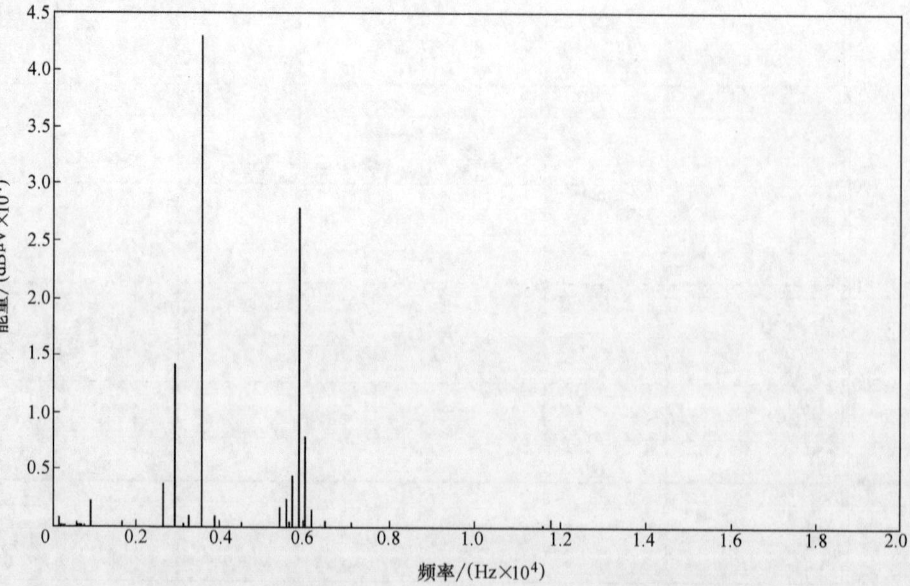

图 9-32 额定转速、额定转矩工况条件下全频段频谱分布图

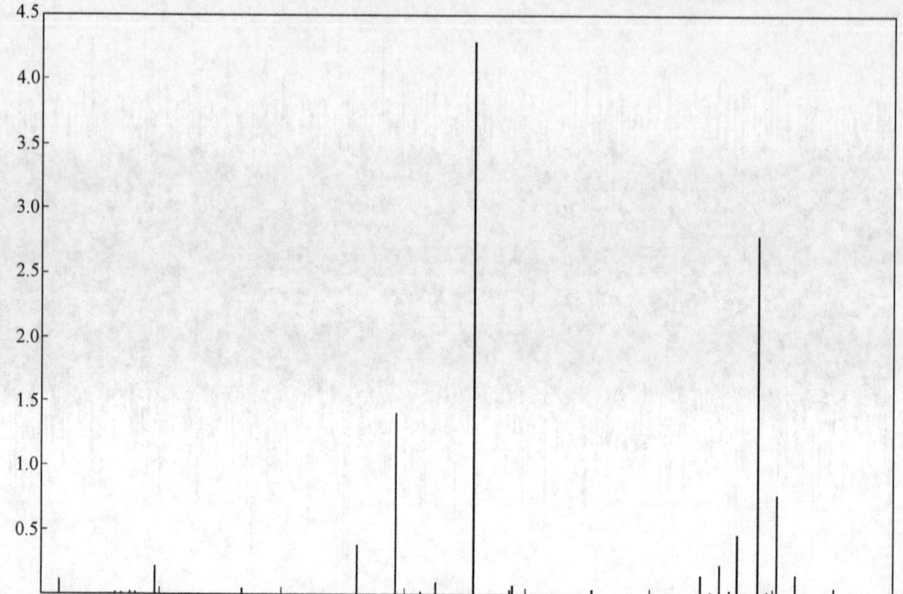

图 9-33 额定转速额定转矩工况条件下的主要频段频谱分布图

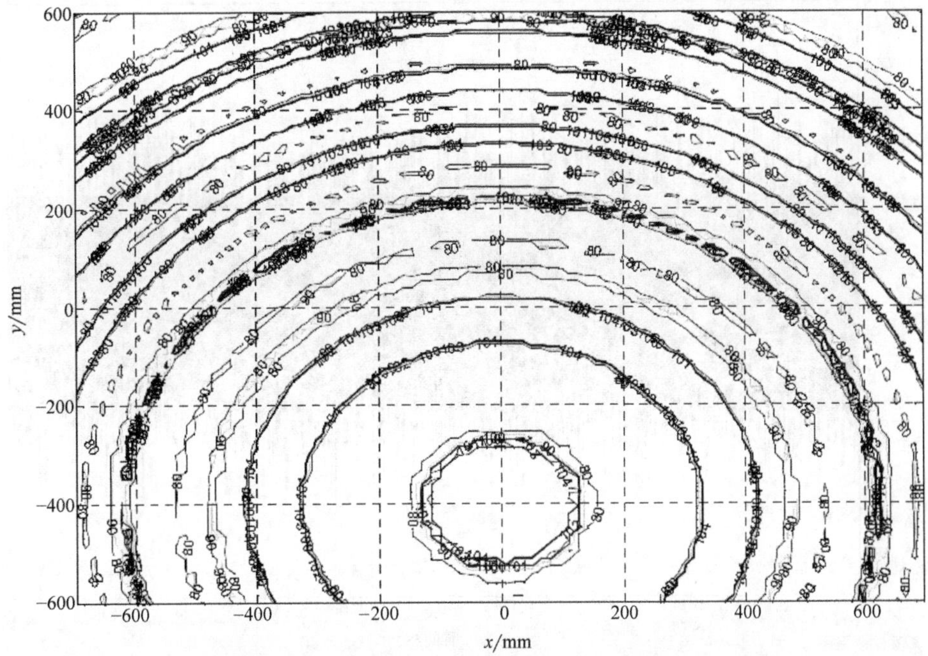

图 9-34　额定转速、额定转矩工况条件下的声场重建图

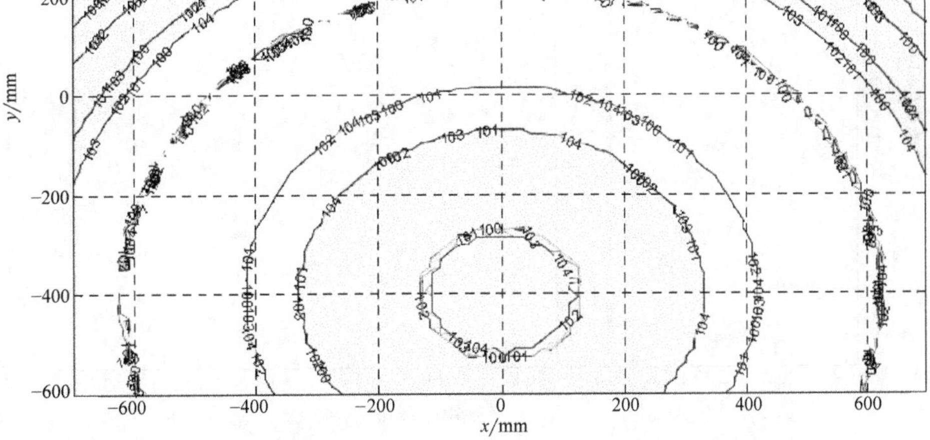

图 9-35　额定转速、额定转矩工况条件下的主要噪声分布图

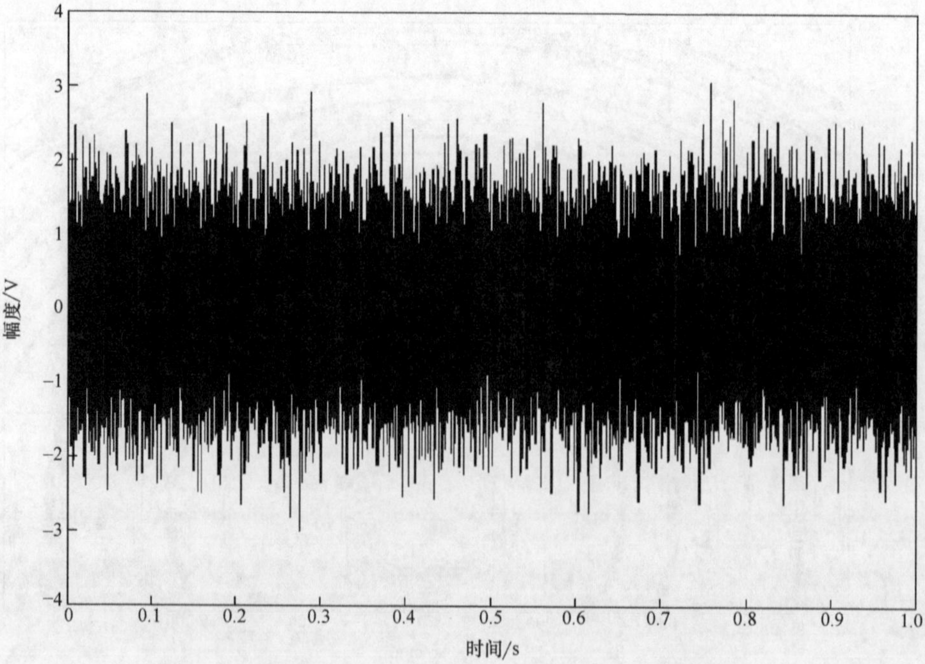

图9-36　高速、高转矩工况条件下的全部信号时域曲线

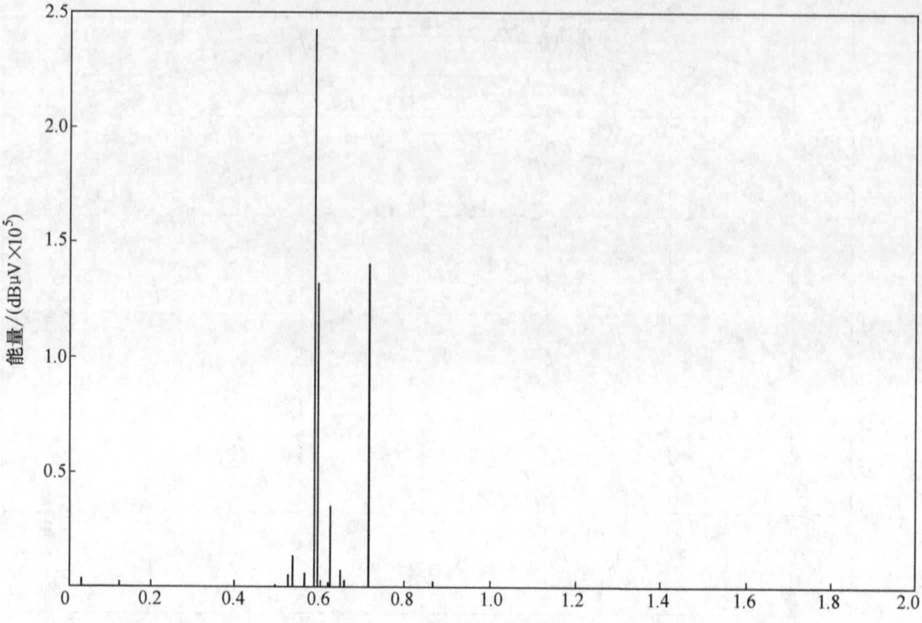

图9-37　高速、高转矩工况条件下的全频段噪声频谱

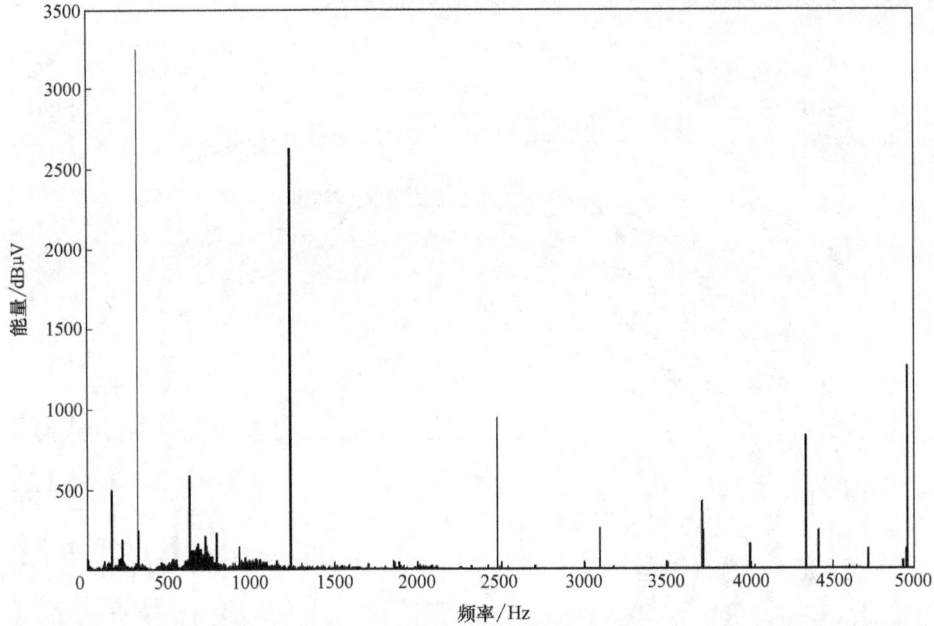

图 9-38　高速、高转矩工况条件下的低频段噪声频谱

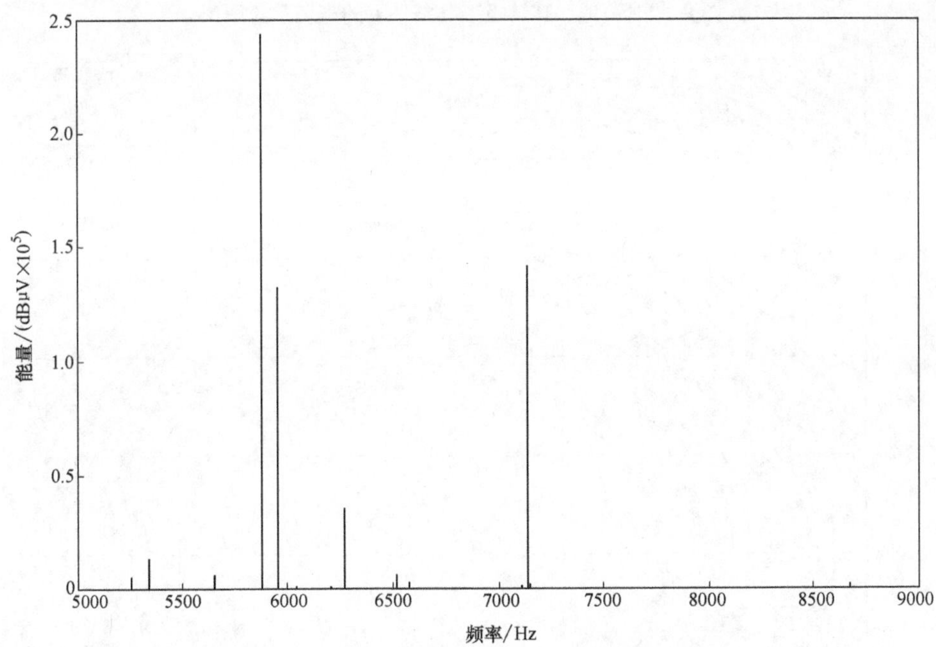

图 9-39　高速、高转矩工况条件下的高频段噪声频谱

重建图和主要噪声分布分别如图9-40和图9-41所示。

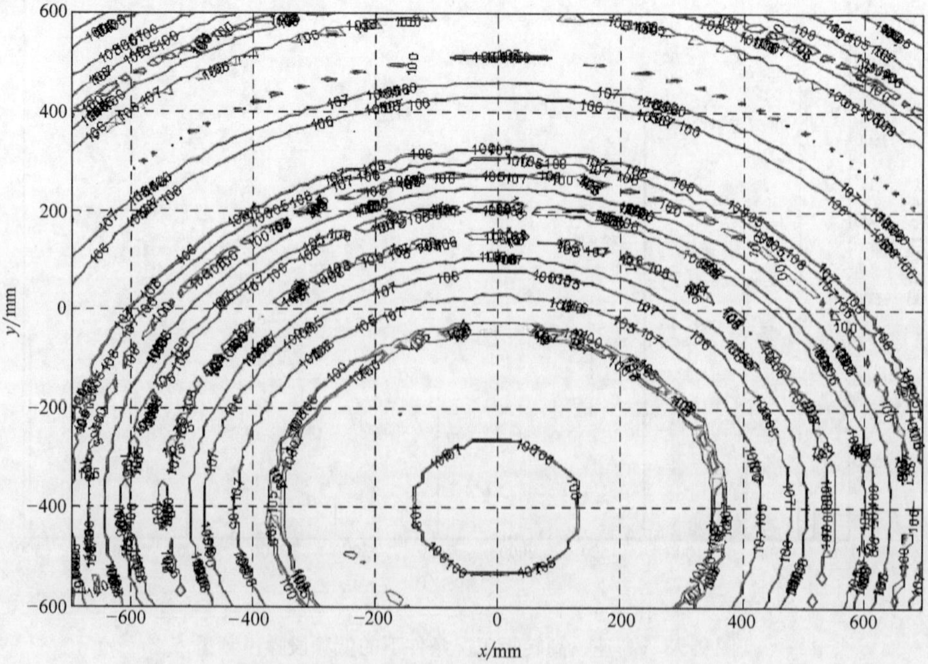

图9-40 高速、高转矩工况条件下的声场重建图

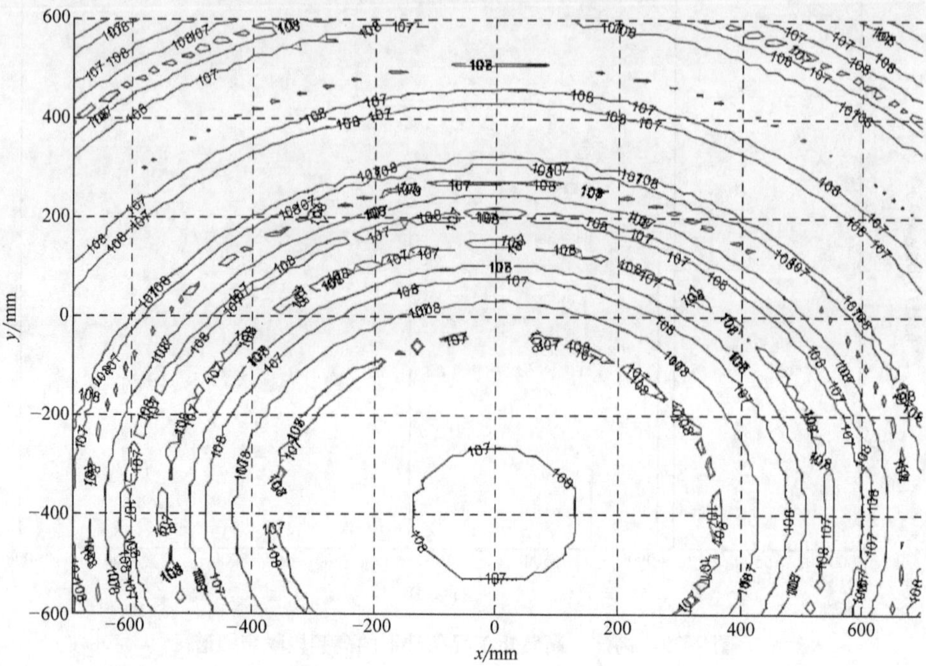

图9-41 高速、高转矩工况条件下的主要噪声分布图

综上分析，除了背景噪声，驱动电机在高速高转矩工况条件下主要噪声频率为1200Hz、5800Hz、7200Hz。结合电动汽车驱动电机该工况下主要噪声分布图，可知噪声源主要来自驱动电机轴承自身的噪声和换向器或整流子的摩擦噪声。

第七节 电驱动系统性能测试

一、驱动电机连续额定特性试验

该测试主要为了验证和测量电驱动系统的额定转速及以下的恒额定转矩特性和额定转速及以上的恒额定功率特性，被测试驱动电机及其控制器采用与实际车辆上相同的冷却方式，为控制器施加额定电压，为驱动电机施加额定电压和额定电流，并施加额定负载。驱动电机在额定转速和额定转矩条件下连续运行，达到热平衡后从事连续工作特性曲线的测试。

被测试驱动电机转速小于额定转速的恒转矩特性和大于额定转速的恒功率特性，整个电机及其控制器转矩-转速特性曲线上的测量点不少于10个。使用前面所叙述的转速和转矩测量方法，从而得到系统的连续转速-转矩特性。图9-42所示为一个典型的电驱动系统连续工作特性图。

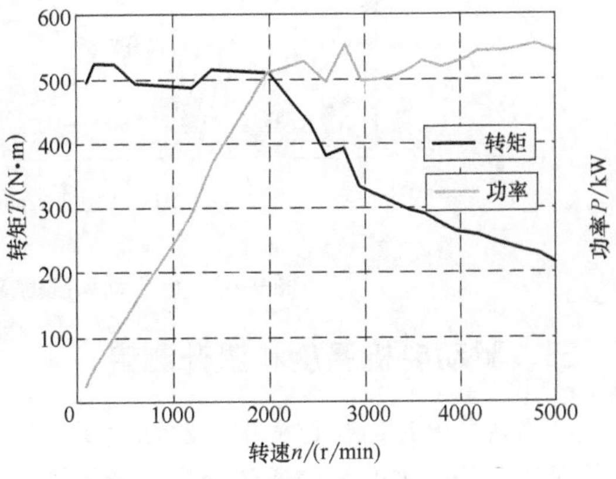

图9-42 典型的电驱动系统连续工作特性图

控制器母线输入额定直流电压，测试驱动电机及其控制器在各个转速点可以输出的最大转矩。

测试过程中，将各个转速点驱动电机能够输出的最大稳定转矩作为有效最大输出转矩。

在额定转速以下各点测试得到的最大输出转矩形成短时最大转矩输出曲线，在额定转速以上测试得到的最大输出转矩形成最大过载功率曲线，对于规定的最大过载转矩及其对应的转速与持续时间、最大过载功率及其转速与持续时间，应经过至少两次的试验加以验证。

二、驱动电机高效区测试

该测试主要为了对电驱动系统（如果需要，可以对电机控制系统和驱动电机同样进行该项测试）的整体效率分布，从而确定系统的高效区间。被测试驱动电机及其控制器采用与实际车辆上相同的冷却方式，为控制器施加额定电压，为驱动电机施加额定电压和额定电流，并施加额定负载。驱动系统达到热平衡后，测试确定电机及其控制器的整体效率大于等于80%的效率特性范围区域，并拟合整体效率特性曲线图（MAP），整体效率特性曲线图应不少于5条等效率特性曲线。图9-43所示为一个电驱动系统的MAP分布图。

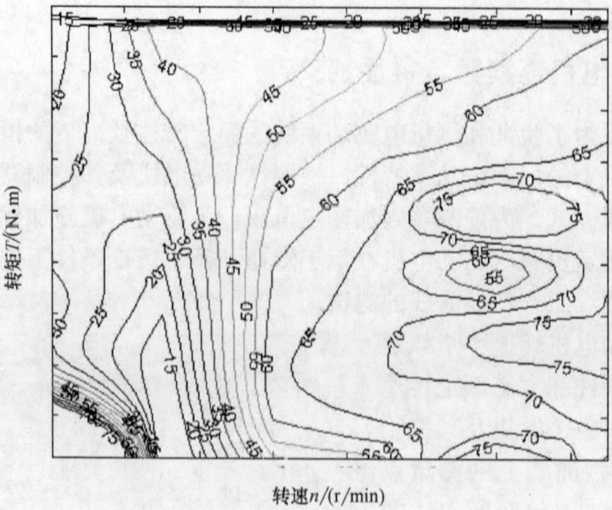

图9-43　电驱动系统的MAP分布图

三、驱动电机温度和温升测量

电驱动系统在运行过程中，驱动电机的定子和转子绕组中因为通过电流而产生了损耗，铁心中因为磁通的交变而产生了磁滞损耗和涡流损耗，转子的机械旋转等机械摩擦会产生摩擦损耗，电机的谐波磁场和漏磁场还会引起附加损耗，这些损耗都会转换为热能，使电机各部分的温度升高。电机控制系统主要采用大功率开关器件，如IGBT等，这些开关器件在通过较大的电压和电流的时候，会产生压降损耗和开关损耗，这些损耗也将转换为热量，使控制系统的温度升高，但是目前电驱动控制系统都有良好的温度控制功能，如果控制系统温度超过限定值，温度保护电路就会将某些反馈信号提供给控制系统的控制软件，从而强制控制电路降低工作强度，所以在电驱动系统的温度测量中主要将对驱动调速电机进行。

电机某一发热部件的温度与冷却介质温度之差称之为该部件的温升。当电机达到热稳定状态时，电机的温度将不再增加，这时损耗产生的热量将全部散发到冷却介质中，电机的温升也将会稳定在一定的数值上。电机在额定状态下长期运行而达到热稳定状态时，电机各部分温升的允许温度限值称为温升限值。电机绕

组的温升限值主要取决于电机绝缘结构所能允许的极限温度和冷却介质温度，其关系为

温升限值 = 极限温度 - 最高冷却介质温度 - 热点裕度

绕组的热点裕度是指额定负载时绕组最热点的稳定温度与绕组平均温度之差。

目前对于电机温升的测量主要有三种方法，即电阻法、检温计法和温度计法。其中检温计法和温度计法需要在电机发热部位预置测温装置，这两种方法只是适合于实验室或者小批量的电驱动系统测定，不适用大批量或者系统测试应用，因此电阻法是在实际测试中应用最为广泛的方法。

（一）电阻法

根据单击发热理论，可以认为驱动电机内部各点温度瞬时值保持相同，同时其外表面散热速度也相同。当电机绕组在不同的温升 ΔT 条件下，其温度变化规律也随之不同：当温升 $\Delta T < 30\text{K}$ 时，温升变化遵从牛顿定律，即热量增长率或损失速率与温升成正比；当温升 $\Delta T > 50\text{K}$ 时，温升变化遵从杜龙-佩蒂特定律，即热量增长率或者损失速率与温升的5/4次方成正比。因此，电机温度变化规律如下表示。

电机温升所遵循的热平衡方程为

$$\frac{\mathrm{d}T}{\mathrm{d}t} + \frac{1}{a}(T - T_s) = \Delta P \qquad \Delta T < 30\text{K} \tag{9-34}$$

$$\frac{\mathrm{d}T}{\mathrm{d}t} + \frac{1}{a}(T - T_s)^{\frac{5}{4}} = \Delta P \qquad \Delta T > 50\text{K} \tag{9-35}$$

电机冷却所遵循的热平衡方程为

$$\frac{\mathrm{d}T}{\mathrm{d}t} + \frac{1}{a}(T - T_s) = 0 \qquad \Delta T < 30\text{K} \tag{9-36}$$

$$\frac{\mathrm{d}T}{\mathrm{d}t} + \frac{1}{a}(T - T_s)^{\frac{5}{4}} = 0 \qquad \Delta T > 50\text{K} \tag{9-37}$$

式中，T 为电机 t 时刻的温度值；a 为比例常数；T_s为初始时刻的电机绕组冷却介质温度。对于不同的过程，初始时刻意义并不相同：对于温升过程，初始时刻是指电机开始运行时的时刻；对于冷却过程，初始时刻是指电机停止运转的时刻。

为了能够实现通过测量电机绕组的电阻变化来计算电机温升，对于电动汽车驱动电机的绕组电阻值的测试都是在对驱动电机进行了相应的工况工作之后，使电机停止运转，从而对电阻进行测试的方式，即对于电机电阻的测试过程是电机冷却的过程。所以，为了进行驱动电机温升的计算，应该采取式（9-36）和式（9-37）。

金属导体的电阻与其本身的温度基本保持线性比例关系，为

$$R = R_a[1 + \beta_a(T - T_a)] \tag{9-38}$$

式中，R 为金属导体在温度为 T 时的电阻值；T_a为开始时刻的导体冷却介质或者环境的温度；R_a为温度 T_a时的导体电阻值；β_a为温度 T 时的金属电阻温度系数，与温度的关系方程为

$$\beta_a = \frac{\beta}{1 + \beta T_a} \tag{9-39}$$

式中，β 为金属导体的电阻温度系数，电机绕组大部分为铜绕组和铝绕组，对于铜绕组，$\beta = 0.00425\ \frac{1}{℃}$，对于铝绕组，$\beta = 0.00439\ \frac{1}{℃}$。

由式（9-36）和式（9-37）可以得到电机冷却过程温度变化式为

$$T = \mathrm{e}^{\left[\ln(T_0 - T_s) - \frac{t}{\alpha}\right]} + T_s \qquad \Delta T < 30\mathrm{K} \tag{9-40}$$

$$T = \left[\frac{t}{4\alpha} + (T_0 - T_s)^{-\frac{1}{4}}\right]^{-4} + T_s \qquad \Delta T > 50\mathrm{K} \tag{9-41}$$

在电机冷却初时刻 $t_0 = 0$ 时，设定驱动电机绕组温度为 T_0，对应的导体电阻值为 R_0，则由式（9-38）~式（9-41）可以得到电机温升计算公式为

$$\Delta T = T_0 - T_s = \frac{(R_0 - R_a)(1 + \beta T_a)}{R_a \beta} + (T_a - T_s) \tag{9-42}$$

即不论 $\Delta T < 30\mathrm{K}$ 或者 $\Delta T > 50\mathrm{K}$，电机温升计算公式都是一致的。

对于不同材质的电机绕组则有不同的具体计算公式。

铜导线绕组电机：$\Delta T = T_0 - T_s = \dfrac{R_0 - R_a}{R_a}(235 + T_a) + (T_a - T_s)$ （9-43）

铝导线绕组电机：$\Delta T = T_0 - T_s = \dfrac{R_0 - R_a}{R_a}(228 + T_a) + (T_a - T_s)$ （9-44）

从式（9-43）、式（9-44）可以知道，参数 R_a、T_a以及 T_b都是可以直接测得的数据，而 R_0则无法得到，由此测试工作的主要任务是得到精确的电机停机时刻对应的电机绕组电阻值。

直接测试初时电阻 R_0存在困难，由于电机回路主要是由电感性线路构成的，同时存在电容，这些器件特性会在测量时引起信号振荡，造成测试偏差。因此，测量工作应该在回路停机稳定之后进行，所以，就不可能在"0"时刻获得电机绕组的电阻值，只能依靠"0"时刻以后的数据进行数据拟合或者插值从而得到 $t = 0$ 时的电机绕组电阻值 R_0。为了使该值尽可能准确，要求对于电机绕组电阻值的测试应该尽可能迅速。

由式（9-38）~式（9-41）可以得到关于电机绕组电阻的方程为

$$R = R_a\left\{1 + \frac{\beta}{1 + \beta T_a}\left\{\mathrm{e}^{\left[\ln(T_0 - T_s) - \frac{t}{\alpha}\right]} + (T_s - T_a)\right\}\right\} \qquad \Delta T < 30\mathrm{K} \tag{9-45}$$

$$R=R_a\left\{1+\frac{\beta}{1+\beta T_a}\left\{\left[\frac{t}{4\alpha}+(T_0-T_s)^{-\frac{1}{4}}\right]^{-4}+(T_s-T_a)\right\}\right\}\quad \Delta T<50\text{K}\qquad(9\text{-}46)$$

在测试过程中，可以得到对于不同时刻 t 的电机绕组电阻值 R，为了进行拟合计算，将式（9-45）和式（9-46）整理为

$$\ln\left\{\frac{[R-R_a-R_a(T_s-T_a)](1+\beta T_a)}{\beta R_a}\right\}=\ln(T_0-T_s)-\frac{t}{\alpha}\quad \Delta T<30\text{K}\qquad(9\text{-}47)$$

$$\left[\frac{(R-R_a)(1+\beta T_a)-\beta R(T_s-T_a)}{\beta R_a}\right]^{\frac{1}{4}}=(T_0-T_s)\frac{1}{4}+\frac{t}{4a}\quad \Delta T>50\text{K}\qquad(9\text{-}48)$$

将以上两个方程表示为一次线性方式，为

$$y=A+Bt\quad \Delta T<30\text{K}\qquad(9\text{-}49)$$

$$y'=A'+B't\quad \Delta T>50\text{K}\qquad(9\text{-}50)$$

式中，$y=\ln\left\{\frac{[R-R_a-R_a(T_s-T_a)](1+\beta T_a)}{\beta R_a}\right\}$；$A=\ln(T_0-T_s)$；$B=\frac{1}{\alpha}$；$y'=\left[\frac{(R-R_a)(1+\beta T_a)-\beta R(T_s-T_a)}{\beta R_a}\right]^{-\frac{1}{4}}$；$A'=(T_0-T_s)^{-\frac{1}{4}}$；$B'=\frac{1}{4\alpha}$。

从而由式（9-49）和式（9-50），根据测试得到的数据（t_i，y_i）可以进行初时刻 $t=0$ 的初时电阻 R_0，从而得到电机的温升。

所以使用电阻法测试的关键在于准确测量电机绕组的阻值以及对于电机停止时刻电阻的准确计算。

（二）检温计法

使用该方法时，应该在电机制造过程中将检温计埋置在需要检测温度的部位，检温计应该适当分布于电机绕组中，数量不能少于6个。检温计主要有热电阻、热电偶和半导体热敏电阻等。

1. 热电偶测温的基本原理

两种不同的金属（A和B）互相接触时，由于不同金属内自由电子的密度不同，在两种金属A和B的接触点处会发生自由电子的扩散现象。自由电子将从密度大的金属A扩散到密度小的金属B，使A失去电子带正电，B得到电子带负电，从而产生热电势。将两种不同材料的导体A和B串接成一个闭合回路，当两个接点温度不同时，在回路中就会产生热电动势，形成电流，此现象称为热电效应。图9-44所示为一种国产的热电偶传感器的结构。

2. 热电偶的种类及结构形成

（1）热电偶的种类

常用热电偶可分为标准热电偶和非标准热电偶两大类。标准热电偶是指国家标准规定了其热电动势与温度的关系、允许误差、有统一标准分度表的热电偶，它有与其配套的显示仪表可供选用。非标准化热电偶在使用范围或数量级上均不

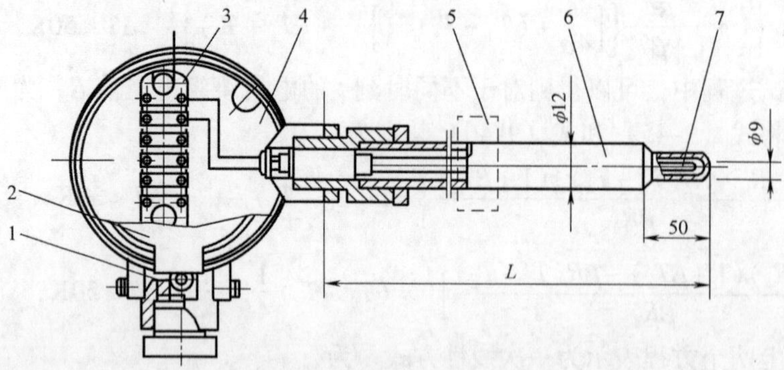

图 9-44 热电偶传感器的结构

1—防松螺钉 2—端盖 3—接线板 4—接线盒

5—安装固定装置 6—保护管 7—感温元器件

及标准化热电偶，一般也没有统一的分度表，主要用于某些特殊场合的测量。我国从 1988 年 1 月 1 日起，热电偶和热电阻全部按 IEC 国际标准生产，并指定 S、B、E、K、R、J、T 七种标准化热电偶为我国统一设计型热电偶。

（2）热电偶的结构形式

为了保证热电偶可靠、稳定地工作，对它的结构要求如下：

1）组成热电偶的两个热电极的焊接必须牢固。

2）两个热电极彼此之间应很好地绝缘，以防短路。

3）补偿导线与热电偶自由端的连接要方便可靠。

4）保护套管应能保证热电极与有害介质充分隔离。

3. 热电偶冷端的温度补偿

由于热电偶的材料一般都比较贵重（特别是采用贵金属时），而测温点到仪表的距离都很远，为了节省热电偶材料，降低成本，通常采用补偿导线把热电偶的冷端（自由端）延伸到温度比较稳定的控制室内，连接到仪表端子上。必须指出，热电偶补偿导线的作用只是延伸热电极，使热电偶的冷端移动到控制室的仪表端子上，它本身并不能消除冷端温度变化对测温的影响，不起补偿作用。因此，还需采用其他修正方法来补偿冷端温度 $t_0 \neq 0℃$ 时对测温的影响。在使用热电偶补偿导线时必须注意型号相配，极性不能接错，补偿导线与热电偶连接端的温度不能超过 100℃。

第八节 电驱动系统自动测试系统

为尽可能地减少人工操作，满足电动汽车重大专项中研发的不同类型电驱动系统常规试验性能测试的需求，保证电驱动系统测试结果的准确度，为电驱动系统综合性能评价研究提供精确的数据，保证对电驱动系统的各项性能做出全面、准确的评估，基于以“测试任务”为中心的软件框架，通过系列化和标准化模块，开发了集数据采集、数据处理、测试报告生成的电驱动系统常规试验性能自动测试系统。

一、系统总体方案

根据实验室现有的测试设备和测试条件，在充分运用现有仪器设备的基础上，结合相关国家电机测试标准以及课题依托单位制定的《电动汽车重大专项电机及其控制器试验规范》和《电动汽车重大专项电机及其控制器技术规范》，制定了图 9-45 所示的自动测试系统总体方案结构图。

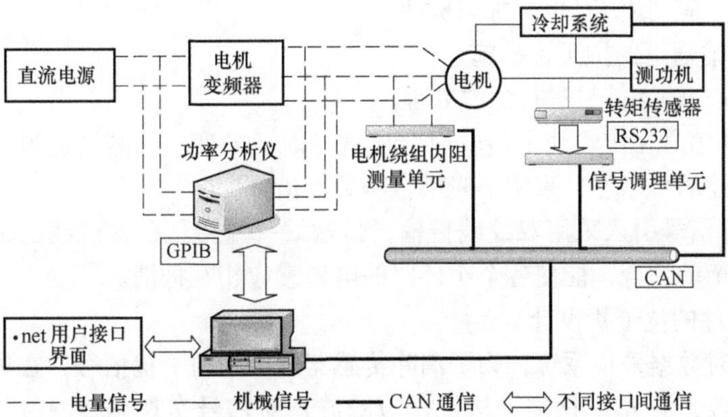

图 9-45　自动测试系统总体方案结构图

1. 抗干扰设计

测试过程中存在电机噪声、控制器高频干扰、测试台架振动等不定因素，因此有效的抗干扰设计对保证采集系统的精度起到积极作用。本系统主要从硬件电路、传输通道、软件设计、程序运行控制方面进行了抗干扰性设计。

（1）硬件电路的抗干扰措施

硬件电路的抗干扰措施主要是指在原理设计过程中所采取的抗干扰措施和在设计电路板时所采取的抗干扰措施。

1）单点接地和多点接地。在低频电路中，当信号的工作频率小于 1MHz 时，它的布线和元器件的电感影响较小，而接地电路形成的环流对于干扰影响较大，因而屏蔽线采用单点接地；当信号工作频率小于 10MHz 时，地线阻抗变得很大，此时应尽量降低地线阻抗，采用多点接地法；当工作频率在 1～10MHz 之间时，如果用单点接地，则其地线长度不应超过波长的 1/20，否则宜采用多点接地法。整个系统的电源地，即电源中性线为悬浮处理。

2）数字、模拟电路分开。电路板上既有高速逻辑电路，又有线性电路，应使它们尽量分开，而两者的地线不要相混，应分别与电源端地线相连；要尽量加大线性电路的接地面积。

3）电源线的布置除了要根据电流的大小尽量加粗导体宽度外，应使电源线、地线的走向与数据传递的方向一致，这将有助于增强抗噪声能力。

4）配置去耦电容。电源输入端跨接10~100μF的电解电容器；在每个芯片的电源线与地线之间加旁路滤波电容，并尽量靠近芯片，电容的大小一般取0.01~0.1μF；对于抗噪声能力弱、关断时电流变化大的器件和ROM、RAM存储器件，在芯片的电源线（V_{CC}）和地线（GND）间直接接入去耦电容；在RESET端配以0.01μF去耦电容；按键、继电器、接触器等零部件在操作时均会产生较大火花，应利用*RC*电路加以吸收。

（2）传输通道的抗干扰措施

1）对模拟输入信号进行滤波处理。

2）脉冲信号在传输线上传输时会出现延时、畸变、衰减及通道干扰。为了保证长线传输的可靠性，采用了光耦合隔离等措施。

3）外部信号引入采用双绞线传输，传输线一端接地。双绞线的抗干扰作用是屏蔽与平衡的综合，能使各个小环路的电磁感应相互抵消。

（3）软件的抗干扰设计

对于实时数据采集系统，为了消除传感器通道中的干扰信号，在硬件措施上常采取有源或无源*RLC*网络，构成模拟滤波器对信号实现频率滤波。同样，运用CPU的运算、控制功能也可以实现频率滤波，完成模拟滤波器类似的功能，这就是数字滤波。在一般数据采集系统中，人们常采用一些简单的数值、逻辑运算处理来达到滤波的效果。本系统采用算术平均值法对一点数据连续采样多次，计算其平均值，将其平均值作为该点采样结果。这种方法可以减少系统的随机干扰对采集结果的影响。

2. 控制状态失常的软件对策

在开关量控制系统中，如果干扰进入系统，会影响各种控制条件，造成控制输出失误，或直接影响输出信号造成控制失误。为了确保系统安全，可以采取下述措施。

（1）软件冗余

对于条件控制系统，将控制条件的一次采样、处理控制输出改为循环采样、处理控制输出。这种方法对于惯性较大的控制系统具有良好的抗偶然因素干扰作用。

（2）设置当前输出状态寄存单元

当干扰侵入输出通道造成输出状态破坏时，系统能及时查询寄存单元的输出状态信息，及时纠正输出状态。

（3）设自检程序

在计算机内的特定部位或某些内存单元设状态标志，在开机后进行循环测试，以保证系统中信息存储、传输、运算的高可靠性。

（4）设置监视跟踪定时器

使用定时中断来监视程序运行状态。定时器的定时时间稍大于主程序正常运行一个循环的时间，而在主程序运行过程中执行一次定时器时间常数刷新操作，这样只要程序正常运行，定时器就不会出现定时中断；而当程序失常、不能刷新定时器时间常数时，定时就会中断，利用定时中断服务程序将系统复位。

（5）设置软件陷阱

当 PC 失控而造成程序“乱发”而不断进入非程序区时，只要在非程序区设置拦截措施，使程序进入陷阱，然后使程序进入初始状态即可。

二、电机绕组温升自动测试系统

基于电阻法的绕组温升计算必须在温升试验达到热稳定的时间后，尽快使被测电机断能停转，测其断能瞬间电阻值直接计算绕组温升。由于电机回路主要是由电感性线路构成，同时存在电容，这些器件特性会在测量时引起信号振荡，造成测试偏差。因此，测量工作应该在回路停机稳定之后进行，不可能在电机断能瞬间即“0”时刻获得电机绕组的电阻值，只能依靠“0”时刻以后的数据进行数据拟合或者插值从而得到“0”时刻的电机绕组阻值。同时，电机绕组一般为毫欧级，其阻值仅为几十或百毫欧，利用一般检测仪表测量其阻值十分困难。现有高精度电阻仪可实现毫欧级电阻的精确测量，但只能是人工测量。测量过程中存在一定的延时，测得第一点的电阻值耗时较长，容易影响测量精度导致测试失效。因此，为了更快捷、有效地完成绕组测试，设计电机绕组自动测量电路，实现对电机绕组阻值的快速准确测量。

1. 绕组自动测试系统方案

本系统基于直流恒流源法，实现毫欧级电机绕组内阻的自动化测量，分辨率要求达到 $0.1\mathrm{m}\Omega$。图 9-46 所示为电机绕组内阻自动测量示意图。R_0 为消除电机绕组残压的电阻；I 为 5A 恒流源；U_0、U_1 分别为残压值和反映电机绕组热态电阻值的电压值。当 DSP 数据采集系统检测到电机转速为 0 时，以此时刻作为电机的“近似 0 时刻”，接着 DSP 控制继电器 1 和 2 断开电机控制器与电机的连接线路，闭合继电器 3 以消除绕组的残压。当 DSP 检测到残压值为 0 的信号时，断开继电器 3，闭合继电器 4，进行电机绕组内阻值的测量。根据一系列测量得到的电阻值，推算“0”时刻的电机绕组热态电阻，再根据温升计算公式，计算出电机的温升特性。图 9-47 所示为测试程序流程。

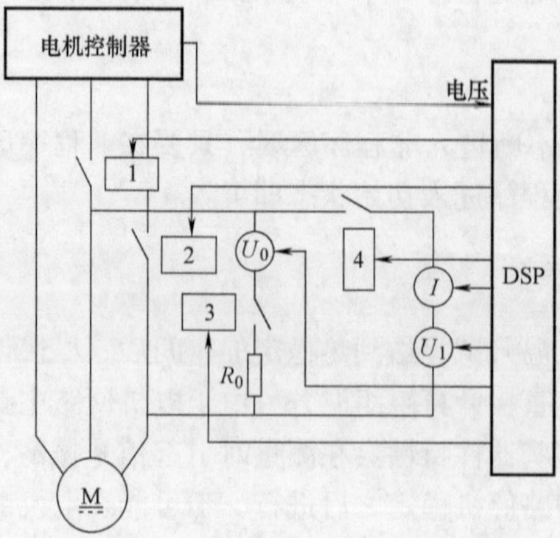

图 9-46 电机绕组内阻自动测量示意图

1～4—继电器

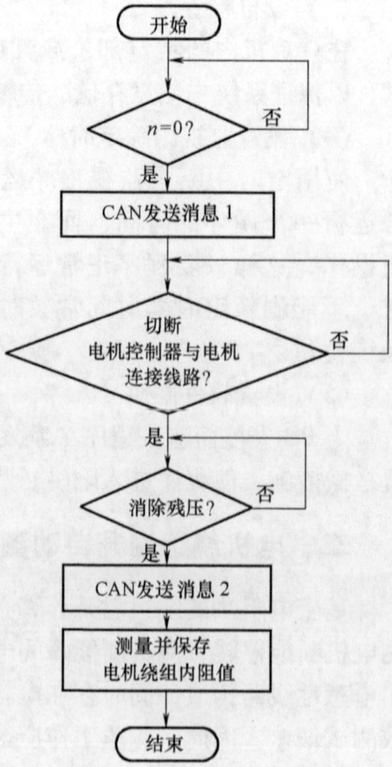

图 9-47 测试程序流程

2. 测试程序设计

电动汽车电机绕组温升自动测试平台的主程序流程如图 9-48 和图 9-49 所示。

在图 9-48 和图 9-49 中，CAN 发送消息 1 给 PC，表明单片机 XC164CS 已经检测到电机停止运行，命令 LabVIEW 将此时的时间 t_0 保存下来用于计算温升测试时间。CAN 发送消息 2 给 PC，表明残压已经消除完毕，命令单片机 XC164CS 开始采集电机绕组内阻的数值，并以 1s 为间隔将数据以数组的形式保存在单片机 XC164CS RAM 中。CAN 发送消息 3 给 PC，表明绕组内阻检测时间 5min 测试过程已经完成，继而将此刻的时间保存下来。运用单片机 C 语言与 LabVIEW G 语言混合编程，使得控制算法容易实现，减少了开发的周期，提高了工作效率。

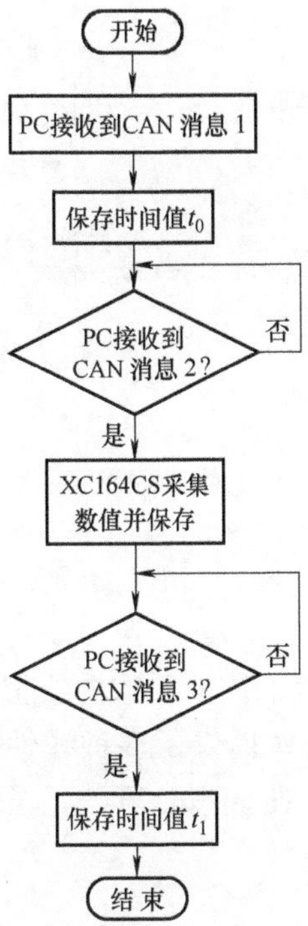

图9-48 界面程序流程图

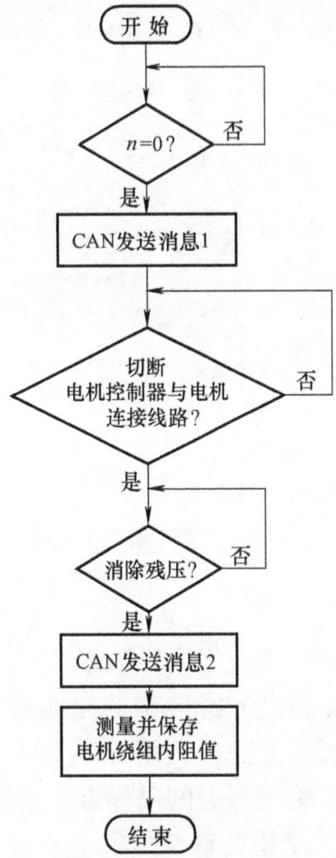

图9-49 硬件程序流程图

3. 人机界面设计

温升测试界面如图9-50所示。虚拟仪器前面板的界面类似于实际仪表的操作界面，其特点是用虚拟仪表取代真实的物理仪表，通过虚拟仪表可以对各个采样点及计算数据进行实时跟踪显示、处理并存储。

（1）显示部分

该部分主要包括测试条件和绕组内阻阻值随时间变化的曲线。从电动汽车电机绕组内阻曲线图可观察到当前内阻阻值在整个测试过程中的变化趋势。电动汽车电机绕组内阻曲线显示的纵坐标代表内阻阻值，而横坐标则反映内阻阻值随时间的变化规律。冷态电阻、初始冷却液温度、终态冷却液温度等数值显示在界面上有助于计算出电机绕组值。转速值和转矩值表明了测试条件。

（2）数据处理部分

该部分运用平均算法，即在数据采集过程时有一个软件滤波的设置。在数据采集过程中，程序将10个采样点数据进行平均，再将这个平均值显示在PC界面上，使采集到的数据尽可能地接近实际真值。另外在实验过程中，不能从“0”

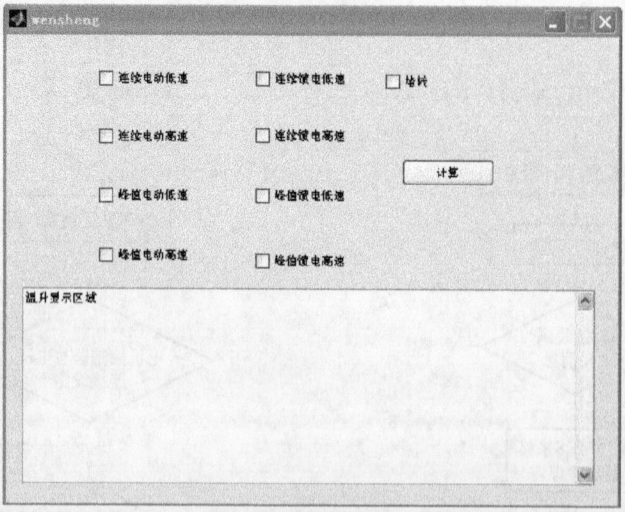

图9-50　温升测试界面

时刻采集电机绕组内阻数据，并且数据是离散的，因而需要采取曲线拟合技术和插值技术得到光滑准确的曲线。LabVIEW 分析软件库提供了多种线性和非线性的曲线拟合算法。利用 LabVIEW 分析软件库提供的曲线拟合算法，可以剔出错误数据、填充丢失的采样点、进行插值和外推等。

（3）出错信息部分

该部分的目的是随时方便检查编程过程中的问题设计。这是 LabVIEW 的一项辅助功能，检查程序编写是否有误，各个模块之间数据的传输是否顺畅，各个模块的参数设置是否合理，这样就可以通过它来时刻提醒在程序设计过程中出现的问题。

（4）数据存储部分

数据存储部分主要是数据存储模块和数据再现模块在主程序中的体现，便于在离线状态下对采集数据进行分析。

4. 恒流电源设计

直流恒流源法要求设计一个恒流电源 I_C，利用 $R=U/I_C$ 计算电阻。由于电机绕组内阻的阻值非常小，一般只有几十毫欧，最高阻值不会超过200mΩ。如果恒流源电流比较小，则电阻的端电压可能与干扰信号如白噪声的幅值级别相同。白噪声对被检信号的干扰是巨大的，会造成测试结果的失效。所以本系统中设计恒流源要考虑其输出电流尽量大些。但是如果电流太大，根据功率公式 $P=I^2R$，电阻通过电流时必然要消耗功率，再以热的方式散发出来，而温升计算公式的条件是电机应处于自然散热的过程。如果电流值太大，势必会影响电机的温升特性。

恒流源在小电阻测量中很重要，恒流源的准确度决定了测量准确度。为了达到测量的准确度，设计了反激式高频开关恒流源，其原理如图 9-51 所示。

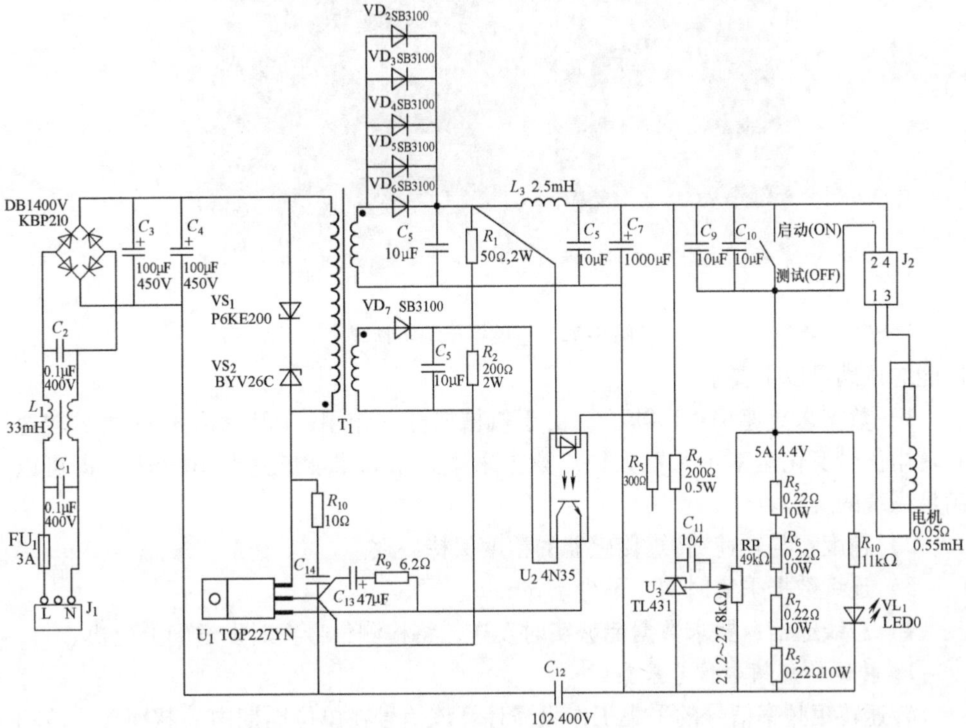

图 9-51　恒流源电路原理图

电源采用光耦合器 TL431 型反馈电路，输出直流电流为 5A，可在 AC（85 ~ 265V）输入电压范围内自动稳压。交流电源经整流滤波后产生一个宽范围的直流脉动电压，输入变压器一次绕组的一端和 TOP227 的漏极，变压器一次绕组的另一端接 TOP227 的源极。VS_1 和 VS_2 用来抑制开关尖峰，减少变压器漏感引起的漏极电压冲击，以保护 TOP227。VD_2、VD_3、VD_4、VD_5 用作输出整流管，再经过 *LC* 滤波电路，在输出端得到一个稳定的电流。辅助绕组两端电压经 VD_7、C_8 整流滤波，得到 TOP227 所需的偏置电压。TL431 并联稳压器内部集成了一个 2.5V 的精密基准电压、运算放大器和驱动器，作为二次侧基准误差放大器使用。输出电压经分压取样后与 TL431 的内部基准电压相比较，控制光耦合器的输入电流，光耦合器 U_2 不仅对输入、输出起隔离作用，而且通过控制 TOP227 门极电流 I_C 的大小来控制输出脉冲宽度，达到稳压的目的。图 9-52 所示为直流恒流源实物图。

三、信号采集系统

根据实际的测试精度需要和相关国家标准的测试要求，自动测试系统的基本

图9-52　直流恒流源实物图

性能应该满足以下要求：

1）数据采集速率：100kHz。由于机械惯性的作用，DSP系统所采集的转速和转矩信号变化速率不可能太快。数据采集速率如果能够达到100kHz，即可以满足系统的要求。

2）精度：与转速-转矩传感器的精度保持一致。

3）连续数据采集时间：不少于30min。

4）总线通信：要求数据能够实时发送，将检测信号实时发送到上位机。

1. *转速转矩频率信号采集*

转速转矩频率信号的采集工作只需计算该信号在单位周期内的脉冲数。该功能是由DSP控制器的捕获单元模块实现的。当捕获单元检测到输入引脚上的跳变（上升沿、下降沿或上升下降沿）时，所选的通用定时器的计数值被捕获并存入一个2级深的FIFO栈中，然后将FIFO栈中的捕获值及时读出存储并进行相关数值计算。本系统中需采集的频率信号只有转速转矩传感器输出的转速频率信号和转矩频率信号，幅值都为5V。

DSP2407为3.3V供电，控制器捕获单元的捕获引脚要求信号输入的电平最好不超过3.3V，所以需要设计降压电路，即两组频率信号输入各连接一个电阻和稳压二极管组成的串联电路。稳压二极管的正端与电源地连接，型号为1N5988的稳压二极管的反向电压为3.3V，幅值为5V的频率信号经转换电路转变为幅值是3.3V的频率信号。

由于以频率信号的上升沿为触发信号，每一次的触发都会引发一次捕捉中断的产生。如果以一次捕捉的时间长度作为频率信号的周期，则在外部干扰的影响下，一次采集错误就会产生严重计算错误。为此在程序中设定平均算法，在计算中采集50次周期信号，然后进行几何平均。试验证明，该计算方式是有效的。

2. 模拟电压信号采集

电机绕组电阻的自动测量电路需要测量模拟电压信号的电压值 U，再根据欧姆定律 $R=U/I_C$ 计算得到电阻值 R。电压采集精度和恒流电源 I_C 的设计精度直接影响电阻值 R 的测量精度，即

$$x=(a+b)/(1-a) \tag{9-51}$$

式中，x 为电阻值精度；a 为恒流电源 I_C 的设计精度；b 为采集电压精度。系统中除需要高精度的恒流电源外，还需针对模拟电压信号易受干扰的特点，采取信号放大、滤波、电流环传输技术和双绞线传输技术提高模拟电压信号的采集精确度。

本系统中采集的电机绕组端电压信号是模拟电压信号，需要经 DSP 控制器的 A－D 转换模块转换为数字信号，数值计算公式为

$$V_{dig}=1023\times\frac{V_{ana}-V_{REFLO}}{V_{REFHI}-V_{REFLO}} \tag{9-52}$$

式中，V_{ana} 为外部信号的模拟电压；其他电压如图 9-53 所示。

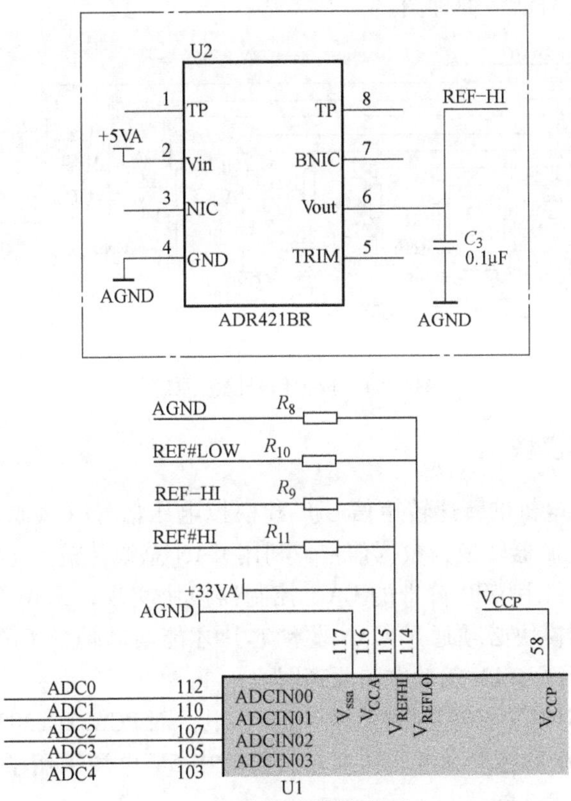

图 9-53　A－D 转换模块参考电压原理图

需要注意的问题如下：

1）A－D 转换模块一定要有高精度的参考电压（参考低电压 V_{RVEFLO} 和参考高电压 V_{RVEFHI}），其中 $0 < V_{RVEFHI} \leqslant V_{CVCA} = 3.3V$，$0 \leqslant V_{RVEFLO} < V_{RVEFHI}$。

2）转换模块的转换通道输入的电平应不低于 V_{RVEFLO}，同时不超过 V_{RVEFHI}。

A－D 转换器的参考电压应十分稳定，其精度要求非常高。图 9-53 所示为 A－D 转换模块参考电压原理图，型号为 ADR421BR 的集成稳压器的输入电压可为 4.5～18V，输出稳定电压为 2.5V，输出电流最大为 10mA，输出电压精度为 0.04%，属于小电流高精度的稳压器，该输出稳压源能够很好地满足 A－D 转换模块的参考电压设计要求。

另外，输入模拟电压信号除了要满足上述已经分析的其电位应不低于 V_{REFLO} 同时不超过 V_{REFHI} 的极值限制外，还要考虑到模拟电压信号易受干扰的特性，设计信号调理电路以保证模拟信号的准确性。电机绕组测量电路中的端电压信号是低电压模拟信号，更容易受干扰信号的干扰影响，尤其需要设计信号硬件处理电路增强信号的抗干扰性，进而利用软件滤波处理技术保证信号的准确度。图 9-54 所示为模拟信号滤波原理图。

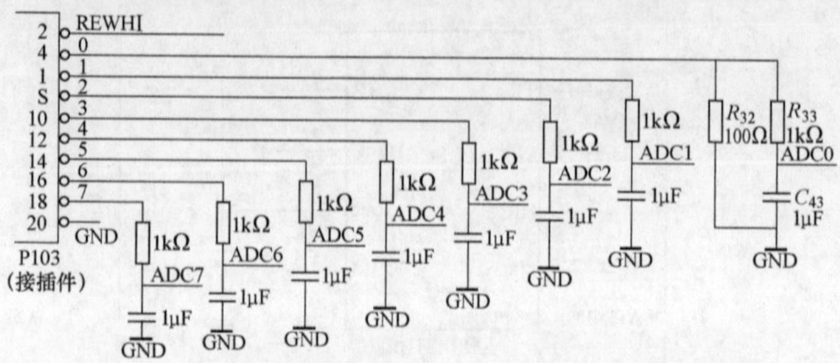

图 9-54 模拟信号滤波原理图

四、CAN 模块

频率信号（电机的转速转矩信号）和模拟电压信号（反映电机绕组电阻的阻值）经 DSP 控制器转换为数据信号，利用 CAN 总线传输到上位机进行计算处理。数据传输是利用 DSP 自带的 CAN 控制器模块实现，采用 CAN 总线通信方式。CAN 控制器模块必须通过 CAN 驱动芯片才能与其他的 CAN 控制器进行通信。图 9-55 所示为 CAN 驱动电路原理图。

由于 DSP 芯片 TMS320LF2407 用 3.3V 供电，而 PCA82C250T 用 5V 供电，采用型号 HCPL0600 的芯片为电压转换器，设计中 5V 电源采用了光隔离技术，以增强系统的抗干扰性能。

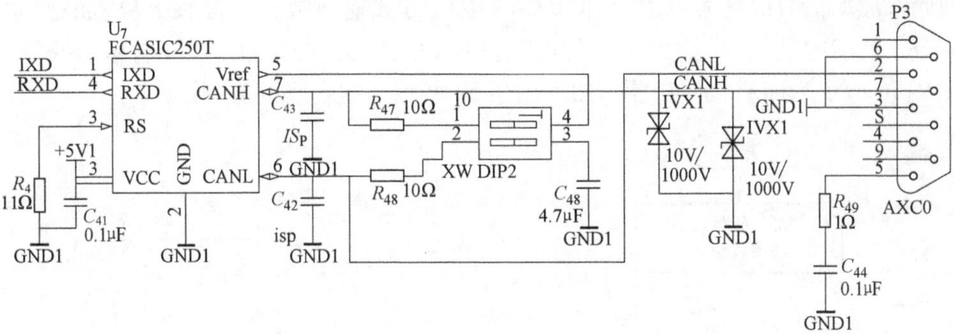

图 9-55 CAN 驱动电路原理图

五、I/O 模块控制信号

DSP 控制器的 I/O 模块用来输出测试系统的控制信号。图 9-56 所示的电机绕组内阻自动测量电路由一系列的继电器实现，输出的高低电平信号可控制这些继电器的开启/关闭状态。但是，由于 DSP 控制器 I/O 的输出电流一般只有 8mA，而继电器需要的工作电流是 20mA，DSP 控制器 I/O 的输出电流不能带动继电器工作，因此本系统设计利用非门芯片 74HC04 和 5V 电源加以解决。用5V 电源供电，非门芯片 74HC04 输出控制信号的特点是：高电平时，电压是5V，电流可达大概 500mA，能够很好地满足继电器的工作功率要求，5V 电源采用了光电隔离技术，以增强系统的抗干扰性能，并设计 *RC* 回路进行滤波处理。

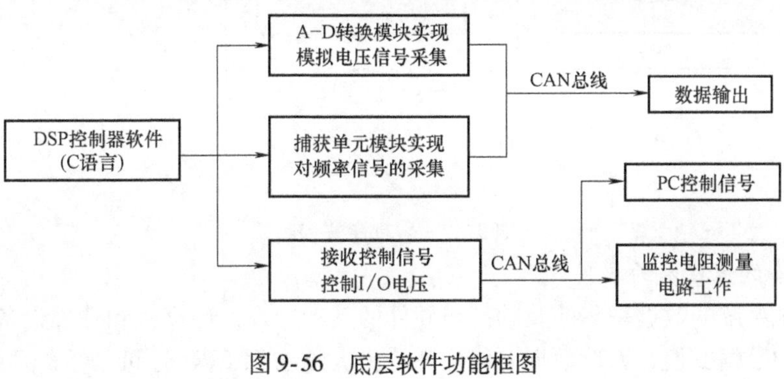

图 9-56 底层软件功能框图

六、系统软件的实现

1. 底层软件

底层软件即 DSP 控制器的软件，是在底层硬件设计的基础上编写微控制器的执行程序以实现底层系统的所有功能，实现的工作包括：运用 A－D 转换模块实现一个模拟信号的信号采集，以 CAN 总线方式输出数据；运用捕获单元模块实现两个频率信号的信号采集，并以 CAN 总线方式输出数据；接收上位机的控制命令，然后控制输入/输出端口的电压高低，从而实现对电阻测量电路的控制。图 9-56 所示为底层软件功能框图。图 9-57 所示为主程序的流程图。

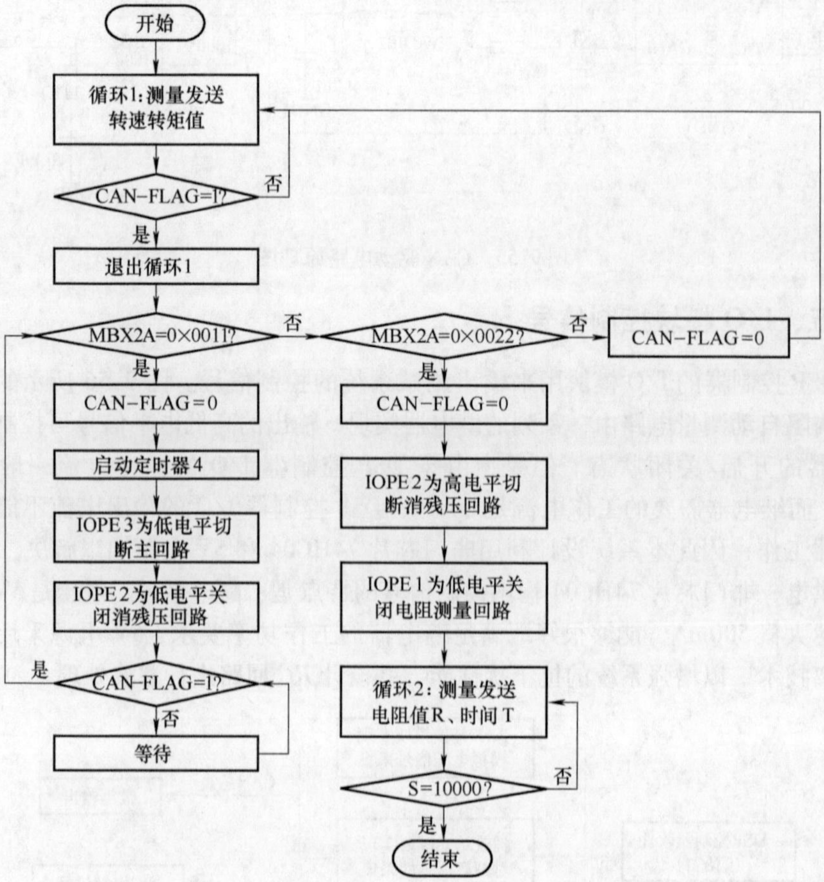

图 9-57 主程序流程图

2. 多线程技术的应用

测试系统的数据采集涉及软件与硬件的互动操作，计算机和外部设备间有高速大量的数据交换，因此数据采集任务将极大地占用 CPU 时间，耗费系统资源。如果数据采集部分与系统主控程序处于同一线程之中，当采集程序发生问题，可能直接导致系统崩溃。因此，系统应用了多线程技术来解决这一问题。多线程技术为基于 PC 的数据采集和仪器 I/O 应用提供了极大的便利，使界面动作可能和硬件通信同时运行，同时减少了测试过程中彼此间的相互影响。

本系统将主控模块作为程序的主线程，数据采集程序在需要时作为另一个线程通过定时器启动，两者通过变量进行数据交换。定时器产生线程是多线程技术中的一种。当定时器事件触发、对应的事件处理函数开始执行时，系统产生一个独立线程，函数处理完毕返回时，该线程结束。由于主线程与数据采集线程并发运行，用户可以对采集过程进行监控，随时停止采集线程执行，在采集数据的同时还可进行其他操作，增强了系统的稳定性与灵活性。

3. *系统数据管理*

系统的数据包括三部分：第一部分为电驱动系统的信息与铭牌参数，包括电机类型、额定电压、电流、功率、频率、极对数、定子绕组接法等设计参数。这些数据是试验工况的参考，是进行数据处理时必需的参数。第二部分为电驱动系统测试环境与测试项目列表，包括测试地点、测试人员、具体测试项目以及测试过程中的异常现象。这些数据测试完成后将形成一个详细的测试日志，为用户提供一个测试的整体进度与状态的描述。第三部分为电驱动系统各测试项目的测试数据，因为各测试项目的数据结构不同以及考虑到自动生成测试报告时数据调用的便利，必须利用试验项目列表进行数据的保存。各测试项目数据以测试项目名称为保存文件的前缀名，其整体特征由项目列表记录，并与其形成一对一的类似主表与明细表的联系。

系统的开发目标是实现电驱动系统从测试开始、测试数据采集到测试报告报表生成的自动化过程。因此，系统的数据管理功能主要包括电机测试项目原始记录数据的存储和读取、对测试计算结果数据的存取、对测试数据文件和报表文件的查询和备份等。电驱动系统自动测试的数据管理有如下特点：

1）主要实现不同测试项目测试数据和结果数据的保存和读取功能，不需要对数据进行复杂的检索，不允许对原始测试数据进行修改。

2）对于电机铭牌参数数据、结果处理相关数据这些需要在测试项目的数据处理过程中进行快速传递的关联数据，系统将其作为全局变量，采用结构体的数据类型记录和保存，满足不同测试项目快速传递关联数据的要求。对于其他数据而言，不同测试项目的数据是相互独立的，测试项目之间不需要数据共享，也不存在多个应用程序的并发访问。

3）测试数据和测试项目一一对应，不存在数据冗余现象。

4）不同测试项目相关数据的结构并不相同，若采取数据库技术管理数据，保存数据需要大量不同的字段，每个字段的长度和类型也不一样，不能体现数据库技术数据共享性的优点。文件系统则可以直接对任意数据结构的数据进行方便快速的存取。

结合上述分析，系统的数据并不存在数据冗余。整个测试系统并不要求数据有很强的共享性，也不要求数据与程序具有较强的独立性。系统数据管理的主要任务是实现对数据的存取和对数据文件的管理。测试相关数据的数据结构互不相同使得数据库管理实现起来极为不便，数据库管理还有着实现难度大、开发周期长的缺点，因而系统没有采用数据库系统，而使用文件系统来帮助实现系统的数据管理功能。

每个被测电机均以该电机的型号为名称，保存在指定的路径。不同测试项目的数据以该测试项目名称为文件名，保存为.txt 格式，用户即可以方便地对该文件进行查询和备份。

七、自动报表的实现

当被测电机完成全部的测试项目后，需要自动生成完整的测试报告。测试报告要填写原始记录数据、结果数据，插入数据表格和特性曲线图片文件。因此，在实现自动报表时，要保证开发环境能够与外部的应用程序进行数据交换。目前，可以通过动态链接库（Dynamic Link Library，DLL）、动态数据交换（Dynamic Data Exchange，DDE）和 ActiveX 技术实现与外部代码或其他计算机应用软件的接口连接。

该系统依据测试规范中各测试项目的要求，为不同类型的电驱动系统依据测试规范中各测试项目的要求设计了统一的 Excel 报表模板文件。在数据处理结束后，该系统利用 MATLAB 中的 ActiveX 技术，启动 Excel 作为 MATLAB 的 Active 自动化服务器，自动启动 Excel 测试报告模板，完成自动报表功能。

1. *程序总体结构*

传统测试软件由于各厂家在仪器驱动程序规范上不统一，主要以“测试资源”为中心。开发人员不仅要完成仪器的驱动控制，还要掌握测试原理，精力很难集中到测试功能的实现上。本系统考虑到测试电机类型的多样性和测试项目的统一性，通过配置文件实现了以“测试任务”为中心测试软件设计，有效地实现了资源共享和代码重用，简化了软件开发过程，实现了“测试任务”的现场组态。图 9-58 所示为软件的总体设计方案。

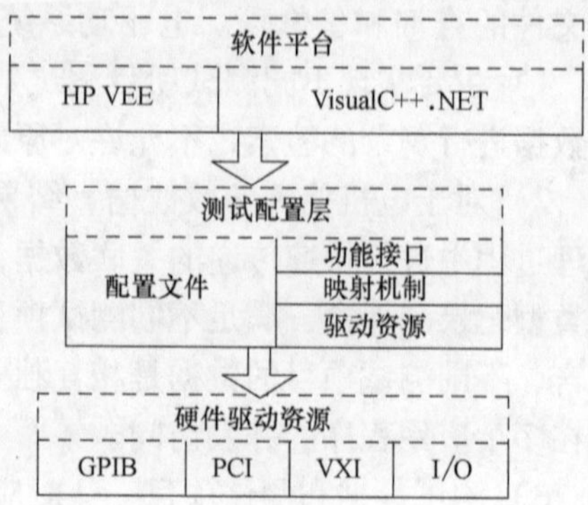

图 9-58　软件的总体设计方案

模型中增加了以配置文件为核心的测试配置层，包括功能接口、映射机制和硬件驱动资源三部分。其中功能接口将测试系统中仪器的相似测试功能以模块的形式统一起来，以接口函数库的形式供给上层开发平台调用，是实现面向测试任务的基础。开发人员编程时可以不关心具体的仪器控制过程，而把精力放在面向测试任务的测试功能实现上。映射机制作为测控服务层的调度中心，规定了测试功能接口与底层硬件驱动程序进行通信的机制管理与测试资源之间的信息映射关系。硬件驱动资源是厂家提供的驱动程序库，是硬件模块的上层支持库，它直接与硬件模块通信，提供底层软件控制服务，完成相应的功能调用。测控服务层的三层结构通过配置文件进行信息映射和交换，配置文件作为信息存储中心完成硬件设备的管理、测试任务的组合设定和测试资源的分配等功能。图 9-59 所示为配置文件的内部实现。

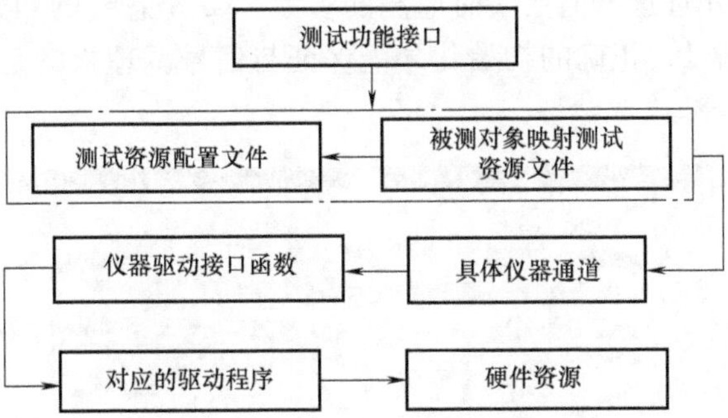

图 9-59 配置文件的内部实现

2. 具体功能界面

整个测试系统的功能集成于统一的操作界面，实现完善的可视化管理，图 9-60 所示为测试系统主界面。在此界面上主要是通过菜单的方式来实现相应的功能设定：样品标称参数记录，如电机的额定转速、额定转矩、额定电压、额定电流等；选择测试仪器，包括功率分析仪、转速-转矩传感器、测功机的选定；系统

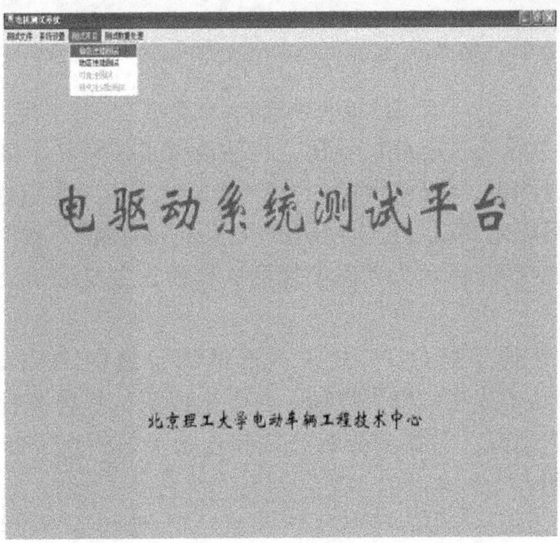

图 9-60 测试系统主界面

设置，包括 CAN 参数设定和功率分析仪连接设置；测试项目选择；测试数据自动处理命令。

图 9-61 所示为系统初始化界面，包括仪器选择和初始化。仪器的选择可以根据测试的不同需要来选择不同量程的测试仪器。初始化包括功率分析仪的设置及 CAN 总线的初始化。功率分析仪的设置主要通过 GPIB 总线设置功率分析仪各通道的量程范围并且选择需要实时监测的参数。CAN 总线的初始化包括屏蔽码、定时器 0、定时器 1，正确的初始化才能保证与信号调理板的正常通信，如传输转矩、转速信号等。

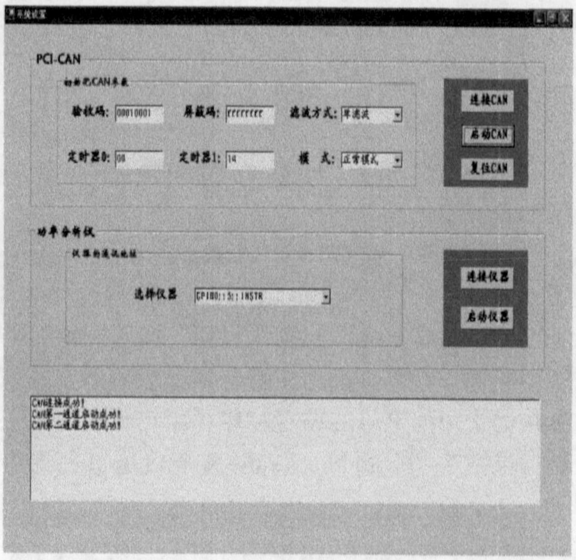

图 9-61　系统初始化界面

图 9-62 所示为稳态性能测试界面，包括连续工作特性下的温升测试、峰值工作特性下的温升测试、堵转特性下的温升测试和连续工作特性测试。系统具有实时监测功能，可以对测试过程中电机的电信号、机械信号实时监测，根据需要记录测试数据。图 9-63 所示为动态性能测试界面，主要记录动态阶跃响应的超调量、稳定时间。

测试数据的处理是通过 PC 软件内部调用自编的 MATLAB 程序实现的。图 9-64 所示为自动生成测试报告界面。自动生成测试报告流程包括试验原始数据的导入、坏点的剔除、数据的分析处理和自动报表的生成四大环节。图 9-65 所示为程序流程图。

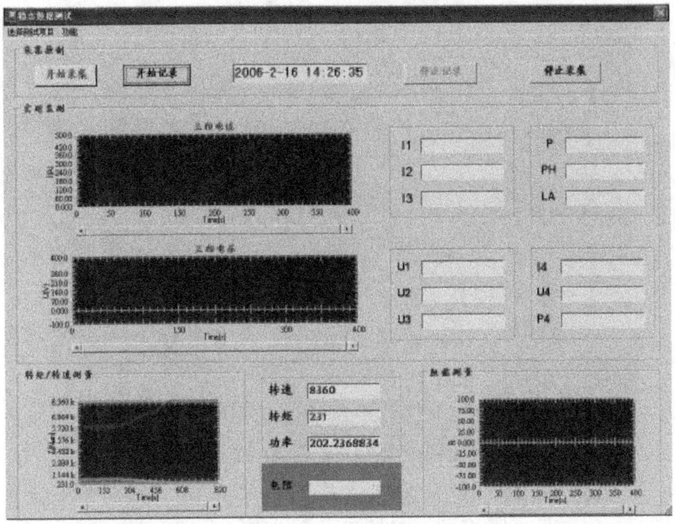

图 9-62　稳态性能测试界面

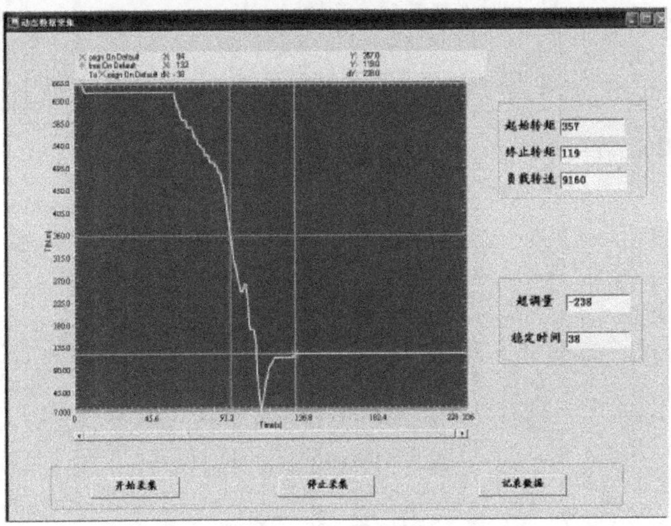

图 9-63　动态性能测试界面

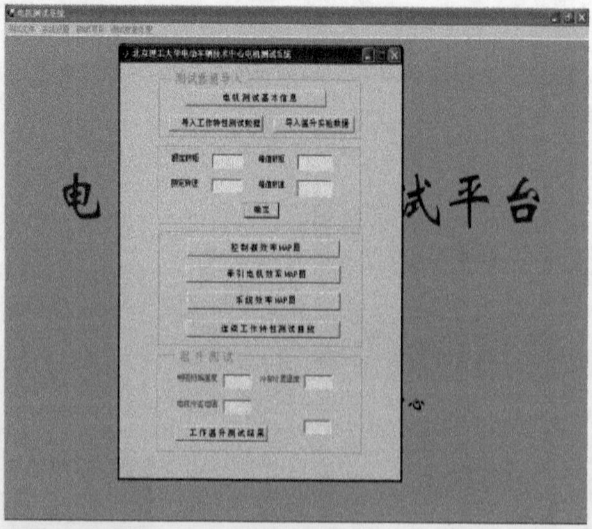

图 9-64　自动生成测试报告界面

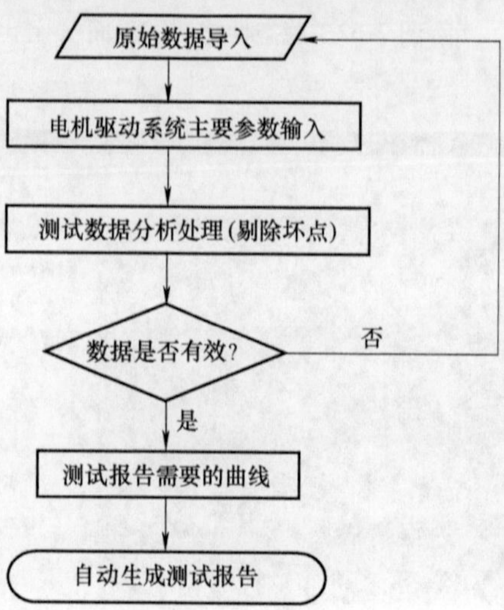

图 9-65　程序流程图

参 考 文 献

[1] 王益全，张炳义．电机测试技术［M］．北京：科学出版社，2008.
[2] 武建文，李德成．电机现代测试技术［M］．北京：机械工业出版社，2006.
[3] U T 舒波夫．电机的噪声和振动［M］．沈官秋，译．北京：机械工业出版社，1980.
[4] 才家刚．电机试验手册［M］．北京：中国电力出版社，1998.
[5] 唐岚，李涵武．汽车测试技术［M］．北京：机械工业出版社，2006.

[6] 吴正毅．测试技术与测试信号处理［M］．北京：清华大学出版社，1991.
[7] 叶辉萍．电动汽车电机驱动系统的自动测试研究［D］．北京：北京理工大学，2006.
[8] 高雷．电动汽车电机驱动系统特性参数测试及综合信号处理研究［D］．北京：北京理工大学，2007.
[9] 王再宙．基于声阵列测量分析的电动汽车驱动电机噪声研究［D］．北京：北京理工大学，2008.
[10] 代颖．电动汽车驱动用感应电机电磁噪声的研究［D］．哈尔滨：哈尔滨工业大学，2007.
[11] 戴鹏飞，王胜开，王格芳，等．测试工程与LabVIEW应用［M］．北京：电子工业出版社，2006.
[12] 全国汽车标准化技术委员会．GB/T 18488.1—2015 电动汽车用驱动电机系统　第1部分：技术条件［S］．北京：中国标准出版社，2015.

第十章　电动汽车安全性

安全是目前汽车技术发展中一个重要的主题，对于电动汽车而言，除了必须保证符合传统汽车的相关的安全性之外，针对电动汽车自身的特点必须要采取相应的安全措施，以进一步增强安全性保证。

相对于传统内燃机汽车而言，电动汽车由于采用高电压驱动电机，安全性问题更为突出。这是因为电动汽车为了实现较好的能量利用，电源电压不断提高，已经由以往的几十伏提高至目前的100～600V，甚至更高，远远超过标准安全电压。一旦发生触电事故，对人体的伤害将十分严重。因此在传统汽车结构安全的基础上，其动力系统的安全性问题更不容忽视。此外，由于动力蓄电池的充放特性，容易造成燃烧、爆炸、可燃气体聚集等问题。因此，进行电动汽车安全性研究具有极为重大的意义。

电动汽车的一个重要特点就是车内装有保证足够动力性能的高电压回路，其高达300V以上的电压可能危及人身安全和车载高压用电器的使用安全。所以相对传统汽车来说，电动汽车对其安全性能提出了更高的要求。

电动汽车的安全隐患较多，国内外都已开始着手研究和制定相关的安全法规和规范。国际技术评估中心（ICAT）对电动汽车进行的安全综合评估报告表明，与一般内燃机汽车比较，电动汽车主要存在11个方面的安全隐患：

1）起火（Fire）。

2）蒸汽燃烧（Steam burns）。

3）热燃烧（Heat burns）。

4）化学燃烧（Chemical burns）。

5）补充燃料（Refueling）。

6）电击（Electric shock）。

7）碰撞（Collision）。

8）翻车（Rollover）。

9）有毒气体（Toxic fumes）。

10）噪声（Noise）。

11）制造缺陷（Manufacturing defects）。

其中，最突出的安全隐患包括：

1）氢气（Hydrogen gassing）。

2）电解液溢出（Electrolyte spillage）。

3）有毒气体（Exposure to toxic fumes）。

4）电击（Electric shock）。

总体上而言，电动汽车安全方面的隐患主要集中在四个方面：高能量动力电池有燃烧的隐患；电动汽车有高电压、大电流的回路，如果人体接触会造成伤害；发生碰撞时，由于电动汽车质量比传统汽车重200kg左右，给人造成的伤害极大；电磁波对人体的影响较大，电动汽车发射功率是手机的上万倍。

第一节　电动汽车的高压安全

一、电动汽车的电气系统

电气系统是电动汽车的重要组成部分。根据不同用途，电动汽车的电气系统通常分为低电压系统和高电压系统。前者为车辆的中央控制器和灯光、刮水器等提供电能，一般采用直流12V或24V电源，车用低电压系统的设计与施工采用相应的汽车设计规范与标准，技术成熟，可靠性高。后者为汽车的驱动电机等大功率部件提供电能，主要由动力电池、电源转换器、电机控制器和电机等电气设备组成，动力电池的工作电压一般在直流300V以上，采用较高的电压规范，能够降低电气设备的工作电流，降低电气设备和整车的重量。但是，较高的工作电压对高电压系统与车辆底盘之间的绝缘性能提出了更高的要求。高压电缆线绝缘介质老化或受潮湿环境影响等因素都会导致高电压电路和车辆底盘之间的绝缘性能下降，电源正、负极引线将通过绝缘层和底盘构成漏电流回路，使底盘电位上升，不仅会危及乘客的人身安全，而且将影响低压电气和车辆控制器的正常工作。当高电压电路和底盘之间发生多点绝缘性能严重下降时，还会导致漏电回路的热积累效应，可能造成车辆的电气火灾。因此，实时、定量地检测高压电气系统相对车辆底盘的电气绝缘性能，对保证乘客安全、电气设备正常工作和车辆安全运行具有重要的意义。

对于电动汽车电伤害的研究，要分析人体安全电压、电流，避免乘客在动力系统发生短路、漏电等情况下受到电伤害。人体能够承受的安全电压是指一定强度的电流通过人体而没有引起任何伤害事故的电压，因此安全电压的大小取决于人体允许通过的电流和人体电阻。根据国家有关安全标准，人体允许通过的电流不能超过30mA，在某些特殊场合下更小。人体电阻主要是由体内电阻、皮肤电阻和皮肤电容组成。人体电阻随着条件的不同在很大范围内变化，但是，人体电阻一般不低于1000Ω。我国安全电压多采用36V，即大体相当于危险环境下的安全电压。有的国家规定2.5V为一级安全电压值，即相当于人体大部分浸入水中，且如果不能摆脱带电体或强烈痉挛即可导致致命的二次事故的情况。同时，根据国际电工标准 IEC 60529《为蓄电池驱动的道路车辆提供能量的电气装置》的规定，对正常工作中的触电防护要求为，在任意可接触的触点间的峰值电压应低于42.3V。电动汽车动力系统在危险工况下，避免人体电伤害的安全电流应小于30mA。由于动力蓄电池在危险工况下可能会出现短路，短路的巨大电流会使短路处甚至使整个电路过热，从而使导线的绝缘层燃烧起来，并引燃周围的可燃物，乘客也可能因接触带电体而发生电伤害。因此，电动汽车的研究与开发要严格控制绝缘电阻值，使之达到人体安全电流的范围。为了避免电伤害的发生，目前在电动汽车设计开发时应该满足以下条件：

1）在电池的整个寿命期内，按照标准计算方法计算得到的绝缘电阻值 R，除以电池的标称电压 U，所得值应大于100Ω/V。

2）在正常运行状态下，由于电解液的泄漏，电池组的连接端子（包括与它们相连的任何可导电的固定装置）与任何可导电部分间可能造成漏电电流危害，因此要求两个连接端子间的爬电距离：$d \geqslant 0.25U+5$（d 单位为 mm，U 为两个端子间的标称电压，单位为 V）；带电部分与电底盘间的爬电距离：$d \geqslant 0.125U+5$（d 单位为 mm，U 为两个端子间的标称电压，单位为 V）。

3）电池在车辆制造厂规定的过电流以及电路出现短路等情况下，过电流断开装置应能及时断开与电池端子的连接电路，以避免对人、车及环境产生危害。

电动汽车中高压电气系统的功能是保证整车系统动力电能的传输，并随时检测整个高压系统的绝缘故障、断路故障、接地故障和高压故障等，保证整车设备和人员安全，因此它是电动汽车产业化的关键技术之一。自1970年前后，美国、欧洲、日本等都先后成立了开展电动汽车标准研究和制定工作标准化的组织和机构，国际标准化组织（ISO）和国际电工委员会（IEC）相继发布了若干电动汽车的技术标准。它们对电动汽车的高压电安全及控制制定了较为严格的标准和要求，并规定了高压系统必须具备高压电自动切断装置。其中涉及与电动汽车安全有关的电气特性有绝缘特性、漏电流、充电器的过电流特性和爬电距离及电气间隙等。

在十一五期间，由上海交通大学承担了国家科技部在“863”计划中专门为高压电安全管理设立的专项课题。图10-1是其研究开发的高压电安全测试系统结构图。该系统可实现的基本功能如下：

1）实时监测电动汽车高压电系统的电压、电流、总线剩余电量等电气参数。

2）实时监测高压电自动断路控制器（ADM）的工作状态。

3）与车辆其他模块进行 CAN 总线通信。

4）方便进行老化循环的可靠性试验。

5）方便分析、保存测试试验数据。

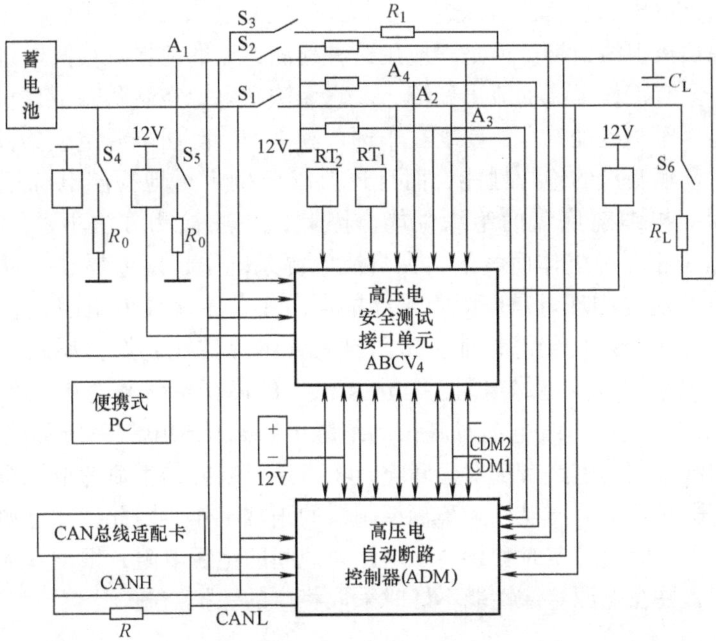

图 10-1　高压电安全测试系统结构图

R_1—预充电电阻　R—CAN 总线匹配电阻　R_0—测量用标准电阻　RT_1，RT_2—温度传感器

S_2—预充电继电器　S_4、S_5—绝缘测试继电器　S_6—放电继电器　C_L，R_L—等效负载

S_1、S_3—高压接触器　A_1、A_2、A_3、A_4—霍尔型电流传感器

二、高压电气系统绝缘性能检测

对于封闭回路的高压直流电气系统，其绝缘性能通常用电气系统中电源对地漏电流的大小来表征，现在普遍使用两种漏电流检测的方法：辅助电源法和电流传感法。在我国某些电力机车采用的漏电检测器中，使用一个直流 110V 的检测用辅助蓄电池，蓄电池正极与待测高压直流电源的负极相连，蓄电池负极与机车机壳实现一点连接。在待测系统绝缘性能良好的情况下，蓄电池没有电流回路，漏电流为零；在电源电缆绝缘层老化或环境潮湿等情况下，蓄电池通过电缆绝缘层形成闭合回路，产生漏电流，检测器根据漏电流的大小报警，并关断待测系统的电源。这种检测方法不仅需要直流 110V 的辅助电源，增加了系统结构的复杂程度，而且这种检测方法难以区分绝缘故障源是电源正极引线电缆还是负极引线电缆。采用霍尔式电流传感器是对高压直流系统进行漏电检测的另一种方法。将待测系统中电源的正极和负极一起同方向穿过电流传感器，当没有漏电流时，从电源正极流出的电流等于返回到电源负极的电流，因此，穿过电流传感器的总电

流为零，电流传感器输出电压为零；当发生漏电现象时，电流传感器输出电压不为零。根据该电压的正负，可以进一步判断产生漏电流的来源是电源正极引线电缆还是电源负极引线电缆。但是，应用这种检测方法的前提是待测电源必须处于工作状态，要有工作电流的流出和流入。它无法在电源空载状态下评价电源的对地绝缘性能。对于电动汽车，要求在车辆行驶之前、高压电源空载条件下，能够检测电源对车辆底盘的绝缘性能，而且还要求分别定量地检测电源正极引线电缆和负极引线电缆对底盘的绝缘性能。因此，上述检测方法不适用于电动汽车。绝缘体是相对导电体而言的，在直流电源系统中，定量描述一种介质绝缘性能和导电性能的物理量是电阻。导体的电阻小，绝缘体的电阻大，绝缘体电阻的大小表征了介质的绝缘性能。电阻越大，绝缘性能越好，反之亦然。绝缘体电阻大的电阻被称为绝缘电阻。在电动汽车的高压电气系统中，利用电源的正极引线电缆和负极引线电缆对底盘的绝缘电阻来反映电气系统的绝缘性能。

当电动汽车上的电路系统发生漏电，将直接对乘客的生命造成严重威胁，同时漏电也将影响车上低压电气和车辆控制器的正常工作。因此，在电源本身安全可靠的条件下，应通过实时测量高压电路与地间的绝缘电阻，根据其大小判断系统绝缘性能，并在电源绝缘性能不好时采取相应的保护措施。

三、绝缘电阻测量方法

1. *无源接地方法*

目前，国内外对直流系统的绝缘电阻检测已经有了部分研究，检测方法大多为外接电阻切换测量。这种方法在母线单端接地的情况下可以准确检测到绝缘故障。采用差流原理检测电力系统直流母线的绝缘电阻，同样属于无缘绝缘检测方法的范畴。无源接地方法的基本原理是在直流正负母线和车体搭铁之间接入一系列电阻，然后通过电子开关或者继电器切换接入阻值的大小，测量在不同接入电阻情况下正负母线在被测电阻上的分压，最后通过解方程式计算出正负母线对地的绝缘电阻。

（1）测量原理

无源接地方法检测电路原理如图10-2所示。R_5、R_6为已知电阻的标准电阻，阻值较大且相同，否则会降低绝缘。运算放大器A和电阻$R_1 \sim R_4$构成的比例电路用来测量母线电压及正极对地电压，比例电路的作用是把高压转变成可供单片机使用的低压，U_0正比于母线电压，U_1正比于正极对地电压。

当开关管S断开时，可测出此时的U_1和U_0。由电路可知，$R_+/(R_+ + R_-) = U_1/U_0$，$U_1$正比于$U_+$，$U_0$正比于（$U_- + U_+$）。根据$U_1/U_0$的值可知正负极绝缘电阻哪一个更小，若$U_1/U_0 \geqslant 0.5$，则说明正极比负极绝缘要好，反之则差。通过控制接通开关S，在正母线与地之间接入测量偏置电阻R，测量此时U_1和U_0值，

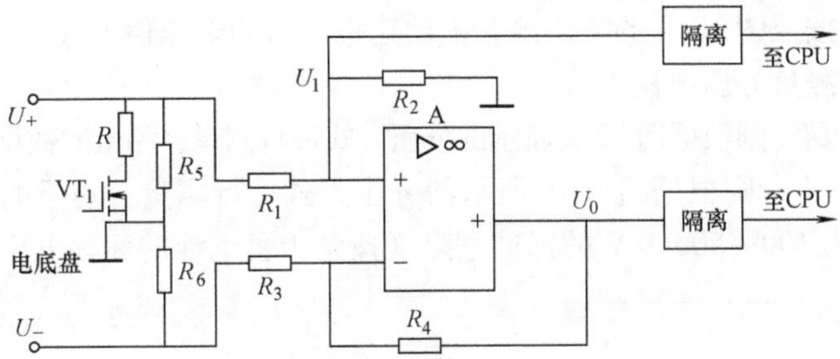

图 10-2　无源接地方法检测电路原理图

得到 U_1'和 U_2'，计算公式为

$$(U_0 - U_1)\ R_6' = U_1 \frac{RR_5'}{R + R_5} \tag{10-1}$$

$$(U_0' - U_1')\ R_5' = U_1' \frac{RR_6'}{R + R_6} \tag{10-2}$$

式中，R_5'、R_6'分别为电阻 R_5、R_6 与绝缘电阻的并联值。通过两次测量结果，由式（10-1）即可计算得到正负极对地绝缘电阻的大小。

（2）测量过程

根据 GB/T 18384. 1—2015《电动汽车安全要求　第 1 部分：车载可充电储能系统（REESS)》的规定，为了进行测量，动力蓄电池（包括动力蓄电池所有的外部部件，如电热器、检测装置）应与汽车电底盘断开。在整个试验过程中，动力蓄电池的开路电压等于或高于其标称电压值；动力蓄电池的两级应与动力装置断开；试验用的伏特表应能测量直流电压，其内阻应大于 10MΩ，测量应在（23 ±5)℃的环境下按照图 10-3 ~ 图 10-6 所示的三个步骤进行。

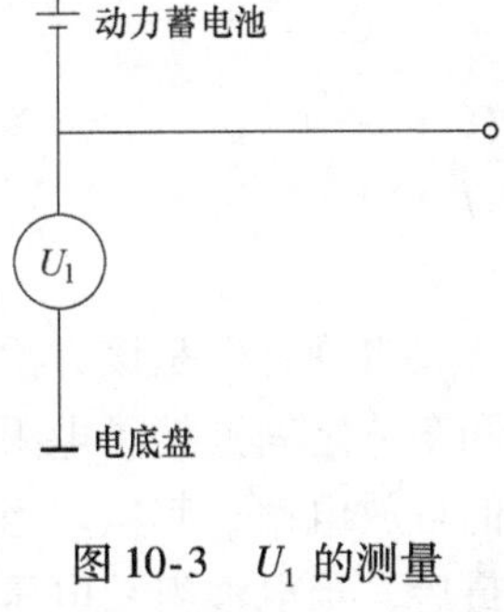

图 10-3　U_1 的测量

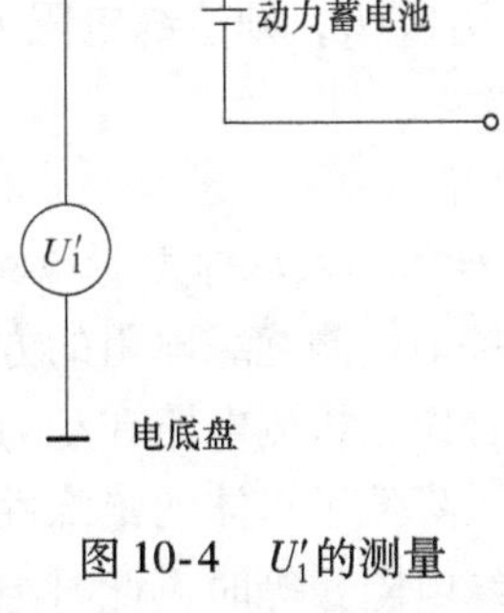

图 10-4　U_1'的测量

第1步：按照图10-3的方法首先测量电池负极对地的电压值 U_1。

第2步：按照图10-4的方法测量电池正极对地的电压值 U_1'。

第3步：测量分压电压 U_2。

如果 $U_1 > U_1'$，则根据图10-5所示的分压方式进行测量，测量的数据记录为 U_2。

如果 $U_1 < U_1'$，则根据图10-6所示的分压方式进行测量，测量的数据记录为 U_2'。图中 R_0 为100～500Ω/V的标准电阻（按动力蓄电池的标称电压计算）。

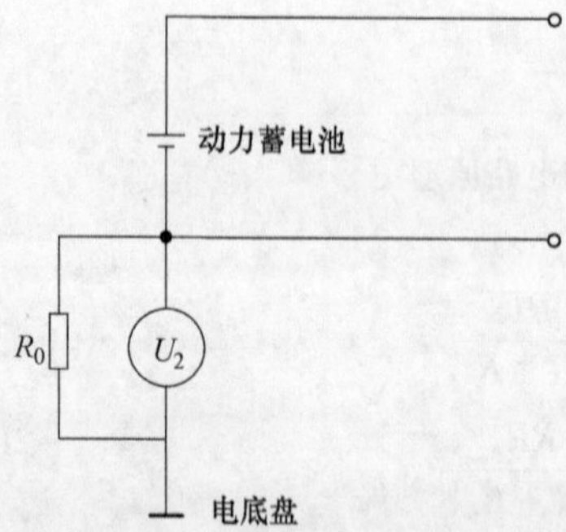

图10-5　U_2的测量（$U_1 > U_1'$）

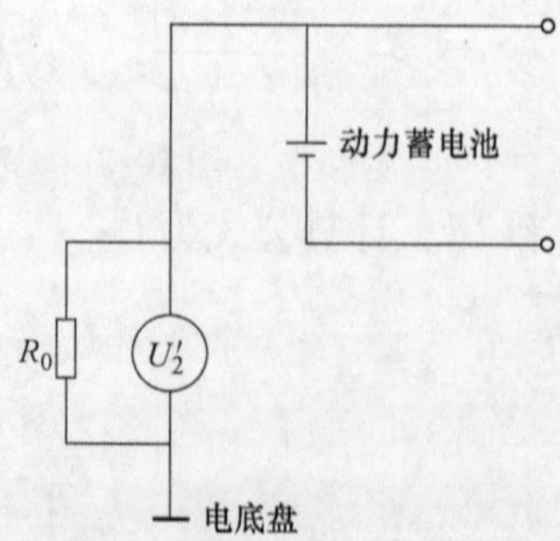

图10-6　U_2'的测量（$U_1 < U_1'$）

如果 $U_1 > U_1'$，绝缘电阻 R_i 为

$$R_i = \frac{(U_1 - U_2)}{U_2} R_0$$

如果 $U_1 < U_1'$，则绝缘电阻 R_i 为

$$R_i = \frac{(U_1' - U_2')}{U_2'} R_0$$

另外，也可以按照GB/T 18384.1—2001附录A给出的推导方法为基础，选择使用下列公式进行绝缘电阻的计算。

如果 $U_1 > U_1'$，则绝缘电阻 R_i 为

$$R_i = \frac{(U_1 - U_2)}{U_2} R_0 \left(1 + \frac{U_1'}{U_1}\right)$$

如果 $U_1 < U_1'$，则绝缘电阻 R_i 为

$$R_i = \frac{(U_1' - U_2')}{U_2'} R_0 \left(1 + \frac{U_1'}{U_1}\right)$$

2. 电压注入式绝缘电阻检测方法

无源接地检测绝缘电阻的方法简单可行，物理意义直观，但是该方法存在几个缺点。首先，检测电路在动力蓄电池组正负母线和车体之间连接了电阻，检测装置的接入降低了车体的绝缘性能，还会增加电池的自放电率；其次，当正负母线对地绝缘电阻相等时，此时绝缘电阻无法计算；最后，当电池组总电压过低或

者电池组开路故障时，由于无法测量电阻上的分压，则该方法也无法计算得到绝缘电阻。

图 10-7 所示为电压注入式绝缘电阻检测原理图。该检测方法需要通过隔离变压器分别给正负母线和车体之间注入 700V 直流高压，通过高精度 A-D 芯片测量分压电阻的压降，通过对比分压比来计算正负母线对地绝缘电阻。

车体通过开关 S_1、S_2 和电阻 $R_1 \sim R_8$ 与正负母线相连，S_3、S_4 为高速 MOS 管，微处理器发出 PWM 信号控制 S_3、S_4 的通断，在变压器二次侧形成高达 700V 的直流高压。具体测量过程如下：

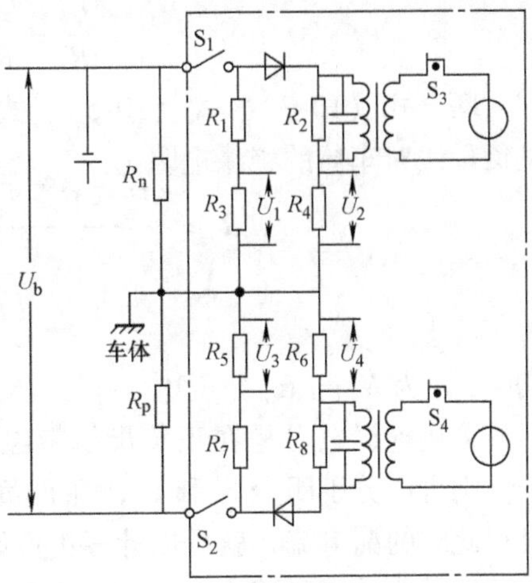

图 10-7 电压注入式绝缘电阻检测原理图

1）闭合 S_1、S_2，断开 S_3、S_4，通过测量在电阻 R_4、R_6 的分压 U_2、U_4，得到式（10-3）和式（10-4）：

$$U_b = U_2 + U_4 \tag{10-3}$$

$$\frac{U_2}{R_n} = \frac{U_4}{R_p} \tag{10-4}$$

由此得出正负母线对地绝缘电阻的比值为

$$n = \frac{R_n}{R_p} = \frac{U_2}{U_4} \tag{10-5}$$

2）如图 10-8 所示，断开 S_2，闭合 S_1，通过微处理器输出 PWM 信号控制 S_3，此时变压器一次侧与 12V 电压源形成脉冲电流，在二次侧感应出高压信号，通过阻容滤波后得到高压直流信号，此时二极管导通，该高压同时加在负端绝缘电阻 R_n 上。此时测量 R_3、R_4 上的分压得到 U_1' 和 U_2'。

可知负端母线对地电压 U_{Rn} 为

$$U_{Rn} = \frac{(R_1 + R_2) \times U_1'}{R_3} \tag{10-6}$$

根据戴维南定理，有

$$\frac{U_2'}{R_4} = \frac{U_{Rn}}{R_n} - \frac{U_b - U_{Rn}}{R_p} + \frac{U_{Rn}}{R_1 + R_3} \tag{10-7}$$

由于 R_1 阻值较大，约为 50MΩ，式（10-7）可以简化为

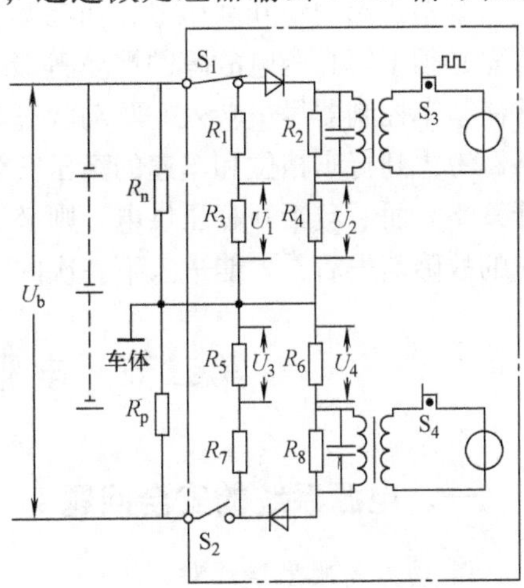

图 10-8 高压注入过程示意图

$$\frac{U_2'}{R_4}=\frac{U_{Rn}}{R_n}-\frac{U_b-U_{Rn}}{R_p} \quad (10\text{-}8)$$

联合式（10-3）、式（10-5）、式（10-6）和式（10-8）解方程，可得电池正负母线对车体的绝缘电阻为

$$R_n=\frac{(U_2+U_4)R_4[(R_1+R_3)U_1'-R_3U_2]}{U_2'U_4R_3}$$

$$R_p=\frac{R_n}{n}$$

式中，n 为 R_n 与 R_p 分压比。

上述绝缘电阻是在正负母线带电的前提条件下得到的。假设正负母线不带电，则可以分别闭合 S_1 和 S_2，在正负母线和车体之间注入高压，测量 U_2、U_4，得到此时的漏电流，就可以计算正负母线对车体的绝缘电阻。此时该测量方法等效于电子兆欧表测试方法。

四、绝缘故障处理

在出现绝缘故障时，首先启动故障诊断程序来对故障进行分级，通过判断故障的变化趋势来确定故障是渐进变化而来还是突发产生。若故障是突发产生的，则迅速启动上级控制器，否则仍然按既定的时序通报给上级控制器，上级控制器应当反馈相应的处理结果。

在正常或在无重大故障时，与接通过程一样，接受请求断开的命令也需要一个确认的过程，同时保证命令的正确传递和必要的响应速度，避免电动汽车正常行驶时的非正常断开，提高工作可靠性。而当高压电气系统存在故障时，如何断开供电回路，是一个非常值得仔细研究的问题。在人身安全受到威胁的情况下，应当毫不犹豫地断开高压电，而在其他情况下的断开则必须服从一定的优先权。首先必须了解高压电故障的严重等级，了解整车的驱动和能源装置的运行状态，并使整车控制器尽快转入非驱动状态等，其中包括：在极端情况下的紧急断开策略；考虑到行车档位和车速的高压安全断开策略；考虑各能源装置运行状况的断开策略。而一旦断开高压供电，则必须有操作者有意识地动作进行复位，并待原先的故障消失后，才能进入下一次的接通过程。

第二节　电驱动系统能源安全

一、电源系统的安全问题

1. 动力电池燃烧爆炸

电池充电期间或汽车行驶过程中，种种原因都有可能引发燃烧、爆炸等事

故。通用汽车公司着力打造的增程型电动车沃蓝达（Volt）也发生过自燃事故。美国交通管理局对沃蓝达进行碰撞测试，该车首先接受了侧杆冲击试验，之后在试验装备上进行了翻滚撞击试验，而3周后，这辆停在停车场的雪弗兰沃蓝达意外地着火了。经过事后的分析，在该测试中，雪弗兰的电池受损，冷却液管路破裂。当电动汽车采用锂离子电池时，若不同容量的锂离子电池混合使用，过放电时将会使电池组中容量较小的电池出现反极（电池的正极变负极，负极变正极），从而使正极的金属锂形成易燃易爆物质；由于锂离子电池在充放电过程中碳负极与正极脱出的氧反应会生成易燃气体CO；由于隔膜被腐蚀使正负极短路，使有机溶剂电解液发生反应也会生成易燃气体等。以上因素均可能造成电动汽车燃烧或爆炸。

2. 电动汽车蓄电池化学伤害

电动汽车中的有毒气体主要生成于蓄电池电化学反应中，如二氧化硫、硫化氢等。达到一定浓度后，它们会对乘员造成危害。这种危害不仅包括立即的伤害，如身体不适、发病、死亡等，而且包括对于人体长期的危害，如致残、癌变等。对于这些有毒有害气体的检测是要充分重视的问题。表10-1是一些常见的有毒气体对人体的伤害常数，包括8h统计权重平均值（TWA）、15min短期暴露水平（STEL）、立即致死量（IDLH）和车间最大允许体积分数（MAC）。

表10-1 常见有毒气体对人体的伤害常数

有毒气体	TWA	STEL	IDLH/（10^{-6}）	MAC/（mg/m^3）
一氧化碳（CO）	25	–	1500	30
硫化氢（H_2S）	10	15	300	10
一氧化氮（NO）	25	–	100	–
二氧化硫（SO_2）	2	5	100	15

同时要注意，由于蓄电池的电化学反应中大多有氧气生成，一般氧气体积分数超过23.5%时称为氧气过量（富氧），此时很容易发生爆炸；而氧气体积分数低于19.5%时为氧气不足（缺氧），此时很容易发生窒息、昏迷以至死亡。正常的氧气含量应当在20.9%左右。

蓄电池在危险工况下，如碰撞、挤压等原因，通常造成电解液泄漏。造成泄漏的原因主要有两个方面：

1）由于加工的原因，产品存在形状及尺寸偏差等各种缺陷，使零件连接处产生间隙，由于密封两侧存在压力差，工作介质就会通过间隙而泄漏。

2）因为外界作用导致蓄电池壳体破坏，从而造成电解液泄漏。电解液的泄漏可能对乘客产生气体、腐蚀等化学伤害，并可能会烧伤乘客和救援人员。因此，对电解液泄漏的研究有利于改进电动汽车设计的整车安全性。目前有以下要求：

① 危险工况下，控制乘客舱外的电解液泄漏量不超过5.0L。

② 总的电解液泄漏量是从碰撞试验后，车辆运动停止，车辆停止30min期间和整车翻转试验期间测量所得。

③ 危险工况下，蓄电池电解液不得进入乘客舱内。

④ 危险工况下，蓄电池电解液不能从车上甩出。

二、锂离子电池系统的安全问题

自1990年成功实现商品化以后，锂离子电池已发展成为一种性能非常优越的二次化学电源。锂离子电池所用的正极材料为含锂的过渡金属氧化物（如 $LiCoO_2$），负极材料为碳材（如MCMB），电解液为含 $LiPF_6$ 电解质的有机溶剂，隔膜为微孔聚丙烯复合膜。电池充电时，正极中的部分 Li^+ 从 $LiCoO_2$ 晶格中脱离，在电解液中扩散进入负极碳的晶格之中，形成 Li_xC 化合物，通过上述电化学反应，将电能转化为化学能储存在电池中。放电时，Li_xC 化合物中的部分 Li^+ 脱嵌进入 $LiCoO_2$，通过上述电化学反应，将化学能转化为电能为负载供电。再充电时重复上述过程。锂离子电池的这种利用 Li^+ 在正负极材料中嵌入或脱嵌从而完成充放电过程的反应机理称为“摇椅式”机制。锂离子电池在正常充放电过程中，充电时，Li^+ 正极材料脱嵌经过电解液嵌入负极材料的晶格，$LiCoO_2$ 失去电子变成 $Li_{1-x}CoO_2$，此时 x 值小于0.5，$Li_{1-x}CoO_2$ 结构是稳定的；放电时 Li_x^+ 仍然能回到原来的晶格位置，形成 $LiCoO_2$。整个充放电过程中没有副反应发生，所以，充放电循环寿命长。

到目前为止，锂离子电池已在手提电脑、移动电话、摄像机等小型便携式电器中得到了广泛应用。而且大型锂电堆体系也正被研制应用于纯电动汽车（EV）和混合电动汽车（HEV）。由此，锂离子电池完全可能作为主导能源，在21世纪渗透到社会的各个角落。然而，锂离子电池的安全问题限制了它被进一步应用：在高温或高效率充放电等条件下，电极反应的放热会引起电池内部热量的积累和温度上升，而过高的温度将引起电池组成材料间一系列自加热的副反应发生，最终导致热失控甚至是电池的燃烧和爆炸。

锂离子电池给乘客造成伤害的表现形式主要有四种。

1. 排气

锂离子电池内部各组成部分都有可能成为其所排出气体的产生源。正极物质为含锂化合物，使用过程中受热可能会分解，从而释放 O_2 等气体。隔膜由于为聚烯烃系多孔膜，容易发生热氧老化，释放气体；电解液在循环充放电中分解或电解，释放 CH_4、CO等气体。碳负极与有机溶剂不匹配发生反应也会释放气体，如锂与有机溶剂醋酸丙烯酯（PC）的反应。

锂离子电池内部为改善性能或起保护作用而加入的一些添加剂，如 Li_2CO_3 等，在电压为5V左右时也会分解放出气体。这些气体都会通过一定装置释放出来而不至于造成电池内压过大从而引起其他更大的伤害，如爆炸等。所有这些排出气体都有可能进入乘客舱，危害乘客身体健康。

2. 泄漏

泄漏主要针对液态锂离子电池而言。聚合物锂离子电池采用凝胶聚合物电解液，故一般不存在泄漏问题。目前市面上以及电动汽车用的也多是液态锂离子电池，主要有圆柱形和方形两种，其基本组成部分为正极片、负极片、正负极集流体、隔膜纸、外壳及密封圈、盖片等。在使用过程中，若出现电池外壳腐蚀或顶壳由于挤压而变形等问题，就可能出现电解液泄漏。此外，锂离子电池一般都设有安全阀，一旦由于各种原因被启动，事后又没有及时处理（更换电池片或电池组等），液态电解液则有可能泄漏出来，造成安全隐患。当电池外部短路时，电池内电解液温度、内部气压均将升高，一旦气压值超过电池盖耐压值，电池将漏液，如果安全阀失效，甚至会引起爆炸。另外，由于电动汽车行驶的不确定性，如颠簸、紧急制动、碰撞等，都可能造成锂离子电池变形而漏液。锂离子电池漏液问题如果未经及时发现处理，则可能诱发更高一级的安全事故，如起火、爆炸等。

3. 燃烧

造成锂离子电池燃烧的原因是多方面的。原因之一如前面所述，锂离子电池所排出的气体中，大部分为易燃 CH_4 等气体，还含有 O_2。这些气体如果聚集，一旦遭遇摩擦或静电等火花，就很容易出现燃烧事故：

$$CH_4 + 2O_2 \xrightarrow{\text{燃烧（650～750℃）}} CO_2 + 2H_2O$$

另外，如果锂离子电池出现漏液问题，又没有得到及时处理，由于电解液都是有机溶剂，为易燃物质，遇到火花也很容易造成电池燃烧。相对于此两种情况，锂离子电池发生燃烧的最大可能还是由于其内部原因。首先，锂离子电池隔膜常用聚烃系多孔膜树脂，其作用是将电池正负极隔开，防止两极直接短路。然而，该隔膜在氧的作用下容易出现热氧老化现象，而锂离子电池正极物质在充放电时会产生氧气，两者相互作用将使电池正负极短路，产生极大电流，从而导致电池起火燃烧。另外，若容量不同的电池混合使用，充电时容量较小的电池将会先充满。为使电池组中其他电池也充满，容量较小电池必将过充电，在充电后期一直处于过充电状态，将会使电池温度升高，造成一系列电池内部反应，使电池处于发生燃烧的危险中；放电时容量较小电池电量则会先放完，相对于其他容量较大电池处于反极中，在其正极镀上金属锂，形成易燃易爆物质，也极易造成锂离子电池燃烧。

4. 爆炸

锂离子电池发生燃烧一般会伴有爆炸现象发生，若火源是从外部引入，扑救及时也许可以避免。若火源是由电池内部原因所致，如隔膜分解，使正负极直接短路（这种情况一般出现在电池充电过程中，充电电压不稳或过充电所致，其机理如前所述）；或电池反极，使其内部组成部分相互作用生成易燃易爆物质金属锂等，这时锂离子电池表现出来的就是爆炸了。另外，电动汽车用锂离子电池都是成组使用，一旦爆炸将会造成连锁反应，直接危害乘客生命和财产安全。

三、燃料电池系统的安全问题

目前，燃料电池的氢气供应主要采用三种方式：第一类是直接式燃料电池，即燃料直接用氢气；第二类是间接式燃料电池，其燃料是通过某种方法（如蒸汽转化）把甲醇、乙醇、汽油等化合物改质成氢或氢的化合物后再供给燃料电池发电；第三类是再生式燃料电池，是指燃料电池反应生成的水，经某种方法分解成氢和氧，再将氢和氧重新输入燃料电池发电。目前正在研究较多的是前两种方式。直接式燃料电池氢气的存储有三种形式，即超绝缘性能液态储氢罐方式、高压储氢罐方式（通用汽车在“氢动3号”电动汽车中压力是34.5MPa），以及将氢吸附在金属氢化物或活性炭中形成固体氢化物的方式。目前，三种储氢方法都有试验样车，如迈阿密试验车使用压缩氢气，加利福尼亚公共汽车使用氢化物储存，德国的一些示范公共汽车使用液态氢。在安全方面，氢燃料系统需考虑以下因素。

1. 电池自身的安全性

对于AFC、PAFC、MCFC等使用腐蚀液体作为电解质的电池，电池如果出现撞击、挤压，一旦发生漏液，就可能对乘客造成化学伤害。但对于SOFC、PEMFC等使用固体电解质的电池，就不会有这种现象发生。在热量方面，PAFC、MCFC、SOFC燃料电池在使用过程中，会产生大量的热量，这些电池目前还没有在电动汽车上使用。目前示范车使用的是发热量低的PEMFC燃料电池，如1997年德国奔驰汽车公司和英国汽车公司推出的电动汽车，以及1999年3月美国福特汽车公司和日本丰田汽车公司研制的电动汽车。PEMFC燃料电池能被许多汽车公司选为电动汽车的电池，其安全方面的优点是主要原因，因为PEMFC电池使用固体电解质，无漏液现象出现，且发热量低。

2. 燃料的存储

在燃料存储方面，使用甲醇、乙醇、汽油燃料的电动汽车与传统的液体燃料汽车基本上是一致的。对于电动汽车来说，氢气存储的安全才是最主要的问题。

对于高压储氢方式来说，其存储方式与存储压缩的天然气不同，它不能存储在钢制储存罐中，这是出于两方面的原因：一是氢分子会慢慢渗入金属中，使之变脆；二是在储存氢气压力比天然气所使用的压力要大。所以，钢制罐即使制作得再好，依旧可能发生氢气泄漏。泄漏的氢气会与空气组成具有可燃性或爆炸性的混合气体。如果氢气罐发生裂开，又由于氢气在空气中流动的速度很快，会立即在车内形成含有高浓度氢气的混合气体。即使氢挥发得特别快，在开放区域，会形成短时间的混合气体；在封闭区域，则会有更具爆炸力的混合气体形成。

液态氢气只能在低于－253℃的温度下存在，如果没有外部的冷却系统，即使是最具绝缘性的氢气罐也不能维持这种低温。存储在气罐中的液态氢每天有1%～3%的氢气泄漏，具体泄漏量与电动汽车自身的制造水平以及使用电动汽车的情况有关。如果不使用排风系统，这种泄漏会对安全造成很大威胁。这种形式的存储方式，如果出现灾难性气罐裂开，不但会对乘客造成冻伤伤害，而且会形成含有高浓度氢气的混合爆炸性气体，特别是在特殊的情况下，例如在隧道内，会产生更大的危害。

最安全的要属固体氢化物形式存在的氢气，在一定的温度和压力下，把氢吸附在金属合金内，使用时，通过减小温度和压力来放出氢气。但这种形式最大的缺点是太重，这会减小电动汽车的能量利用率；另一个问题是某些合金具有可燃性，如镁-镍合金中的镁。

3. 氢气罐的安全

氢气罐自身的安全，是指电动汽车在使用过程中因气温升高或出现意外事故，如碰撞、翻车使氢气罐发生变形、开裂及爆炸。氢气罐的安全威胁主要来自这两个方面：一是碰撞引起罐体的破裂；二是外界温度对氢气罐的影响。

在正常使用情况下，由于目前氢气罐体采用高性能碳复合材料外壳及应用各种保护装甲技术，并且各种压力状态下的储氢罐都通过相应的认证，因此不会有氢气罐破裂的情况发生。如在2002年春季，通用汽车公司的压力达70MPa的储氢罐已获德国技术监督协会的承认，各项技术指标已达到欧洲综合氢计划（EIHP）的规定、美国的NGVZ行业标准及德国对压力罐所规定的指导性规范。在危险工况下，如果储氢罐装在一个安全性能较好的位置，如安装在后轴的前方，大约在后排座椅的下方，在正常的碰撞实验中只要没有硬物直接碰撞到储氢罐上，储氢罐就不会发生破裂，当然，这需要大量实验的进一步证实。例如，通用公司的“氢动3号”曾经在计算机上进行过20次模拟撞击实验，并进行过一次实际撞击实验。在进行撞击实验时，车辆是在几乎满负荷情况下以56km/h的车速按40%的倾斜角度正面撞击一块可变形挡板，这些模拟及实际的各种类型撞击实验（包括正面撞击、侧面撞击和尾随撞击）结果都表明该型号车已达到欧洲的强制性安全标准。

另一个方面是外界温度对氢气罐的影响，电动汽车在正常行驶情况下或危险工况下，当外部温度升高时，罐内的气压也会随着上升，这对氢气罐安全会造成一定的隐患。所以，为减小内部的气压，需安装一个能自动打开的控制阀，当内部气压超过临界值时，需释放一部分氢气以减小内部气压。

4. 氢气的泄漏

由于导气通道、氢气罐或电池组壳本身的裂开，会排放出氢气与空气混合成可燃烧气体，从而引起燃烧与爆炸。在汽车防燃防爆体系中最根本的是：任何地方不得有潜在危险气体的聚集；不允许乘客舱及封闭的货舱内的氢气体积分数超过2%；为防止燃烧或爆炸的发生，主要是控制氢气聚集时的浓度。如果有微量氢气逸出，系统便应向驾驶人发出警告；氢气的逸出再高一点的话，系统就应该转到有限功能运行；当测到的氢气达到一定浓度时，控制阀在接收到来自氢气浓度传感器的信号后便应该迅速关闭储氢罐的出气口，停止汽车的运行。另一方面，在可能聚集氢气的位置安装排风装置，以迅速吹散聚集的氢气，避免其浓度处于爆炸范围内。但氢气的泄漏没想象中那样容易发生且易导致事故，从2000年5月开始，本田公司对其研制的FCX-VS燃料电池车进行了一系列的公路汽车碰撞测试。在车速为55km/h的情况下，两辆汽车迎面发生碰撞后，压缩液氢箱完好无损，并没有发生任何泄漏。引用另外一个实例，Minami Coral Cable大学的Dr. Michael R. Swain模拟氢燃料电池汽车与传统汽油汽车的泄漏情况，他同时对两辆汽车点火，来比较两者之间损伤严重程度。结果表明：汽油汽车受到严重损伤，但氢燃料电池汽车没有受到损伤。

5. 车库中停车时的安全

在车库中停放车辆时，特别是地下车库，由于环境处于封闭状态，停放时间又较长，且无人看守，燃料电池汽车在这种环境下存在较大的安全隐患。氢气是一种无色无味气体，即使氢气有泄漏，人也难以发觉。当聚集氢气的浓度在爆炸极限范围内时，一旦有点火源出现，就会发生严重的爆炸事件。针对这种情况，除了车辆本身自带的传感器外，在车库中也应该安装传感器，起到报警作用。更为重要的一点是，根据氢气本身的物理特性，在车库中安装通风设备是更好的选择。通风设备不断地把车库中可能泄漏的氢气排放到室外，使室内的氢气浓度永远达不到爆炸范围的下限值。

四、电动汽车安全防护措施

针对电动汽车的危险工况及可能的安全事故，为最大限度防止电动汽车安全事故的发生，保护乘客的生命财产安全，要求电动汽车在生产制造、使用运行和日常维护中应该实施相应的安全防护措施。

1. 电动汽车运行安全基本防护

在电动汽车充电、行驶过程中，为了防止燃烧、爆炸事故的发生，应满足以下防护要求：

1）车辆的任何地方不得有潜在危险气体的聚集。

2）不允许乘客舱及封闭的货舱内的氢气浓度超过气体体积的2%。

3）允许气体的最大聚集量应符合国家相关标准。

4）当给蓄电池充电时，应测量制造厂规定区域内的排气中氢气的浓度；常规充电操作时，氢气浓度应低于气体体积的1%；充电期间发生（车内）通风装置失效、充电器损坏、动力蓄电池连接端子松动、通风管脱落等故障时，氢气浓度应低于气体体积的2%。

5）在规定的排气区域内不得有电接触火花源、熔丝火花源、制动衬片火花源、接触电刷火花源、静电放电火花源，以及香烟、火焰、光源等火花源。

根据国家标准GB/T 18384.1～18384.3—2001《电动汽车安全要求》，电动汽车需按模拟车辆清洗、暴雨和涉水时的情况进行相应的安全性实验。电动汽车在模拟清洗、模拟暴雨等危险工况下的绝缘短路安全性能直接关系到电动汽车的驾驶安全、乘客的安全，并可能引发较大的安全事故以及人员伤害。为此，在我国电动汽车研究开发以及推广应用过程中，对电动汽车在危险工况下安全性能的实验检测及具备这种实验检测条件和能力也是电动汽车实验检测基地建设的重要项目和基本任务。

2. 电动汽车动力系统基本安全保护措施

（1）动力电池组防护

1）使用专用充电器，对过充电情况设置安全阀，阻止电池温度升高。

2）使用特殊放电回路，当检测到某一电池将要出现过放电时，进行显示报警，避免电池出现反极现象，造成危险。

3）设置良好的通风系统，防止气体聚集。

4）在电池与电池以及电池与紧固件之间采用绝缘、有足够刚度且有缓冲装置的连接，当出现碰撞、翻车等事故时，电池不至于受挤压而变形，防止漏液。

5）电池组装前进行严格的选择，避免将性能不平衡的电池组装在一起。在设计与实验过程中要注意不要混合使用不同容量的电池、不同特性的电池或新旧电池，不可以将铅蓄电池与其他不同类型电池（如镍镉电池等）一起使用，以免发生爆炸等危险。

6）动力电池组应安放在不易受到碰撞损坏的位置。

7）动力电池舱与乘客舱应隔离。

8）根据电动道路车辆用金属氢化物镍电池国家标准GB/T 183322—2001《电动道路车辆用金属氢化物镍蓄电池》的规定，进行电池压力容器最高工作压力的验证实验以及其压力容器防爆球压力阀有效性的验证实验，防止电池由于内压过高而发生爆炸。

（2）动力系统电气设备防护

1）设置烘干、除湿等装置，避免电子芯片受潮短路。

2）电池组必须安装有过电流断开器，在出现极大电流时及时切断电池电源系统，因为过电流能够对人、车和环境造成重大危险。电池的过电流断开器除了在车辆制造厂规定的过电流条件下断开电池电路以外，还必须在任何故障（包括按国家标准进行碰撞实验）情况下，当电池连接的电路出现短路时，电池的过电流断开器也应能断开电池电路，避免短路燃烧，以绝对保证人和车的安全。

3）电池组必须安装有防护罩，电池安装防护罩以保证电池泄漏的电解液不会进入车体的其他部位，防止泄漏的电池电解液间的相互作用而发生化学反应和电传导。

4）电子控制装置尽量安装在汽车碰撞非变形区域，避免碰撞受挤压，使相互接触而短路。

5）对所有接线连接部分，包括电池组管理系统，都应采用双绝缘防护，且留有余量，防止碰撞、翻车等事故时接线头脱落，造成漏电或短路。

6）设置静电消除装置，避免产生电火花。

另外，由于电动汽车所使用的电池类型不同，它们所要求的安全防护措施也有所区别。例如，在铅蓄电池使用过程中，安置电池组的箱体要能够隔水、防潮、防尘，因为铅蓄电池受到海水或水的潮湿或浸泡后，更易造成电池腐蚀及漏电而引起火灾；粉尘过多会易造成电池短路。而锂离子电池电动汽车对锂离子电池生产厂家选材时要求非常严格，必须注意碳负极与电解液之间相互匹配的问题，应在电池隔膜上镀上防护物质（不影响电池正常工作，且不会带来新的安全隐患），防止电池发生热氧老化，使正负极短路。当出现危险时，使电池停止工作，避免燃烧或爆炸。同样，电动汽车在使用镍氢电池之前还必须按金属氢化物镍电池国家标准 GB/T 18332. 2—2001《电动道路车辆用金属氢化物镍蓄电池》的规定对镍氢电池振动性能的检测。电池不允许出现放电电流锐变、电压异常、电池壳变形、电解液溢出等现象。

五、氢气泄漏检测

在电池本身的安全性方面，燃料电池的安全尤为重要和关键，由于氢气本身的特性，如泄漏性、爆炸性、氢脆等现象，而使得车载氢气系统存在着一定的安全隐患。氢是最轻的元素，很容易从小孔中泄漏，例如，对于透过薄膜的扩散，氢气的扩散速度是天然气的 3.8 倍。因此，针对氢气泄漏的检测和防护尤为重要。

造成车用燃料电池系统氢气泄漏的原因有多种，在实际应用中可能出现氢气泄漏的部位也较多，在加强其氢安全性设计和维护时，采用什么检测方法进行诊断尤为重要。车用燃料电池系统的工作条件分为集成调试、台架测试和车载运行三种情况。针对不同的工作条件，可以采取与之相适应的一种或多种氢气泄漏的检测方法。目前，针对车用燃料电池系统的氢气泄漏检测方法主要有冒泡检测法、报警检测法传感器检测法和机理模型检测法。

（1）冒泡检测法

冒泡检测法是将洗涤液（通常是肥皂水或洗衣粉水）尽可能涂在车用燃料电池系统可能出现氢气泄漏的部位，通过观察是否有气泡产生来判断系统相关部位是否存在氢气泄漏的一种典型方法。由于在车载环境中运行时，车用燃料电池系统通常会被安放在车尾（燃料电池大巴和中巴）或车头（燃料电池轿车）并进行相关密封和隔离处理，对其进行开封和拆卸涂抹肥皂水或洗衣粉水是一件非常繁杂的事情，因此该方法不太适用于车载运行环境中密封的燃料电池系统，而在车用燃料电池系统集成调试和台架测试过程中常常采取该方法。

在利用冒泡检测法对车用燃料电池系统进行氢气泄漏检测时，可先将一定量的洗涤液涂抹在图 10-9 中的连接点 1 ~ 33 处，以及它们之间的连接管道和与之相连的部件表面，然后打开氮气瓶阀门、氢气阀、减压阀、尾气阀 1 和 2，吹气（氮气或氢气）一段时间，接着关闭尾气阀使氢气供给回路充满气体，若有气泡产生就可以判断上述相应部位存在泄漏。

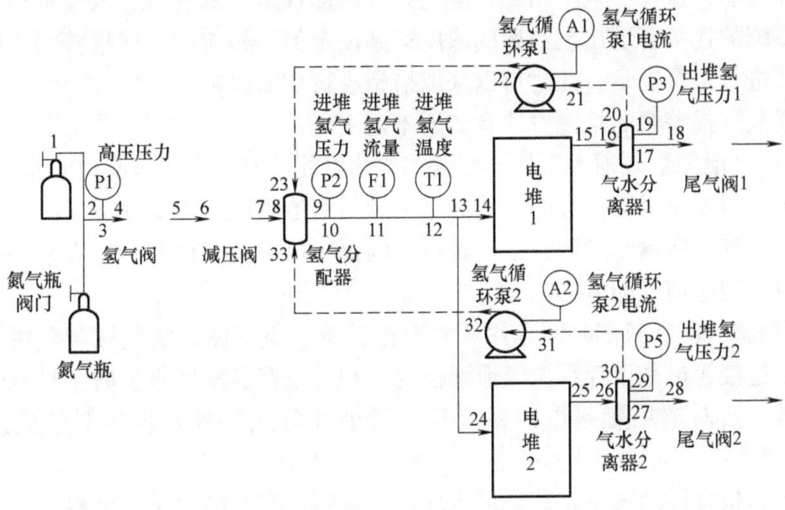

图 10-9 燃料电池总体结构及观测点图

采用冒泡检测法时对洗涤液的浓度和工作人员的观测能力要求较高，工作人员的视力、观察方位、距离和角度将对检测精度起到主要作用，特别是在相关部件出现微小泄漏情况时，浓度太低的洗涤液难以产生气泡或产生的气泡量太少。而且，通过简单目视观察的方式极有可能漏检。

通过图 10-9 可知，冒泡检测法针对车用燃料电池系统氢气供给回路的管道、阀、管道与阀、管道与传感器之间的连接处的氢气泄漏检测非常有效。由于加工工艺水平以及密封材料的质量水平所限，电堆中串联的几百片单电池理论上存在密封不牢靠或密封圈脱落和变形等因素造成电堆中微量氢气泄漏的可能性。若将洗涤液涂抹在电堆中各个单电池双极板（特别是金属双极板）表面，一方面残留的液体会使电堆（或某些单电池）出现短路，另一方面洗涤液会进一步腐蚀密封圈和双极板等，从而进一步降低电堆（或某些单电池）的气体密封性，造成更严重的氢气泄漏现象。因此，冒泡检测法难以在对电堆（单片电池）进行微量氢气泄漏的检测中发挥作用。

（2）报警检测法

在实际车载运行环境中，通常采用报警检测法来监测车用燃料电池系统是否存在氢气泄漏现象。报警检测法就是利用氢气报警器（或可燃气体报警器）内部的高性能可燃气体敏感元器件所构成的电路来识别氢气是否泄漏的方法。在系统集成和台架实验中，由于氢气密度远比空气小，出现氢气泄漏时氢气会向上浮起。因此，可将一只氢气报警器安装在车用燃料电池系统内部顶盖区域，将另一只安装在氢气瓶管道出口附近。此外还应安装一只放在车用燃料电池系统垂直上方的工作现场，这样一旦车用燃料电池系统内部管路、氢气瓶、氢气瓶与车用燃料电池系统的连接管道出现泄漏的浓度达到设定值，相应的氢气报警器会以三种信号方式进行报警提示，此时可以采取措施进行切断保护。

采用氢气报警器的检测方法有如下不足之处：

1）氢气泄漏量必须大于最小浓度阈值才可能检测。由于车身空间相对较大，当氢气报警器发出报警信号时，此时车用燃料电池系统发生氢气泄漏的时间相对较长，并且其泄漏量已经到达了一定量。因此，报警检测法并不能在第一时间快速检测氢气泄漏情况的存在。

2）报警检测法只能判断车用燃料电池系统、氢气瓶或氢气瓶与车用燃料电池系统的连接管道是否存在氢气泄漏情况。相关报警器发生报警时，只能限定泄漏的区域，而对车用燃料电池系统具体哪个部分或部件发生泄漏的检测无能为力。

因此，报警检测法是在车载运行环境下适用于实时检测车用燃料电池系统是否出现氢气泄漏的一种实用方法。

（3）传感器检测法

传感器检测法就是利用压力或流量传感器对气体的相关参数进行测量，间接识别系统是否出现氢气泄漏的方法。在利用传感器对车用燃料电池系统进行检漏时，可采用压力传感器。考虑到电堆内部存在未反应完的残留氢气或空气的可能性，具体操作时，首先打开图 10-9 中的氮气瓶阀门，然后控制氢气阀、减压阀、尾气阀 1 和尾气阀 2 开启进行吹氮赶出内部残余的气体。在经过至少 1min 后，同时关闭氢气阀、尾气阀 1 和尾气阀 2，氢气供给回路充满氮气，然后通过连续 3min 的检测看气体压力是否有明显下降来判断氢气供给回路是否存在泄漏，通常取 3min 气体压力明显下降 15% 以上即可断定系统存在泄漏。

按照上述操作，吹氮后关闭氢气阀、尾气阀 1 和尾气阀 2。图 10-10 给出了在实际应用中氢气供给回路中电堆 1 和电堆 2 的氢气入口连接处（标注 13 处）松动时内部氮气压力 p_2、p_3 和 p_5 随时间变化的曲线。由图可见，氢气供给回路出现泄漏时，可在车用燃料电池系统起动前的自检过程中，通过充氮后检测进出堆压力降迅速进行判断。

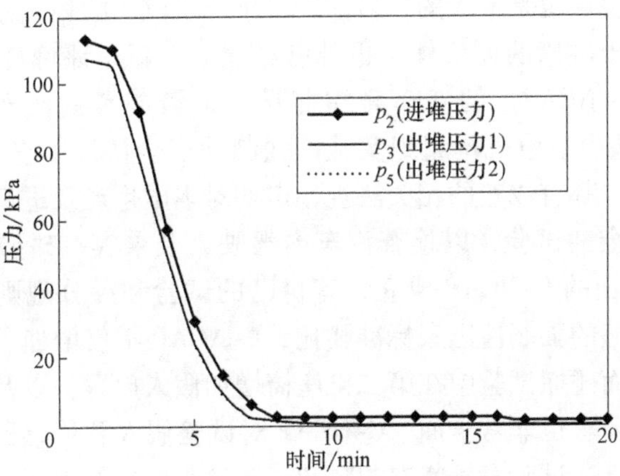

图 10-10　压力变化曲线

和报警检测法类似，传感器检测法只能检测氢气阀与尾气阀 1 和尾气阀 2 之间的氢气回路是否存在氢气泄漏的可能性。通过进出堆压力降的检测判断氢气出现泄漏时，对于具体哪个部位出现泄漏并不能做出精确定位。

（4）机理模型检测法

机理模型检测法是基于氢气的质量平衡方程，通过实际消耗的氢气流量与理论上电堆反应消耗的氢气流量构建残差，将其与自适应的报警阈值进行比较来判断电堆是否出现氢气泄漏的方法。虽然该方法不依赖氢气的相对湿度值，但是由于在建立模型时，电堆的自然泄漏本身具有不确定性，加之水传输的复杂过程、氮气交叉混合、生成的液态水导致内部流场压力明显变化等原因，所建立的机理模型难免会做很多理想化假设。因此，如何弥补这些不确定性因素实现微量氢气泄漏准确诊断的难度相对较大，实用性很差。

第三节　电动汽车碰撞安全

汽车安全性可分为主动安全性和被动安全性。其中主动安全性是指汽车避免发生意外事故的能力；被动安全性，则是指汽车在发生意外事故时对乘员进行保护的能力。由于被动安全性总是与广义的汽车碰撞事故联系在一起，也称为“汽车碰撞安全性”。大量数据表明，主动安全性再好，也只能避免5%的事故，95%以上的事故是由于人和环境因素共同造成的。在各种交通状况下发生的碰撞事故，归纳起来包括正面碰撞、侧面碰撞、追尾、翻滚等。统计数据显示，在汽车各类碰撞事故中正面碰撞发生的概率约为59%，同时其对车内司乘人员和生命财产安全的危害性也是最大的。目前，对于传统汽车的相关碰撞研究和标准已经基本完善，对于碰撞的评价体系也都已经建立。新车评价规程（New Car Assessment Program，NCAP）的新车碰撞测试，是最能考验汽车安全性的测试。NCAP不同于那些由政府机构组织实施的强制性安全认证，它是一个民间组织。美国、欧洲和日本都有成熟的相关法规，定期对本国生产及进口新车进行正面碰撞、侧面碰撞安全性试验，以检查汽车内驾驶人及乘客在碰撞时所受伤害的程度。2005年，中国的C-NCAP成立，有自己的试验和评分规则。与我国现有汽车正面和侧面碰撞的强制性国家标准相比，C-NCAP不仅增加了偏置正面碰撞试验，还在两种正面碰撞试验中在第二排座椅增加假人放置，以及更为细致严格的测试项目，技术要求也非常全面。C-NCAP对试验假人及传感器的标定、测试设备、试验环境条件、试验车辆状态调整和试验过程控制的规定都要比国家标准更为严谨和苛刻，与国际水平一致。今后，C-NCAP还将随着技术的发展进行完善。NCAP碰撞测试具体内容大约包括两个方面，正面和侧面碰撞。正面碰撞速度为64km/h，侧面碰撞速度为50km/h。碰撞测试成绩则由星级（★）表示，共有五个星级，星级越高，表示该车的碰撞安全性能越好。

但是，由于电动汽车在整车布置、质量分布、动力传递、能源储备等方面与传统汽车有着较大的差异，尤其是在高压动力传输和大质量储能装置的应用，使得电动汽车的碰撞安全成为一个新的难点与热点。对于电动汽车的碰撞试验，除了应符合GB 11551—2014《汽车正面碰撞的乘员保护》的标准要求，针对电动汽车结构特点和特性，还应符合相应的法规和标准。电动汽车国内外主要法规和标准是美国FMVSS305、中国GB/T 18384.1—2015《电动汽车　安全要求　第1部分：车载可充电储能系统（REESS）》和GB/T 19751—2005《混合动力电动汽车安全要求》以及欧洲ECE R100等。但是欧洲ECE R100主要是对电动车辆结构和功能方面要求，对于碰撞试验方面没有详细规定和要求，所以可以主要研究分析中国和美国的标准。表10-2列出了中国和美国标准评价指标对比。

表 10-2 中国和美国标准评价指标对比

序号	要求项目		中国（纯电动汽车）GB/T 18384.1—2015	中国（混合动力电动汽车）GB/T 19751—2005	美国（电动汽车）FMVSS 305
1	乘员保护	动力蓄电池包穿入	如果动力蓄电池或蓄电池包安装在乘客舱的外部，动力蓄电池、蓄电池包或其部件（蓄电池模块、电解液）不得穿入乘客舱内	如果动力蓄电池或蓄电池包安装在乘客舱的外部，动力蓄电池包及其部件（动力蓄电池、蓄电池模块、电解液）不得穿入乘客舱内	如果动力蓄电池或蓄电池包安装在乘客舱的外部，动力蓄电池包及其部件不得穿入乘客舱内
			如果动力蓄电池或蓄电池包安装在乘客舱的内部，动力蓄电池、蓄电池包的任何移动应确保乘客安全	如果动力蓄电池或蓄电池包安装在乘客舱的内部，动力蓄电池、蓄电池包的任何移动应确保乘客安全	如果动力蓄电池或蓄电池包安装在乘客舱的内部，动力蓄电池、蓄电池包应保持在安装位置
		电解液溢出	碰撞试验期间，电解液溢出不能超过 5L	碰撞试验中和试验后均不能有电解液进入乘客舱	碰撞试验后 30min 内溢出乘客舱外部的电解液不能超过 5L
			碰撞试验期间和试验后，均不能有电解液进入乘客舱	碰撞试验中和试验后，动力蓄电池或蓄电池包不能出现爆炸、着火	碰撞试验期间和试验后，均不能有电解液进入乘客舱
2	第三方的保护		动力蓄电池、蓄电池包或其部件（蓄电池模块、电解液）不能由于碰撞而从车上甩出	动力蓄电池、蓄电池包或其部件（蓄电池模块、电解液）、超级电容器等储能装置不能由于碰撞而从车上甩出	无要求
3	防止短路		应防止造成动力电路的短路	应防止造成动力电路的短路	无要求
4	过电流断开		该装置应能在车辆制造厂规定的过电流、与动力蓄电池连接的电路出现短路等情况下，自动断开与动力蓄电池的连接电路。该装置的响应时间应由车辆制造厂根据动力蓄电池参数、动力蓄电池和电路发生过电流或短路的防护方式来确定	动力蓄电池和动力电路系统应通过断路器和熔断器进行保护。该装置应能在车辆制造厂规定的过电流、与动力蓄电池连接的电路出现短路的情况下，自动断开与动力蓄电池的连接电路。该装置的响应时间应由车辆制造厂根据动力蓄电池参数、动力蓄电池和电路发生过流或短路的防护方式来确定	无要求

（续）

序号	要求项目	中国（纯电动汽车）GB/T 18384.1—2015	中国（混合动力电动汽车）GB/T 19751—2005		美国（电动汽车）FMVSS 305
5	绝缘电阻	无要求	碰撞试验后，绝缘电阻R_i除以动力蓄电池的标称电压U_b	Ⅰ类设备：应大于100Ω/V	碰撞试验后，绝缘电阻R_i除以动力蓄电池的标称电压U_b应大于500Ω/V
				Ⅱ类设备：应大于500Ω/V	

从总体上来说，电动汽车的碰撞安全技术研究是非常前沿、复杂的工作，尚需进一步的研究。目前从国际发展来看，亟须完成的工作是完善试验规范。电动汽车的碰撞安全问题是目前国际上面临的新课题，尚无可以沿用的法律法规或碰撞安全标准。欧洲组织（EIHP）也仅仅是针对氢系统研究发布了12个版本的讨论稿，说明对燃料电池供氢试验规范，绝对不是一蹴而就的，而要通过不断试验，提出问题并讨论相关问题，完善试验规范，重点从电气安全、能源安全、电磁安全等方面进行深入细致的研究与规定，才能真正提高电动汽车的安全性。

参 考 文 献

[1] 杨剑. 电动汽车的安全性分析［D］. 长沙：湖南大学，2005.

[2] 曹立波，白中浩，谢飞. 电动汽车动力系统及整车安全性能研究［J］. 汽车研究与开发，2003（2）.

[3] 毕路，魏学哲，孙泽昌. 基于FPGA的电动汽车漏电保护装置的设计［J］. 电源技术，2007，31（8）.

[4] 黄勇，陈全世，陈伏虎. 电动汽车电气绝缘检测方法的研究［J］. 现代制造工程，2005（4）.

[5] 吴振军，王丽芳. 电动汽车智能在线绝缘检测装置研究［J］. 低压电器，2009（5）.

[6] 郭宏榆，姜久春，温家鹏，等. 新型电动汽车绝缘检测方法研究［J］. 电子测量与仪器学报，2011，25（3）.

[7] 陈宗璋，吴振军. 电动汽车安全性问题［J］. 大众用电，2008（4）.

[8] 刘崇刚，谭玲生，史鹏飞. 锂离子电池的安全特性分析［J］. 电池工业，2008，13（2）.

[9] 全睿. 车用燃料电池系统故障诊断与维护若干关键问题研究［D］. 武汉：武汉理工大学，2011.

[10] 姜国峰. 燃料电池客车氢系统碰撞安全性研究［D］. 北京：北京林业大学，2009.

[11] 朱建新，郑荣良，卓斌，等. 电动汽车高压电安全诊断与控制策略的研究［J］. 汽车工

程，2007，29（4）.
[12] 孙振东，刘桂彬，赵春明，等. 电动汽车正面碰撞试验技术研究与分析［J］. 汽车工程，2007，29（10）.
[13] 孙振东，刘桂彬，李希浩，等. 基于氢燃料电池汽车碰撞安全性的研究［J］. 北京汽车，2009（2）.
[14] 黄伟科，朱平. 燃料电池轿车整车碰撞氢安全评价方法［J］. 机械制造，2010，48（3）.